WELTATLAS
DER RÄTSELHAFTEN
PHÄNOMENE

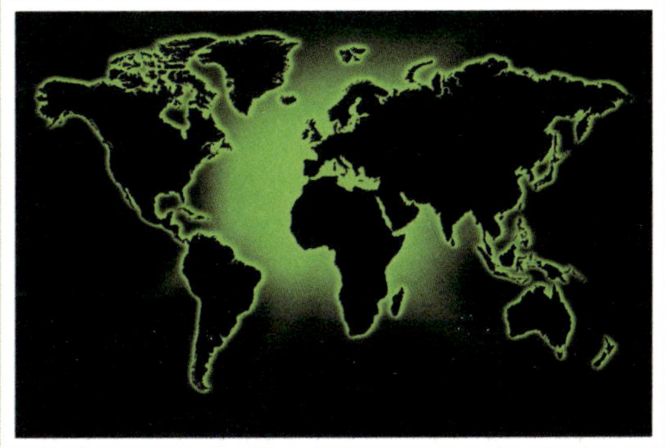

EINE
ILLUSTRIERTE
DARSTELLUNG
DES
MYSTERIÖSEN

Ein besonderer Dank gilt meinem guten Freund
Mark Chorvinsky für seine unschätzbare Hilfe
bei der Realisation dieses Buches.

Produktionsbetreuung: Print Company Verlagsges. m.b.H.,
Margaretenstr. 87, 1050 Wien

ISBN 3-8112-1491-8

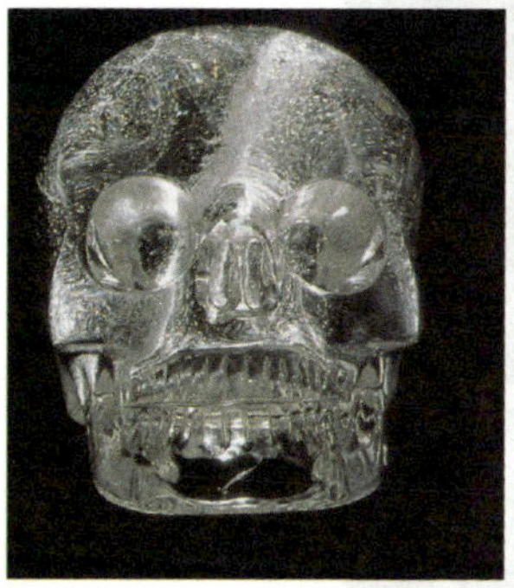

Karl P. N. Shuker

WELTATLAS DER RÄTSELHAFTEN PHÄNOMENE

EINE ILLUSTRIERTE DARSTELLUNG DES MYSTERIÖSEN

GONDROM

Inhalt

Einleitung

EINE PROZESSION DER VERDAMMTEN

Das Schönste, was wir erleben können, ist das Mysteriöse. Es ist die Quelle jeder wirklichen Kunst und Wissenschaft.

Albert Einstein, „Woran ich glaube“, *Forum*, Oktober 1930.

Einsteins Worte sind heute genauso gültig wie vor 66 Jahren. Die internationale Wissenschaft folgt ihrer geraden Bahn auf dem Datenhighway, der sich in einer Vielzahl an dunklen Kanälen verzweigt. Auf ihnen gelangen wir zum Unerklärlichen und Geheimnisvollen. Wie der verheißungsvolle Titel des vorliegenden Buches bereits ankündigt, begeben wir uns auf einen Streifzug durch ungewöhnliche Ereignisse auf der ganzen Welt, doch ist es, anders als andere Bücher dieser Art, rein geographisch aufgebaut. Das heißt also, die Ereignisse sind nach Orten, nicht nach Themen geordnet.

Dieser neue Ansatz ermöglicht es nicht nur, die bekanntesten Phänomene aus aller Welt zu behandeln, die in jedem Buch dieser Art ihren Platz haben müssen, sondern auch auf ein ganzes Spektrum anderer ungewöhnlicher Ereignisse und Rätsel einzugehen. Das Ergebnis ist ein außerordentlich weites Spektrum an unheimlichen und unerklärlichen Phänomenen. Seeungeheuer, Reliquien, Außerirdische, Geister, Werwölfe, Levitationen von Heiligen, kleine Lebewesen, alte Städte, Kugelblitze, schreckliche Schneemenschen, Zombies und andere bekannte Erscheinungen werden genauso behandelt wie eine Reihe bisher unbeachteter, doch ebenso umstrittener Phänomene.

Wo sonst finden Sie eine geflügelte Katze aus Manchester und eine grüne Katze aus Dänemark, indische Statuen, die Milch trinken, fliegende Schlangen aus Namibia, blauhäutige Menschen aus Chile, mexikanische Vampirpflanzen, peruanische leuchtende Mumien, einen ägyptischen Krokodiljungen, Steine aus der Torres Straße, die tödliche Strahlen abgeben, einen elektrischen Wurm aus der Wüste Gobi, südamerikanische Phantominseln, den Großen Grauen

Mann von Ben MacDhui, das Ungeheuer vom White River, den Dämon von Dover, die Kobolde von Hopkinsville, den *echten* Rattenfänger von Hameln, den verrückten Gasvergifter aus Mattoon, klickende Todesgeräusche aus Samoa, pfeifende Geister von Kiribati, chinesische Erdbebenhaare, einen vietnamesischen Magnetberg, den Todesbaum aus Zululand, einen Geist als Beifahrerin auf Motorrädern in Cape Province, blutendes Brot aus Bolsena – und eine Unmenge an anderen Geheimnissen?

Gemäß der geographischen Ausrichtung dieses Buches (und der Notwendigkeit, es in einem erträglichen Rahmen zu halten) stehen alle Phänomene, die behandelt werden, in einem direkten Zusammenhang mit dem Ort, an dem sie sich ereignen, oder es sind berühmte Beispiele mit genauer Herkunft inkludiert. Andere Phänomene, die nicht in diese Kategorien fallen, werden nicht behandelt. Daraus ergibt sich, daß gewisse parapsychologische Themen wie Telepathie, Vorahnung und außerkörperliche Erfahrungen ausgeschlossen sind, da diese Phänomene für gewöhnlich bei Einzelpersonen auftreten, deren Talente oder Martyrien keine geographische Verbindung aufweisen. Ausgenommen sind auch UFOs und Außerirdische im engeren Sinn, das heißt Fahrzeuge und Lebewesen von anderen Planeten. Allerdings habe ich doch Theorien und Fälle inkludiert, die Erklärungen und Beweise dafür bieten, daß diese Wesen eher irdischer als außerirdischer Herkunft sind.

Es ist tragisch, daß sogar in unserem angeblichen Zeitalter des wissenschaftlichen und technischen Fortschritts die Themen, die in diesem Buch behandelt werden, von den etablierten Wissenschaftlern einfach ignoriert oder ohne Untersuchung von der Hand gewiesen werden.

Am besten umschrieb der amerikanische Autor Charles Fort (1874–1932), der sein ganzes Leben lang eklektische Informationen sammelte, diese Situation. Er bezeichnete sie als „Prozession der Verdammten“, wobei er unter „verdammt“ alles verstand, was die Wissenschaft ausgeschlossen hat, und meinte, daß es eine Prozession dieser Daten geben sollte.

Zum Glück gab es nicht nur früher einige tapfere Einzelkämpfer, die das Risiko eingingen, sich vor den Wissenschaftlern lächerlich zu machen, und ehemals tabuisierte Themen wie Meteoriten, insektenfressende Pflanzen, Radioaktivität, Reisen ins All und Schnabeltiere zu untersuchen und wissenschaftlich zu erklären. Auch heute gibt es Forscher, welche tapfer die Rätsel unserer Tage untersuchen. Da ich selbst Wissenschaftler bin, kann ich mich nicht einfach damit zufriedengeben, unerklärte Daten ohne den Versuch einer Erklärung niederzuschreiben. Deshalb habe ich, wo es mir möglich war, Einzelheiten von wissenschaftlichen Untersuchungen, die zu den Themen des Buches gemacht wurden, ebenso inkludiert wie eine umfangreiche Quellenangabe für die Leser, die sich weiter in diese Themen vertiefen möchten.

Begleiten Sie mich auf einer Safari auf der Suche nach Magie, Wundern und Geheimnissen aus allen Teilen der Welt. Obwohl Sherlock Holmes nur eine fiktive Gestalt war, dachte er realistisch, als er einmal meinte, das Leben sei sehr viel seltsamer als alles zusammen, was der Mensch jemals erfinden könnte.

1. Kapitel

Großbritannien und Irland

GEHEIMNISSE VOM KÖNIGREICH UND DER GRÜNEN INSEL

MAN SAGT, DASS ES AUF DEN BRITISCHEN INSELN MEHR GEISTER GIBT ALS SONSTWO AUF DER WELT. DIESE PHÄNOMENE BESCHRÄNKEN SICH IN GROSSBRITANNIEN UND IRLAND KEINESWEGS AUF GEISTERERSCHEINUNGEN. SEEUNGEHEUER UND PANTHERÄHNLICHE GROSSKATZEN NEHMEN EBENSO IHREN PLATZ IN DEN MEDIEN EIN WIE SCHWÄRME VON ROSA FRÖSCHEN, SICH BEWEGENDE STATUEN, DER HEILIGE GRAL, MEGALITHEN, DIE AUF UNTERIRDISCHE ENERGIEQUELLEN STOSSEN, BEGRÄBNISSE VON MEERJUNGFRAUEN, GRÜNE KINDER UND ANDERE GEHEIMNISSE UND RÄTSEL.

Schlüssel zu den Phänomenen
LUFT
WASSER
ELEMENTE
LANDTIERE
MENSCHENÄHNLICH
ORTE
ÜBERSINNLICH
Meerjungfrau
Meerjungfrau
Skree
ungewöhnliche Kreuzungen aus Haus- und Wildkatzen
Nessie (Ungeheuer von Loch Ness)
Großer Grauer Mann
SCHOTTLAND
schwarzer Hund
NORDIRLAND
sprechender Mungo
Elfen
Pooka
Pferdeaale
REPUBLIK IRLAND
geflügelte Katze
Spring-heeled Jack
Geist von Boadicea
Brenin Llywd
Kobolde fahren Blasenautos
Teggie (Ungeheuer von Bala Lake)
Heiliger Gral
Froschregen
schwarzer Hund
ENGLAND
Statuen von Jesus und Maria bewegen sich
WALES
Entsprungene asiatische Sumpfkatze
grüne Kinder
schwarzer Hund
mandelbrotförmiger Kornfeldkreis
Statue von Maria bewegt sich
Cyhyraeth: mysteriöser Wellington-Bomber
mysteriöser Totenwagen
Geisterbus
Fischregen
Stonehenge
mysteriöse Entzündung
Spring-heeled Jack
Geister von: Henry VI., Edward V., Anne Boleyn, Jane Seymour, Catherine Howard, Henry VIII., Lady Jane Grey, Elizabeth I., Charles I., George II., George III.
Avalon, der Heilige Dornbaum, der Heilige Gral
mysteriöse schwarze Panther und andere Großkatzen
mumifizierte Kröte in hohlem Feuerstein
Milben des Crosse
Chanctonbury Ring
mysteriöse Katzen, schwarze Hunde
Kobolde
schreiender Totenkopf
Geist von George IV.
Trommel von Sir Francis Drake
Hufabdrücke des Teufels
entsprungener indischer Leopard
Totenwagen von Lady Mary Howard
Eulenmensch von Cornwall

Rätselhafte Tierwesen in Großbritannien

DAS EXMOOR BEAST UND ANDERE GEHEIMNISVOLLE KATZEN

Im Frühjahr 1983 sollen zahlreiche Lämmer auf dem Hof von Eric Ley in South Molton im Exmoor von einem unbekannten Wesen getötet worden sein. Zur selben Zeit berichteten Einheimische, daß in der Umgebung eine schwarze, pantherähnliche Katze gesichtet worden war, die später ohne Erfolg von der Königlichen Marine gejagt wurde. Man nimmt an, daß sie für den Tod der Schafe verantwortlich war. Biologen, welche die toten Schafe untersuchten, meinten jedoch, daß sie eher Opfer von Hunden als von Katzen geworden waren, und es ist bekannt, daß streunende Hunde Schafen und anderen Tieren in den Mooren auflauern.

Noch mysteriöser wurde die Sache, als man erkannte, daß der Panther wohl nicht für den Tod der Schafe verantwortlich war, aber daß er auch nicht alleine war. In Exmoor und Dartmoor weiter im Süden wurden noch einige pantherähnliche und gelbbraune, pumaähnliche Katzen sowie luchsähnliche Tiere mit kurzem Schwanz und buschigen Ohren gesehen. Im Januar 1986 untersuchte man Fußspuren, die in Muddiford, etwas westlich von Exmoor, gefunden worden waren. Sie stammten von einer großen Katze – nach ihrem Durchmesser von 75 Millimetern und der Kreisform zu schließen, wahrscheinlich von einem Luchs.

Ehemals rätselhafte Katze aus Kellas, Schottland – heute weiß man, daß es sich um eine ungewöhnliche Kreuzung aus Haus- und Wildkatze handelt.

Wie in meinem Buch *Mystery Cats of the World* beschrieben, werden in allen Teilen Großbritanniens seit Jahrzehnten Großkatzen gesichtet, die verschiedenen, nicht endemischen Arten angehören. Sie wurden von Privatpersonen als exotische Haustiere gehalten, von wo sie entkamen oder ausgesetzt wurden, da sie ihre Besitzer nicht länger halten wollten oder konnten.

1988 berichteten die Einwohner von Ludlow, in der Grafschaft Shropshire, daß eine große luchsähnliche Katze viele Monate lang die Felder und die Umgebung durchstreifte. Man glaubte ihnen allerdings nicht und nahm an, daß sie in Wirklichkeit Hunde, Hauskatzen oder Füchse gesehen hatten. Am 3. Februar 1989 entdeckte Norman Evans jedoch nahe seines Hofes in Richard's Castle, Ludlow, den Kadaver eines ungewöhnlichen Tiers, das vermutlich von einem Auto überfahren worden war. Es stellte sich heraus, daß es sich um die asiatische Sumpfkatze *Felis chaus* handelte, eine große Luchsart mit spitzen Ohren, gelbbraunem Fell und gestreiften Beinen, die in Großbritannien und Kontinentaleuropa nicht heimisch ist. Sie war sicher aus der Gefangenschaft entkommen und könnte in dem Gebiet von Ludlow bereits eine beträchtliche Zeit wild gelebt haben. Der Körper wurde ausgestopft und ist somit Beweis dafür, daß nicht endemische, exotische Wildkatzen tatsächlich frei in Großbritannien leben.

Andere Beispiele umfassen: einen Puma aus Schottland (im Oktober 1980 lebendig gefangen), ein Leopardenjunges aus Manchester (im August 1975 lebendig gefangen), einen jungen schwarzen Panther aus Kent (im Januar 1975 lebendig gefangen), einen gefleckten Leoparden aus Kent (im März 1976 erschossen), eine Löwin aus Lancashire

Katzen mit Flügeln

1975 veröffentlichte die Zeitung *Manchester Evening News* das Bild einer mysteriösen Katze, die einige Jahre zuvor in einem Bauhof in Trafford Park gelebt hatte. Das Besondere an dieser Katze waren die beiden langen, pelzigen Flügel, die von ihrem Rücken abstanden und auf dem Foto deutlich zu erkennen waren. Männer, die damals auf dem Hof arbeiteten, berichteten, daß ihr ungewöhnliches Haustier diese Auswüchse sogar über den Körper heben konnte.

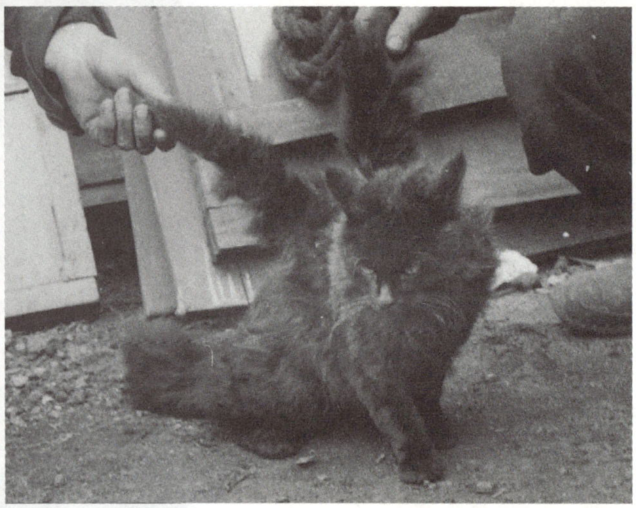

Geflügelte Katze von Manchester

Die geflügelte Katze von Manchester ist nicht das einzige Exemplar dieser Art. Viele ähnliche Katzen wurden in Großbritannien – und auch in einigen anderen Ländern – gesehen, doch hat man erst vor kurzem eine Erklärung für ihre „Flügel" gefunden. Anfang der 90er Jahre hörte ich von einer seltsamen, genetisch bedingten Hautkrankheit, die endlich eine Antwort lieferte.

Diese Krankheit ist unter dem Namen Feline Kutanasthenie (FCA) bekannt. Die Haut der erkrankten Tiere wird elastisch, vor allem im Bereich der Schultern, des Rückens und der Hüften, und kann sich auf flügelähnliche Auswüchse ausdehnen. Diese sind mit Fell bedeckt, und können auch bewegt werden, wenn sie genug Muskelfasern enthalten. Der leichte Abfall ohne Blutungen erklärt die Berichte über Katzen, die plötzlich ihre Flügel „abwarfen".

(im Mai 1980 tot in einem See gefunden), fünf asiatische Leoparden (Isle of Wight, Cheshire, Dartmoor und zwei in Schottland), mindestens eine weitere Sumpfkatze (im Juli 1988 auf Hayling Island, Hampshire, überfahren).

In Exmoor ist das Tier (oder die Tiere) jedoch weiterhin flüchtig – es werden weiterhin Panther, Puma und Luchse gesichtet, doch sie konnten bisher weder gefangen noch getötet werden.

Auch in vielen Teilen Kontinentaleuropas, Nordamerikas und Australiens wurden pantherähnliche Großkatzen in freier Wildbahn gesichtet. Im Januar 1990 wurde zum Beispiel von mehreren Augenzeugen ein schwarzer Panther in der Nähe von Rom gesehen. Er wurde auch von einem TV-Team gefilmt, konnte aber von der Polizei nicht eingefangen werden.

Auch die Geschichte der Großkatzen Großbritanniens scheint – wie Roms Panther – weiter zu bestehen.

Froschregen

Eines der seltsamsten Rätsel der Natur ist das Phänomen des Froschregens – also Frösche, die aus unerklärlichem Grund vom Himmel auf die Erde fallen, manchmal in beträchtlicher Zahl und meistens (aber nicht immer) während eines Regenschauers. Skeptiker versuchen dieses Phänomen damit zu erklären, daß die Frösche einfach von den Bodenpflanzen verdeckt waren und durch den Regen aus ihrem Versteck gespült wurden. Es gibt jedoch viele Berichte aus denen hervorgeht, daß die Frösche tatsächlich vom Himmel gefallen sein müssen.

Im Jahr 1902 ging meine damals achtjährige Großmutter Gertrude Timmins (geborene Griffin) mit ihrer Mutter Mary Griffin über ein Feld in den West Midlands, wo heute die Stadt West Bromwich liegt. Es begann zu regnen, und so spannten sie ihre Regenschirme auf. Augenblicke später spürte Gertrude, wie eine Vielzahl an schweren Tropfen auf ihren Schirm schlugen. Als sie unter ihrem Schirm hervorblickte, sah sie zu ihrer Überraschung, daß die Schläge durch kleine Frösche verursacht wurden, die vom Himmel herabfielen, auf ihren Regenschirm aufschlugen und neben ihren Füßen zu Boden fielen. Sie bekam es mit der Angst zu tun, doch ihre Mutter beruhigte sie. Sie erklärte ihr sachlich, daß es sich nur um Froschregen handelte und daß er bald vorüber wäre – tatsächlich hörten die Frösche bald auf, vom Himmel zu fallen. Da die Frösche auf Regenschirme fielen, konnten sie nicht aus ihren Verstecken gekrochen sein, als es zu regnen anfing. Es waren auch keine Bäume oder Gebäude in der Nähe, von denen sie gefallen sein könnten. Sie konnten also nur vom

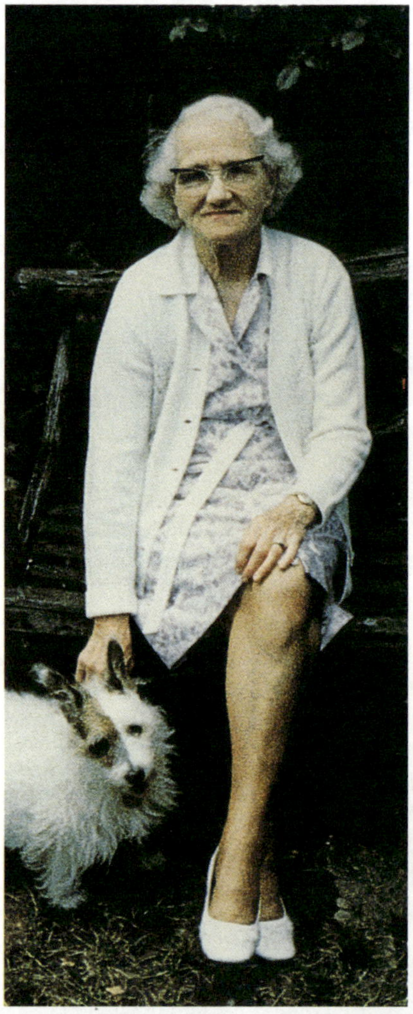

Gertrude Timmins, die im Alter von acht Jahren einen Froschregen erlebte.

1988 fielen in Gloucestershire leuchtend rosa oder rote Frösche vom Himmel.

Himmel kommen. Dieser Vorfall blieb meiner Großmutter derart klar in Erinnerung, daß sie bis zu ihrem Tod 1994 im Alter von 99 Jahren noch immer alle Einzelheiten wußte.

Nach einem verregneten Sonntag im Juni 1979 bemerkte Vida McWilliam in Bedford unzählige winzige, grüne Frösche, die über ihren Rasen hüpften, und zu ihrer Überraschung waren sogar die Büsche voller Froschlaich – auch das ist ein Anzeichen, daß diese unerwarteten Besucher von oben und nicht von unten kamen. Die Frösche, die während eines starken Unwetters am 30. Juni 1892 auf Moseley, Birmingham, fielen, waren weiß. Und rosa oder rote Frösche, die das erste Mal 1988 in Gloucestershire vom Himmel fielen, wurden an verschiedenen Orten Englands gesichtet. Es handelt sich hier wahrscheinlich um genetisch bedingte Mutationen.

Es regnet allerdings nicht nur Frösche. Am 28. Mai 1984 entdeckte Ron Langton aus East Ham, London, kleine Fische – Flundern und Stinten – auf seinem Dach. Am selben Tag wurde auch aus dem nahegelegenen Ort Canning Town Fischregen gemeldet. Berichte über Tierregen liegen aus vielen Teilen der Welt vor, darunter Eidechsen, Schlangen, Salamander, Schnecken, Heuschrecken, Regenwürmer und Quallen.

Unter den Wissenschaftlern ist die Erklärung verbreitet, daß diese durch einen Zyklon, einen Wirbelsturm oder eien Wasserhose angezogen und durch die Luft transportiert wurden und schließlich wieder auf den Boden fielen. Diese Erklärung läßt die Frage offen, warum dieses Phänomen so selektiv ist: Selten wird mehr als eine Tierart angezogen. Ebenso kommt es fast nie vor, daß Pflanzen in der unmittelbaren Umgebung der Tiere mitangezogen werden.

Es sind viele Jahrhunderte vergangen, seit das erste Mal über das Phänomen des Tierregens berichtet wurde, doch ist es der Wissenschaft bisher nicht gelungen, eine zufriedenstellende Erklärung zu geben.

… UND KRÖTEN IN LÖCHERN

Eines der außergewöhnlichsten Exponate im Booth Museum in Brighton ist der mumifizierte Körper einer Kröte. Sie wurde 1899 von Arbeitern in einem Steinbruch in Lewes, East Sussex, in einem hohlen Feuerstein gefunden. Es muß allerdings gesagt werden, daß sie dem Museum von Charles Dawson, dem Hauptverdächtigen im berühmten Hominidenschwindel von Piltdown, geschenkt wurde, und daher fraglich ist, ob sie echt ist. Es gibt vor allem aus Großbritannien sehr verläßliche Berichten über Kröten, die in hohlen Steinen eingeschlossen wurden.

Im Jahr 1835 bemerkte John Bruton, als er am östlichen Ende einer Eisenbahnschneise bei Coventry stand, wie ein Sandsteinblock von einem Waggon fiel und die Böschung hinabrollte. Aus dem auseinanderbrechenden Steinblock fiel eine lebende Kröte. Bruton brachte die am Kopf verletzte Kröte in sein Büro, wo sie zehn Tage später an ihrer Verletzung starb.

Eingeschlossene Kröten finden sich nicht nur in einer bestimmten Steinart.

Mumifizierte Kröte in einem hohlen Feuerstein, Booth Museum, Brighton.

1910 entdeckte ein Bewohner von Leicestershire ein junges lebendes Tier, als er ein Stück Kohle auseinanderbrach. In Brosley, Shropshire, entdeckten Arbeiter 1906 in einer festen Tonschicht zwei Meter unter der Erde eine kleine Kröte. Am häufigsten finden sich die Tiere jedoch in Kalkstein. Der bekannte viktorianische Geologe William Buckland führte ein gräßliches Experiment durch, bei dem er zwei Duzend Kröten in voneinander unabhängigen Löchern in Kalkstein und Sandstein einschloß und sie ein Jahr lang in seinem Garten vergrub. Als er sie wieder ausgrub, waren die meisten Kröten tot, nur ein Großteil der in Kalkstein eingeschlossenen Tiere lebte noch.

Diese Erkenntnisse gaben Anlaß zu der verbreiteten Theorie, daß junge Kröten in porösen Stein, wie zum Beispiel Kalkstein, oder in Felsen, die eine Öffnung haben, eindringen und, wenn sie hier wachsen, bevor sie wieder nach draußen gelangen, eingeschlossen werden können. Bemerkenswert in diesem Zusammenhang ist, daß der Feuerstein von Lewes ein kleines Loch aufwies, das bis an die Oberfläche führte. Eingeschlossen sondern die Kröten einen Geruch ab, der kleine Insekten anzieht, von denen sie sich ernähren. Durch die Öffnungen oder Poren des Steins dringt Luft, so daß sie nicht ersticken. Außerdem können Kröten in eine Art Winterschlaf versinken, durch den ihr Energiebedarf so weit absinkt, daß sie einige Jahre lang überleben können.

Diese Theorie erhielt vor kurzem durch einen ungewöhnlichen Fall Unterstützung, der das Thema der eingeschlossenen amphibischen Lebewesen in unsere Zeit überträgt. Im Oktober 1995 sammelten einige Schüler der Rhyl High School in Nordwales Abfälle bei einem überwachsenen Tümpel. Dabei entdeckten sie eine alte Dose mit Ringverschluß, in der ein 5 Zentimeter großer, lebender Frosch saß. Der Frosch, jetzt größer als die Öffnung der Dose, muß in dieser gewachsen sein, und war vielleicht – da das Ablaufdatum 1994 zeigte – länger als ein Jahr darin eingeschlossen. Er hat zweifelsohne überlebt, weil er sich von Insekten und anderen kleinen Lebewesen ernährte, die in die Dose eindrangen, und durch Regen und Tau Feuchtigkeit zugeführt bekam.

NESSIE, TEGGIE UND ANDERE BRITISCHE SEEUNGEHEUER

Die Geschichte von Nessie, dem langhalsigen, buckeligen Ungeheuer von Loch Ness in Schottland, geht auf die Zeit um 580 n. Chr. zurück, als es der Hl. Columba das erste Mal sah. Nessie ist wahrscheinlich das berühmteste

Es gibt die Theorie, daß das Ungeheuer von Loch Ness ein Plesiosaurier ist. Hier kämpft er mit einem Ichthyosaurier.

Ein Unterwasserfoto von Loch Ness: Ist das Nessie?

rätselhafte Wesen der Welt. Das hat unweigerlich zahlreiche Schwindler angezogen, was dazu geführt hat, daß Skeptiker die Berichte vieler Augenzeugen und praktisch alle Fotos, die von dem Ungeheuer an der Wasseroberfläche gemacht wurden, anzweifeln.

Meiner Meinung nach gibt es zwei überzeugende Hinweise auf ein rätselhaftes Wesen in Loch Ness. Der erste ist eine Reihe von übereinstimmenden Berichten, laut denen das Ungeheuer an Land gesehen wurde. Die vielleicht wichtigste Begegnung mit Nessie an Land fand an einem mondhellen Morgen des 5. Januar 1934 um 1.30 Uhr statt und betraf einen Studenten der Veterinärmedizin, also einen Augenzeugen mit Kenntnissen über die Tierwelt, der wohl kaum ein gewöhnliches Tier mit einem Seeungeheuer verwechselt hätte.

Arthur Grant fuhr mit seinem Motorrad von Inverness nach Glen Urquhart, als er rechts von der Straße etwas Dunkles bemerkte, das sich in den Büschen bewegte. Als er näher kam, wandte sich ihm ein langer Hals mit einem kleinen, schlangenförmigen Kopf und großen, ovalen Augen zu, und dann bewegte sich ein großer Körper die Straße hinauf und über einen steilen Abhang zum See hin, wo das Wesen mit lautem Klatschen verschwand. In diesen wenigen Augenblicken sah Grant deutlich zwei Vorderflossen, wobei weiter hinten zwei weitere zu sein schienen, und einen vermutlich zwei Meter langen Schwanz mit einer runden Spitze. Das Tier schien 5–6 Meter lang zu sein und über einen Meter groß. Später fand man im Kies nahe der Stelle, wo Grant das mysteriöse Wesen den Abhang zum See hinuntergehen gesehen hatte, große, paddelförmige Spuren.

Grants Beschreibung paßt gut auf einen Plesiosaurier – ein prähistorisches Wasserreptil mit langem Hals, kleinem Kopf, schlankem Schwanz, kräftigem Körper und vier paddelförmigen Flossen. Obwohl Plesiosaurier offiziell vor über 60 Millionen Jahren gleichzeitig mit den Dinosauriern ausstarben, scheinen doch heute nicht nur Nessie, sondern auch zahlreiche andere Seeungeheuer mit langem Hals und andere Meeresschlangen auf der ganzen Welt diese Form zu haben.

Der zweite beachtenswerte Hinweis auf Nessie umfaßt Unterwasserfotos und Sonaraufzeichnungen. Diese wurden von verschiedenen Wissenschaftlerteams im Lauf der Jahre angefertigt. Eines davon war ein Forscherteam unter der Leitung von Dr. Robert Rines von der Academy of Applied Science in Concord, New Hampshire. Es fand, meiner Meinung nach, die überzeugendsten Beweise dafür, daß sich in Loch Ness ein sehr großes Lebewesen befindet, das von der Wissenschaft bisher nicht erforscht wurde.

Am frühen Morgen des 8. August 1972 horchte Dr. Rines Team einen Teil des Sees mit Sonargeräten ab und hatte eine Unterwasserkamera in Urquhart Bay stationiert. Plötzlich zeigte das Sonargerät einen Fischschwarm an, der sich so schnell bewegte, als ob er auf der Flucht wäre. Einige Augenblicke später registrierte das Gerät ein sehr großes, kompaktes Objekt, 6–9 Meter lang, das den Fischschwarm bewußt und gezielt verfolgte. Im Vorbeischwimmen löste das Objekt die Unterwasserkamera aus, die eine Reihe von Fotos machte. Als diese entwickelt wurden, entdeckte man auf zweien davon einen bemerkenswerten, paddelähnlichen Schatten, 1,25–2 Meter lang und rhombenförmig, der an einem viel größeren Körper befestigt war. Zoologische Analysen

Die Urlauberin Jennifer Bruce machte 1982 dieses Foto von Loch Ness. Zufällig hat sie wahrscheinlich auch Nessie in der Urquhart Bay aufgenommen.

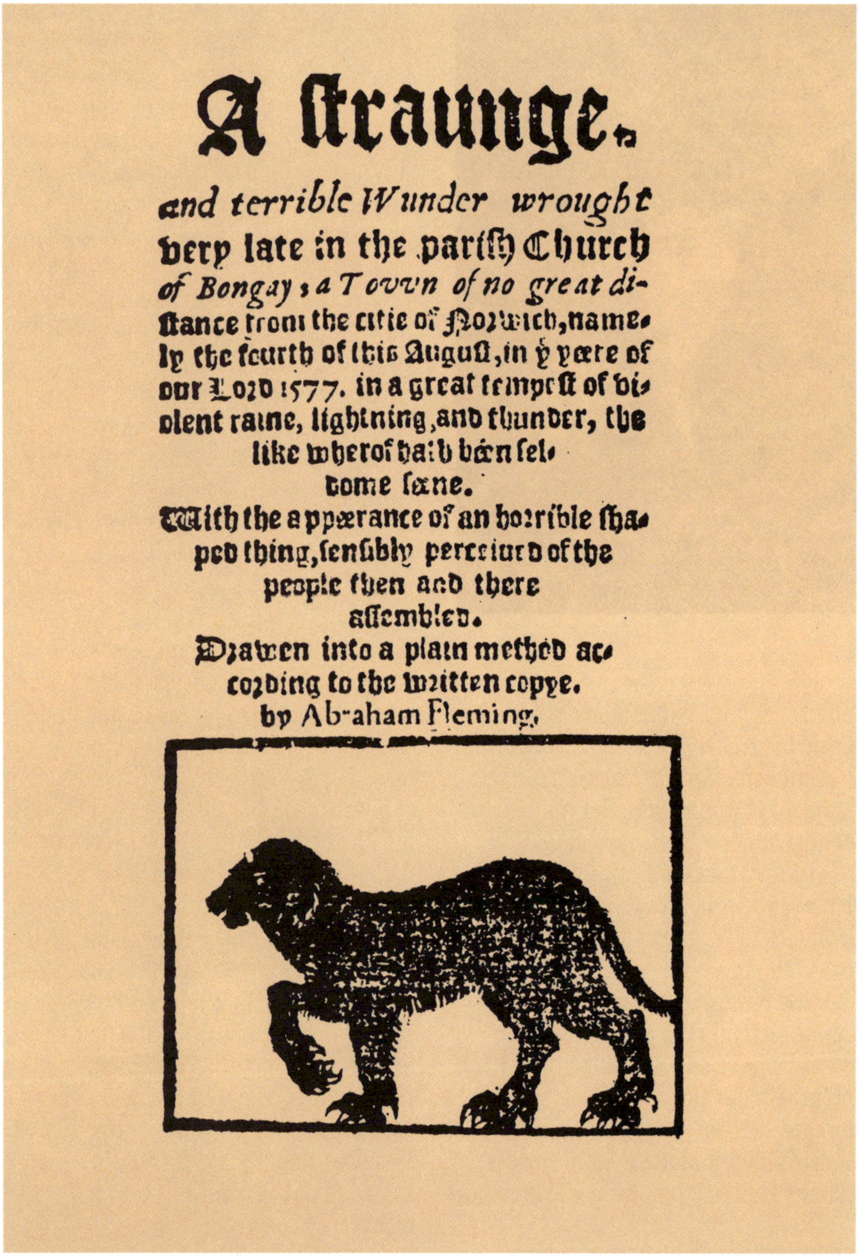

A straunge.
and terrible Wunder wrought
very late in the parish Church
of Bongay, a Tovvn of no great di-
stance from the citie of Norwich, name-
ly the fourth of this August, in ye yeere of
our Lord 1577. in a great tempest of vi-
olent raine, lightning, and thunder, the
like wherof hath been sel-
dome seene.
With the appeerance of an horrible sha-
ped thing, sensibly perceiued of the
people then and there
assembled.
Drawen into a plain method ac-
cording to the written copye.
by Abraham Fleming.

*Titelseite von **A Straunge Wunder in Bongay** mit der Darstellung eines mysteriösen schwarzen Hundes, der 1577 in Bungay, Suffolk, gesehen wurde.*

ergaben, daß die Paddelform hydrodynamisch ausgefeilt und den Paddeln von Plesiosauriern sehr ähnlich ist. Eindrucksvoll ist vor allem, daß diese Aufzeichnungen von zwei völlig objektiven Quellen gemacht wurden, Maschinen, die nur registrieren, was sie erkennen, und die Daten lieferten, die sich vollkommen deckten. Das Sonargerät registrierte einen sich bewegenden Körper, und die Kamera fotografierte ihn.

Seeungeheuer mit langem Hals wurden weiters in verschiedenen anderen schottischen Seen gesichtet, darunter in Loch Morar, Loch Arkaig, Loch Quoich, Loch Oich, Loch Lochy und Loch Lomond. Mysteriöse Wasserwesen wurden auch in einigen irischen Seen entdeckt, wobei die bedeutendsten Begegnungen von Lough Nahooin und Lough Fadda in der Grafschaft Galway gemeldet wurden. Diese Wesen wurden Pferdeaale genannt und scheinen eine völlig andere Form zu haben als die schottischen Seeungeheuer. Es wird berichtet, daß sie einen Pferdekopf und einen sehr langen, aalförmigen Körper haben. Überraschenderweise paßt diese Beschreibung gut auf Zeuglodonten – eine vermutlich ausgestorbene Schlangenwalart, deren bewegliches Rückgrat sich gut in den Wellen auf- und abbewegt haben konnte, wie dies bei Seeungeheuern der Fall sein soll.

Pferdeaale wurden auch einige Male in Seen gesehen, die aber zu klein waren, um sie für lange Zeit zu ernähren. Wenn sie allerdings von See zu See wandern und nicht in einem bleiben, würde das wohl kein Problem darstellen. Es wird angenommen, daß Zeuglodonten anders als andere Walarten über Land wandern konnten, wenn auch nur über relativ kurze Strecken.

Viel weniger bekannt ist Teggie, die walisische Version von Nessie, die in Llyn Tegid, oder Bala Lake, wohnen soll. Berichte über dieses Ungeheuer, das mit einem Krokodil oder kleinen Plesiosaurier verglichen wird, gibt es mindestens seit den 20er Jahren. Eine dreitägige Untersuchung des Sees mit einem kleinen U-Boot durch ein japanisches Filmteam im September 1995 war jedoch nicht erfolgreich.

Viele Ungeheuer wie die Pferdeaale und die langhalsigen Wesen, die hier beschrieben wurden, entdeckte man auch im Meer um die Britischen Inseln. Es ist nicht wahrscheinlich, daß diese Meeresschlangen mit den Seeungeheuern ident sind, doch sind sie vermutlich eng verwandt.

Schwarze Hunde und andere Tierwesen

The Middle Kingdom, eine Sammlung irischer Volksmärchen und Sagen, die von Dermot A. MacManus zusammengestellt wurde, enthält auch eine moderne Erzählung einer unheimlichen Begegnung zwischen einem seiner Freunde und einem mysteriösen Wesen, über das bereits seit mehreren Jahrhunderten berichtet wird. Zu Ostern des Jahres 1928 ging der Freund von MacManus, ein Student am Trinity College in Dublin, an einem Fluß bei seinem Haus in der Grafschaft Derry fischen. Er sah, wie ein sehr großer schwarzer Hund durch die seichten Stellen des Flusses direkt auf ihn zuschwamm. Zähnefletschend blickte er den verängstigten Studenten, der auf einem nahegelegenen Baum Zuflucht gefunden hatte, an. Schlimmer waren jedoch seine Augen, die rot leuchteten und „... wie glühende Kohlen in einem lodernden Feuer aussahen". Der Student blieb im Baum sitzen, bis das furchtbare Wesen hinter einer Flußbiegung verschwunden war.

Das ist nur einer von zahllosen Berichten über mysteriöse Hundewesen, die unter den Namen schwarze Hunde, Teufelshunde oder Höllenhunde bekannt sind. Es gibt viele verschiedene Hunde in unterschiedlichen Gebieten – Black Shuck in East Anglia, Skriker („Howler" in Lancashire), Padfoot (Staffordshire), Muckle Black Tyke (Schottland), Mauthe Doog (Isle of Man), Gwyllgi („Hund der Finsternis" in Wales), Barguest (Yorkshire). Geschichten vom schwarzen Hund von Hergest an der Grenze zwischen Herefordshire und Powys und einer Gruppe von Tieren, die in Dartmoor jagten, inspirierte Sir Arthur Conan Doyle zu seinem Buch Der Hund von Baskerville.

Diese mysteriösen Wesen weisen jedoch einige gemeinsame Merkmale auf. Meist sind sie so groß wie ein Labrador oder Schäferhund, fast immer schwarz und haben oft räudiges Fell. Sie sondern einen deutlichen Schwefelgeruch ab, und ihre Augen glühen feuerrot. Außerdem wirken sie echt, doch können sie jederzeit verschwinden, was manchmal im Zuge einer heftigen Explosion geschieht. Menschen, die eines dieser Wesen berühren, sterben für gewöhnlich kurze Zeit später. In manchen Gebieten glaubt man sogar, daß es Unglück bringt, einen dieser Hunde zu sehen.

Die vielleicht unheimlichste Erscheinung eines schwarzen Hundes ereignete sich 1577 während des Morgengottesdienstes in der Kirche von Bungay in Suffolk. Ohne Vorwarnung erschien ein wilder, schwarzer Hund im Kirchengang und griff die geschockte Gemeinde an. Er tötete zwei Personen und schaffte es, einer weiteren schwere Verbrennungen zuzufügen. Im Gegensatz dazu stehen Erzählungen von schwarzen Hunden, die Frauen begleiteten, die alleine durch dunkle, einsame Straßen gingen, und verschwanden, sobald die Frauen ihr Haus oder gut beleuchtete Gebiete erreichten.

Eine Hexe reitet auf einem schwarzen Hund. Lithographie aus ***La Vie Exécrable de Guillemette Babin,*** *Sorcière (1926).*

Interessanterweise erscheinen die schwarzen Hunde nur an wenigen Orten – auf einer bestimmten Landstraße, in einem Kirchhof oder an einem Flußufer. Sie scheinen ihre Stammgebiete nie zu verlassen, die häufig mit alten Bauwerken oder Gebäuden in Zusammenhang stehen oder an Peillinien liegen, die entlang angeblicher Erdenergiekanäle angelegt wurden.

Welche Erklärung gibt es für die schwarzen Hunde? Es ist keine adäquate Lösung, sie auf Halluzinationen oder einfach Verwechslungen mit normalen Hunden zurückzuführen. Vielleicht haben diese Wesen ihren Ursprung in einem Naturgeist oder anderen Lebewesen, die von einigen Forschern als elementar angesehen werden. Viele sind der Ansicht, daß die schwarzen Hunde zyklische Erscheinungen sind – eine Art bewegter Energiefluß, vielleicht die Ebenbilder echter, toter Hunde, die durch meteorologische

Erscheinungen hervorgerufen werden und deshalb wie ein dreidimensionaler Film vor dem Auge des Beobachters erscheinen. Das erklärt jedoch nicht, warum diese Hunde sich in einigen Fällen wie interaktive Erscheinungen verhielten und die Menschen tatsächlich anblickten. Es wurde sogar versucht, eine Verbindung zwischen schwarzen Hunden und Kugelblitzen herzustellen. Das könnte eine Erklärung für den Hund von Bungay und die Verbrennungen sein.

Schwarze Hunde sind nur die bekanntesten aus einer Reihe von zoologischen Phänomenen – dieser Begriff wurde von Jonathan Downes aus Exeter geprägt, einem Erforscher mysteriöser Tiere. Er beschreibt Wesen, die oberflächlich wie Tiere aussehen, doch eher übernatürlich als real zu sein scheinen. Einige wirken so außergewöhnlich, daß sie unmöglich aus Fleisch und Blut sein können, doch waren sie für ihre schreckerstarrten Beobachter nur zu echt.

Am Vorabend der Schlacht von Culloden im schottischen Hochland, die 1746 zwischen den Truppen des Herzogs von Cumberland und den aufständischen Jakobinern ausgefochten wurde, schwebte ein kreischendes Ungeheuer mit Menschenkopf, glühend roten Augen und schwarzen, lederartigen Flügeln über den entsetzten Soldaten. Einer der Augenzeugen des Wesens, das unter dem Namen Skree bekannt ist, war niemand geringerer als Lord George Murray, ein General, der für seine Vernunft bekannt war.

Ein weiteres Beispiel ist ein pferdeähnliches Ungeheuer mit dem Gesicht eines bösen, höhnisch grinsenden Menschen, das John Farrell und Margaret Johnson beinahe zwei Minuten lang den Weg verstellte, als sie eines Abends im Frühjahr 1966 eine verlassene Landstraße bei Drogheda, in der Grafschaft Louth in Irland, entlangfuhren. In der irischen Legende gibt es ein übernatürliches, schreckliches Wesen, das unter dem Namen Pooka bekannt ist und oft als böses Pferd dargestellt wird. Doch sind Pookas rein mythologische Wesen, oder nicht? Vielleicht gibt es Gebiete in Großbritannien, in denen Mythen, wenn auch nur für kurze Zeit, Realität werden.

MEERESWESEN

Laut einer alten Sage aus Cornwall verliebte sich eine Meerjungfrau in die melodiöse Singstimme von Matthew Trewhella, einem Chorsänger in der Kirche von Zennor, und zog ihn mit sich in die Tiefen des Meeres hinab, wo sie heirateten und mehrere Kinder bekamen. Auch wenn viele Erzählungen von Meereswesen nur Legenden und Märchen sind, gibt es doch einige außergewöhnliche Berichte, die nicht so leicht abgetan werden können, wie der folgende des schottischen Schullehrers William Munro, der am 8. September 1809 in der Zeitung *The Times* erschien. An einem Sommertag um das Jahr 1797 ging er zum Sandside Head an der Küste von Caithness im Norden des schottischen Hochlandes, als:

... meine Aufmerksamkeit von einer Gestalt angezogen wurde, die einer nackten Frau glich und auf einem Felsen saß,

Meerjungfrau mit einer Seekuh. Forscher glauben heute noch, daß Erscheinungen von Meerjungfrauen Seekühe waren.

der ins Meer hineinreichte. Sie schien sich ihr hellbraunes Haar zu kämmen, das ihre Schultern umgab. Die Stirn war rund, das Gesicht pausbackig, die Wangen gerötet, die Augen blau, der Mund und die Lippen von natürlicher Form, ähnlich denen eines Mannes. Die Zähne konnte ich nicht sehen, da sie den Mund geschlossen hatte. Die Brüste und der Bauch, die Finger und Arme waren so groß wie bei einem ausgewachsenen Menschen; die Finger schienen, nach der Tätigkeit der Hände zu schließen, keine Schwimmhäute zu haben, doch bin ich mir hier nicht sicher. Das Wesen blieb drei oder vier Minuten am Felsen sitzen, während ich es beobachtete, und war die ganze Zeit damit beschäftigt, sich das Haar zu kämmen, das lang und dick war, und auf das sie stolz zu sein schien. Danach sprang sie ins Meer, aus dem sie nicht mehr auftauchte. Ich sah ihre Züge sehr genau, da ich nicht weit entfernt stand und der Felsen, auf dem sie saß, gut zu sehen war. Außerdem schien die Sonne hell.

Holzschnitt einer Meerjungfrau (ca. 1800).

Traditionell werden Meerjungfrauen als Seehunde oder Seekühe erklärt, doch zynischere Menschen könnten meinen, daß Munro einfach einer Frau begegnet war, die nackt baden wollte – und wer weiß, vielleicht haben sie recht! Diese Erklärung kann jedoch nicht auf den tragischen Fall der Meerjungfrau von Benbecula zutreffen.

Wie im zweiten Band von Alexander Carmichaels Abhandlung *Carmina Gadelica* (1900) beschrieben, sammelten Personen im oder um das Jahr 1830 in Sgeir na duchadh, in Grimnis auf der Insel Benbecula, die zu den äußeren Hebriden gehört, Seetang. Plötzlich begann ein Wesen mit weiblichen Zügen unweit von ihnen im Wasser herumzutollen. Nachdem sie ohne Erfolg versucht hatten, das Wesen zu fangen, warf ein Bursche einen Stein, der es hart am Rücken traf. Das Wesen versank in den Wellen, und einige Tage später wurde sein toter Körper ungefähr drei Kilometer entfernt in Cuile in Nunton an Land gespült.

Laut der detaillierten Beschreibung in *Carmina Gadelica* entsprach der Oberkörper des Wesens dem eines gutgenährten drei bis vier Jahre alten Kindes, doch wies er außergewöhnlich entwickelte Brüste auf. Der Unterkörper hatte die Form eines Lachses ohne Schuppen. Die Haut war weiß, weich und zart, das lange Haar dunkel und glänzend. Es überrascht nicht, daß dieses außergewöhnliche Wesen eine große Menschenmenge anzog, die es alle genau betrachteten und sogar berührten. Alle waren von seiner menschlichen Wirkung überzeugt, so daß Duncan Shaw, der Verwalter von Clanranald und Stadtverordneter und Sheriff der Gemeinde, einen Sarg und ein Totenhemd anfertigen ließ. Der Körper wurde oberhalb des Strandes, an dem er gefunden worden war, feierlich begraben. Bewanderte Augenzeugen wie die seefahrenden Bewohner von Benbecula hätten kaum einen toten Seehund oder einen gestrandeten Wal mit einer Meerjungfrau verwechselt und ihm auch kein feierliches Begräbnis gegeben.

1981 meinten die kanadischen Forscher Dr. Waldemar Lehn und I. Schroeder, daß die Nixen, die in mittelalterlichen nordischen Manuskripten beschrieben werden, vielleicht optische Täuschungen waren – normale Meeressäugetiere, die durch starke, ungleichmäßige Brechung des Lichts verzerrt wurden. Das mag richtig sein, doch können optische Täuschungen nicht mit einem Totenhemd in einem Sarg begraben werden.

1960 stellte der britische Forscher Professor Sir Alister Hardy die ungewöhnliche Theorie auf, daß die Menschen nicht von zweibeinigen Primaten, die auf flachem Land lebten, abstammten, wie dies allgemein angenommen wird, sondern von affenähnlichen Wasserwesen. Hardys radikale Hypothese wurde schließlich von Elaine Morgan in *The Aquatic Ape* und anderen Publikationen weiter ausgeführt, hat jedoch bei den Wissenschaftlern wenig Zustimmung erfahren. Dennoch kann diese Theorie eine sehr originelle Lösung zu einem anderen alten Problem bieten.

Vielleicht weist der menschliche Stammbaum ein Wesen auf, das im Wasser lebte und auch in diesem Element blieb, sich aber entwickelte und parallel zu seinen irdischen Artgenossen überlebte. Wie würden diese Wesen heute aussehen? Vielleicht wissen wir es bereits und haben auch einen Namen für sie – Nixen.

Zwischen Himmel und Erde

Der Heilige Dornbaum und der Heilige Gral

„Jerusalem", das hymnische Gedicht von William Blake ist unsterblich. Es erzählt von der Möglichkeit, daß Jesus als Kind mit seinem Onkel, dem Zinnhändler Joseph von Arimathäa, Großbritannien besuchte. Es enthält Geschichten, wie der Hl. Joseph nach Jesu Tod nach Großbritannien fuhr und dort eine kleine Kirche in Glastonbury, in Somerset, gründete. Diese Kirche brannte 1184 ab und wurde durch die Abtei ersetzt, die im Jahr 1539 von König Henry VIII. zerstört wurde, und von der heute nur noch die Ruinen erhalten sind.

Glastonbury hat auch mythologische Bedeutung, denn einige Historiker sind der Meinung, daß hier Avalon war, die Insel, auf die König Artus gebracht wurde, als er in seiner letzten Schlacht schwer verwundet worden war.

Laut Legende schlug der Stab des Hl. Joseph, als dieser in Glastonbury war, Wurzeln und wurde zu einem Dornbaum. Der Hl. Joseph versteckte hier im Kirchhof auch den Heiligen Gral – das Gefäß, aus dem Jesus beim Letzten Abendmahl trank, und das verwendet wurde, um die Bluttropfen aufzufangen, die aus den Kreuzigungswunden flossen.

So weit zur Legende, doch hat all dies auch eine Verbindung zur Realität? Am Gelände von Glastonbury gab es tatsächlich einen großen Dornbaum, doch befahl der Puritaner Oliver Cromwell, ihn umzuschneiden, da er ihn als Götzenbild verdammte. 1985 wurde an derselben Stelle ein neuer Baum gepflanzt, und auf dem Gelände der Abtei befinden sich noch weitere Dornbäume. Ihre Unterart, *Crataegus oxyacantha praecox* ist in Großbritannien nicht endemisch, sondern stammt aus dem Heiligen Land – unterstützt das die Legende von der Reise des Hl. Joseph nach Großbritannien?

Ausschnitt aus einem Fenster in der Gemeindekirche von Kilkhampton, Devon: Joseph von Arimathäa trägt den Heiligen Dornbaum und den Gral.

Viele Historiker sind heute der Meinung, daß die so gängige Verbindung zum Christentum erst vor relativ kurzer Zeit hergestellt wurde, und das ursprüngliche Konzept des Heiligen Grals viel älter ist als das Christentum – es soll auf die keltische Mythologie zurückgehen. Hier wird der Gral mit dem Zauberkessel des Gottes Bran gleichgesetzt, in dem jeder Ermordete, der hineingeworfen wurde, zu neuem Leben erweckt werden konnte.

In *The Shroud and the Grail* meint Noel Currer-Briggs, daß es einst zwei Grale gab, die seitdem verwechselt wurden. Einer davon ist das Gefäß, mit dem wir heute für gewöhnlich den Heiligen Gral assoziieren. Der andere jedoch, von dem er annimmt, daß es der echte Gral ist, war der tellerförmige Reliquienkorb, in dem sich die Leinwand befand, in die der Körper Jesu eingewickelt wurde, nachdem er vom Kreuz genommen wurde, also das Turiner Grabtuch.

Ebenso widersprüchlich sind die vielen Geschichten aus der Artussage über die Suche nach dem Gral, der große Heilkräfte besitzen soll. Die berühmteste davon ist *Le Morte d'Arthur* (1485) von Sir Thomas Malory, in der die Suche von Sir Galahad (Gawain in anderen Erzählungen), Sir Percival und Sir Bors durchgeführt wird. Sie finden das Gralsschloß, das von wüstem Ödland umgeben ist, und in dem das heilige Gefäß von einem

La Mort d'Arthur *von James Archer.*

Der fünf Zentimeter hohe Onyxbecher, von dem Dr. Graham Phillips annimmt, daß er der legendäre Heilige Gral ist, in dem das Blut Jesu aufgefangen wurde.

verwundeten, bewegungsunfähigen Wächter, dem Fischerkönig, bewacht wird. Nur wenn sie eine Frage zum Gral richtig stellen, kann der Fischerkönig geheilt, das Land wiederhergestellt und der Gral freigegeben werden. Galahad stellte die Frage richtig, und die drei Ritter brachten den Gral nach Sarras, eine heilige Stadt im Osten. Dort wurde Galahad zum König gekrönt, Percival kehrte zum Gralsschloß und Bors nach Camelot zurück. Was mit dem Gral weiter geschah, ist jedoch in zahllosen Erzählungen von Verschwörungen, Eingriffen des Templerordens, der Katharer, usw. verloren gegangen.

Der Schriftsteller Dr. Graham Phillips erzählt in seinem letzten Buch *The Search for the Grail* eine völlig andere Geschichte. Er ist der Meinung, daß der Heilige Gral im Jahr 327 n. Chr. von Archäologen, die im Auftrag der römischen Herrscherin Helena arbeiteten, aus dem Grab Jesu entfernt und nach Rom gebracht worden war. Als Rom im Jahr 410 von barbarischen Truppen angegriffen wurde, schmuggelte man den Gral aus der Stadt und brachte ihn nach Britannien in die Stadt Viroconium, in der heutigen Grafschaft Shropshire. Er wurde unter den Schutz des dortigen Königs gestellt, von dem Phillips annimmt, daß es sich um Artus handelte. Hier wurde er auch über mehrere Jahrhunderte, bis zur Invasion der Normannen, verwahrt. Unter den Normannen ging das Land Artus' – und somit auch der Gral – an Payn Peveril, einen französischen Edelmann.

Der Gral wurde dann über mehrere Generationen in der Familie Peveril vererbt. Im Jahr 1850 heiratete die letzte direkte Erbin, Frances Vernon, einen Historiker aus der Umgebung mit dem Namen Thomas Wright, doch ihr einziges Kind, ein Sohn, starb jung. Wright und seine Frau beschlossen, ihr wertvolles Erbe zu verstecken, und hinterließen später einige kryptische Anmerkungen, wo er zu finden wäre – in einer künstlichen Höhle in Hawkstone Park in der Nähe von Shrewsbury. Diese Hinweise fügten sie einem Gedicht über den Gral an, das ein Vorfahre seiner Frau im 17. Jahrhundert verfaßt hatte.

Nach Thomas Wrights Tod heiratete seine Frau erneut, und 1920 entzifferte einer ihrer Enkel, Walter Langham Wrights Hinweise und kämpfte sich durch einen Irrweg aus Tunnels und Höhlen unter White Cliff, einer verfallenen Kapelle im Hawkstone Park. Hier entdeckte er unter einem steinernen Adler einen sehr abgegriffenen, fünf Zentimeter hohen Becher aus grünem Onyx. Konnte das wirklich der Heilige Gral sein?

Die Experten sind heute überfragt. Da der Becher aus Onyx besteht, kann sein Alter mit der Radiokarbonmethode nicht genau bestimmt werden. Warum aber wurde seine Existenz so lange verschwiegen? Nachdem ihn Langham gefunden hatte, blieb der Becher in der Familie, doch als er in die Hände seiner gegenwärtigen Besitzerin kam, der Urenkelin von Langham, die in Rugby in Warwickshire lebt, war seine angebliche Herkunft völlig in Vergessenheit geraten. Erst als Phillips ihr 1995 mitteilte, daß der Becher unter Umständen der Heilige Gral sein könnte, verwahrte sie ihn in einem Bankschließfach – vorher lag er am Dachboden in einer Kiste. Welch' unromantisches Ende für die Geschichte einer Reliquie, die Anlaß für viele Legenden war!

Kleine Lebewesen

Im Juli 1917 nahm die 15jährige Elsie Wright eines Tages den Fotoapparat ihres Vaters mit in eine waldige Schlucht in Cottingley, Yorkshire, und machte ihr erstes Foto: Es wurde eines der berühmtesten und umstrittensten Bilder, die je an die Öffentlichkeit gelangten. Das Foto zeigte ihre zehnjährige Cousine Frances Griffiths inmitten einer Gruppe kleiner, geflügelter Elfen, die vor ihr tanzten. Zwei Monate später machten die beiden Mädchen ein weiteres Foto – diesmal zeigte es Elsie mit einem Kobold. Diese außergewöhnlichen Bilder beeindruckten den Theosophen Edward Gardner tief, und sie faszinierten Sir Arthur Conan Doyle, der ein Buch mit dem Titel *The Coming of the Fairies* (herausgegeben 1922) vorbereitete und natürlich jedem Hinweis nachgehen wollte. Mit der Bitte, mehr Fotos von Elfen zu machen, bekamen die beiden Mädchen neue Fotoapparate und Fotoplatten. Im August 1920 machten sie dies auch – drei insgesamt. Im letzten Bild waren die Elfen fast durchscheinend, als ob sie verschwinden würden, und Elsie meinte, daß sie sie nicht mehr fotografieren könne.

57 Jahre lang beschworen Elsie und Frances immer wieder die Echtheit der Fotos, und obwohl diese meist angezweifelt wurden, da allgemein bekannt war, daß Elsie Talent zum Malen hatte, konnten nicht einmal die Fotographen zeigen, wie die Fälschungen zustande gekommen waren. Im August 1977 löste der Schriftsteller Fred Gettings schließlich das Rätsel. Im 1915 weitverbreiteten Kinderbuch mit dem Titel *Princess Mary's Gift Book* entdeckte er Bilder von Elfen, die mit denen auf dem ersten von Elsies Fotos praktisch ident waren.

Ein Bericht seiner Entdeckung erschien 1982 in *The Unexplained* (Nr. 116), doch konnte die nächste Ausgabe mit einem noch sensationelleren Coup aufwarten – einem Artikel des Elfenforschers Joe Cooper, der behauptete, daß Elsie und Frances ihm gegenüber zugegeben hätten, die Bilder tatsächlich gefälscht zu haben, indem sie ausgeschnittene Elfenbilder verwendeten, die Elsie gemalt hatte. Am 17. März 1983 gestand Frances der *Times* die Fälschung, die dieses Geständnis, wie auch Elsies nachfolgende Bestätigung, veröffentlichte.

Zwischen 24. Dezember 1982 und 8. April 1983 druckte das *British Journal of Photography* sämtliche von Geoffrey Crawley enthüllten Einzelheiten ihrer Vorgangsweise. Die vielleicht überraschendste Erkenntnis über die Fotos von Cottingley war jedoch, daß Hinweise auf die wahre Natur der Bilder die ganze Zeit klar zu sehen gewesen waren. Einige der Ausschnitte waren mit Hutnadeln festgesteckt, und der Kopf einer Nadel war von Conan Doyle auch bemerkt worden, doch hielt er ihn für einen Elfennabel!

Trotzdem die Fotos als Beweis für die Existenz von Elfen unbrauchbar geworden sind, werden auch heute noch kleine Lebewesen in Großbritannien gesichtet. Mrs. G. Herbert erinnerte sich, bei einem Spaziergang 1897 in Dartmoor einen kleinen, verhutzelten Kobold gesehen zu haben, der neben einem runzeligen Gesicht noch einen spitzen Hut, ein Wams und Kniehosen besaß und der fast sofort wieder verschwand.

Eine anonyme Verfasserin eines Leserbriefs an die Zeitschrift

Elfen im Flug mit „... dem Mond, gleich einem Silberbogen/Am Himmel neu gespannt"; und Titiana, die Königin der Elfen, schläft. Arthur Rackhams Illustration (1908) für ***Ein Sommernachtstraum*** *von William Shakespeare.*

Die Elfen von Cottingley: eines von Elsie Wrights umstrittenen Fotos.

John o'London's (Juni 1933) schrieb, daß sie und ihre älteste Tochter im August 1931 in ihrem Garten in Warwickshire achtmal ungefähr 45 Zentimeter große weibliche Elfen gesehen hatten, die feine, durchscheinende Gewänder trugen. Im August 1887 oder 1888 sah der Teenager Grace Penrose drei kleine, puppenähnliche Figuren in identen weißen Gewändern, die bei einem Brunnen hinter ihrem Haus in Sennen Cove, Cornwall, tanzten. Im Sommer 1964 behaupteten einige Kinder, daß sie eine Reihe kleiner grüner Männer mit weißen Hüten beobachtet hätten, die einander auf einem Bowlingplatz in Liverpool mit Steinen und Erdklumpen bewarfen.

Der seltsamste Bericht stammt jedoch von einer Gruppe zehnjähriger Kinder, die Ende September 1979 im Wollaton Park, Nottingham, ungefähr 60 Kobolde sahen, die mit 30 winzigen rot-weißen Blasenautos aus einem Gebüsch beim See herausfuhren. Sie meinten, die Kobolde waren halb so groß wie sie selbst, hatten grünliche, runzelige Gesichter, rote Jacken, grüne Hosen und weiße Bärte mit roten Spitzen. Dazu befragt, bestanden die Kinder darauf, die Wahrheit gesagt zu haben. Marjorie Johnson, eine ehemalige Sekretärin der Fairy Investigation Society mit Sitz in Nottingham enthüllte, daß sie mehrere andere Berichte über kleine Lebewesen im Wollaton Park, häufig in der Nähe des Sees, erhalten habe.

Es gibt zahlreiche Vermutungen über kleine Lebewesen. Die traditionelle Erklärung ist, daß sie verlorene Seelen oder Seelen von Heiden sind, die dazu verdammt sind, über die Erde zu wandern, bis sie schließlich verschwinden. Andere halten sie für gefallene Engel oder elementare Naturgeister, die in einer anderen Welt leben, oder auch für sichtbare Gedanken-Projektionen – vor dem geistigen Auge sichtbar wie bei Ted Serios, dem bedeutendsten amerikanischen „Gedankografen".

Einige Forscher merken an, daß es heute zwar weniger Berichte über Elfen gibt, aber dafür immer mehr UFOs gesichtet werden, und somit anzunehmen ist, daß diese Wesen aufgehört haben, in abgeschiedenen Wäldern zu tanzen, dafür aber in fliegenden Untertassen durch die Lüfte brausen. Es ist nicht zu leugnen, daß die Berichte von Elfen und von angeblichen Außerirdischen einander gleichen.

1893 meinte der Volkskundler David MacRitchie, daß die kleinen Lebewesen die letzten Überlebenden einer Pygmäenrasse seien, die im Britannien des Altertums gelebt habe. Neolithische Pygmäen wurden auch als Antwort auf Elfen in Kontinentaleuropa vorgeschlagen. Denkt man an Dr. Carl Sagans Theorie, daß der alte Glauben der Menschen an Drachen aus archaischen Erinnerungen stammt, die auf prähistorische Zeiten vor Millionen von Jahren zurückgehen, als die ersten Säugetiere mit den Dinosauriern lebten, muß ich mich fragen, ob die kleinen Lebewesen Erinnerungen an unsere direkteren Vorfahren, die kleinwüchsigen Australopithecinen sein könnten, die vor ungefähr einer Million Jahre ausstarben. Da alle Rassen des *Homo sapiens* von ihnen abstammen, würde dies erklären, warum man in der ganzen Welt an kleine Lebewesen glaubt.

Die grundlegende Frage ist jedoch nicht, was die kleinen Lebewesen sind, sondern, ob es sie gibt. Oder, um mit den Worten von J. M. Barrie zu sprechen: „Glauben Sie an Elfen?"

DIE MILBEN DES CROSSE

Die Schriftstellerin Mary Shelley besuchte einst einen Vortrag in London, der von einem exzentrischen Elektroforscher aus Somerset mit dem Namen Andrew Crosse gehalten wurde. Es wird allgemein angenommen, daß sie die Inspiration für ihren klassischen Horrorroman *Frankenstein* durch einen Alptraum bekam, doch meinte der Autor Peter Haining in seinem faszinierenden Buch *The Man Who Was Frankenstein*, daß ihr Vorbild für Dr. Frankenstein Andrew Crosse war – und aus gutem Grund. Es gibt einige widersprüchliche Hinweise darauf, daß dieser außergewöhnliche Mann bei einem seiner zahlreichen mysteriösen Experimente mit Elektrizität, die er insgeheim in seinem abgeschiedenen Landhaus in Broomfield durchführte, eine Möglichkeit entdeckte, künstliches Leben zu schaffen!

Wie in seinem Bericht über das fragliche Experiment zu lesen ist, hatte er versucht, Quarzglas zu erzeugen, indem er eine Flüssigkeit, in der Salzsäure und eine Kaliumsilikatlösung enthalten war, durch ein Stück Eisenoxid leitete. Daraufhin passierte folgendes:

Am vierzehnten Tag nach Beginn dieses Experiments entdeckte ich durch eine Linse einige kleine, weißliche Wucherungen oder Warzen, die ungefähr aus der Mitte des elektrifizierten Steins hervorstanden. Am achtzehnten Tag wuchsen diese Auswüchse, und nun standen sieben oder acht Fäden hervor. Jeder einzelne war größer als der Lebensraum, auf dem sie wuchsen.

Am 26. Tag nahmen diese Wucherungen die Form eines vollständigen Insekts an, das aufrecht auf einigen Borsten, seinem Schwanz, stand. Bis dahin hatte ich keine Ahnung, daß diese Erscheinungen etwas anderes als Mineralformationen sein könnten. Am 28. Tag bewegten diese kleinen Wesen ihre Beine. Ich muß sagen, daß ich nicht wenig erstaunt war. Nach einigen Tagen lösten sie sich vom Stein und bewegten sich frei.

In wenigen Wochen erschienen ungefähr hundert Insekten auf dem Stein. Ich untersuchte sie mit einem Mikroskop und bemerkte, daß die kleineren nur sechs Beine zu haben schienen, die größeren dagegen acht. Diese Insekten stammen aus der Familie der Acari, doch scheint nicht klar zu sein, ob es sich um eine bekannte Gattung handelt. Manche meinen, daß dies nicht der Fall ist.

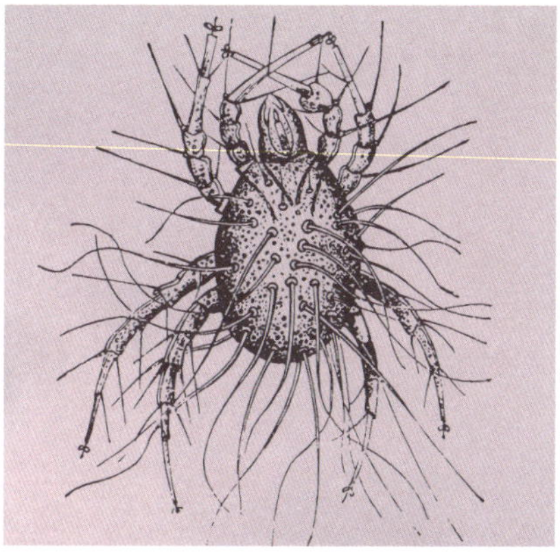

Zeichnung einer Milbe des Crosse.

Ich habe niemals eine Meinung über den Grund ihres Entstehens abgegeben, und das aus gutem Grund – ich konnte mir keine bilden. Die einfachste Lösung des Problems schien mir, daß sie aus Eiern entstanden, die von Insekten aus der Atmosphäre gelegt und durch die elektrische Ladung ausgebrütet wurden. Doch konnte ich mir nicht erklären, daß die Eier Fäden bilden oder aus diesen Fäden Borsten entstehen könnten. Außerdem konnte ich auch bei genauester Untersuchung keinerlei Überreste einer Schale entdecken …

Dann dachte ich, wie auch andere, daß sie aus dem Wasser stammen könnten, und so untersuchte ich genau die Gefäße, die mit derselben Flüssigkeit gefüllt waren. In keinem konnte ich eine Spur eines Insekts entdecken, ebensowenig in einem anderen Teil des Raums.

Wenn diese Lebewesen tatsächlich Acari (d. h. Milben) waren, dann handelte es

Ein farbiges Scannerbild einer Trombicula Alfreddugesi, *der amerikanischen Erntemilbe. Vergrößerung: x 225.*

sich um Spinnentiere, nicht Insekten. Viel wichtiger als ihre Zuordnung ist allerdings ihre Herkunft – spontan aus toter Materie entstanden, in einer Lösung, die für gewöhnlich zu ätzend ist, um irgendeine Form von Leben zuzulassen.

Crosse erhielt alles andere als wissenschaftlichen Zuspruch von seinen Kollegen, wie er das angesichts der sensationellen Ergebnisse erwartet haben mag. Er wurde vielmehr mit Haßtiraden überhäuft, so daß er es vorzog, sich aus dem öffentlichen Leben zurückzuziehen, gemieden von der Welt – die er ebenfalls mied. Als sein Forscherkollege W. H. Weeks jedoch Crosses Experiment wiederholte und dabei sicherstellte, daß alle möglichen äußeren Quellen für Milben in seinem Apparat ausgeschlossen wurden, gelang es ihm ebenfalls, lebende Milben zu gewinnen. Sogar der anerkannte Physiker Sir Michael Faraday erklärte, bei seinen Experimenten ähnliche Ergebnisse erzielt zu haben. 1909 ersuchte Charles E. Benham andere Wissenschaftler, Crosses Experiment zu wiederholen, um das Rätsel ein für alle mal zu lösen, doch wurde seiner Aufforderung nicht Folge geleistet. Mehr als 80 Jahre später ist das Rätsel um die Milben des Crosse noch immer nicht gelöst.

Vielleicht war Crosse einfach schlampig und hatte den Inhalt seines Apparats nicht vor äußeren Einflüssen geschützt. Doch ist es auch möglich, daß er wirklich das wunderbare Geheimnis entdeckte, aus toter Materie Leben zu schaffen. Betrug oder Frankenstein – unmöglich zu sagen!

Die Marienstatue von Ballinspittle soll sich angeblich bewegt haben.

Irische Statuen bewegen sich

Am 14. Februar 1985 behaupteten einige Kinder einer 30-köpfigen Gruppe, die in der St. Mary's Kirche von Asdee, Grafschaft Kerry, beteten, gesehen zu haben, daß ihnen die rechte Hand einer Christusstatue zuwinkte, und sich die Augen einer Madonnenstatue bewegten. Einen Monat später erklärten einige Kinder, daß sich eine Statue in ihrer Kirche in Ballydesmond, Grafschaft Cork, bewegte hatte.

So begann ein außergewöhnliches Jahr, in dem kirchliche Statuen in ganz Irland in unterschiedlichem Ausmaß unerwartet mobil werden sollten. Die größte Aufregung herrschte jedoch um den Schrein von Ballinspittle, in der Grafschaft Cork. Die 17jährige Clare O'Mahoney und ihre Mutter behaupteten, daß die 152 Kilo schwere Marienstatue vor- und zurückgeschwungen war, als sie am Abend des 22. Juli an ihrem Altar vorbeigingen. Das löste einen großen Besucherandrang aus und es gab zahlreiche Behauptungen, daß die Statue tatsächlich auf den Fersen hin- und herschwang, und daß sie manchmal auch Kopf und Schultern bewegte. Kurz nach den O'Mahoneys beobachtete John Murray, ein Beamter der Garda Siochana (irische Polizei, Anm. d. Übers.) dieses Phänomen mit einigem Unbehagen. Er meinte, daß die Statue so weit von einer Seite auf die andere schwang, so, daß er fürchtete, sie würde umfallen.

Am 31. Oktober beschädigten zwei Männer den Kopf, die Hände und den beleuchteten Heiligenschein der Madonna mit einem Hammer und einer Axt. Nachdem sie die erschreckte Menge beschimpften, „dumme Idioten zu sein, die eine Gipsstatue anbeten“, sprangen die beiden Männer gemeinsam mit einem Komplizen, der ihren Vandalenakt fotografiert hatte, in ein Auto und fuhren davon. Sie wurden zwar bald darauf gefaßt, doch wurden sie in der Gerichtsverhandlung wegen eines Formfehlers freigesprochen.

In *The Moving Statue of Ballinspittle* listete Lionel Beer 47 Orte in Irland auf, an denen sich Statuen bewegt haben sollen, oder von denen im Jahr 1985 andere Ereignisse im Zusammenhang mit der Jungfrau Maria berichtet wurden. Eine Sammlung von Presseberichten über diese außergewöhnlichen Geschehnisse wurde von Colm Toibin in *Seeing Is Believing: Moving Statues in Ireland* herausgegeben.

Vermutlich sind sie auf eine Reihe von optischen Effekten zurückzuführen. Bei Untersuchungen der Berichte von Asdee wurde nachgewiesen, daß die Illusion einer Bewegung der beiden Statuen in der St. Mary's Kirche dadurch hervorgerufen werden kann, daß der Beobachter für kurze Zeit auf das kleine, runde Fenster zwischen den Statuen starrt und dann auf eine der beiden Statuen.

Genauso kann das Licht, mit dem die verschiedenen Statuen in der Dunkelheit angestrahlt wurden, sehr gut unbewußte Bewegungen des Auges hervorgerufen haben, durch die sich die Statuen zu bewegen schienen. Das ist eine mögliche Erklärung für die vielen Berichte, in denen sich Statuen im Freien oder in Kirchen bei schlechter Beleuchtung in der Nacht bewegten.

Eine andere Form der optischen Täuschung ist der autokinetische Effekt, den Bergsteiger häufig erleben. Hier können sich fixe Objekte, die in größerer Entfernung stehen und keinen detaillierten Hintergrund haben, scheinbar bewegen. Vielleicht war dieser Effekt, der gemeinsam mit der Vorstellungskraft immer stark suggestiv wirkt, der Grund für einige Beobachtungen. Schließlich steht die Madonnenstatue von Ballinspittle mehr als sechs Meter vom Beobachtungspunkt entfernt in einer dunklen Nische auf einem Hügel. Aus dieser Entfernung wäre es auch für Menschen mit besonders scharfen Augen schwer zu sagen, ob sie tatsächlich eine Bewegung ausmachen konnten.

Auch wenn man nicht von Massenhalluzination sprechen möchte, ist es doch klar, daß die Menschen etwas sehen werden, wenn sie es wirklich sehen möchten – ein psychologisches Phänomen, das immer wieder bei rätselhaften Erscheinungen auftritt.

KORNFELDKREISE

Nur wenige rätselhafte Phänomene haben in so kurzer Zeit so große Aufmerksamkeit erregt wie die Kornfeldkreise. Vor 1980 waren diese erstaunlichen, doch exakt geometrischen Zeichen, die für gewöhnlich in der Nacht aus ungeklärter Ursache auf Kornfeldern oder anderen Getreidefeldern entstehen, nur einigen wenigen Landwirten bekannt. Heute sind sie eines der bekanntesten und deutlich sichtbarsten Rätsel aller Zeiten. Sogar ihre Erforschung hat heute einen eigenen Namen – Zerealogie.

Die einfachste Form ist ein einziger Kreis, in dem alle Ähren flach an die Erde gedrückt, jedoch nicht abgebrochen, sondern nur umgebogen sind. Oft hat der Kreis einen äußeren Ring, bei dem die Ähren ebenfalls umgebogen sind, jedoch fast immer in die entgegengesetzte Richtung. Manchmal ist der Kreis von einer Reihe kleinerer Kreise (Satelliten) umgeben, die alle in derselben Entfernung liegen und mit dem Hauptkreis durch Kanäle verbunden sein können. Andere Kreise weisen wiederum im Hauptkreis kleine Ringe auf (in denen die Ähren nicht umgebogen sind) und sind von einem äußeren Ring mit umgebogenen Ähren umgeben.

Zu Beginn schienen sich die Kornfeldkreise auf den Süden Englands zu beschränken, doch sobald das Phänomen in den Medien Eingang gefunden hatte, kamen auch aus anderen Landesteilen Berichte. Bald war ganz Großbritannien betroffen, und es gab sogar Berichte aus Übersee. Erklärungen für diese Erscheinungen reichten von Igeln und Dachsen bei der Paarung, gelandeten UFOs und zankenden Vogelschwärmen bis zu Pilzinfektionen, Überdüngung und geheimen militärischen Waffenübungen.

Es ist nicht nur die Zahl der Kreise gestiegen, sondern auch ihre Komplexität. In ihrem Bestseller *Circular Evidence* meinen die beiden ehemaligen Ingenieure Pat Delgado und Colin Andrews, daß die Kreise kryptische Piktogramme sein könnten, die von einer höheren kosmischen Intelligenz geschaffen wurden. Die Hopi-Indianer

Der mähende Teufel, Pamphlet von 1678.

von Arizona deuteten sie als Hieroglyphen, die aussagen, daß die Welt in schwerer Gefahr ist.

Eine nüchternere Erklärung, die aber heute von immer mehr Forschern vertreten wird, ist, daß es immer unwahrscheinlicher wird, daß nicht der Mensch seine Hand – ganz zu schweigen von Füßen, Rasenmähern und Seilen, die an einer Stange in der Mitte befestigt sind – im Spiel hat, speziell wenn es um kompliziertere Kreise geht. Wie können wir sonst zum Beispiel das Phänomen eines Kornfeldkreises erklären, der im August 1991 in der Nähe von Royston, in Cambridgeshire, auftauchte. Er war das perfekte Abbild eines sehr komplexen Computermodells aus der Chaosmathematik, das unter dem Namen Mandelbrot-Menge bekannt ist. Es steht außer Frage, daß sehr viele Kornfeldkreise ein Schwindel sind.

Dennoch sind viele der einfacheren Kreise ohne Zweifel echt. Warum sollte jemand in entlegenen und schwer zugänglichen Gebieten Kornfeldkreise anlegen? Die gängigste und auch plausibelste Antwort darauf ist die Plasma-Wirbel-Theorie von Dr. Terence Meaden, einem ehemaligen außerordentlichen Professor für Physik an der Dalhousie University in Kanada. Er ist heute Herausgeber des *Journal of*

Dr. Meaden mit Gary und Vivienne Tomlinson und den Kornfeldkreisen, deren Entstehung sie beiwohnten.

Meteorology und eines Tagungsbandes mit dem Titel *Circles from the Sky*.

Dort wo ein Hügel einen Windstoß abhält, bildet sich laut Dr. Meaden ein Wirbel, der auf der vom Wind abgewandten Seite des Hügels auf stehende Luft trifft. Dadurch entsteht eine Spiralsäule, die noch mehr Luft und atmosphärische Elektrizität ansaugt. Kommt diese mit einem Kornfeld in Berührung, dreht sie sich und drückt die Ähren in der altbekannten Form der Kornfeldkreise nieder. Die elektrische Ladung der Säule erzeugt auch den hohen Ton, den einige Menschen hörten, kurz bevor sie einen neuen Kreis fanden.

Im August 1991 konnten Gary und Vivienne Tomlinson in Hambledon, während eines Abendspaziergangs dem Entstehen eines Kreises beiwohnen. Nach einem heftigen Wirbelsturm blieben zwei geschockte Augenzeugen zurück, die mitten in einem klassischen Kornfeldkreis standen. Um sie herum waren alle Ähren niedergedrückt.

Meadens Theorie hat von einem Team japanischer Physiker unter der Leitung von Professor Yoshihiko Ohtsuki weitere Unterstützung bekommen. Die Forscher gaben im Juni 1991 bekannt, daß es ihnen gelungen war, kleine Plasmakugeln (ionisierte Luft) mittels elektromagnetischer Turbulenzen in einem Labor herzustellen. Als diese Kugeln mit Platten, die mit Aluminiumpulver bedeckt waren, in Kontakt kamen, bildeten sich Kreise und Ringe, die den Kornfeldkreisen entsprachen.

Durch weitere Forschung entdeckte man auch Berichte von äußerst faszinierenden Kornfeldkreisen, die vor 1980 entstanden und bisher nicht bekannt waren. Von besonderem Interesse ist ein illustriertes Pamphlet vom August 1678, in dem berichtet wird, daß ein „mähender Teufel“ für ein außergewöhnliches Zeichen auf einem Haferfeld in Hertfordshire verantwortlich war, das einem Kornfeldkreis sehr ähnlich ist. Seine heutige Bedeutung wird durch die Tatsache klar, daß im März 1994 ein Landwirt bei einer Auktion in Wiltshire eine Reproduktion dieses Pamphlets aus dem Jahr 1810 um 280 Pfund erstand.

Laut Dr. Meaden können Kornfeldkreise jedoch noch beträchtlich weiter zurückgehen. In seinem Buch *The Goddess of the Stones* stellte er die Theorie auf, daß die berühmten neolithischen Dekorationen auf Bechern und Ringen, die alten Irrgärten und andere geometrische Darstellungen, die eine Vulva symbolisierten und mit urzeitlichen Fruchtbarkeitsgöttinnen assoziiert wurden, auf frühe Kornfeldkreise und ihr Entstehen zurückgehen könnten.

Man sagt, es gibt nichts Neues auf der Erde. Es scheint, daß dies auch für die Welt der Zerealogie gilt.

Mandelbrotformation auf einem Kornfeld in der Nähe von Royston, Cambridgeshire, vom August 1991.

DIE GRÜNEN KINDER VON WOOLPIT

Die erstaunliche Geschichte der grünen Kinder von Woolpit wurde erstmals von zwei englischen Chronisten des Mittelalters aufgezeichnet – von Ralph, dem Abt von Coggeshall und William von Newburgh. Eines Tages, zur Zeit König Stephens (1135–1154 n. Chr.), wurden zwei verlassene, verzweifelt weinende Kinder in den großen Fallen gefunden, die man im Ort Woolpit, in Suffolk, ausgelegt hatte, um Wölfe zu fangen. Die Aufregung, die sie verursachten, lag an ihrem Aussehen – ihre Kleider, Augen und vor allem ihre Haut waren grün! Sie wurden beim dort ansässigen Grundbesitzer Richard de Calne untergebracht und weigerten sich noch eine geraume Zeit, etwas anderes als grüne Bohnen zu essen. Das jüngere der beiden Kinder, ein Junge, starb ein Jahr später, doch das andere Kind, ein Mädchen, wuchs auf und verbrachte sein restliches Leben in diesem Gebiet.

Langsam verschwand der Grünstich ihrer Haut, und als sie erwachsen war, heiratete sie einen Mann aus King's Lynn in Norfolk. Sie lernte auch Englisch und konnte schließlich den Menschen erzählen, daß sie und der Junge aus einem Staat namens Martinsland gekommen waren, in dem es keine Sonne gab und ständig Dämmerung herrschte. Sie waren ihrem Stamm gefolgt, als sie einen unterirdischen Tunnel betraten und auf der anderen Seite im hellen Sonnenlicht von Woolpit wieder herauskamen.

Die Kirchenfahne von Woolpit.

Das Ortsschild von Woolpit mit den grünen Kindern.

Es gab viele Versuche, diese seltsame Geschichte zu erklären. Einige Forscher haben sie einfach als nettes Märchen abgetan, da die Kinder grüne Haut (die Farbe der Elfen) hatten und nur grüne Bohnen aßen (laut der keltischen Mythologie die Speise der Toten). Andere suchten eine Verbindung zu Englands traditionellem Grünen Mann oder Jack-in-the-Green – einem blätterbedeckten, übernatürlichem Wesen, das Fruchtbarkeit und den Frühlingsbeginn symbolisiert. Es wurde auch vermutet, daß die Kinder aus einer mysteriösen Welt stammten, die unter der Erdoberfläche besteht und in der es keine Sonne gibt, oder aus einer parallelen Dimension, aus der sie zufällig in unsere kamen.

In unserer Zeit kam noch eine bedeutend nüchternere Erklärung hinzu. In den 80er Jahren besuchte der Forscher Paul Harris Woolpit und erfuhr, daß die Bewohner annehmen, die Geschichte gehe auf eine Legende von einem Grafen zurück, der im Mittelalter in Norfolk herrschte und der Vormund von zwei kleinen Kindern war. Er versuchte ohne Erfolg, die Kinder mit Arsen zu vergiften und setzte sie schließlich im Wayland Wood im Gebiet des Thetford Forest an der Grenze zwischen Norfolk und Suffolk aus. Hier würden sie sicher sterben, und er könnte das Anwesen übernehmen, das sie bei Erreichen der Volljährigkeit erhalten sollten. Laut den Bewohnern von Woolpit wurden daraus wahrscheinlich die grünen Kinder, die man später krank und verwirrt, jedoch lebend fand. Das Erstaunliche bei dieser Erklärung ist, daß die Haut durch Arsenvergiftung grün werden kann. Dasselbe Phänomen kann auch bei Blutarmut auftreten, die durch Unterernährung entsteht, woran die Kinder wahrscheinlich litten. Dies würde auch erklären, warum die Haut des Mädchens normale Färbung annahm, sobald sie ordentlich ernährt wurde.

Harris glaubt, daß es auch für den Rest der Geschichte eine vernünftige Erklärung gibt. Es gibt einige Kilometer nordwestlich von Woolpit einen Ort namens Fornham St. Martin, was die Herkunft von „Martinsland" erklären könnte. Im weiter nördlich gelegenen Thetford Forest, der extrem dunkel ist, befinden sich auch viele neolithische Feuersteinminen mit Gängen. Vielleicht gingen die beiden Kinder durch eine, die nach Woolpit führte.

Weiters reisten die Menschen im 12. Jahrhundert nicht weit, so daß ihnen der Dialekt der Kinder, die aus einem anderen Ort kamen, wirklich seltsam vorgekommen sein mag.

Die Geschichte der grünen Kinder von Woolpit nimmt noch eine letzte, überraschende Wendung. Aus Spanien gibt es eine beinahe identische Erzählung, die im August 1887 im katalanischen Ort Banjos spielt. Tatsächlich ist der einzige Unterschied zwischen den beiden Geschichten, abgesehen vom Ort und der Zeit, die Tatsache, daß in der spanischen Version auch das Mädchen nach ungefähr fünf Jahren stirbt. Auch über ihre Vorliebe für Bohnen wird erzählt, und zu allem Überfluß heißt der Adelige, der sie nach ihrer Entdeckung bei sich aufnimmt,

Darstellung des Grünen Mannes auf der Klosterdecke in der Kathedrale von Norwich.

Señor Ricardo da Calno – Sir Richard de Calne nicht gerade unähnlich!

Diese Geschichte wurde ohne Zweifel in einigen Büchern aufgenommen; in *The Monster Trap and Other True Mysteries* wiederholt Peter Haining die Behauptung von John Macklin, daß die Dokumente und Aussagen der Menschen, die die grünen Kinder sahen und für sie sorgten, noch existieren. 1986 enthüllte Frank Preston jedoch, daß er ans British Council in Barcelona geschrieben hatte, um Informationen über die Geschichte zu erhalten, doch konnte das Institut keinerlei Hinweise finden, obwohl es für ihn intensive Nachforschungen anstellte und sogar spanische Bibliotheken, Museen und Rathausarchive kontaktierte. Auch in den Zeitungen vom August 1887 gab es keine Spur der Geschichte. Das überrascht nicht, denn der Ort Banjos existiert nicht. Er wurde genauso erfunden wie die Geschichte der grünen Kinder. Der Verfasser ließ sich zweifellos von der Geschichte von Woolpit inspirieren und wollte eine modernere Version schaffen.

DAS GEHEIMNIS VON STONEHENGE

Auf den Britischen Inseln gibt es eine Vielzahl von stehenden Steinen, Steinkreisen und anderen prähistorischen Megalithen: Dazu gehören der Steinkreis von Avebury in Wiltshire, die Rollright Steine in Oxfordshire, Long Meg und ihre Töchter in Cumbria, Callanish auf Lewis auf den äußeren Hebriden, der Langstein, einer von mehreren Megalithen in Dartmoor und der Ring von Brodgar auf Orkney, um nur einige zu nennen. Keiner davon ist jedoch berühmter oder mysteriöser als Stonehenge, das weithin sichtbar auf der Ebene von Salisbury steht.

Stonehenge besteht aus zwei Steinkreisen, wobei der äußere aus Sarsenpfeilern errichtet ist, die früher Decksteine trugen (von denen nur sechs erhalten sind), der innere aus Blausteinen. Im inneren Kreis befinden sich zwei Steinformationen in Hufeisenform. Auch hier besteht die äußere Formation aus Sarsensteinen, die innere aus Blausteinen. Keiner der Steinkreise oder Hufeisen ist vollständig erhalten. Einige Steine sind umgefallen, andere fehlen überhaupt. Im inneren Hufeisen steht ein einziger Stein, der Altarstein, der heute zerbrochen ist. Um den äußersten Kreis verläuft ein Ring von 56 Löchern, den Aubreylöchern. Ungefähr 80 Meter vom Altarstein entfernt steht auf den Aubreylöchern der Heelstein.

Die Sarsensteine stammen aus der Umgebung, doch wird angenommen, daß die Blausteine von den Prescelly Mountains im äußersten Südwesten von Wales hierher gebracht wurden, wenn auch unklar ist, wie. Eine Legende besagt, daß die Blausteine durch Merlins magische Kräfte von Irland nach Wiltshire gebracht wurden, und daß Riesen sie von Afrika nach Irland transportierten!

Die Annahme, daß Stonehenge von den Druiden errichtet wurde, ist falsch. Tatsächlich war die erste Bauphase von Stonehenge vor ungefähr 4000 Jahren, im Neolithikum (Jungsteinzeit). Die Anlage wurde seither mehrmals verändert, das letzte Mal um 1400 v. Chr., in der Frühbronzezeit. Damals erhielt sie die Form, die teilweise bis heute erhalten ist.

So viel ist klar, doch weiß man nicht, wozu diese faszinierende Anlage wirklich diente. Was war Stonehenge – ein Sonnentempel, ein Mondobservatorium, ein Zentrum der heilenden Energie, ein außerirdisches Monument? Es wurden viele Theorien aufgestellt, und es wurde sehr viel über die angeblichen Peillinien geschrieben, die einige Steine mit Ereignissen des Sonnenkalenders verbinden sollen. Deshalb kam man zu dem Schluß, daß Stonehenge als komplexes astronomisches Observatorium errichtet wurde. Es stimmt auch, daß die Linie, die vom Heelstein zum Altarstein führt, weiter zu dem Punkt gezogen werden kann, an dem die Sonne am Tag der Sommersonnenwende aufgeht. Doch haben jüngste Forschungen ergeben, daß einige dieser Peillinien Fehler aufweisen, wie Janet und Colin Bord in *Ancient Mysteries of Britain* beschreiben. Dadurch wurde es nötig, die Rolle von Stonehenge völlig neu zu erforschen.

Stonehenge – 4000 Jahre alt, doch seine Funktion ist noch unklar.

Eine andere Theorie zu Stonehenge geht auf den Volksglauben zurück, der besagt, daß die Steine von Stonehenge, ebenso wie viele andere Megalithen, heilende Kräfte haben. Dieser Glaube wurde erstmals im 12. Jahrhundert n. Chr. in Geoffrey von Monmouths *History of the Kings of Britain* erwähnt. Weiters wies der Erdenergieforscher Paul Devereux in seinem „Drachenprojekt", das er 1978 begann, nach, daß mindestens einer der stehenden Steine von Rollright in Oxfordshire starke Schwankungen in der Magnetenergie und ein starkes Magnetfeld aufwies. Interessant ist, daß die Bewohner dieser Region seit Jahrhunderten nach Knochenbrüchen oder Frakturen zu den Rollright-Steinen kamen, weil sie annahmen, daß die Steine sie heilen würden – und die moderne Medizin hat erkannt, daß Elektromagnetismus tatsächlich den Heilungsprozeß nach Knochenbrüchen beschleunigt. Ist das nur Zufall?

Vielleicht waren diese Kräfte auch den Erbauern von Stonehenge und anderen Megalithen bekannt, und sie errichteten ihre Anlagen an Orten, wo sie von den natürlichen Energiequellen der Erde Gebrauch machen konnten. Das „Drachenprojekt" hat gezeigt, daß viele Megalithen tatsächlich auf oder bei geologischen Falten stehen, die mit tektonischen Störungen oder ausströmender Strahlung in Verbindung gebracht werden.

Überlegungen zur Erdenergie führen unweigerlich zu den Alignements – gerade Linien, die prähistorische oder vorchristliche Monumente, heilige Orte und alte Kultstätten miteinander verbinden und sichtbares Zeichen eines riesigen Netzes unterirdischer Erdenergiekanäle sein könnten. Auch wenn diese Überlegung bereits 1921 vom Hobbyforscher Alfred Watkins auf die britischen Inseln angewendet wurde, ist in China der „Lung mei" oder „Drachenweg" (auf dem der Name des Devereux-Projekts aufbaut) bereits seit Jahrhunderten akzeptiert. Dieses Konzept liefert auch überraschende Parallelen zu den Energiemeridianen, die auch für die Akupunktur große Bedeutung haben.

Im Westen ist das Thema Erdenergie bis heute umstritten, auch wenn viele Menschen deren Existenz oder Kraft nicht mehr anzweifeln. Eine Vorstellung dieser mächtigen Kraft bekam 1974 ein Jugendlicher namens William Lincoln. Er hatte gemeinsam mit drei Freunden gerade einen Kreis von Buchen betreten, der den Chanctonbury Ring umgibt (einen alten Erdkreis, der auf der Schnittstelle von fünf Alignements auf einem Hügel in Washington, West Sussex, liegt), als er plötzlich durch eine unsichtbare Kraft mehr als einen Meter in die Höhe gehoben wurde. Er schwebte mindestens 30 Sekunden horizontal ausgestreckt und vor Angst schreiend, bevor er auf die Erde zurückfiel – vielleicht eine kräftige Erinnerung an die Mächte vergangener Tage?

Ein Geisterhaufen

Die Geister der britischen Königsfamilie

Viele der berühmtesten zyklischen Geister Großbritanniens sind die von ehemaligen Monarchen oder deren Gattinnen, die offensichtlich nicht von der Gegenwart ablassen können oder wollen. Eine zyklische Erscheinung ist ein wiederkehrendes Phänomen, das durch bestimmte Umwelteinflüsse hervorgerufen wird. Mindestens vier Geister sollen verschiedene Teile von Schloß Windsor unsicher machen – Henry VIII. das Dekanat, Elizabeth I. die Bibliothek, Charles I. das Haus des Kanonikus und George III. den Raum, in den er während seiner Wahnsinnsanfälle eingeschlossen war. George III. soll auch im Kensington Palast spuken, wo auch der Geist seines Vorgängers, George II., der hier gestorben ist, manchmal dabei beobachtet wird, wie er die Wetterfahne anstarrt. Hampton Court ist das Heim der Geister von drei der sechs Frauen von Henry VIII. – Anne Boleyn, Jane Seymour, die eine brennende Wachskerze trägt, wenn sie aus den Königinnengemächern kommt, und Catherine Howard, die Angstschreie ausstößt.

Der Geist von Anne Boleyn reist entweder gerne, oder sie hat eine Reihe von Doppelgängerinnen, denn sie soll auch an anderen Orten gesehen worden sein. Ihr hell leuchtender, schwebender Geist wurde auch auf dem Tower Hill gesehen, wo sie vor ihrer Hinrichtung im Tower of London inhaftiert war. Jedes Jahr am Tag ihrer Exekution (19. Mai) erscheint sie mit ihrem geköpften Haupt im Schoß in Blickling Hall in Norfolk, wo sie als Kind eine Zeitlang lebte. Sie sitzt in einer Kutsche, die von vier Pferden ohne Kopf gezogen wird.

Anne Boleyn, die zweite Frau von Henry VIII.

Im Tower of London wurden im Lauf der Jahrhunderte auch andere bedeutende Persönlichkeiten eingesperrt. Das zeigt sich an der Vielzahl von Geistererscheinungen, die aus diesem Gebäude berichtet werden, darunter Henry VI., die beiden Prinzen im Tower (Edward V. und sein Bruder) und Lady Jane Grey. Der Geist von Mary I., die Lady Jane stürzte, spukt im Tapisserieraum von Sawston Hall in Cambridgeshire. Marys Mutter, Katharina von Aragon, lebt in Kimbolton Castle, Huntingdon, weiter, wo sie 1536 starb.

Ein jüngeres Mitglied der königlichen Geisterfamilie Großbritanniens ist George IV., der Prinzregent in den Zeiten des Wahnsinns von George III. Er wird manchmal in einem der beiden unterirdischen Gänge gesehen, die in Brighton den Pavillon und den Dome verbinden. Der Dome, die heutige Konzerthalle, war zur Zeit George IV. ein Stall. Der älteste Geist ist William II., der im Jahr 1100 bei der Jagd im New Forest getötet wurde, aber heute noch auf der Straße zwischen Cadnam und Romsey, dem Weg des Leichenzuges gesehen wird.

Das älteste und erstaunlichste Mitglied der königlichen Familie Großbritanniens ist jedoch niemand anderer als Boadicea (Boudicca), die Königin der Icener, die im 1. Jahrhundert n. Chr. Selbstmord beging, um nicht von den Römern gefangen genommen zu werden. Der Geist dieser tapferen Kriegerin wird von Zeit zu Zeit auch heute noch im Nebel gesehen, wie er auf einer Kutsche bei Ermine Street, einer römischen Straße in Lincolnshire, sitzt.

TRANSPORT DES GRAUENS

Es gibt nicht nur Geister von Menschen oder Tieren; zu den seltsamsten Erscheinungen gehören die höchst lebendigen unbelebten Geister! Einer der unheimlichsten ist ohne Zweifel der Totenwagen von Lady Mary Howard, der auf dem King's Way, der alten Moorstraße zwischen Tavistock und Okehampton in Devon, spukt. Im Wagen gefangen ist der fahle Geist von Lady Howard, der Tochter des Gutsbesitzers Sir John Fitz of Fitzford aus dem 17. Jahrhundert. Der Wagen selbst besteht aus den Totenköpfen und Gebeinen ihrer vier Ehemänner, die sie alle ermordet haben soll. Sogar der Hund, der vor dem Wagen läuft, ist ein Skelett.

Am 28. Juni 1944 fuhr David Hanchet um ungefähr 21.45 Uhr mit dem Fahrrad nach Hause und hatte soeben die Kreuzung der Bell Lane in Enfield Old Town am Nordrand von London erreicht, als er einen großen schwarzen, schachtelförmigen Wagen sah, der von schwarzen Pferden gezogen wurde. Plötzlich fuhr der Wagen gerade durch eine Hecke, glitt völlig geräuschlos, umgeben von einem elektrisierenden blauen Licht, weiter, wobei die Räder ungefähr 30 Zentimeter über dem Boden schwebten, und verschwand in den Toren einer alten Werkstatt. Der Kutscher trug einen hohen schwarzen Hut, eine lange Peitsche hing an seiner Seite und einige Menschen saßen in dem Wagen. Ein Junge sah diese Erscheinung ebenfalls und flüchtete voller Angst. Nach der Überlieferung soll es sich um den Wagen von George Jeffreys handeln, den berüchtigten Richter von König James II., der als Henker bekannt war und auch im Wagen sitzen soll.

Ein bedeutend moderneres Geistertransportmittel wurde 1936 von vielen Menschen gesehen – tatsächlich handelte es sich um einen Doppeldeckerbus Nr. 7! Er war leuchtend rot und raste mitten in der Nacht mehrmals die St. Marks Road in Kensington entlang. Zwar war er innen hell beleuchtet und auch seine Vorderlichter waren aufgeblendet, doch konnte man weder Fahrgäste noch einen Fahrer sehen. Einige Autofahrer verrissen voll Panik ihr Auto. Ein Fahrer fuhr erschreckt gegen eine Wand und starb. Die Wand wurde abgerissen und die Straße verbreitert, um sie sicherer zu machen – und der Geisterbus wurde nie mehr gesehen.

Es gibt Berichte aus jüngerer Zeit über einen Kugelblitz, der in Biggin-Hill am Südrand von London gesehen und gehört wurde, und über einen mysteriösen Wellington-Bomber in Dyfed, wo die Soldaten während des Zweiten Weltkriegs ausgebildet worden waren.

Am unheimlichsten sind jedoch die Phantomunfälle, in denen das Fortbewegungsmittel echt, das Opfer aber ein Geist ist. Am regnerischen Abend des 2. November 1981 fuhr Andrew Cutajar auf der A12 nach Great Yarmouth, als er in der Nähe von Hopton grauen Nebel auf der Straße bemerkte. Der Nebel nahm die Form eines großen, langhaarigen Mannes mit langem Mantel oder Umhang und altmodischen Schnürstiefeln an. Da dieser keinerlei Anstalten machte, auszuweichen, bremste Cutajar, um ihn nicht niederzuführen, doch das Auto kam auf der nassen Straße ins Schleudern, und er fuhr frontal gegen den Mann – und durch ihn hindurch! Der Mann war körperlos wie eine Wolke und verschwand. Cutajars Auto fuhr gegen die Grasböschung, er blieb aber zum Glück unverletzt. Es stellte sich heraus, daß dies nur einer von mehreren Vorfällen war, die sich auf diesem Straßenabschnitt ereignet hatten, auf dem offenbar der Geist eines Mannes aus einem früheren Jahrhundert spukt, der nichts von modernen Verkehrsmitteln weiß!

SPRING-HEELED JACK

Im 19. Jahrhundert wurde London einige Jahre lang von zwei wirklichen Unholden heimgesucht, die nur unter dem Namen Jack bekannt sind, und über deren Identität auch heute noch Unklarheit herrscht. Einer war ein schrecklicher Serienmörder – Jack the Ripper. Der andere war eine viel groteskere Figur, und vielleicht nicht einmal ein Mensch – Spring-heeled Jack.

Seine Geschichte beginnt im September 1837, als drei Frauen und ein Mann unabhängig voneinander, doch alle in oder um London, von einer seltsamen Figur angegriffen wurden, die einen Mantel, spitze Ohren, krallenähnliche Klauen und hervortretende Augen, die hell leuchteten, hatte und die Fähigkeit besaß, Flammen zu spucken. Sie sprang oft in einem einzigen, riesigen Satz über Mauern und manchmal über Häuser, und machte so alle Versuche zunichte, sie zu erwischen.

Am Abend des 18. Februar 1838 gingen die beiden minderjährigen Schwestern Margaret und Lucy Scales durch das Viertel Limehouse nach Hause, als eine große, geisterhafte Figur, die eine kleine Lampe hielt, am Beginn der Green Dragon Alley aus dem Schatten sprang. Ohne ein Wort zu sagen, öffnete sie den Mund und spuckte Lucy große, blaue Flammen ins Gesicht. Einige Augenblicke später war sie verschwunden. Lucy fiel zu Boden und zitterte noch Stunden später vor Schreck.

Zwei Tage nach diesem Vorfall läutete die Türglocke des Hauses, in dem die 18jährige Jane Alsop mit ihren Eltern lebte. Als Jane die Tür öffnete, konnte sie eine große, dünne Figur mit weitem, schwarzem Umhang und einer Art Helm sehen, die im Schatten stand. Sie dachte, es wäre ein Polizist und trat vor. Der Mann rief ihr zu, sie solle ihm schnell eine Lampe bringen, da seine Kollegen den berüchtigten Spring-heeled Jack gefaßt hätten. Sie holte eine Kerze und rannte damit nach draußen, doch als sie diese dem vermeintlichen Polizisten gab, bekam sie einen Schock. Zwei Tage später berichtete sie der *Times*:

Er warf seine Oberbekleidung weg und hielt die brennende Kerze an seine Brust, wodurch er noch schrecklicher und gräßlicher aussah. Daraufhin spuckte er blaue und weiße Flammen aus, und seine Augen leuchteten wie rote Feuerbälle ... Er trug einen großen Helm und seine Kleidung (seine Jacke) saß ihm so eng, daß sie wie eine weiße Ölhaut schien.

Doch es sollte noch schlimmer kommen. Von den Flammen geblendet, die ihr das Monster ins Gesicht blies, stolperte Jane

Spring-heeled Jack auf dem Deckblatt eines populären „Groschenromans" (Ende 19. Jahrhundert).

zurück. Doch ihr Angreifer erfaßte sie mit seinen Fingern, zerriß ihr das Kleid und grub sich tief in das Fleisch ihrer Arme, Schultern und ihres Halses.

Vor Angst und Schmerzen schreiend riß sich Jane los und lief zur Tür, doch war er schneller und erwischte sie wieder. Er zerkratzte ihre Haut und riß ihr ganze Haarbüschel aus. Zum Glück hörten ihre beiden Schwestern, die im Haus waren, Janes Schreie und rannten nach draußen, um sie zu befreien. Alle drei Frauen flohen daraufhin ins Haus und schlugen die Tür zu. Doch Jack weigerte sich, wegzugehen, bis echte Polizisten die verzweifelten Schreie der Schwestern von einem Fenster im ersten Stock hörten und ihnen zu Hilfe kamen. Als Jack die Polizisten sah, floh er mit Riesensprüngen über ein Feld, verlor aber in der Eile seinen Umhang.

Bisher waren seine Angriffe zwar furchteinflößend, doch nicht tödlich gewesen. Das änderte sich allerdings eines Tages im Jahr 1845, als er sich von einem Verrückten in einen kaltblütigen Mörder wandelte. Zu jener Zeit war Jacob's Island in Bermondsey ein heruntergekommener Slum mit schmutzigen, verfallenen Häusern, die von stinkendem Morast umgeben waren und über denen der Geruch von Krankheit und Tod lag. Hier, inmitten von unbeschreiblicher Armut und Schmutz, schlugen sich die Randgruppen der Gesellschaft mehr schlecht als recht durch. Darunter war auch eine 13jährige Prostituierte namens Maria Davis. An jenem verhängnisvollen Tag ging Maria unter den Augen mehrerer Menschen, die in der Nähe waren, eine Brücke entlang, die sich über den Folly Ditch, einen besonders üblen Teil des Morastes, erstreckte, als Spring-heeled Jack plötzlich auftauchte. Er packte das schreiende Mädchen bei den Schultern, blies ihr einen Schwall Flammen ins Gesicht, hob sie auf und warf sie über die Brücke in den Morast, wo ihr Körper in die tödliche Tiefe gezogen wurde. Bevor einer der schreckerstarrten Zuseher etwas tun konnte, war das Ungeheuer so schnell verschwunden, wie es gekommen war. Die Polizei suchte vergeblich im Morast von Folly Ditch nach Marias Leichnam.

Spring-heeled Jack wurde niemals identifiziert. Der einzige Verdächtige war Henry, der Marquis von Waterford, der für seine sadistischen Späße berüchtigt war. Sein Körperbau und seine hervortretenden Augen stimmten mit denen Jacks überein, und er war auch nachweislich zur Zeit mehrerer Angriffe an den betreffenden Orten. Außerdem öffnete sich bei einer seiner berühmten Fluchten Jacks Umhang, und ein sorgfältig gearbeitetes Wappen mit einem großen goldenen „W" kam zum Vorschein. Allerdings gingen Jacks Aktivitäten nach Waterfords Tod im Jahr 1859

Jacob's Island, Bermondsey

noch viele Jahre weiter und dehnten sich bis East Anglia und Everton in Liverpool aus, wo er das letzte Mal im September 1904 erschien.

Ebenso mysteriös ist seine erstaunliche Art zu fliehen. Die Annahme, daß er seine Riesensprünge mit speziellen Schuhen machte, an denen starke Federn befestigt waren, wurde eindeutig (und schmerzhaft) widerlegt, als deutsche Soldaten, die im Zweiten Weltkrieg solche Schuhe trugen, Jack nacheifern wollten. Keinem gelang dies, und beinahe alle brachen sich die Knöchel! Auch ist es sinnlos, seine Fähigkeit, Feuer zu spucken, mit der von Feuerschluckern zu vergleichen, da diese nicht wie Jack im Mund Feuer erzeugen können. Und wie sind seine Metallkrallen, die scharf wie Rasierklingen waren, und seine unheimlichen, glühenden Augen zu erklären?

Manche Forscher haben die Theorie aufgestellt, daß Spring-heeled Jack kein Mensch war und daß er aus einer anderen Dimension oder von einem anderen Planeten auf die Erde gekommen ist. Drei Menschen beobachteten in Houston, Texas, wie eine Figur, die sehr ähnlich aussah und auch über die Fähigkeit, zu springen, verfügte, am 18. Juni 1953 in einen Baum sprang. Sie verschwand und kurz darauf wurde ein nicht-identifiziertes, raketenförmiges Objekt gesichtet und gehört, das über den Dächern in den Himmel aufstieg.

War dies ein erneuter Besuch von Spring-heeled Jack? Falls dies so ist, können wir nur hoffen, daß ihm das 20. Jahrhundert weniger zusagt als das 19., und daß er niemals wiederkehrt!

DER GROSSE GRAUE MANN VOM BEN MACDHUI

Mit einer Höhe von 1309 Metern ist Ben MacDhui der höchste Berg in den Cairngorms und die zweithöchste Erhebung in Schottland. Er hat außerdem noch eine andere Besonderheit aufzuweisen – auf ihm spukt es, denn viele Bergsteiger sind sich sicher, daß dort ein böses, menschenähnliches Wesen lebt, das unter dem gälischen Namen Am Fear Liath Mor oder „Großer Grauer Mann" bekannt ist.

Der düstere Bewohner vom Ben MacDhui wurde erstmals öffentlich bekannt, als der bekannte Bergsteiger Professor Norman Collie einem erstaunten Publikum bei der Jahresversammlung des Cairngorm Club in Aberdeen (Dezember 1925) erzählte, daß er 1891 bei starkem Nebel vom Gipfel dieses Berges abgestiegen war, als „ich plötzlich dachte, etwas anderes zu hören, als das Geräusch meiner eigenen Schritte. Alle paar Schritte hörte ich ein Knirschen und dann wieder eines, als ob jemand hinter mir ging, aber drei- bis viermal so lange Schritte machte wie ich."

Zuerst versuchte Collie, diese Gedanken abzuschütteln, doch das Geräusch hörte nicht auf. Er ging weiter „... und das seltsame Knirschen blieb hinter mir. Ich bekam es mit der Angst zu tun. Sieben oder acht Kilometer stolperte ich blindlings durch das Geröll." Er schwor sich, niemals wieder alleine dorthin zurückzukehren, denn er war überzeugt, daß „am Gipfel von Ben MacDhui etwas sehr Merkwürdiges vor sich ging".

Da Collies für seine Verläßlichkeit bekannt war, rief diese erschreckende Erzählung großes Medieninteresse hervor. Darüber hinaus meldeten sich auch andere Bergsteiger, die ein ähnliches Gefühl unerklärlicher Angst und Panik auf Ben MacDhui erlebt hatten (einige wären beinahe über einen Abhang gestürzt), und den Eindruck bekamen, daß hier ein böses, übernatürliches Wesen lebte, das jeden vertreiben wollte, der sich hierher wagte. Es wurde auch eine große, menschenähnliche Gestalt gesichtet, mysteriöse Klänge und Lachen vernommen, das über die schattigen Hänge hallte, und es gibt viele Berichte von schweren Schritten, die denen gleichen, die Collie hörte.

Doch Erzählungen dieser Art beschränken sich nicht nur auf Ben MacDhui. Anfang der 20er Jahre hörte der erfahrene Bergsteiger Tom Crowley Schritte hinter sich, als er alleine vom Braeraich in Glen Eanaich in der Nähe von Ben MacDhui abstieg. Als er sich umdrehte, sah er zu seinem Schrecken eine große, nebelverhangene, graue Figur mit spitzen Ohren, langen Beinen und fingerähnlichen Klauen an den Füßen. Crowley machte, daß er davonkam.

Wales' Antwort auf den Großen Grauen Mann ist der Graue König, auch unter dem Namen Brenin Llwyd oder Herrscher des Nebels bekannt. Diese Gestalt, die sich auf Snowdon, Cader Idris, Plynlimon und anderen hohen Gipfeln herumtreiben soll, war früher als Kinderräuber sehr gefürchtet, und sogar die Bergführer hatten Angst, sein Reich zu betreten.

Es gibt viele Erklärungen für den Großen Grauen Mann. Sie reichen von Yeti-ähnlichen Tiermenschen, einem mystischen, heiligen Menschen, einer geologischen Erscheinung und einer optischen Täuschung, vergleichbar mit dem berühmten Geist vom Brocken, bis

Ben MacDhui sieht harmlos aus, doch beherbergt er wirklich ein unheimliches Wesen?

zu einem verlassenen Außerirdischen, einer Besucher-induzierten Energiespur, einem elektromagnetischen Phantombild und einer Halluzination, die durch Sauerstoffmangel hervorgerufen wird.

Aber es gibt noch eine andere Erklärung. Möglicherweise ist Ben MacDhui, wo im Laufe der Jahre eine Vielzahl an ungeklärten Phänomenen gesichtet wurde, ein „Fensterbereich" – eine Schnittstelle zwischen verschiedenen Dimensionen oder unterschiedlichen Welten. Falls dies zutrifft, ist es leicht möglich, daß ein derart wichtiges Tor einen Wächter hat, um unerwünschte Eindringlinge abzuhalten. Ist es nur Zufall, daß der mysteriöse Große Graue Mann von Ben MacDhui dieses Ziel mit so großem Erfolg erreicht hat?

DIE HÖRBAREN GEISTER – KREISCHENDE SCHÄDEL

Viele Geister sind vor allem sichtbar, doch gibt es auch einige, die unüberhörbar sind. Eine der makabersten Erscheinungen ist der schreiende Totenkopf von Bettiscombe Manor, Dorset. In den bekanntesten Versionen seiner Herkunft handelt es sich um den Totenkopf eines westindischen, schwarzen Sklaven. Der Besitzer, John Frederick Pinney von Bettiscombe Manor, brach sein Versprechen, den Leichnam nach seinem Tod zum Begräbnis in sein Heimatland zu schicken, und ließ ihn im Kirchhof von Bettiscombe bestatten. Man hörte jede Nacht im Kirchhof und im Herrenhaus schreckliche Schreie und furchtbares Stöhnen, bis der Leichnam von Pinneys Sklaven exhumiert und ins Herrenhaus gebracht wurde. Die Schreie hörten auf, später verschwand die Leiche auf mysteriöse Weise, und nur der vergilbende Totenkopf blieb erhalten. Seitdem wurde der Totenkopf mehrmals aus dem Herrenhaus entfernt – und jedes Mal wurde das Gebiet von Verwüstungen, Tierseuchen, Unwettern, welche die Ernte vernichteten, und übernatürli-

DIE „EULE" VON CORNWALL

Im Jahr 1976 sahen mehrere Kinder unabhängig voneinander einen seltsamen, gefiederten „Eulenmenschen" bei der Kirche von Mawnan, einem kleinen Ort an der Südküste von Cornwall. Nach der Skizze der 12jährigen June Melling, die ihn am 17. April auf dem Kirchturm kauern sah, glich er einem Menschen mit gefiederten Flügeln, spitzen Ohren und einem schwarzen Schnabel. Viel eulenhafter wirkt er auf der Zeichnung des Teenagers Sally Chapman, die dieses Wesen am 3. Juli gemeinsam mit ihrer Freundin beobachtete. Sie beschrieb es als Eule, von der Größe eines Menschen, mit leuchtend roten Augen, spitzen Ohren und zangenförmigen Füßen. Sallys Beschreibung und die Skizze erinnern an den europäischen Uhu *Bubo bubo*, eine sehr große Eulenart, die in Großbritannien nicht heimisch ist. Er hat hellorange Augen, abstehende, gefiederte Ohren und riesige Krallen an den Füßen.

In den späten 80er Jahren ging ein Teenager, den ich nur Gavin nennen werde (heute ein Zoologiestudent), an einem Sommerabend mit einer Freundin durch die Wälder in der Umgebung von Mawnan, als plötzlich der Eulenmensch mit ausgebreiteten Flügeln auf dem dicken Ast eines großen Nadelbaums stand. Er war graubraun, hatte leuchtende Augen und schien ca. 1,25 Meter groß gewesen zu sein. Außerdem hatte er zwei große Zehen auf jedem Vorderfuß. Als das Wesen seine beiden Beobachter bemerkte, „... beugte es den Kopf vor, hob die Flügel und sprang einfach zurück. Dabei zog es die Füße ein." Dieses Verhalten erinnert ebenfalls an eine sehr große Eule, auch wenn Gavin nicht sicher ist, ob es sich um dieses Tier handelte. Einige Forscher halten den Eulenmenschen für ein Tierwesen oder einfach einen Schwindel. Die Wahrheit ist, daß wir keine einfach Ahnung haben, womit wir es hier zu tun haben.

F. Marion Crawfords klassische Geistergeschichte ***The Screaming Skull*** *mit einer Zeichnung von L. Ward in der Ausgabe von 1936.*

Darstellung einer Todesfee von Florence Harrison (ca. 1910).

chen Schreien heimgesucht. Dies hörte auf, sobald der Totenkopf zurückgebracht wurde.

Professor Gilbert Causey vom Royal College of Surgeons untersuchte den Totenkopf und kam zu der Erkenntnis, daß es sich um einen prähistorischen Frauenkopf handelt.

Berichte von schreienden Totenköpfen gibt es aus Burton Agnes Hall in Yorkshire, Wardley Hall in Manchester, Calgarth House bei Lake Windermere, Warbleton Priory Farm in Sussex und Higher Farm in Chilton Cantelo in Somerset.

Laut der irischen Mythologie ist die Todesfee ein übernatürliches Wesen, das die Gestalt einer weinenden Frau annimmt und alte irische Familien heimsucht (die nicht unbedingt in Irland leben müssen). Mit einem schrecklichen Wehklagen warnt sie vor einem bevorstehenden Tod in der Familie oder im Freundeskreis. Der dramatischste Fall ereignete sich am 22. November 1963, als James O'Barry, ein Geschäftsmann aus Boston, der von einer irischen Familie abstammt, die 1848 in die USA auswanderte, kurz nach Mittag den fürchterlichen Schrei einer Todesfee hörte.

Einen Tag später hörte O'Barry, daß einer seiner Freunde ermordet worden war: Es war Präsident John F. Kennedy.

Das walisische Gegenstück zur Todesfee ist ein geisterhaftes Wehklagen, das als Cyhyraeth oder Todesstimme bekannt ist, und eine Reihe von alten walisischen Familien heimsucht. Aus jüngster Zeit gibt es einen Bericht dieses Phänomens aus der Region des River Towy. Ein weiteres böses Vorzeichen ist eine Trommel, die einst Sir Francis Drake gehörte. Sie liegt heute im ehemaligen Heim Drakes, Buckland Abbey, und soll in nationalen Krisenzeiten zu schlagen beginnen. Angeblich erklang sie unter anderem im Jahr 1918 bei der Eroberung der deutschen Flotte in Scapa Flow auf den Orkney Inseln und im Juni 1940 beim Rückzug aus Dünkirchen.

Die wahrscheinlich außergewöhnlichste Geisterstimme Großbritanniens war ein sprechender Mungo namens Gef, der in den 30er Jahren wiederholt das entlegene Landhaus der Familie Irving in Doarlish Cashen an der Westküste der Isle of Man heimsuchte. Obwohl viele Menschen das Haus besuchten und Gef hörten, scheinen ihn nur die Irvings deutlich gesehen zu haben. Einige Forscher sind der Ansicht, daß Gef ein mutwilliger Poltergeist war, andere wiederum meinen, daß die halbwüchsige Tochter der Irvings eine talentierte Bauchrednerin war.

HUFABDRÜCKE DES TEUFELS

Die *Times* ist keine Zeitung, die schlecht recherchierte Sensationsmeldungen druckt. Deshalb erregte ein Bericht, der in der Ausgabe vom 16. Februar 1855 erschien, in der Öffentlichkeit, wie auch in der Fachwelt, große Aufmerksamkeit. Nachfolgend nun ein Ausschnitt:

In den Städten Topsham, Lympstone, Exmouth, Teignmouth und Dawlish herrscht große Aufregung … Letzten Donnerstag (8. Februar) gab es in der Nacht im Gebiet von Exeter und Süddevon starken Schneefall. Am folgenden Morgen sahen die Bewohner der oben genannten Städte zu ihrer Überraschung die Fußabdrücke eines seltsamen, mysteriösen Tieres, das offenbar überall gleichzeitig war, da die Fußspuren an vielen verschiedenen Orten ausgemacht werden konnten – auf Hausdächern und schmalen Mauern, in Gärten und Höfen, die von hohen Wänden und Zäunen umgeben sind, und auf freien Feldern. In Lympstone gab es kaum einen Garten, in dem diese Fußspuren nicht zu finden waren. Die Abdrücke schienen eher von einem Zweibeiner als von einem Vierfüßer zu stammen, und die Schritte wiesen eine Spanne von 20 Zentimetern auf. Der Abdruck glich dem eines Esels und war 38 bis 63 Millimeter groß. Hie und da schien der Huf gespalten zu sein, doch meist war er gleichmäßig, und er muß erhaben sein, da der Schnee im Zentrum des Abdrucks unberührt blieb und somit nur der äußere Rand des Fußes abgebildet war.

Die abergläubischeren Menschen meinten, daß diese seltsamen Abdrücke sicher vom Teufel stammten. Aus diesem Grund wurden sie als Fuß- oder Hufabdrücke des Teufels bekannt. Das ist nur eine von vielen Erklärungen, die gegeben wurden, darunter meteorologische Erscheinungen, Spuren von Ottern, Ratten, Reihern, Waldmäusen, entsprungenen Kängurühs, Schwänen, Katzen, Hunden, Dachsen, Hasen, Eseln oder sogar einer bisher unentdeckten

Die Waldmaus (APODEMUS SYLVATICUS) ist besonders aktiv.

Albatrossart, die auf Kurzbesuch aus ihrer Polarheimat war.

Die jüngste und innovativste Erklärung stammt von Manfri Frederick Wood, der in seinem Buch *In the Life of a Romany Gypsy* meinte, daß laut Erinnerungen von Zigeunern die Spuren Ergebnis einer Vorführung waren, bei der sieben Zigeunerstämme auf mehr als 400 Stelzen mit der Schuhgröße 27 gingen, um abergläubische Didekais und Pikies aus dem Gebiet zu vertreiben.

Keine bekannte meteorologische Erscheinung kann diese „Hufabdrücke" verursachen, und alle der genannten Tiere sind zu groß, bis auf eines. Laut anderen Berichten über die seltsamen Vorfälle in jener Februarnacht führten einige Spuren durch Abflußrohre und winzige Löcher in Hecken und hörten sogar abrupt mitten auf Feldern auf.

Das einzige Tier, dessen Spuren klein genug sind, ist die Waldmaus *Apodemus sylvaticus*. Diese Maus ist ein außerordentlich geschickter Kletterer auf unterschiedlichen Oberflächen. Sie kann weiters durch Abflußrohre laufen und sich durch winzige Öffnungen zwängen. Und eine Waldmaus, die über ein schneebedecktes Feld läuft, würde außerdem schnell von einer Eule entdeckt und gefaßt werden, was erklärt, warum die Spuren so plötzlich endeten.

Der Zoologe Alfred Leutscher beschäftigte sich 1964 nochmals mit dem Fall und fand heraus, daß die vier Pfoten einer Waldmaus zusammen einen hufförmigen Abdruck ergeben, wenn das Tier durch Schnee springt, wie er in Devon gefunden wurde. Er erinnerte sich daran, im harten Winter 1962–1963 im Epping Forest viele derartige Spuren gesehen zu haben, die Waldmäuse im Schnee hinterlassen hatten. Als die Abdrücke in Devon gefunden wurden, war der Winter besonders streng, so daß weniger Nahrung vorhanden war als üblich, und die Waldmäuse wahrscheinlich auf ihrer Suche nach Futter vorwitziger waren als sonst – eine einleuchtende Erklärung, aus der auch hervorgeht, warum diese Spuren seither nicht mehr so häufig aufgetreten sind.

Schlüssel zu den Phänomenen
LUFT
WASSER
WASSER
LANDTIERE
MENSCHENÄHNLICH
ORTE
ÜBERSINNLICH
grünes Kätzchen
DÄNEMARK
Mäusekönig
wandernder Jude
Buch Oera Linda
NIEDERLANDE
Rattenkönig
Rattenfänger
BELGIEN
weinende Statue
Rattenkönig
Engel von Mons
DEUTSCHLAND
„Gloomy Sunday"
Jim Morrisons Grab
Mona Lisa
Zeitreise von Versailles
Graf St. Germain
Therese Neumann (Stigmatisie
Kaspar Hauser
Longinusspeer
FRANKREICH
Longinusspeer
ÖSTERREICH
Blutendes
Jesusbild
Homunculi
von Kufstein
Tatzelwurm
Werwolf
Werwolf
Unversehrter Leichnam der
Hl. Bernadette Soubirous
Schwester Giovanna
Maria delle Croce
(Duft der Heiligkeit)
Ungeheuer von Gévaudan
Turiner Grabtuch
selige Maria degli Angeli
(Duft der Heiligkeit)
Bernadette Soubirous hat
Erscheinungen der Hl. Jungfrau Maria
Nostradamus
Erscheinungen der
Hl. Jungfrau Maria
SPANIEN
PORTUGAL
Levitation der
Hl. Theresia von Avila
wandernder Jude
Unversehrter Leichnam der Hl. Katharina
von Siena (Stigmatisierte)
ITALIEN
Franz von Assisi
(Stigmatisierter)
blutende Hostie
Päpstin
Johanna
Padre Pio
(Stigmatisierter
weinende Statue
Voynich-Manuskript
Blut des Hl. Janua
Schwester Maria V
(Stigmatisierte)
Levitation der Hl. Theresia von Avila
Levitation des Hl. Josep
von Copertin
M I T T E L M E E R
Tatzelwurm
SIZILIEN
blutende Statue
weinende Statue

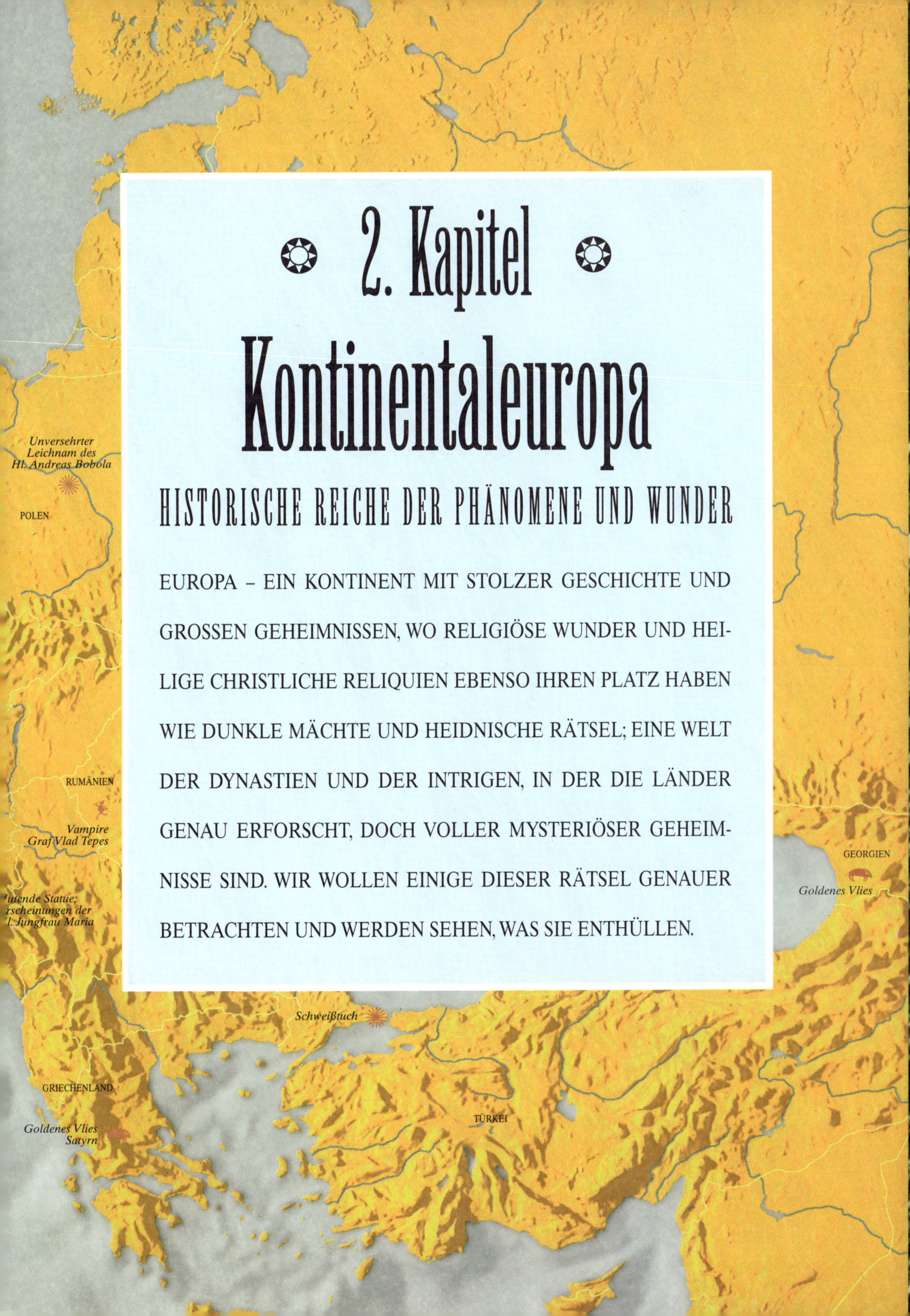

2. Kapitel

Kontinentaleuropa

HISTORISCHE REICHE DER PHÄNOMENE UND WUNDER

EUROPA – EIN KONTINENT MIT STOLZER GESCHICHTE UND GROSSEN GEHEIMNISSEN, WO RELIGIÖSE WUNDER UND HEILIGE CHRISTLICHE RELIQUIEN EBENSO IHREN PLATZ HABEN WIE DUNKLE MÄCHTE UND HEIDNISCHE RÄTSEL; EINE WELT DER DYNASTIEN UND DER INTRIGEN, IN DER DIE LÄNDER GENAU ERFORSCHT, DOCH VOLLER MYSTERIÖSER GEHEIMNISSE SIND. WIR WOLLEN EINIGE DIESER RÄTSEL GENAUER BETRACHTEN UND WERDEN SEHEN, WAS SIE ENTHÜLLEN.

Geheimnisvolle Tierwesen

RATTENKÖNIGE

Am 13. Juli 1748 fand der deutsche Müller Johann Heinrich Jäger 18 lebende Ratten unter den Mühlsteinen. Erstaunlich daran war, daß die Rattenschwänze mit einem wahrhaft gordischen Knoten verknüpft waren. Diese Art von verbundenen Ratten wird als Rattenkönig oder „roi de rats" bezeichnet, vielleicht von „rouet de rats" – „Rattenrad". In den vergangenen Jahrhunderten gab es eine beträchtliche Anzahl dieser Rattenkönige in Europa.

Der spektakulärste Fall berichtet von zwei Rattenkönigen, die von einigen Landarbeitern im Dezember 1822 in einem hohlen Holzpfeiler im Stalldach des ostdeutschen Ortes Döllstedt entdeckt wurden. Eine Gruppe bestand aus 28 Ratten, die andere aus 14. Doch ist das nichts gegen den Rattenkönig, der im Mai 1828 ausgetrocknet und ohne Fell im Kamin eines Müllers in Buchheim, Deutschland, gefunden wurde. Die Gruppe bestand aus 32 wahrscheinlich jungen Ratten. Dieser Kaiser unter den Königen wurde für die Nachwelt erhalten und ist heute ein wertvoller Besitz des Altenberg Mauritianums.

In *Rats* widmete Martin Hart den Rattenkönigen ein eigenes Kapitel und zählte 56 verschiedene Beispiele auf, von denen 38 seiner Meinung nach echt sein sollen (im Lauf der Jahre wurden einige falsche Rattenkönige hergestellt, die zu hohen Preisen an ahnungslose Kuriositätensammler verkauft wurden). Nur in einem Fall geht es nicht um die schwarze Ratte *Rattus rattus*; eine Gruppe von zehn jungen Feldratten, *R. brevicaudatus*, die in Bogor auf Java am 23. März 1918 gefunden wurden. Im April 1929 wurde eine Gruppe junger Waldmäuse, *Apodemus sylvaticus*, in Holstein entdeckt, und es gibt auch Berichte über Eichhörnchenkönige. Jüngstes Beispiel eines Rattenkönigs ist eine Gruppe von sieben Tieren, die der holländische Landwirt P. van Nijnatten im Februar 1963 in seinem Stall in Rucphen, Nordbrabant, fand.

Ein Rattenkönig oder roi de rats – das Ergebnis einer mysteriösen Verknotung der Rattenschwänze.

Wie kann man Rattenkönige erklären? Einige französische Forscher haben gemeint, daß sich die Tiere bereits vor der Geburt des Wurfes verbinden. Das wäre dem weniger bekannten Phänomen der Katzenkönige ähnlich – ein Katzenwurf, der mit stark verschlungenen Nabelschnüren geboren wird. Da einige der größten Rattenkönige erwachsene Tiere enthielten, können, wenn überhaupt, so doch nicht alle dieser Gruppen als pränatales Phänomen abgetan werden. Da es unwahrscheinlich ist, daß die Tiere eines Rattenkönigs viel Futter finden, ist nicht anzunehmen, daß sie gemeinsam überleben können, bis sie ausgewachsen sind.

Andererseits kann sich eine Gruppe von Ratten, die an einem feuchten Ort eingeschlossen ist, eng zusammendrängen und die Schwänze dabei so verschlingen, daß sie sich zu einem Knoten verbinden. Beim Versuch, das Geheimnis der Rattenkönige zu lösen, wurden die Tiere von Rucphen röntgenisiert. Die Bilder ergaben, daß die Schwänze tatsächlich verknotet waren, wodurch sie brachen und es zu Anzeichen einer Kallusbildung kam. Das weist darauf hin, daß die Schwänze bereits einige Zeit verknotet waren, doch gibt es keinen Aufschluß, wodurch dieser Knoten zustande kam.

DER ALPINE TATZELWURM

An einem Sommertag im Jahr 1921 waren ein Wilderer und ein Hirte auf der Hochfilzenalm in Südösterreich auf der Jagd, als sie ein seltsames Tier sahen, das sie beobachtete. Das Wesen, das auf einem Felsen saß, sah aus wie ein grauer Wurm, war 60–90 Zentimeter lang und so dick wie der Arm eines Mannes. Der Wilderer beschloß, es zu schießen und zielte mit seinem Gewehr auf das Tier. Doch das Wesen machte einen großen Satz in Richtung der Männer, die plötzlich sahen, daß es zwei kurze Vorderbeine hatte. Die Männer flüchteten auf der Stelle und ließen ihren unheimlichen Widersacher weit hinter sich.

Das ist nur einer von vielen Berichten über ein scheinbar unerforschtes Reptil oder einen Lurch, der in den mitteleuropäischen Alpen in der Schweiz, Bayern und Österreich zu leben scheint. Er wird von den Bewohnern dieser Gebirgsregion als Tatzelwurm oder Lindwurm bezeichnet. Landwirte beobachteten im Jahr 1954 ein wurmähnliches Tier mit Katzenkopf wie es eine Schweineherde bei Palermo, Sizilien angriff. Ähnliche Tiere scheinen auch in Teilen Südeuropas vorzukommen.

Die Wissenschaft hat im Jahr 1924 eine Chance verpaßt, die Identität des Tatzelwurms zu enthüllen. Damals entdeckten zwei Reisende im Murtal die Überreste eines Skeletts einer 1,20 Meter großen Eidechse. Ein Student der Veterinärmedizin untersuchte das Skelett und kam zu dem Schluß, daß es sich um die Überreste eines Hirschgeweihs handeln könnte, obwohl die Finder dies verwarfen, da es anders aussah. Leider wurde das Skelett danach ohne nähere Betrachtung weggeworfen. Interessanterweise wurde nur zwei Jahre später von einem 12jährigen Hirtenjungen an genau derselben Stelle eine Riesen-eidechse gefunden. Diese Begegnung jagte dem Burschen einen derartigen Schrecken ein, daß er sich den ganzen Sommer über weigerte, Schafe zu hüten.

Die Beschreibung, die der Wilderer und der Hirte im Jahr 1921 gaben, gleicht den meisten anderen Berichten von Tatzelwürmern. Es gibt nur eine nennenswerte Ausnahme: Verschiedene Augenzeugen haben unterschiedliche Angaben über die Anzahl der Beine des Tieres gemacht. Einige meinen, es hat nur zwei Vorderbeine, andere wiederum sagen, es hätte vier Beine, und noch andere behaupten, es hätte überhaupt keine Beine. Das Wesen scheint einem wurmähnlichen Salamander oder einer Eidechse zu gleichen. Jede dieser Beschreibungen ist möglich. Es gibt eine weit verbreitete Echsenart, die Skinks, von denen einige vier kurze Beine, andere nur zwei winzige Vorderbeine haben. Ebenso haben zwar die meisten Salamander vier Beine, die nordamerikanischen Armmolche haben allerdings ebenfalls nur zwei Vorderbeine.

Einige Zoologen meinen, daß es eine Verbindung zwischen dem Tatzelwurm und der Krustenechse aus der Gilawüste, *Heloderma suspectum*, gibt, einer Art giftiger Eidechse, oder mit der Panzerschleiche *Ophisaurus apodus*, einer großen, beinlosen Eidechse, die in Südeuropa vorkommt.

1954 berichteten sizilianische Landwirte über Katzenwesen mit Schlangenkörpern.

MERKMALE EINES WERWOLFS

Bevor die Wissenschaft den mittelalterlichen Aberglauben und den religiösen Fanatismus hinwegfegte, lebte die Bevölkerung Europas in Angst vor Werwölfen – Menschen, die sich in Wölfe verwandeln können. Damals hatten die Menschen großes Vertrauen in eine Pflanze namens Eisenhut, welche diese bösen Wesen abhalten sollte. Eine andere Taktik war, verdächtige Personen mit geweihten Silberkugeln zu erschießen.

Traditionelle Merkmale waren nicht nur zahlreich, sondern auch sehr vage. Unter Verdacht konnte jeder geraten, der hervorstehende Zähne hatte, haarige Hände oder Füße, spitze, kleine Ohren, die tief angesetzt oder zum Hinterkopf geneigt waren, ungewöhnlich lange Mittelfinger, Augenbrauen, die über der Nase zusammengewachsen waren, und lange, gebogene, rötlich schimmernde Fingernägel. Man nahm an, daß Menschen, die das Hirn oder das gebratene Fleisch eines Wolfes aßen, sicher zu Werwölfen würden, ebenso wie all jene, die das Fleisch von Schafen aßen, die von einem Wolf gerissen worden waren. Dasselbe Schicksal hatten all jene zu erwarten, die aus Wasserlachen tranken, die sich in Wolfsspuren gebildet hatten oder aus Wasserstellen, an denen sich auch Wölfe labten.

In Frankreich wurden zwischen 1520 und 1630 unglaubliche 30 000 Prozesse abgehalten.

Der Einsiedler Gilles Garnier war der berühmteste Fall. Im Sommer 1573 wurden die verstümmelten Leichen mehrerer Kinder im Gebiet von Dôle gefunden, und Bauern aus der Umgebung behaupteten, ein wolfähnliches Wesen mit Garniers Gesichtszügen gesehen zu haben. Im November dieses Jahres folgte eine Gruppe von Dorfbewohnern den Angstschreien eines jungen Mädchens. Sie war schwer verwundet, doch noch am Leben und wurde von einem riesigen Wolf festgehalten, auf den diese Beschreibung zutraf. Der Wolf konnte entkommen, doch Garnier wurde bald zusammen mit seiner Frau festgenommen. Beim Prozeß gab er ohne Umschweife zu, zwei der Morde, die diesem Wesen zugeschrieben wurden, begangen zu haben, und er gab sogar an, einen Teil des Körpers eines seiner Opfer mit nach Hause genommen zu haben, wo ihn seine Frau verspeiste. Es ist nicht überraschend, daß beide Angeklagte schuldig gesprochen und im Januar 1574 bei lebendigem Leib verbrannt wurden.

Wahrscheinlicher aber als eine physische Umwandlung ist, daß Garnier einfach verrückt war. Er hat vielleicht nicht einmal die Verbrechen begangen: Einsiedler, die keine Freunde oder keinen Einfluß hatten, waren immer willkommene Sündenböcke für alle möglichen Verbrechen.

Jacques Rollet aus Claude in Westfrankreich, der mehrere Menschen ermordet und verspeist hatte, wurde 1598 gefaßt, als er gerade ein weiteres Opfer tötete. Der Richter erklärte ihn für geistig abnorm und steckte ihn in eine Irrenanstalt. Ein ähnlicher Fall liegt bei Jean Grenier vor, einem geistig zurückgebliebenen Hirtenjungen aus dem Gebiet von Bordeaux, der behauptete, als Wolf mehr als fünfzig Kinder getötet und verspeist zu haben. Nach seinem Prozeß im Jahr 1604 wurde Grenier einer örtlichen Franziskanerbastei übergeben, wo er sein restliches Leben verbrachte.

Rollet, Grenier, vielleicht auch Garnier und viele andere sogenannte Werwölfe litten ohne Zweifel an einer seltsamen, doch seit langem bekannten Geisteskrankheit mit dem Namen Lykanthropie, der Wahnvorstellung, sich willentlich in einen Wolf verwandeln zu können. Die Betroffenen verhalten sich auch wie Wölfe, sie heulen den Mond an und attackieren Menschen mit den Zähnen und Nägeln. Auch heute noch gibt es in Europa Berichte über Fälle dieser seltsamen, bedauernswerten Krankheit.

Im Mittelalter glaubten jedoch einige Menschen, sich in einen Wolf verwandeln zu können, nicht weil sie unter Lykanthropie litten, sondern weil sie verschiedene Halluzinogene genommen hatten. Rauschmittel, die aus Bilsenkraut und der Tollkirsche gewonnen werden, verursachen bekanntlich Halluzinationen, und waren in der Kunst der Hexerei weit verbreitet. Zusätzlich scheidet das Mutterkorn, ein pilzlicher Getreideparasit, einen Wirkstoff aus, der LSD ähnlich ist und die Wahnvorstellung auslöst, man durchlaufe eine Verwandlung. Das ist für die angeblichen Werwölfe des Mittelalters von Bedeutung, da in jener Zeit gesundes Getreide der Aristokratie vorbehalten war. Bauern, die Brot backen wollten, mußten Getreide verwenden, das vom Mutterkorn befallen war. Es verwundert daher nicht, daß einige in der Vorstellung lebten, sie könnten sich in einen Wolf verwandeln.

Es ist auch anzunehmen, daß tollwütige Wölfe, die Schaum vor dem Maul hatten, oder Menschen, die von einem derartigen Tier gebissen wurden und daher dieselben Symptome aufwiesen, für Werwölfe gehalten wurden. Die beiden Merkmale von Werwölfen waren nämlich Schaum um das Maul und ihre Fähigkeit, jeden, den sie bissen, in einen Werwolf zu verwandeln.

1990 gab Hugh Trotti einen weiteren, faszinierenden Einblick in den Mythos der Werwölfe. Der altägyptische Gott des Todes, Anubis, wurde als hundsköpfiges Wesen in einem Kult verehrt, bei dem die Priester eine wolfsähnliche Maske trugen, die ihn darstellen sollte. Dieser Kult wurde von den Römern übernommen. Im 1. Jahrhundert n. Chr. gab es in Rom zahlreiche Statuen einer Menschenfigur mit Hundskopf, die den Namen Hermanubis hatte. Germanische Truppen, die in der römischen Armee dienten, könnten Hermanubis-Priester mit Wolfsmasken und hundsköpfige Statuen gesehen, und nach dem Fall des Römischen Reiches in ihren Heimatländern darüber gesprochen haben. Laut Trotti ist es möglich, daß verzerrte Schilderungen dieser Ereignisse zu dem Mythos geführt haben, daß es Menschen gibt, die sich in Wölfe verwandeln können.

Anleitungen zur Zucht von Homunculi

Die Alchemisten des Mittelalters haben bis heute ihren Ruf bewahrt, daß sie mit Hilfe des berühmten Steins des Weisen Metall in Gold verwandeln konnten. Weniger bekannt ist ihre angebliche Fähigkeit, winzige menschenähnliche Lebewesen erschaffen zu können, die als Homunculi bekannt sind. Vor kurzem veröffentlichte jedoch Paul Thompson in der Zeitschrift *Fate* (September 1994) einen spannenden Bericht zu diesem vergessenen Thema.

Die Alchemisten behaupteten, daß zur Zucht eines Homunculus mehrere organische Säfte wie Spucke und Eiweiß nötig wären, in einigen Fällen auch anorganische Flüssigkeiten wie Tau. Die wichtigsten, und am häufigsten genannten Substanzen sind jedoch menschliches Blut und Samen; in primitiven Gesellschaften galten sie als die Träger der Lebenskraft. Außerdem war Pferdedung erforderlich, dessen abgegebene Wärme zum Ausbrüten des Gemischs verwendet wurde.

Wenn man bedenkt, daß alle oben angeführten Zutaten leicht erhältlich sind, ist es überraschend, daß die Herstellung der Homunculi nur den Alchemisten überlassen war. Die

Theophrastus Paracelsus

Antwort auf diese Frage ist, daß alle Rezepte eine Zutat zu enthalten schienen, die außerordentlich komplex und schwierig herzustellen war. Zum Beispiel enthielt das Rezept für Homunculi laut dem Traktat *De Natura Rerum*, das im 16. Jahrhundert vom Schweizer Wissenschaftler Theophrastus Paracelsus verfaßt wurde, das „Elixir des menschlichen Blutes". Die Zusammensetzung dieses wesentlichen, wenn auch

Der afrikanische Krallenfrosch (XENOPUS LAEVIS) taucht durchs Wasser.

esoterischen Stoffes, war nur den Alchemisten bekannt. Ebenso unklar ist die „Tiertinktur", die in einem anderen mittelalterlichen Rezept enthalten ist.

Trotz dieser Schwierigkeiten gibt es tatsächlich detaillierte Berichte über die erfolgreiche Herstellung von Homunculi. Eine Züchtung gelang laut Überlieferung Dr. Borel, dem Leibarzt von König Ludwig XIV. Dieses Wesen, das aus destilliertem Menschenblut gewonnen worden war, konnte rote Lichtstrahlen absondern und wurde am Königshof vorgeführt. Der außergewöhnlichste Fall war jedoch, wie Dr. Emil Besetzny in seinem Buch *Sphinx* ausführlich beschreibt, die Erschaffung von zehn lebenden Homunculi in nur fünf Wochen. Diese Leistung vollbrachten Ende des 16. Jahrhunderts zwei österreichische Alchemisten – Graf Johann Ferdinand von Kufstein und Abbé Geloni.

Wie alle Homunculi wurden auch diese in verschlossenen Gefäßen gezüchtet – Homunculi sterben, wenn sie länger mit Luft in Berührung kommen –, die mit Wasser gefüllt und unter Dung gelagert wurden. Sie wurden, wie allgemein üblich mit einer nicht näher bezeichneten Lösung behandelt, durch die acht der Homunculi auf doppelte Größe (30 Zentimeter) wuchsen.

Sie sahen alle verschieden aus und jeder hatte eine eigene Identität. Acht waren kleine Männchen, die unter den Namen König, Königin, Ritter, Mönch, Nonne, Seraph, Kumpel und Architekt bekannt waren. Es wurden sogar Kleider für sie angefertigt, die ihrer Identität entsprachen. Jeder dieser acht Homunculi wurde alle drei bis vier Tage mit speziellen rosa Tabletten gefüttert, und das Wasser wurde einmal pro Woche gewechselt. Einmal entkam der „König" aus seinem Gefäß und versuchte tatsächlich, das Gefäß der „Königin" zu öffnen. Er wurde jedoch vom Diener des Grafen Kufstein entdeckt und von ihm und dem Grafen gejagt. Da der „König" aufgrund der Luftzufuhr bald zusammenbrach, konnte er eingefangen und wieder in sein Gefäß gesetzt werden.

Die anderen beiden Homunculi hatten keinen Körper und erschienen nur, wenn Geloni an ihre Gefäße klopfte und einige Zauberworte sprach. Dann bildete sich ein Gesicht und die Flüssigkeit eines Gefäßes färbte sich rot, die des anderen blau. Der rote „Homunculusgeist" wurde mit Blut gefüttert, und sein Wasser wurde alle zwei bis drei Tage gewechselt. Beim blauen „Geist" vermied man dies.

Alle zehn Homunculi sagten zukünftige Ereignisse voraus – immer korrekt – und wurden von vielen Menschen gesehen. Darunter waren so bedeutende Persönlichkeiten wie Graf Franz Joseph von Thun und Graf Max Lamberg. Dennoch ist es nicht möglich, daß es diese seltsamen, von Menschen hergestellten Wesen wirklich gab, oder?

Ich frage mich, ob diese speziellen Homunculi vielleicht große, amphibische Lebewesen waren, die von Reisenden aus den Tropen mitgebracht worden waren. Es könnte sich um den afrikanischen Krallenfrosch *Xenopus laevis* handeln, eine weit verbreitete Art mit menschenähnlichen Zügen, die nur im Wasser lebt – das könnte erklären, warum der „König" bald nach seiner Flucht aus dem Gefäß zusammenbrach.

Keiner weiß, was mit neun der Homunculi passierte, nachdem Geloni und Kufstein getrennte Wege gingen. Allerdings ereignete sich etwas, das Aufschluß über den Verbleib des zehnten geben könnte. Das Gefäß mit dem „Mönch" zerschellte am Boden, und der Homunculus kam ums Leben. Sein Körper wurde auf dem Anwesen Kufsteins in Tirol begraben – doch wo befindet sich dieses? Wenn wir dies wüßten, könnte, wie Paul Thompson vorgeschlagen hat, der Boden untersucht werden, und wer weiß, was zutage kommen würde.

Eines ist allerdings sicher: Wenn jemals ein 30 Zentimeter großes Skelett in dieser Region gefunden wird, wäre Thompson sehr daran interessiert, mehr darüber zu erfahren – und ich ebenfalls.

DAS GOLDENE VLIES – EXISTIERTE ES WIRKLICH?

In einer der bekanntesten Sagen der griechischen Mythologie fuhren der Held Iason und seine Gefährten auf dem Schiff *Argo* aus, um das Goldene Vlies aus Kolchis (heute in Georgien) zu holen. Es war dies das Fell von Chrysomallus, dem mythischen geflügelten Widder, den Hermes sandte, um Ino, der bösen Stiefmutter, die Kinder zu entreißen. Ino wollte sie opfern, weil sie hoffte, dadurch die Götter während der großen Hungersnot in Böotia, im antiken Griechenland, zu besänftigen.

Für gewöhnlich wird diese Erzählung als reine Erfindung oder als verzerrte Überlieferung einer Suche nach Gold abgetan. Dabei wurde ein gewöhnliches Vlies als Sieb verwendet, um Goldpartikel, die im Fluß Phasis angeschwemmt wurden, auszusondern. 1987 stellte jedoch Dr. G. J. Smith, ein Forscher für physikalische Chemie an der Melbourne University, Australien, eine völlig neue Theorie zur Diskussion. Er wählte einen direkteren, wenn auch sehr ungewöhnlichen Ansatz für die Existenz des angeblich mythischen Goldenen Vlieses.

Heute füttern Landwirte während einer Hungersnot ihre Schafe häufig mit Blättern. Also, meinte Smith, werden auch die Bauern im Griechenland der Antike ihre Schafe mit den Blättern des weit verbreiteten Olivenbaums *Olea europaea* gefüttert haben. Die Blätter dieses Baumes enthalten eine Säure, aus der eine chemische Zusammensetzung namens pentazyklisches Triterpenoid gewonnen wird. Schafe, die diesen Stoff einnehmen, scheiden durch die Schweißdrüsen der Haut eine rötliche Substanz namens Lanaurin aus, die ihrem Fell eine deutliche Goldfärbung verleiht.

Das hat Smith zu der Überlegung veranlaßt, ob die Sage vom Goldenen Vlies vielleicht durch Schafe entstanden ist, an die zur Zeit der schweren Hungersnot, als diese Erzählung entstand, zu viele Blätter des Olivenbaums verfüttert wurden, und die deshalb goldene, lanauringefärbte Wolle hatten. Es ist dies sicher nicht die romantischste Erklärung für eine so schöne Erzählung, doch ist sie zweifellos eine Überlegung wert.

Das Ungeheuer von Gévaudan

Zwischen Juni 1764 und Juni 1767 ereignete sich in Gévaudan, in der Gemeinde Lozère im Südosten Frankreichs, eine große Zahl schrecklicher Frauen- und Kindesmorde. Dort, wo der Täter beobachtet werden konnte, handelte es sich um ein riesiges, wolfähnliches Tier, das seine Opfer tötete, indem es ihnen die Kehle aufriß und sie dann fraß, oder ihnen einfach den Körper aufriß. Um der aufsteigenden Panik Einhalt zu gebieten, sandte im Februar 1765 König Ludwig XV. einen berühmten Jäger namens Denneval nach Gévaudan, der von sechs abgerichteten Bluthunden begleitet wurde. Allerdings waren sie nicht erfolgreich.

Sieben Monate später schien die blutige Herrschaft des Ungeheuers von Gévaudan endlich zu Ende zu sein, als Antoine de Beauterne, der persönliche Gewehrträger des Königs, das vermeintliche Ungeheuer zum Steinbruch von Bèal Ravine in der Nähe des Ortes Pommier verfolgte. Hier wurde es erschossen, und der riesige Wolf, der mehr als 1,50 Meter lang war und 65 Kilo wog, wurde im Triumph zum Königshof gebracht. Es handelte sich allerdings nicht um das Ungeheuer, denn die Morde gingen weiter.

Am 19. Juni 1767 wurde ein weiterer Wolf geschossen, diesmal von Jean Chastel am Berg Chauvet. Danach hatten die Morde ein Ende. In *La Bête du Gévaudan* meint Gérald Ménatory, daß viele Morde auch das Werk eines oder mehrerer Serienmörder gewesen sein könnten, die die Geschichte der mordenden Wölfe in Umlauf brachten, um ihre eigenen Verbrechen zu verbergen.

War das Ungeheuer von Gévaudan ein Werwolf – ein Wesen, das seine Verbrechen als Wolf beging und sich danach wieder in einen Menschen verwandelte? Natürlich haben Wissenschaftler für diese Theorie wenig übrig. War es nur ein Zufall, daß die Morde endeten, als Chastel den Wolf vom Berg Chauvet schoß ... mit einer geweihten Silberkugel?

Darstellung von Iason und Medea mit dem Goldenen Vlies auf einem deutschen Stich.

Holzschnitt des Ungeheuers von Gévaudan, das Lozère im Südosten von Frankreich um 1760 in Angst und Schrecken versetzte.

Dänemarks grünes Kätzchen

Im Herbst 1995 entdeckte Pia Bischoff zu ihrer Überraschung vor einem Heuboden in Dybvad, im Nordwesten von Dänemark, ein zwei Monate altes Kätzchen. Als sie es näher betrachtete, steigerte sich ihre Überraschung noch – das Fell und die Krallen des Tieres waren leuchtend grün! Alle Versuche, diese seltsame Färbung abzuwaschen, schlugen fehl. Tierärzte, die das Kätzchen untersuchten, und Forscher der Universitätsklinik von Kopenhagen, die Proben des Fells prüften, meinten, daß das Tier bereits grün geboren wurde, da die Kupferschicht von der Haarwurzel bis zur Spitze reichte.

Die Färbung kann natürlich durch eine Genmutation verursacht worden sein, doch ist es wahrscheinlicher, daß das Kätzchen (oder seine Mutter, während sie trächtig war) mit kupferkontaminiertem Wasser in Berührung gekommen ist. Einige Jahre zuvor entdeckte man in einer südschwedischen Stadt, daß korrodierende Kupferrohre dafür verantwortlich waren, daß die Haare mehrerer blonder Frauen grün wurden!

Ein Satyr auf einer Amphorenscherbe aus dem 6. Jahrhundert v. Chr.

Sex und die Satyrn

In der griechischen Mythologie waren Satyrn Menschen mit behaarten Beinen, Hufen, einem Schwanz und kurzen Ziegenhörnern. Aber gab es sie wirklich? Diese unerwartete Frage wurde in einer Abhandlung aufgeworfen, die 1994 von Dr. Helmut Loofs-Wissowa vom Institut für asiatische Studien an der Australian National University verfaßt und im wissenschaftlichen Fachmagazin *Human Evolution* veröffentlicht wurde.

In der klassischen Kunst der Antike wurden Satyrn häufig mit einer Erektion dargestellt, auch wenn sie keinen Sex hatten. Tatsächlich war es dieses Merkmal, das ihnen den Ruf der Lüsternheit einbrachte. Dr. Loofs-Wissowa glaubt allerdings, daß dies eine falsche Theorie ist, und daß die Satyrn tatsächlich an einem physiologischen Phänomen mit dem Namen Penis rectus litten, bei dem der Penis auch in schlaffem Zustand horizontal steht. In unserer Zeit ist dieses Merkmal nur noch bei den Buschmännern Südafrikas verbreitet, doch ist es in der prähistorischen Höhlenmalerei Europas häufig dargestellt. Hier sind die Figuren mit Penis rectus behaarte menschliche Wesen.

Es gibt zwei äußerst faszinierende Aspekte dieses Themas. Einerseits meinen manche Anthropologen, daß diese ungewöhlich behaarten Wesen Darstellungen des Neandertalers *Homo neanderthalensis* sind, der vor mindestens 30 000 Jahren ausgestorben sein soll. Andererseits ist es nach Meinung von einigen Wissenschaftler möglich, daß diese behaarten, koboldähnlichen Wesen, die in vielen Teilen Asiens leben, moderne Neandertaler sind, die bisher noch nicht wissenschaftlich erforscht sind. Besonders bemerkenswert ist hier, daß Augenzeugen, die diese Wesen beobachtet haben, meinen, daß sie auch bei nicht sexuellen Tätigkeiten – wie beim Essen oder beim Gehen – ständige Erektionen haben. Das läßt darauf schließen, daß sie tatsächlich unter Penis rectus leiden.

Loofs-Wissowa kombiniert all die erwähnten Informationen und meint, daß der Penis rectus ganz offensichtlich ein paläontologisches Merkmal ist und auf die Neandertaler zurückgeht. Er meint weiters, daß viele Charakteristika, die den Satyrn in der künstlerischen Darstellung zugesprochen werden, sie vom modernen Menschen unterscheidet, aber mit dem Neandertaler verbindet. Dazu gehören auch noch: ein behaarter Körper, eine aufgebogene Nase, große Augenbrauen, ein runder Kopf mit starkem Hals und vor allem der Penis rectus, der bisher fälschlich als Merkmal für Lüsternheit galt.

Diese Idee ist nicht nur sehr interessant, sie ist auch sehr ungewöhnlich, sie läßt aber auch ein paar Kleinigkeiten offen – die Hufe und den Schwanz der Satyrn, ganz zu schweigen von ihren Hörnern …

VAMPIRE

Der Vampirmythos ist ein komplexes Konzept, das aus vielen verschiedenen Quellen entstanden ist. Alter Aberglauben, grauenhafte Entdeckungen von lebendig Begrabenen, die an Katalepsie litten (eine Form der Bewußtlosigkeit, die der Totenstarre gleicht), psychopathische Mörder mit einem irren Bedürfnis nach Blut, unheimliche Erzählungen von tatsächlich bluttrinkenden Fledermäusen, mit denen die Besatzung auf Cortés' Schiffen nach ihrer Rückkehr aus Amerika ihre entsetzten Zuhörer schockierten – das sind nur einige der ineinander übergreifenden Aspekte.

Die „Entwicklung" der Vampire von ihrer Frühform als belebter Leichnam zu einem sichtbaren menschlichen Wesen wurde durch Bram Stokers Roman *Dracula* stark unterstützt. Er nahm seine Inspiration für den fiktiven Grafen von einer tatsächlichen Person, die im 15. Jahrhundert gelebt hatte – Prinz Vlad V. aus der Walachei, heute in Rumänien und nahe dem angeblichen Zentrum der Vampire, Transsylvanien. Prinz Vlad V., der nach dem Familienwappen, einem Drachen, auf rumänisch „dracul", genannt wird, war wegen seiner sadistischen Lust nach Blut sehr gefürchtet. Er zog es vor, wirkliche oder eingebildete Opfer bei lebendigem Leib auf Pfähle zu spießen, was ihm einen weiteren Beinamen einbrachte – „Tepes", der Pfähler. Angeblich aß er auch ihr Fleisch und vielleicht hat er auch ihr Blut getrunken.

Vielleicht ist an Vlad Tepes und seinem Verhalten jedoch mehr daran als mörderischer Wahnsinn. Bei manchen allergischen Reaktionen auf eine Substanz entwickeln die Betroffenen eine Sucht nach dieser Substanz, und wenn sie diese nicht bekommen, können sie sehr seltsam und irr reagieren. 1985 meinte der Arzt Dr. Thomas McDevitt aus Idaho, daß der Tyrann aus der Walachei unter dieser Art einer Blutallergie gelitten haben kann, was seine Obsession, Blut zu vergießen, und die Methoden, die er anwandte, erklären könnte. Überdies wird der Prinz mit dunklen Ringen unter den Augen, aufgedunsenen Backen und fahler, blasser Haut dargestellt – klassische Merkmale bei gewissen Arten einer Allergie.

1982 gab Professor David Dolphin von der University of British Columbia in Vancouver eine weitere medizinische Erklärung für Vampire ab. Er meinte, daß sie an einer vererbten Blutkrankheit litten, die als Porphyrie bekannt ist und in der Folge den Namen „Draculakrankheit" erhielt. Der Stoffwechsel der Betroffenen verbindet nur unzureichend Eisen mit den Porphyrinen, und bildet so zu wenig Häm, das einen wesentlichen Bestandteil des Blutfarbstoffs Hämoglobin bildet. Dadurch durchsetzt sich ihre Haut immer mehr mit Porphyrinen, in denen kein Eisen enthalten ist, und die in Verbindung mit Tageslicht eine Reihe von Reaktionen wie Hautläsionen und andere Entstellungen auslösen. Um dies zu vermeiden, neigen die Betroffenen dazu, nur bei Nacht auszugehen. Ein anderes Merkmal der Krankheit ist eine Verhärtung der Gaumen, wodurch die Zähne vortreten, was ihr vampirhaftes Aussehen verstärkt.

Wenn man bedenkt, daß der Farbstoffanteil im Hämoglobin der Betroffenen immer wertvoller wird, können die Substanzen, die Häm zerstören und so dem Körper wertvolles Eisen entziehen, bei diesen Menschen tödlich wirken. Bemerkenswert ist hier, daß ein gebräuchliches Nahrungsmittel, das eine Substanz enthält, durch die ein Häm-zerstörendes Enzym, Zytochrom P450, aktiviert wird, auch ein bekanntes Mittel ist, um Vampire zu vertreiben – Knoblauch!

Inspirationsquelle: Horrorfilme des 20. Jahrhunderts leben vom Vampirmythos.

Der echte Vampir (DESMODUS ROTUNDUS), ein Bewohner der Tropen Amerikas, ist tatsächlich eine blutsaugende Fledermaus.

Alte Geheimnisse

Das Voynich-Manuskript

Unter der Unmenge an Wissen, das in der Beinecke Rare Book and Manuscript Library an der Yale University angesammelt wurde, befindet sich auch ein Manuskript aus dem Mittelalter, das reich an farbigen Illustrationen von seltsamen Pflanzen und astronomischen Symbolen ist, sowie vielfältige Darstellungen nackter Frauen aufweist. Das einzige Problem ist, daß dieses Buch, das zweihundert Seiten umfaßt, in einer völlig unbekannten Sprache geschrieben wurde, die trotz wiederholter Versuche noch nicht entziffert werden konnte.

Dieses erstaunliche Werk ist unter dem Namen Voynich-Manuskript bekannt, benannt nach dem Buchhändler Wilfred M. Voynich aus New York, der das Buch 1912 von der Bibliothek einer Jesuitenschule in Frascati, Italien, kaufte. Dem Manuskript beigelegt ist ein Brief aus dem Jahr 1666, den Marcus Marci an seinen ehemaligen Lehrer, den berühmten Jesuiten Athanasius Kircher geschrieben hatte. Darin behauptete er, daß der Verfasser des Manuskriptes laut dem früheren Besitzer, dem Habsburgerkaiser Rudolph II. (gest. 1612), Roger Bacon gewesen war, der hervorragende englische Wissenschaftler und Alchemist aus dem 13. Jahrhundert.

Voynich ließ vielen der führenden Entzifferer, darunter Teams, die im Krieg zur Entschlüsselung von Codes eingesetzt worden waren, sowie Forschern alter Sprachen Kopien zukommen – doch vergeblich. Es war nicht nur die Sprache völlig unverständlich, auch die meisten der abgebildeten Blumenarten gibt es nicht!

Seltsame Pflanzen aus dem Voynich-Manuskript.

Als Voynichs Witwe 1960 starb, wurde das Manuskript an den Buchhändler Hans Kraus verkauft, dessen Versuche, es gewinnbringend zu veräußern, so kläglich fehlschlugen, daß er das Werk 1969 der Yale University vermachte. Die Erklärungen für das Werk reichen von einer Kunstsprache, einem überspannten Schwindel, einem Beispiel von spirituell ausgelöster Selbstschreibung bis zu einer seltsamen Kräutersammlung.

Geringfügigen Erfolg bei der Entzifferung hatte nur Professor Robert S. Brumbaugh von der Yale University, für den es sich um ein alchemistisches Werk handelt. Diese Bücher sind für ihren Symbolismus und ihren kryptischen Text bekannt. Einige Berechnungen an den Seitenrändern des Manuskripts veranlaßten ihn, einen Code zu formulieren, mit dem er die Namen von den wenigen abgebildeten Pflanzen und Sternen entziffern konnte, die es tatsächlich gibt. Der Inhalt des Textes bleibt weiterhin ein großes Rätsel.

Ich frage mich, ob die Yale University jemals daran gedacht hat, das Voynich-Manuskript zu publizieren und es an Buchgeschäfte und all jene zu verkaufen, die es auflegen möchten, und in einer großen Medienkampagne anzukündigen, daß demjenigen, dem es gelingt, das Manuskript zu entziffern, ein ansehnlicher Preis winkt. Bedenkt man aber, daß Roger Bacon dafür berühmt ist, viele der wesentlichen wissenschaftlichen Erfindungen und Prinzipien bereits Jahrhunderte früher vorhergesagt zu haben, denken vielleicht einige Forscher, daß das außergewöhnliche Manuskript Geheimnisse enthalten könnte, die man auch heute besser im Dunkeln läßt.

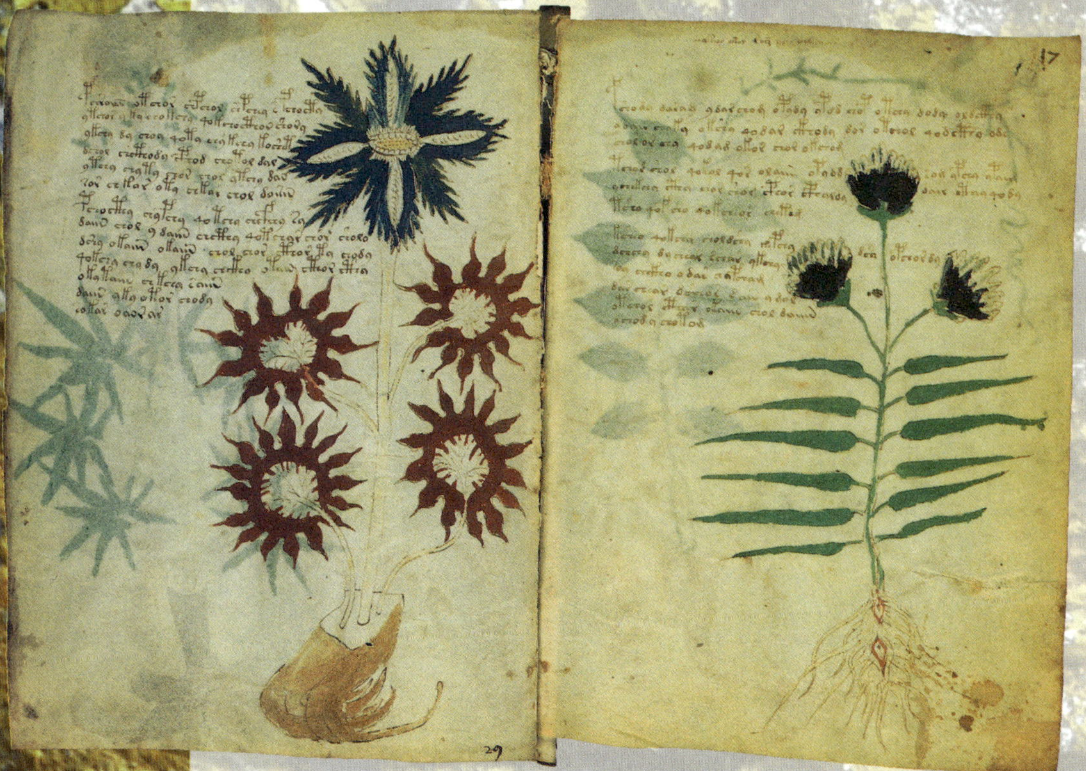

Das Voynich-Manuskript, verfaßt in einer völlig unbekannten Sprache.

ATLAND – DAS „ANDERE“ ATLANTIS

Im geheimnisvollen Buch Oera Linda ist die angebliche Geschichte eines nördlichen Kontinents namens Atland beschrieben, der in keinem Zusammenhang mit Atlantis steht, aber ebenfalls versunken ist. Atland war eine halbrunde Landmasse vor der niederländischen Küste Frieslands, hatte subtropisches Klima und wurde von glücklichen Menschen bewohnt, bis die Insel im Jahr 2193 v. Chr. durch eine große Katastrophe zerstört wurde, bei der die meisten Bewohner starben. Die Überlebenden fuhren durch die Welt und gründeten einige der bedeutendsten Zivilisationen, darunter die Kulturen der alten Ägypter, Griechen und Indianer.

Als ob diese Ansicht nicht schon radikal genug wäre, gibt das Buch noch weiteren faszinierenden Aufschluß über die Zeit von Atland: Angeblich stammt die Bevölkerung von Atlantis ab, das einige Jahrtausende früher unterging; aus den friesischen Helden gingen die nordischen Götter hervor; der griechische Held Odysseus besuchte Atland; unser Zahlensystem stammt nicht aus dem Arabischen, sondern aus dem Altfriesischen und Britannien war Atlands Strafkolonie!

Falls wahr ist, was im Buch Oera Linda steht, müßten Historiker einen großen Teil der Menschheitsgeschichte neu schreiben. Was weiß man aber über die Geschichte und die Herkunft des revolutionären Buches? Es erregte in der Neuzeit erstmals im Jahr 1848 Aufmerksamkeit, als ein friesischer Antiquitätenhändler namens Cornelius Over de Linden (d. h. Oera Linda) das Manuskript Dr. E. Verwijs, dem Bibliothekar der Bibliothek von Leeuwarden in Friesland zeigte. Es war mit eisenfreier schwarzer Tinte auf Kattunpapier geschrieben, war vermutlich im Jahr 1256 von einer früheren Version kopiert worden und seit damals im Besitz der Familie Oera Linda.

Verwijs wollte das Buch veröffentlichen, doch als er sich wegen der Finanzierung an die friesische Gesellschaft wandte, lehnte diese ab, da sie das Buch für eine Fälschung hielt. 1876 veröffentlichte jedoch das angesehene Londoner Verlagshaus Trubner & Co. das Buch in der friesischen Originalversion mit einer englischen Übersetzung von William R. Sandbach (übertragen von der holländischen Übersetzung aus dem Friesischen von Dr. J. O. Ottema). Es überrascht nicht, daß die Historiker in ihrer Meinung, daß es sich um eine Fälschung handelt, praktisch übereinstimmten. Nur in der Frage, wer der Fälscher war, ob Cornelius Oera Linda, Verwijs oder beide, herrschte Uneinigkeit.

Und hier hätte die Geschichte des Buches sehr gut enden können – unbekannt, kurz im Rampenlicht, wieder vergessen –, wäre nicht Robert J. Scrutton gewesen, der es durch seine eigenen Bücher *The Other Atlantis* und *The Secrets of Lost Atland* wieder der Öffentlichkeit ins Bewußtsein rief. Trotzdem sind die Existenz von Atland und die Aktivitäten der Überlebenden bisher nicht anerkannt. Unterstützung finden die Theorien nur in dem Werk *Unsolved Mysteries: Past and Present* von Colin und Damon Wilson.

Überraschend ist dies jedoch nicht. Jedes Werk, das ein traditionelles Konzept der menschlichen Entwicklung verwirft und eine völlig andere Geschichte der Welt erstellt, die es aber

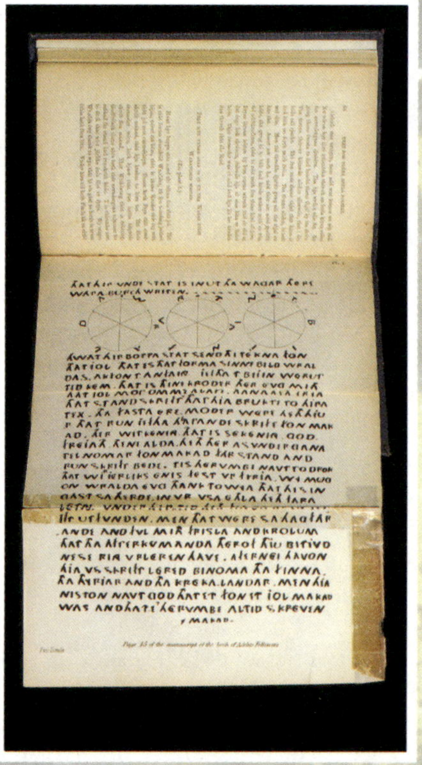

Teil des Manuskriptes Oera Linda aus der Ausgabe von 1876.

nicht selbst belegen kann, wird nur schwerlich von der Wissenschaft mit Lobeshymnen überhäuft werden. Selbst die Anhänger Immanuel Velikovskys, der eigenwillige, doch genau recherchierte Ansichten über die Geschichte der Menschheit hat, die er in *Worlds in Collision* und anderen Werken beschreibt, stehen der Authentizität des Buches sehr skeptisch gegenüber – und gerade von ihnen hätte man doch erwarten können, daß sie einem Werk gegenüber positiv eingestellt sind, das die gängige Meinung in Frage stellt, wenn ein Funken Wahrheit dahinter steckt. Ruhet also – wieder – in Frieden, Atland und Oera Linda.

Der wandernde Jude

Im Mittelalter war eine der Sagen, die sich in Europa am hartnäckigsten hielt, die des wandernden Juden Cartaphilus, der einst von Pontius Pilatus als Pförtner beschäftigt wurde. Laut der Legende wurde Jesus, nachdem er von Pilatus den Juden zur Kreuzigung ausgeliefert worden war, aus dem Gerichtssaal gezerrt, als er einen Moment rasten wollte. Als Cartaphilus dies sah, schlug er Jesus hart mit der Hand auf den Rücken und rief: „Geh' schneller Jesus, geh' schneller, warum verweilst du?" Jesus blickte den Pförtner an und antwortete „Ich gehe und du wirst warten, bis ich wiederkomme." (In einigen Versionen der Legende wurde Jesus von Cartaphilus geschlagen, als er sein Kreuz trug). Seit jenem Tag durchstreift Cartaphilus ruhelos die Welt, unfähig, vor dem Tag des Jüngsten Gerichts zu sterben.

Diese Erzählung wurde erstmals im Buch der Chroniken aus der Abtei von St. Albans, England, aufgezeichnet, das von Matthew Paris kopiert und fortgesetzt wurde. Er berichtete, daß im Jahr 1228 n. Chr. die Abtei von einem Erzbischof aus Armenien besucht wurde, der den Mönchen erzählte, daß Cartaphilus an seinem Tisch gegessen hatte und daß sie oft miteinander gesprochen hatten. Er scheint nach seiner Taufe durch Hananias (der auch den Apostel Paulus taufte) unter dem Namen Joseph

Darstellung des wandernden Juden in ***Le Juif Errant*** *(1845).*

bekannt gewesen zu sein. Eine ähnliche Geschichte über den armenischen Erzbischof schrieb im Jahr 1242 auch Philip Mouskes nieder, der spätere Bischof von Tournay.

Im 16. Jahrhundert waren zahlreiche Berichte über den wandernden Juden weit verbreitet. 1505 half er angeblich einem Weber namens Kokot, einen Schatz zu finden, der 60 Jahre früher, während eines Besuchs des Juden, im Königspalast von Böhmen versteckt worden war. Kurze Zeit später sprach er mit dem arabischen Helden Fadhilah nach der Eroberung der Stadt Elvan durch die Araber. Zu der Gelegenheit nannte der Jude sich Bassi Hadhret Issa.

Im Winter 1547 wurde er von einem Studenten namens Paul von Eitzen, dem späteren Bischof von Schleswig in einer Kirche in Hamburg gesehen. Der Jude wird häufig als großer Mann mit langem Haar beschrieben, der trotz der Kälte barfuß und nur mit einem schäbigen Gewand bekleidet war. Er hörte der Predigt aufmerksam zu, seufzte und schlug sich auf die Brust, wenn der Name Jesu genannt wurde. Eitzen sprach nachher mit ihm und erfuhr, daß er Ahasuerus hieß. Außerdem erzählte er ihm ausführlich über sein Leben und die zahllosen berühmten Menschen, die er auf seiner endlosen Reise getroffen hatte. Auch andere Zeugen berichteten von den offensichtlich hervorragenden Geschichtskenntnissen des Juden und von seinen Fremdsprachenkenntnissen. Auch lachte er nie, Geld und Geschenke lehnte er immer ab und er wies jeden zurecht, der blasphemisch über Gott oder Jesus sprach.

Es gibt viele Berichte über den Juden aus jener Zeit aus Hamburg. Dies war Anlaß für ein bekanntes deutsches Pamphlet, in dem seine Geschichte niedergeschrieben wurde (es spiegelte vielleicht den Antisemitismus jener Zeit wider), und für eine Serie von dramatischen Holzschnitten von Gustave Doré aus späterer Zeit.

1575 behaupteten der Sekretär Christopher Krause und sein Meister Jacob von Holstein, Gesandte am spanischen Hof, den Juden auf ihrer Fahrt durch Madrid getroffen zu haben. Am Ende des Jahrhunderts wurde er auch in Wien gesehen, 1601 in Krakau und Moskau, 1603 in Lübeck und 1604 in Paris. 1633 war er schließlich wieder in Hamburg, 1640 in Brüssel, 1642 in Leipzig, 1721 in München und am Beginn des 19. Jahrhunderts reiste er durch Skandinavien. Zuletzt wurde er 1868 in Salt Lake City, Utah, gesehen.

Welchen Schluß kann man aus dieser seltsamen Geschichte ziehen? Der vielleicht scharfsinnigste Kommentar wurde von John Allan in *Mysteries* gemacht: „… es gibt keinerlei Hinweis darauf, daß die Geschichte wahr ist. Und außerdem war Christus bereit, seinen Mördern zu vergeben, als er am Kreuz starb. Es scheint ganz ungewöhnlich für ihn, einen Menschen wegen eines einzigen Schlages in alle Ewigkeit zu verdammen."

Die Zeitreise von Versailles

Am Nachmittag des 10. August 1901 gingen die Universitätsdirektorin Charlotte „Annie" Moberly und die Schulleiterin Eleanor Jourdain, zwei englische Jungfern mittleren Alters, auf der Suche nach dem Sommerschloß Petit Trianon durch die Gärten des Palastes von Versailles. Als sie sich umblickten, schienen plötzlich alle Menschen in der Nähe seltsame Kleider in der Mode des vorrevolutionären Frankreichs des 18. Jahrhunderts zu tragen. Auf den Stufen eines Sommerhauses stand ein Mann, der ebenfalls in diesem Stil gekleidet war und dessen Gesicht mit Pockennarben überzogen war; nichts Ungewöhnliches für das 18. Jahrhundert. Als sie Petit Trianon erreichten, erblickte Moberly (nicht aber Jourdain) eine Frau in einem eleganten Kleid des 18. Jahrhunderts, die zeichnete: Sie sah aus wie Marie Antoinette, die Gemahlin von König Ludwig XVI.!

Die Gärten von Versailles Mitte des 18. Jahrhunderts.

In ihrem Buch *An Adventure*, ließen sie keinen Zweifel darüber offen, daß sie entweder Geister aus der Zeit um 1780 gesehen oder eine Zeitreise in diese Dekade unternommen hatten. Es meldeten sich andere Menschen, die in den Gärten von Versailles ein ähnliches Erlebnis gehabt hatten. Die Schullehrerin Clare M. Burrow behauptete, daß sie hier durch ein Tor gegangen war, das bereits mehr als ein Jahrhundert verschlossen ist.

In *The Ghosts of the Trianon* schloß Michael H. Coleman, daß die beiden Frauen wahrscheinlich in die Probe für ein Theaterstück geraten waren, in dem die Darsteller Kostüme aus jener Zeit trugen. Wie kann man aber das versiegelte Tor erklären? Zudem behaupteten die Frauen, einen Pflug gesehen zu haben. Die Gärtner erklärten ihnen aber, daß es in den Gärten keinen Pflug gab. Er existierte hier aber sehr wohl während der Regierungszeit von Ludwig XVI. Ist es nur Zufall oder gibt es in den Gärten tatsächlich ein Fenster – oder sogar eine Tür – in die Vergangenheit?

Eleanor Jourdain

Charlotte Moberly

Der Rattenfänger von Hameln – Mythos oder Realität?

1284 wurde die Stadt Hameln in Niedersachsen von einer Rattenplage heimgesucht. Die verzweifelten Bewohner setzten eine ansehnliche Belohnung für denjenigen aus, der sie von den Nagetieren befreien konnte. Eines Tages kam ein Fremder in leuchtender, zweifärbiger Kleidung in die Stadt, der die Ratten mit einer Melodie, die er auf seiner Flöte spielte, in die Weser lockte, wo sie alle ertranken. Die undankbaren Menschen weigerten sich aber, ihm die Belohnung zu zahlen, und so begann der Rattenfänger wieder zu spielen. Doch diesmal lockte er nicht die Ratten, sondern die Kinder der Stadt mit sich fort. Er führte 130 Kinder aus Hameln hinaus nach Osten auf einen Hügel namens Koppen, der sich öffnete, als sie näher kamen, und sich hinter ihnen wieder schloß. Weder der Rattenfänger noch die Kinder wurden jemals wieder gesehen.

Viele Historiker, vor allem in Deutschland, glauben, daß diese Sage auf einer wahren Geschichte beruht. In Hameln selbst gibt es die Bungelosen Straße, durch die die Kinder angeblich gelaufen sind, als der Rattenfänger sie mit seiner Musik verzauberte. Seit damals ist es gesetzlich verboten, hier Musik zu spielen. In der Straße ist auch eine Inschrift angebracht, die an die furchtbare Tat des Rattenfängers erinnert, die sich am 26. Juni 1284 ereignet haben soll.

1982 erzählte Maurice Shadbolt, daß er bei seinen Nachforschungen über die Legende auch das Haus des pensionierten Schullehrers Hans Dobbertin besuchte, der sein Leben damit zugebracht hatte, die verlorenen Kinder von Hameln aufzuspüren. Dobbertins Theorie beruht auf der Tatsache, daß im Mittelalter die Auswanderung in die Ostgebiete stark gefördert wurde. Grund war nicht nur, daß diese für eine Besiedlung sehr geeignet waren, sondern auch, daß die slawischen und ungarischen Herrscher jede Hilfe brauchten, um das Land vor einem Einfall der wilden Tartaren zu schützen.

Laut Dobbertin war der Rattenfänger sehr wahrscheinlich Graf Nicholas von Spiegelbert, ein deutscher Besiedler, der lange Zeit Verbindung mit dem Gebiet von Hameln hatte. Und was die verlorenen „Kinder" von Hameln betrifft, glauben Dobbertin und Shadbolt, daß es sich um eine Gruppe von unzufriedenen Jugendlichen handelte, die arbeitslos waren und anderswo einen Neuanfang machen wollten. Dobbertin glaubt, daß Spiegelberg und

Darstellung des Rattenfängers von Hameln von Arthur Rackham (1939).

die „Kinder" nach Nordosten zogen und schließlich auf ein Schiff gingen, das nahe der Küste von Pommern bei einem Dorf namens Kopahn sank, das heute in Polen liegt. Bei dem Unglück sollen alle Passagiere ums Leben gekommen sein. Er ist der Meinung, daß im Lauf der Jahrhunderte der Name „Kopahn" mit „Koppen", einem Hügel hinter Hameln verwechselt wurde.

Spiegelberg wurde das letzte Mal am 8. Juli 1284 in der baltischen Hafenstadt Stettin gesehen. Bemerkenswert ist, daß der Hafen Stettin, wie Kopahn, auf der Route lag, die für gewöhnlich von deutschen Besiedlern auf dem Weg in die baltischen Gebiete genommen wurde.

Was ist aber mit dem ersten Teil der Legende, in dem er die Stadt Hameln von den Ratten befreit? Shadbolt behauptet, daß dieses Ereignis völlig eigenständig ist, und die durchaus gängige Art, Ratten zu verjagen, später fälschlich mit dem Tod der Jungendlichen verbunden wurde.

Eine ähnliche Theorie wird auch von anderen Historikern vertreten, doch wird hier Bischof Bruno von Olmütz (heute Olomouc) als Rattenfänger genannt, der nach Siedlern für seine Diözese in Böhmen suchte. Sie beziehen sich auf viele Ähnlichkeiten bei Familiennamen unter den Bewohnern von Olmütz und Hameln.

Was geschah wirklich mit dem Lizard King?

Am 3. Juli 1971 starb Jim Morrison, der Leadsänger der Doors, in seinem Badezimmer an Herzversagen. Oder nicht? Jedes Jahr besuchen alte und junge Fans den Pariser Friedhof Père Lachaise, um sein Grab zu sehen. Wurde er wirklich begraben? Seit über zwanzig Jahren wollen die Gerüchte über die sensationelle Möglichkeit nicht verstummen, daß der Tod dieser geheimnisvollen Legende der 60er Jahre nur inszeniert wurde – daß Jim in Wirklichkeit seine Identität als Lizard King in Lederkleidung abwarf und an einem anderen Ort ein neues Leben begann.

Grab von Jim Morrison auf dem Friedhof Père Lachaise, Paris.

Spekulationen über diese neue Identität sind so zahlreich wie vielfältig, wie Thomas Lyttle in dem Artikel „Rumours, Myths and Urban Legends Surrounding the Death of Jim Morrison" schreibt, der 1993 in *Secret and Suppressed* erschien. Es gibt Berichte über einen geheimnisvollen Geschäftsmann, der Transaktionen in der Bank of America in San Francisco durchgeführt haben soll. Weiters gibt es Gerüchte über eine Person, die gewisse Bars und Nachtclubs in Los Angeles besucht. Und wer ist der geheimnisvolle Star verschiedener Radiosendungen in Louisiana? Könnte Jim wie James Bond ein Geheimagent mit Verbindungen zum CIA sein? Nach einem weiteren Gerücht arbeitet er gegenwärtig als Fahrer eines Kleintaxis in Camberley!

Trotzdem ist die Vorstellung eines vorgetäuschten Todes nicht so abwegig wie sie anfangs erscheinen mag. Es stimmt schon, daß Jim seines Rockstarimages überdrüssig war, da er es für seinen Mißerfolg, als ernstzunehmender Dichter anerkannt zu werden, verantwortlich machte. Er hatte auch mehrmals öffentlich über seinen Wunsch gesprochen, seine Identität zu ändern, zu verschwinden und als andere Person an einem anderen Ort wieder aufzutauchen.

Doch darf man nicht nur das nötige Motiv und die Neigung berücksichtigen. Warum wurden die Medien erst sechs Tage nach seinem Tod informiert – zwei Tage *nach* dem Begräbnis? Ist es nicht seltsam, daß auch seine Eltern den Leichnam nicht sehen durften und daß sogar sein Manager, der den Tod offiziell bekanntgab, ihn nicht sah? Stattdessen sah er nur Jims Witwe Pamela, einen versiegelten Sarg (der laut anderen Bandmitgliedern zu klein für Jims Körper war) und eine Todesbescheinigung, die von einem örtlichen Arzt ausgestellt worden war, der sich in der Folge standhaft weigerte, Interviews zu geben.

Zusätzlich gab es keine Autopsie des Körpers, am Begräbnis nahmen nur einige wenige enge Freunde unter größter Geheimhaltung teil und Versuche, die seither von Fans unternommen wurden, den Körper zu exhumieren und offiziell untersuchen zu lassen, wurden immer abgewehrt. Und Pamela, die einzige Person, die sicher die Wahrheit wissen müßte, starb drei Jahre nach Jim und nahm das Geheimnis mit ins Grab.

Auch die Menschen, die Jims Tod tatsächlich akzeptieren, sind sich über die Todesursache nicht einig. Einige sprechen von Herzversagen, andere von einer Überdosis Drogen, Mord durch den amerikanischen oder französischen Geheimdienst, Tod durch ein Spinnengift, das in magischen Ritualen verwendet wurde – Jim war von vielen Arten des Okkultismus, insbesondere von Woodoo fasziniert – und von einem übernatürlichen Mord durch Hexerei, übertragen von einer sitzengelassenen Freundin in New York!

Thomas Lyttle inkludierte in seinem Artikel auch die aufsehenerregende Meinung von Ray Manzarek, dem Keyboarder der Doors: „Wenn es jemand gibt, der es schafft, seinen eigenen Tod zu inszenieren – eine falsche Todesbescheinigung zu bekommen und einen französischen Arzt mit Bestechungsgeldern zum Schweigen zu bringen ..., einen Sandsack mit 150 Pfund in einen Sarg zu stecken und an irgendeinen Ort des Planeten zu verschwinden, nach Afrika oder wer weiß wohin – dann ist es Jim Morrison."

Jim war für seinen makabren Sinn für Humor bekannt: lachte er sich zuletzt ins Fäustchen?

Seltsame Musik

Einige berühmte europäische Lieder haben eine sehr seltsame Geschichte. Eines der merkwürdigsten ist jedoch das Lied „Gloomy Sunday".

Es wurde an einem Sonntag im Dezember 1932 vom ungarischen Komponisten Reszo Seress geschrieben, einen Tag, nachdem seine Freundin ihre Verlobung gelöst hatte. Seress war zutiefst betrübt, als eine traurige Melodie, die er noch nie gehört hatte, ihm in den Sinn kam. Seress begann die Melodie zu notieren, die er „Gloomy Sunday" nannte. Der Text, den er dazu schrieb, erzählt die Geschichte eines Mannes, dessen Freundin vor kurzem gestorben ist und der überlegt, Selbstmord zu begehen, um wieder mit ihr vereint zu sein.

Die ersten Plattenfirmen lehnten das Lied ab, da es zu melancholisch war. Eine meinte sogar, daß es besser wäre, die Menschen würden diese Melodie nie hören – und hatte nicht so unrecht, denn als das Lied schließlich veröffentlicht wurde, erhielt es bald den Ruf, die Menschen zum Selbstmord zu treiben.

Der erste Fall ereignete sich im Frühjahr 1933, als ein Jugendlicher, der in einem Café in Budapest saß, die Band bat, „Gloomy Sunday" zu spielen. Nachdem sie das Lied gespielt hatten, ging er nach Hause und erschoß sich. Tane Jackson berichtete in *The Unknown* (Mai 1987) über die unheilvolle Geschichte dieses Liedes und über weitere Fälle, obwohl keiner der betroffenen Menschen namentlich genannt wurde. Unter den Opfern waren sogar Sänger, die diese Melodie in ihrem Repertoire hatten.

In einem der aufrüttelndsten Fälle brachen sogar Nachbarn eine Wohnung auf, als sie hörten, daß „Gloomy Sunday" unaufhörlich gespielt wurde. Sie fanden die Leiche der Wohnungsbesitzerin, einer jungen Frau, die eine Überdosis genommen hatte. Das Grammophon spielte diese Melodie.

Ende der 30er Jahre hatte „Gloomy Sunday" in der Öffentlichkeit solchen Schrecken ausgelöst, daß die ungarische Regierung empfahl, das Lied nicht mehr öffentlich zu spielen. Viele Musiker waren sehr erleichtert. Viele Radiosender, darunter auch die BBC, überlegten ein Sendeverbot (das von einigen lokalen Stationen in den USA tatsächlich auferlegt wurde) und mehrere Familien, in denen ein Selbstmord mit diesem Lied in Zusammenhang gebracht wurde (mehr als 200 insgesamt), versuchten ohne Erfolg, ein völliges Verbot des Liedes zu bewirken.

Die englische Version von „Gloomy Sunday" stammt von Sam Lewis, und 1941 brachte Billie Holliday eine Platte heraus, auf der dieses Lied enthalten war. Um diese Zeit hatte der schlechte Ruf des Liedes jedoch wieder abgenommen: Mit dem Zweiten Weltkrieg waren viel dramatischere Ereignisse ins Leben der Menschen getreten. Dennoch verlor das Lied seinen schlechten Einfluß nicht vollständig.

Gordon Beck aus Salisbury, Wiltshire, der 1946 mit dem Bataillon 76 am britischen Luftwaffenstützpunkt

Der Teufel inspiriert den Komponisten Tartini. Moderner Stich.

Yeravda in Poona, Indien, stationiert war, erinnerte sich kürzlich, daß einer der Piloten immer sehr unruhig wurde, wenn er das Lied „Gloomy Sunday" hörte (in einer Version des Artie Shaw Orchestra mit einer Sängerin). Beck dachte sich wenig dabei, bis er selbst zu fliegen begann und zu seinem Schrecken feststellte, daß ihm die Melodie des Liedes nicht aus dem Sinn ging. Er hörte sie sogar trotz der dröhnenden Flugzeugmotoren. Beck spielte nie wieder „Gloomy Sunday".

Wie kann der unheimliche Effekt dieser gespenstischen Melodie erklärt werden? Vielleicht hatte Seress, wie Tane Jackson meinte, sein eigenes tiefes Trauergefühl so erfolgreich in dem Lied umgelegt, daß es sich bei Zuhörern, die ebenfalls deprimiert sind, noch verstärkt, und sie als einzige Möglichkeit, diese Traurigkeit zu vergessen, den Selbstmord sehen. Diese Annahme ist nicht so abwegig. In *The Secret Power of Music* schreibt David Tame, daß Musik eine erstaunliche Wirkung auf Menschen haben kann, daß sie Streß, den Herzrhythmus, die Verdauung und andere Stoffwechselvorgänge und unsere geistiges und seelisches Wohlbefinden beeinflussen kann.

Auch die beiden Menschen, die für das Entstehen von „Gloomy Sunday" verantwortlich waren, konnten sich seinem unheilvollen Einfluß nicht entziehen. Der Komponist Reszo Seress beging 1968 Selbstmord. Er sprang von einem Gebäude, nachdem er festgestellt hatte, daß er nie wieder einen Hit schreiben konnte. Und das Mädchen, das ihn vor all den Jahren sitzen gelassen hatte, hatte bereits früher Selbstmord begangen. Sie wurde tot neben einem Blatt Papier aufgefunden, auf dem sie die Worte „Gloomy Sunday" geschrieben hatte.

Ein weiteres Lied, das angeblich Unglück bringt, ist „I dreamt that I Dwelt in Marble Halls" aus der Operette *The Bohemian Girl* von Rudolf Friml. Dieses Lied bringt angeblich nicht nur denen Unglück, die es hören, auch bei Sängern (die es teilweise nur sehr widerwillig aufführen) verursacht es dasselbe Angstgefühl wie *Macbeth* bei Schauspielern, die es vorziehen, nur von „dem schottischen Stück" zu sprechen. Niemand weiß, warum dieses Lied zu seinem schlechten Ruf kam.

Einige Lieder scheinen, wie zum Beispiel „Gloomy Sunday", nicht bewußt komponiert zu sein. Eines Nachts träumte der italienische

Die Ourobouros der organischen Chemie

Eine der bekanntesten aromatischen Verbindungen in der organischen Chemie ist Benzol. Die Moleküle bestehen aus je sechs Kohlenstoffatomen und sechs Wasserstoffatomen: Wie sieht aber die Molekularstruktur von Benzol aus? Heute ist die Antwort auf diese Frage allgemein bekannt, doch war sie bis weit ins 19. Jahrhundert hinein ein Geheimnis.

Eines Nachts schlief der deutsche Chemiker Friedrich August Kekulé nach einem weiteren vergeblichen Versuch, die Struktur zu entdecken, ein und hatte einen seltsamen Traum, in dem verschiedene Benzolatome um ihn herumsprangen und sich in den seltsamsten Formen verbanden. Sie nahmen vor seinem erstaunten Augen die Form eines Ourobouro an – eines schlangenähnlichen Drachen, der seinen Schwanz ins Maul steckt und so einen Ring bildet. Kekulé wachte sofort auf und wußte, daß er endlich die Antwort gefunden hatte: Die sechs Kohlenstoffatome von Benzol waren nicht in einer Reihe oder in verzweigten Verbindungen, sondern in einem geschlossenen Kreis verbunden! Und er hatte recht.

Komponist Guiseppe Tartini, daß ihm der Teufel eine wunderbare Melodie auf der Violine spielte. Als er aufwachte, versuchte Tartini, die Melodie niederzuschreiben. Daraus wurde sein bekanntestes Werk – „Die Sonate mit dem Teufelstriller". Ray Coleman behauptete in *Yesterday and Today*, daß auch die Melodie zu einem der berühmtesten Lieder der Welt ihrem Komponisten eines Morgens im Jahr 1963 im Traum kam. Der Komponist war Paul McCartney und das Lied *Yesterday*.

Graf St. Germain

Graf St. Germain ist ohne Zweifel der Inbegriff eines „geheimnisvollen Menschen". Obwohl er viele der bekanntesten europäischen Persönlichkeiten des 18. Jahrhunderts kannte, wußte niemand etwas von ihm. Sein wirklicher Name, seine Herkunft, sein Hintergrund, die Quelle seines unermeßlichen Vermögens, sogar sein Alter – zu all dem gab es widersprüchliche Angaben, und er machte keinerlei Versuch, Klarheit zu schaffen.

Erstmals wurde er 1710 von der jungen Gräfin von Georgy in Venedig bemerkt, die sein Alter auf 45–50 Jahre schätzte. Als sie ihn Ende der 50er Jahre des 18. Jahrhunderts wieder sah, wirkte er keinen Tag älter.

Zwischen 1737 und 1784 reiste er durch Europa und sogar weiter, er besuchte König Ludwig XV. von Frankreich und andere führende Persönlichkeiten seiner Zeit und gab ihnen Ratschläge (mit unterschiedlichem Erfolg). 1743 war seine Ankunft in Versailles eine Sensation, es gab unzählige Geschichten und Gerüchte über den fremdländisch aussehenden Unbekannten, der in den teuersten Kleidern auftrat und eine Fülle an Diamanten trug – sie steckten an seinen Fingern, füllten seine Taschen, und er verwendete sie statt Geld.

Die Geschichten um diesen charismatischen Grafen wurden immer merkwürdiger. Er weigerte sich, in der Öffentlichkeit zu essen. Er behauptete, seit vielen Jahrhunderten zu leben und selbst die heilige Familie getroffen zu haben. Er war willkommener Gast bei vielen der dunkelsten okkulten Gemeinschaften. Wurde er über seinen immensen Reichtum befragt, sprach er davon, daß er von den Alchemisten den Stein des Weisen erhalten hatte und daher Metall in Gold verwandeln könne. Er machte Andeutungen über geheime Verfahren, mit

Graf St. Germain – Meister der Alchemie oder geschickter Betrüger?

denen er riesige Diamanten herstellen konnte, über Studien, die er in den ägyptischen Pyramiden durchgeführt hatte und über Treffen mit den weisen Mystikern des Himalajas. Er soll heilende Kräfte besessen haben und in der Lage gewesen sein, außerkörperliche Reisen zu unternehmen. Als er einmal als Teufel bezeichnet wurde, war es für alle sichtbar, daß er vor Angst zitterte und den Raum fluchtartig verließ. Er behauptete sogar, das Elixir des ewigen Lebens zu besitzen.

Am 27. Februar 1784 starb Graf St. Germain und wurde am 2. März in Eckernförde in Deutschland begraben. Wie belegt ist, erschien er (oder jemand, der ihm genau glich) im Jahre 1785 bei einem okkulten Treffen in Wilhelmsbad. In den folgenden Jahren wurde er häufig gesehen – mit anderen Okkultisten, als Berater von Marie Antoinette oder als Besucher bei König Gustav III. von Schweden, usw.

Im Januar 1972 trat Richard Chanfray, ein offensichtlich 40jähriger Pariser, im Fernsehen auf und behauptete, der Graf zu sein. Auf einem Campingofen führte er anscheinend erfolgreich vor, wie man Blei in Gold verwandelt. Im November 1992 gab der erfahrene Reisende Douchan Gersi an, eine rätselhafte Person namens St. Germain in Haiti getroffen zu haben, die aus seinem Hotelzimmer 150 Kilometer von Port-au-Prince entfernt verschwand und 32 Minuten später in Port-au-Prince mit einem Buch wieder auftauchte, das Gersi in einem anderen Hotel vergessen hatte.

Die Legende von Graf St. Germain erinnert an Baron Münchhausen, den wandernden Juden, Faust und Fulcanelli, sogar an Dorian Gray. War Graf St. Germain einfach ein beredter Betrüger oder ein Meister der Alchemie, der in diesem Metier Erfolge erzielt hat, von denen die Wissenschaft nicht einmal zu träumen wagt? Sind die jüngsten Ereignisse einfach Hinweis darauf, daß die Legende von dem seltsamen Grafen eine neue Generation von Betrügern inspiriert hat, die seinen Thron besteigen möchten, oder ist es möglich, daß wir im 20. Jahrhundert tatsächlich die jüngsten Aktivitäten dieses rätselhaften Wesens erleben? Natürlich heißt es, daß alte Legenden schwer umzubringen sind, aber dasselbe gilt auch für alte Gewohnheiten …

Die Prophezeiungen des Nostradamus

Die Prophezeiungen von Michel de Notredame werden seit über 500 Jahren gedruckt und haben eine Auflage, die nur noch von der Bibel übertroffen wird. Der Seher aus Saint Rémy ist der Welt besser unter dem Namen Nostradamus bekannt. Anhänger sind überzeugt, daß er viele Ereignisse in Europa und anderen Teilen der Welt richtig vorhergesagt hat, darunter Hitlers Invasion in Polen, das Große Feuer von London und den jüngsten Bürgerkrieg in Jugoslawien. Für Skeptiker basieren diese „Übereinstimmungen" nur auf dem Einfluß, unter dem die Übersetzer standen.

Nostradamus mußte, um einer Anklage wegen Hexerei zu entgehen, die wahre Bedeutung seiner Vorhersagen verschleiern. Sein Werk umfaßt 965 Vierzeiler, die in einer Mischung aus Latein, Griechisch, Französisch und seiner Muttersprache Provençal abgefaßt sind. Die Worte sind bewußt zweideutig gewählt und zum Teil auch erfunden. Außerdem sind die Vierzeiler nicht zeitlich geordnet. Die Übersetzungen und Interpretationen sind unterschiedlich: Ein Vierzeiler kann mehrere Vorhersagen abgeben. Das bekannteste Beispiel, die Verwüstung Londons durch Blitzschläge, wurde als Vorhersage der Verbrennung von Märtyrern durch Königin Mary I., das Große Feuer von London oder als der Blitzkrieg von 1940 interpretiert.

Für das Ende des 20. Jahrhunderts hat Nostradamus einen weiteren Weltkrieg (den Europa verlieren wird) und die Dezimierung der europäischen Bevölkerung durch eine furchtbare Seuche vorhergesagt. Zutreffende Prophezeiungen oder Phantasieprodukte? Wir werden es bald wissen.

Das Lächeln der Mona Lisa

Für viele Menschen ist Leonardo da Vincis weltberühmtes Gemälde „Mona Lisa" einfach das Portrait der Gattin Francesco del Giocondos, eines wohlhabenden Florentiner Kaufmanns. Einige Forscher sind jedoch der Ansicht, daß sich hinter ihrem rätselhaften Lächeln überraschende Geheimnisse verbergen. Warum übt zum Beispiel dieses Gemälde eine derart große Anziehungskraft aus? Dr. Leopold Bellak, Professor für Psychologie an der New York University, hat das Gesicht mittels Zonensystem untersucht, wobei die linke und die rechte Gesichtshälfte ebenso unabhängig voneinander analysiert werden, wie der obere und der untere Teil des Gesichtes. Bellak schließt aus der Analyse, daß ihre vollen Backen auf Sinneslust schließen lassen, und daß ihr schwaches Kinn Zeichen für mangelnde Selbstkontrolle ist – war sie vielleicht so kokett, daß sie das Blut jedes heißblütigen Mannes zum Wallen brachte?

Vielleicht nicht. Wie Tim Walker in seinem hervorragenden Artikel über die Geheimnisse der Mona Lisa schreibt (*Daily Mail*, 21. Oktober 1993), sind die amerikanische Computerkünstlerin Lillian Schwartz und Dr. Digby Quested, Arzt im Maudsley Hospital, der Meinung, daß das Gesicht eine völlig andere Botschaft verbirgt – sie behaupten, es handle sich in Wirklichkeit um das Spiegelbild von Leonardo da Vincis eigenem Gesicht!

Obwohl bekannt ist, daß der Künstler viele Nachrichten in Spiegelschrift verfaßte, ist die Vorstellung, daß Mona Lisa ein Transvestit sein soll, doch etwas schockierend. Doch es kommt noch schlimmer. Das Bild wurde im Jahr 1911 aus dem Louvre gestohlen. Als man es später wieder fand, wurde es mittels Röntgenmethode auf seine Authentizität überprüft. Diese wurde bestätigt, doch ergab die Untersuchung auch, daß Mona Lisa früher offenbar einen Bart hatte, der später übermalt wurde.

Wenn Mona Lisa wirklich das Selbstportrait von Leonardo da Vinci ist, war er noch bemerkenswerter als bisher angenommen. Laut Dr. Kenneth Keale, Facharzt am Ashford Hospital, Middlesex, zeigen ihr strahlendes Lächeln, ihr jugendliches Gesicht, die Körperproportionen und die Art, wie ihre Kleider fallen, daß die Person auf dem Bild hochschwanger ist.

Läßt man eine Schwangerschaft außer acht, so erfreute sich sie (oder er) wahrscheinlich nicht bester Gesundheit, als das Portrait gemalt wurde. Der kalifornische Arzt Dr. Kedar Ardour ist der Meinung, daß das fesselnde Lächeln tatsächlich von einer Fazialislähmung, einer Lähmung des Gesichtes, verursacht wird. Das erklärt auch die Form des Gesichtes. Unterstützt und bestärkt wird diese Meinung laut Dr. Joseph Borkowski, einem Dentisten aus Maryland, durch die tragische Tatsache, daß sie offensichtlich keine Vorderzähne hatte. Das erklärt, warum die Lippen am Mundwinkel herabhängen. Bevor wir aber den Zauber der Mona Lisa ganz zerstören, sollten wir vielleicht dankbar sein, daß das Bild überhaupt gemalt wurde. Nach Meinung des japanischen Herzspezialisten Dr. Haruo Nakamura geht aus der Gelbfärbung des linken Augenwinkels hervor, daß die Person, die für das Portrait Modell saß, unter erhöhtem Cholesterinspiegel litt und jeden Augenblick einen Herzinfarkt erleiden hätte können. So viel zum Thema gesunde Ernährung in früheren Jahrhunderten!

Mona Lisa, gemalt von Leonardo da Vinci um 1503. Handelt es sich tatsächlich um das Selbstportrait des Künstlers?

KASPAR HAUSER

Kaspar Hauser trat am 26. Mai 1828 in das Bewußtsein der Weltöffentlichkeit. An diesem Tag stolperte ein 16 oder 17 Jahre alter Junge auf den Unschlitt-Platz in Nürnberg. Er trug teure, aber zerlumpte Kleidung und schlecht sitzende Stiefel und umklammerte einen Brief an den „Kapitän des 4. Bataillon, 6. Kavallerieregiment“.

Ein Flickschuster nahm sich seiner an und konnte den Umschlag, in dem sich zwei Briefe befanden, dem Kapitän aushändigen. Darin stand, daß der Junge in völliger Einsamkeit und ohne Kontakt zu Menschen gelebt hatte und daß er wie sein Vater zum Kavalleriesoldaten ausgebildet werden sollte. Da er auf tote Objekte, wie eine Uhr oder eine Kerzenflamme, seltsam reagierte, wurde er vom Kapitän als Einfaltspinsel entlassen und zur Polizei gebracht. Als diese ihm Papier und einen Stift gaben, schrieb er „Kaspar Hauser“. Man nahm an, daß dies sein Name sei.

Auf die Versuche, Kaspar sprechen, lesen und schreiben zu lehren, reagierte er mit erstaunlicher Geschwindigkeit. Innerhalb weniger Wochen beherrschte er all dies fließend. Er bestätigte, daß er sein gesamtes Leben eingesperrt an einem dunklen Ort verbracht hatte, daß er auf Stroh schlief oder saß und von Personen, die er nicht zu Gesicht bekam, versorgt wurde. Dennoch schien er erstaunlich gesund. Im August 1829 wurde Kaspars Autobiographie veröffentlicht. Da sich darin jedoch keine neuen Erkenntnisse fanden, war sie nicht erfolgreich. Am 7. Oktober kam er jedoch in die Schlagzeilen, als er auf der Stirn eine mysteriöse Wunde erlitt, die ihm von einem Mann mit „schwarzem Gesicht“ (einer Maske) zugefügt worden war.

In den nächsten Jahren reiste Kaspar mit dem englischen Aristokraten Lord Stanhope durch Europa. Am 14. Dezember 1833 stolperte Kaspar in das Haus des Lehrers Dr. Meyer in Ansbach bei Nürnberg. Er blutete aus einer tiefen Stichwunde in der Brust und behauptete, im Park angegriffen worden zu sein. Eine Brieftasche, die ihm kurz vor dem Anschlag von seinem Angreifer überreicht worden war, enthielt eine bedeutungslose Nachricht in Spiegelschrift. Als die Polizei jedoch den Tatort untersuchte, fand sie nur Kaspars Fußspuren.

Denkmal für Kaspar Hauser, einen Jungen ohne Vergangenheit.

*Portrait von Kaspar Hauser im **Magasin Pittoresque** aus dem Jahr 1837.*

Am 17. Dezember starb Kaspar, und er hielt bis zuletzt an seiner Aussage fest, daß er sich die Wunden nicht selbst zugefügt habe.

Seit über 150 Jahren wird versucht, seine Identität, seine seltsamen Behauptungen und sein Verhalten zu analysieren und Licht in die seltsamen Angriffe zu bringen. War Kaspar ein Schwindler, der den Ruhm genoß, den ihm seine Geschichte in Nürnberg einbrachte oder war er eines von vielen Wolfskindern, die in der Wildnis ohne menschliche Pflege und Erziehung überlebt haben? Wenn die letztere Annahme stimmt, wie kann man dann erklären, daß er so schnell lesen und schreiben lernte, und warum verbrachte er all die Jahre in Isolation?

Auf Kaspar Hausers Grabstein liest man von einem Jugendlichen, der keine Vergangenheit hat und seiner Zukunft beraubt wurde. Das ist alles, was wir über eine der rätselhaftesten Figuren der Neuzeit wissen.

Religiöse Rätsel

Blutende und weinende Statuen und Gemälde

Ist es möglich, daß Bildnisse von Menschen auch gewisse menschliche Verhaltensweisen an den Tag legen können? Ein außergewöhnliches, wenn auch häufig auftretendes Phänomen sind religiöse Statuen, die angeblich weinen oder bluten. Dieses Phänomen wird vor allem aus den katholischen Ländern Europas gemeldet und betrifft manchmal auch Gemälde.

Eines der berühmtesten Beispiele ist die kleine Gipsmadonna aus Massenproduktion, die am 29. August 1953 im Haus ihrer Besitzer Angelo und Antonietta Iannuso in Siracusa, Sizilien, bitterlich zu weinen begann. Auch nachdem man ihr die Augen getrocknet hatte, begann sie sofort wieder zu weinen. Diese bemerkenswerte Statue zog bald Menschenmassen an, und mehrere Kranke, die ihre Tränen berührten, darunter Antonietta selbst, behaupteten, auf wundersame Weise von ihren Leiden befreit worden zu sein. Wissenschaftler analysierten Proben der Tränen und verkündeten auch tatsächlich, daß es sich bei den Tränen der Madonna um echte menschliche Tränen handelte. Daraufhin erkannte die katholische Kirche die weinende Statue offiziell als Wunder an. Heute steht die kleine Gipsmadonna der Iannusos in einem eigens errichteten Schrein, der jährlich eine Vielzahl an Besuchern anzieht, die die Statue anbeten.

Weinende Madonnenstatue in Maasmechelen (Belgien).

1980 rückte eine weitere sizilianische Gipsstatue der Jungfrau Maria ins Licht der Öffentlichkeit, als Blut über ihre Wangen zu rinnen begann. Diese Madonna stand in einer Steinmauer bei Niscima. Obwohl das Wunder große Menschenmengen anzog, wurde es anfangs von Bischof Alfredo Garsia mit Skepsis betrachtet. Er verbot die Verehrung der Statue und bestand darauf, daß sie hinter Glas gestellt würde. Dies geschah auch, aber die Statue weinte weiter. Schließlich beschloß der Bischof, selbst nach dem Rechten zu sehen. Er verließ den Schrein tief beeindruckt über das Ereignis.

Eine blutende Madonna wurde auch im Januar 1971 aus Maropati, Italien, gemeldet. Diesmal handelte es sich allerdings nicht um eine Statue, sondern um ein Gemälde im Haus eines Rechtsanwalts. Nachdem die Madonna mehrere Tage hindurch geblutet hatte, beschloß die örtliche Polizei, nach dem Rechten zu sehen und nahm das Gemälde zur Untersuchung mit. Sie sperrten es über Nacht in eine Schachtel. Als sie diese am nächsten Morgen öffneten, blutete das Gemälde noch immer und Analysen ergaben, daß es sich um menschliches Blut handelte.

Zwischen 1911 und 1915 blutete ein Christusgemälde in der Kirche von Mirebeau-en-Poitou, Frankreich, auf der Stirn, den Handflächen und am Herzen. Eine Analyse von Blutproben im Lister Institute in London ergab, daß es sich um menschliches Blut einer seltenen Blutgruppe handelte.

1994 kaufte ein italienische Priester, Vater Pablo Martin, eine Gipsmadonna

Eine Menschenmenge wartet in Civitavecchia auf die Rückkehr der weinenden Madonna nach ihrer Untersuchung auf Betrug.

beim Marienaltar von Medjugorie in Bosnien-Herzegowina. Er gab sie einem Freund, Fabio Gregori, der sie auf einen selbstgemachten Altar in seinen Garten in Civitavecchia, einer Hafenstadt 70 Kilometer nördlich von Rom, stellte. Im Februar 1995 behauptete Gregori, daß die Statue Blutstränen geweint hatte – dieses Ereignis zog große Menschenmengen an, die in seinem Garten beteten. Aus derselben Zeit stammen auch Berichte über mindestens acht weitere blutende oder weinende Heiligenbilder aus Italien.

Im April 1995 ordnete der Richter Antonio Albano an, daß Gregoris Madonna untersucht werden müsse, um einen Schwindel auszuschließen. Das Gemelli Spital in Rom führte an Proben der Blutstränen eine DNA-Analyse durch. Diese ergaben, daß es sich um menschliches – männliches – Blut handelte. Allerdings stimmte kein Mitglied der Familie Gregori einem Blutgruppenvergleich zu. Nach einer anhaltenden öffentlichen Kampagne wurde die Statue schließlich im Juni 1995 nach Civitavecchia zurückgebracht, wo sie ein neues Heim in der Kirche St. Agostino erhielt.

Fotos, die vor kurzem von einer weinenden Madonnenstatue in Maasmechelen, Belgien, und einer anderen in Brooklyn, New York, gemacht wurden, sind besonders interessant. Man sieht darauf nicht nur deutlich die Tränen, die den Statuen über die Wangen rinnen und über das Kinn tropfen, sondern auch, daß die Statuen von demselben Hersteller stammen, da sie in ihrer Form identisch scheinen und sich nur durch den Kopfschmuck unterscheiden. Sind die Statuen tatsächlich aus derselben Brennerei, liegt darin vielleicht auch eine Erklärung für ihre gemeinsame Fähigkeit zu weinen.

In diesem Zusammenhang sollte etwas nicht unerwähnt bleiben. Im Juli 1995 veröffentlichte der Chemiker Dr. Luigi Garlaschelli von der Universität von Pavia einen sehr aufschlußreichen Artikel in *Chemistry in Britain*. Er beschreibt darin, wie man effektvolle weinende oder blutende Statuen herstellt:

Benötigt wird eine hohle Statue aus einem porösen Material wie Gips oder Keramik. Das Heiligenbild muß glasiert oder mit einer undurchlässigen Beschichtung überzogen sein. Wird die Statue danach mit einer Flüssigkeit gefüllt (heimlich durch eine winzige Öffnung im Kopf zum Beispiel), saugt das poröse Material diese auf. Durch die Glasur kann sie allerdings nicht austreten. Wird diese aber unmerklich auf oder um die Augen abgeschabt, werden tränenartige Tropfen austreten. Ist der Hohlraum hinter den Augen klein genug, werden auf der Statue praktisch keine Spuren zu sehen sein, nachdem die gesamte Flüssigkeit ausgeronnen ist. Als ich einen Versuch durchführte, war diese Methode sehr erfolgreich und das Ergebnis erstaunte alle Zuseher.

Das ist aber noch nicht alles. Nachdem Garlaschelli nicht die Erlaubnis bekam, die berühmte Madonna von Siracusa zu untersuchen, besorgte er sich beim Hersteller eine genaue Kopie der Statue und bemerkte, daß es sich nicht nur um eine glasierte Gipsstatue handelte, sondern daß sie zudem eine Höhlung hinter dem Gesicht aufwies. Diese Erkenntnis, gepaart mit seiner Anleitung zur Herstellung von weinenden und blutenden Statuen, scheint den Mechanismus zu erklären, durch den die Madonna von Siracusa Wasser oder eine andere Flüssigkeit weinen kann. Wie aber, fragte Mario Magnano, der Pfarrer des Madonnenaltars von Siracusa, läßt sich erklären, daß die Statue echte menschliche Tränen weint?

1987 behauptete der Physiker Dr. Shawn Carlson vom Lawrence Berkeley Laboratorium in Kalifornien, eine Methode entwickelt zu haben, mit der Statuen und Gemälde echte Tränen weinen können. Er demonstrierte dies öffentlich, indem er eine Kopie der Mona Lisa zum Weinen brachte. Allerdings möchte er seine Technik nicht verraten, bis er sie patentiert hat, da er plant, weinende Heiligenbilder zu vertreiben.

Ist so nach Jahrhunderten ein weiteres Wunder schließlich durch den Fortschritt der Wissenschaft auf den Boden der Realität geholt worden?

MARIEN-ERSCHEINUNGEN

Erscheinungen der heiligen Jungfrau Maria sind weit verbreitet. Zwei berühmte Fälle ereigneten sich in Europa. Die erste begann am 11. Februar 1858 in Massabielle, nahe dem südfranzösischen Ort Lourdes. Damals sah das 14jährige Hirtenmädchen Bernadette Soubirous

Jacinta und Francisco Marto und Lucia dos Santos.

vor einer Grotte eine leuchtende Figur, die wie ein weißgekleidetes Mädchen aussah. Sie sah die Erscheinung 18-mal, und die Figur bezeichnete sich selbst schließlich als die unbefleckte Empfängnis, wodurch sie sich laut dem örtlichen Pfarrer als heilige Jungfrau Maria zu erkennen gab. Bei der neunten Erscheinung gab die weißgekleidete Figur Bernadette die Anweisung, die Erde bei der Grotte aufzugraben. Als sie dies tat, entdeckte sie eine unterirdische Quelle, die heilende Kräfte haben soll.

Bernadette starb 1879 und wurde selig gesprochen. Heute ist Lourdes ein Wallfahrtsort für Kranke aus aller Welt, und es gibt auch zahlreiche Feststellungen von Wunderheilungen.

Am 13. Mai 1917 hatten drei Kinder, die Schafe auf einer Weide bei Fatima, Portugal, hüteten, die erste von sechs Erscheinungen. Eine strahlende Frauenfigur erzählte Jacinta und Francisco Marto sowie Lucia dos Santos, daß sie vom Himmel kam und ihnen am 13. jedes Monats bis zum Oktober erscheinen würde. Die drei Kinder wurden am 13. von immer mehr Erwachsenen begleitet, die aber nur eine Wolke ausmachen konnten. Noch vor ihrer Inhaftierung wurde den Mädchen eine weitere Marienerscheinung für den 13. Oktober angekündigt. Von den 70 000 Menschen, die trotz des starken Regens gekommen waren, durften nur wenige Zeugen einer unglaublichen Erscheinung werden. Die bunte Lichtstrahlen aussendende Sonne kam der Erde immer näher, bis sie wieder aufstieg und ihre durchnäßten Kleider völlig getrocknet waren. Außerhalb von Fatima wurde die Abweichung der Sonne nicht bemerkt.

Von einem „Tanz der Sonne" wurde auch bei den erstmaligen Erscheinungen in Medjugorje, Bosnien-Herzegowina, berichtet. Zwischen 1981 und 1985 sahen Kinder die Jungfrau Maria jeden Tag, mehr als 2000 Male.

Kevin McClure meint in *Evidence for Visions of the Virgin Mary* ebenso wie Vater René Laurentin in *The Apparitions of the Blessed Virgin Mary Today*, daß viele Augenzeugen tatsächlich glauben, etwas gesehen zu haben. Wie Vater Laurentin schreibt: „Wären manche Personen nicht dafür empfänglich, gäbe es keine Erscheinungen."

Bernadette Soubirous sieht eine strahlende Figur vor einer Grotte bei Lourdes.

UNVERSEHRTE LEICHNAME

Nicht nur das Leben, auch der Tod einiger europäischer Heiliger war wundersam – ihre Körper widerstehen dem natürlichen Verwesungsprozeß und bleiben ohne Einbalsamierung oder andere künstliche Konservierungsmethoden vollkommen unversehrt.

Ein relativ modernes Beispiel ist der Körper der heiligen Bernadette von Lourdes, die 1879 starb. Ihr Körper wurde 1909 und nochmals 1919 exhumiert, doch die Nonnen der Kapelle von St. Joseph in Nevers fanden keinerlei Zeichen des Verfalls, obwohl eines der Kruzifixe von Bernadette verrostet und das andere mit Grünspan überzogen war. Der Leichnam ist heute ausgestellt und noch genauso unversehrt. Zu weiteren Christen, deren Leichnam in diesem Jahrhundert unversehrt vorgefunden wurden, zählen die selige Paula Frassinetti, die selige Maria Assunta Pallotta und der heilige Jean Vianney, der Curé von Ars. Der heilige Cuthbert von Lindisfarne im Nordosten Englands starb 687 n. Chr. und sein Leichnam war im 16. Jahrhundert noch immer unversehrt.

1922 brachen Truppen der Roten Armee in Polen das Grab des Hl. Andreas Bobola in der Kirche von Pinsk auf und zerrten seinen Körper heraus. Obwohl er bereits 1657 gestorben war, war sein Leichnam gut erhalten. Er wurde bereits 1917 öffentlich ausgestellt, später nach Moskau gebracht, doch wieder zurückgegeben. Heute ist er in seiner Kirche in Warschau verwahrt.

Einige unversehrte Körper gehören Stigmatisierten – Menschen, bei denen die Wundmale Christi erscheinen (siehe S. 73–75). Der Fall Katharina von Siena wird in dem Buch *The Incorruptibles* von Joan Carroll Cruz genauer beschrieben, wo mehr als 100 Fälle aufgelistet sind.

Nachdem bei der heiligen Katharina im Jahr 1375 Stigmata aufgetreten waren, betete sie, daß die Wunden verschwinden mögen und ihr nur der Schmerz bliebe. Das geschah auch, doch nach ihrem Tod im Jahr 1380 wurden die Stigmata unter ihrer Haut sichtbar. Ihr Körper war, als er 1430 exhumiert wurde, noch immer unversehrt. Mit päpstlicher Erlaubnis wurde der Leichnam zerteilt, um heilige Reliquien zu erhalten. Dieser Prozeß wurde zum letzten Mal 1855 wiederholt, als ihre Überreste zwar bereits 500 Jahre alt, aber noch immer erstaunlich gut erhalten waren.

Bestimmte Bodenbedingungen und ein gewisser Grad an Luftfeuchtigkeit können den Zerfallsprozeß genauso verzögern oder verzerren wie Verseifung, doch ist das kaum eine Erklärung dafür, warum manche Körper unversehrt blieben, obwohl sie begraben wurden oder direkt neben anderen Körpern lagen, die sich normal zersetzten. Außerdem zählen zu den unversehrten Leichnamen auch die von Menschen, die an Leiden wie Wundbrand oder an nicht verheilten Wunden starben. Hier sollte man annehmen, daß der Verwesungsprozeß beschleunigt, nicht verzögert wird. Bisher gibt es keine zufriedenstellende Erklärung für die Unversehrtheit von Körpern.

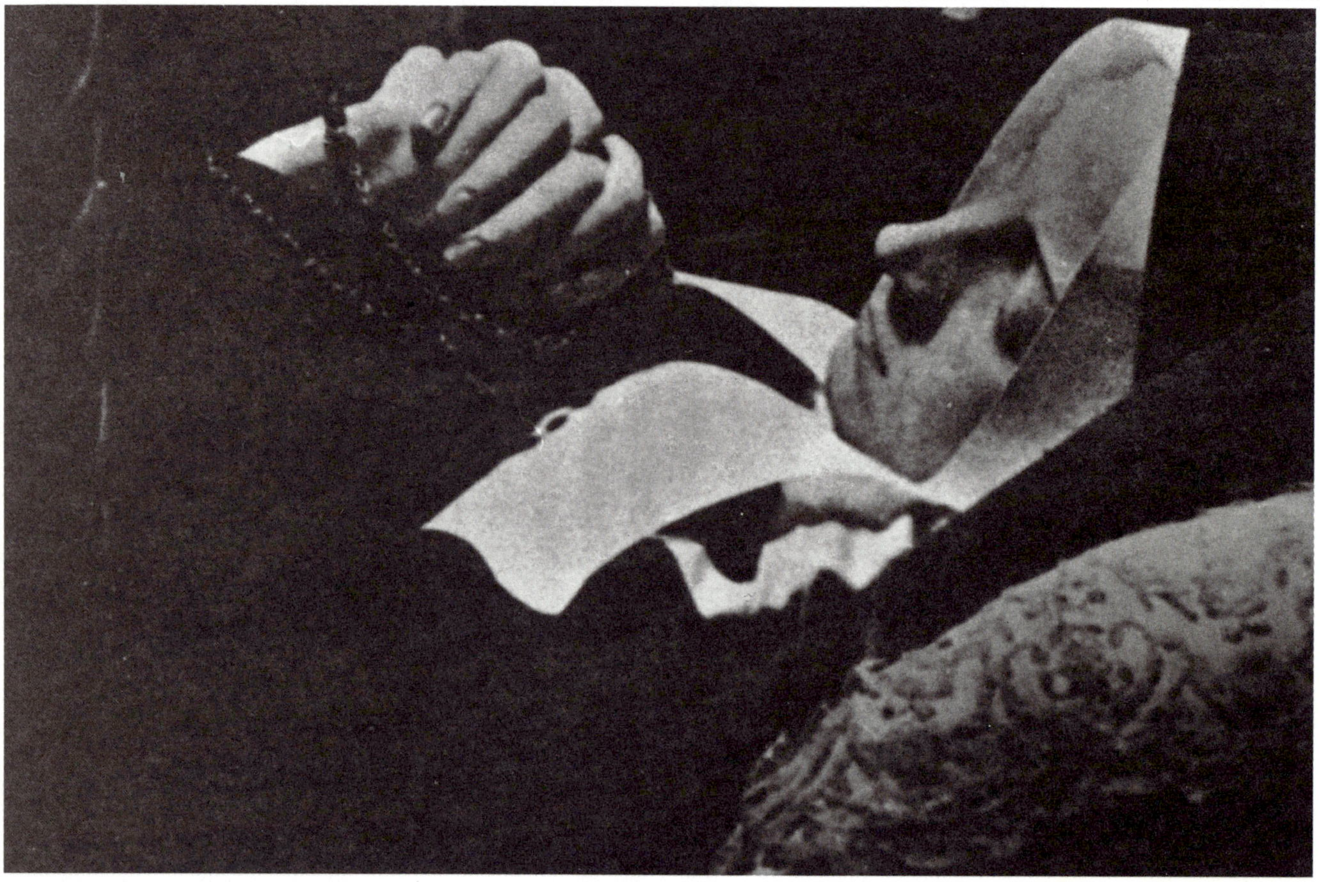

Der unversehrte Leichnam der heiligen Bernadette von Lourdes.

DIE ENGEL VON MONS

Am 29. September 1914 erschien eine frei erfundene Geschichte mit dem Titel „The Bowmen", geschrieben von Arthur Machen, in der Londoner Zeitung *Evening Standard*. Das Thema dieser Geschichte war ein Wunder, das sich während des Ersten Weltkriegs ereignet hatte und die unterlegenen britischen Streitkräfte betraf, die vor kurzem aus Mons, einer belgischen Stadt nahe der französischen Grenze, abgezogen waren. Die Truppen wurden durch eine himmlische Gruppe von Bogenschützen unter der Führung des heiligen Georg vor der näherrückenden deutschen Armee gerettet, die sich den Deutschen stellte, und sie in die Flucht trieb. Kurz danach waren jedoch die Zeitungen voll von Berichten über britische Soldaten, die beschwörten, daß sich dies tatsächlich ereignet hatte, auch wenn Machen das Gegenteil behauptete.

Skeptiker, die auf der Seite von Machen standen, taten diese Geschichte als Phantasieprodukt ab. Machen nützte den Wirbel und veröffentlichte einen Roman mit dem Titel *The Bowmen*, der auch tatsächlich ein Bestseller wurde. Die meisten Forscher taten die Geschichte der Engel von Mons mit der Bemerkung ab, es hätte sich niemals um ein Rätsel gehandelt, doch Anfang der 90er Jahre veröffentlichte Kevin McClure eine Broschüre mit dem Titel *Visions of Bowmen and Angels*, aus der hervorging, daß die Angelegenheit weitaus komplexer ist, als bisher angenommen wurde.

Nachdem McClure eine beträchtliche Menge an Material zu diesem Thema gesichtet hatte, kam er zu dem Schluß, daß es zwei Kategorien von Berichten über die göttliche Intervention gibt. In einer werden Bogenschützen, in der anderen Engel beschrieben (und weiters einige „seltsame Wolken"). McClure ist der Meinung, daß die Berichte über Bogenschützen ohne Zweifel von Machens Geschichte inspiriert wurden, doch gab es bereits früher Berichte über Engel. Weiters sollen die Bogenschützen von den britischen Truppen um Hilfe angefleht worden sein und gegen die Deutschen mit Waffen und monotonem Kriegsgeschrei gekämpft haben. In starkem Gegensatz dazu stehen die Beschreibungen von Engeln, die angeblich ohne Aufforderung und ohne Waffen erschienen und nur als passive, schweigsame Barrieren dastanden. Ihre Anwesenheit reichte, um die Feinde der britischen Truppen in die Flucht zu schlagen.

Darstellung der „Engel von Mons" von Alfred Pearce.

McClure entdeckte auch Berichte französischer Soldaten, die angaben, daß die Jungfrau von Orleans und der heilige Michael auftauchten, um ihnen bei der Flucht vor den deutschen Truppen beizustehen. Bemerkenswert ist, daß eine Reihe britischer und französischer Soldaten von einer geheimnisvollen Gestalt sprachen, die als „Kamerad in Weiß" bezeichnet wird und auf wundersame Weise mehrere Männer geheilt und andere vor Kugeln geschützt haben soll. Es gibt die Theorie, daß es sich um Jesus handelte.

McClure schließt daraus, daß die Engel von Mons tatsächlich ein Rätsel sind, das er vor der Vergessenheit bewahrt hat. Es ist möglich, daß er recht hat.

PÄPSTIN JOHANNA

Heute ist vielen Menschen die Tatsache, daß es jemals einen weiblichen Papst gegeben hat, durch Lawrence Durrells Roman *Päpstin Johanna* bekannt.

Angeblich soll 818 n. Chr. ein Mädchen namens Johanna als Tochter englischer Missionare in Ingelsheim, einer deutschen Stadt nahe Mainz, geboren worden sein. Sie verkleidete sich als Mann, nannte sich Johann Anglicus und wurde in einem Kloster in der Nähe aufgenommen, wo sie eifrig studierte. Später reiste sie, noch immer verkleidet, nach Rom und wurde wegen ihrer Intelligenz so bekannt, daß sie 855, als Papst Leo IV. starb, mit großer Mehrheit zum Papst Johannes VIII. gewählt wurde.

Ihre Papstherrschaft war sehr erfolgreich, doch sie verliebte sich in ihren Diener – ein Vergehen, dessen Auswirkungen aber sehr bald zu sehen waren. Zwei Jahre nach ihrer Wahl zum Papst führte sie eine Prozession durch Rom an, die vom Petersdom zum Lateran führte. Zwischen dem Kolosseum und der Kirche San Clemente brach der Papst offenbar unter großen Schmerzen zusammen. Als ihr Zuseher zu Hilfe kamen, merkten sie zu ihrem Entsetzen, daß der Papst eine Frau war! Zudem gebar sie! Zutiefst schockiert von dieser Häresie zerrte die Menge Johanna und ihr neugeborenes Kind weg und steinigte sie.

Die Gasse, in der dieses Ereignis stattgefunden hatte, wurde bei Papstprozessionen gemieden, und die Thronbesteigung der neuen Päpste wurde durch eine seltsame, neue Gewohnheit bereichert. Bevor ein Papst gekrönt wurde, mußte er auf einem speziellen Marmorstuhl mit einem Loch in der Sitzfläche Platz nehmen, dem *stella stercoraria*, und er wurde von Ärzten untersucht, um sicherzugehen, daß er tatsäch-

Päpstin Johanna gebärt während einer Prozession. Illustration aus einer mittelalterlichen Chronik.

lich ein Mann war. Hatten die Ärzte dies bestätigt, riefen die Diakone *„Habet!"* („Er hat!") in die jubelnde Menge, die *„Deo gratias!"* („Dem Herrn sei dank!") antwortete.

Was Papst Johannes VIII., oder Päpstin Johanna, betrifft, wurden alle Spuren seines/ihres kurzen Pontifikats aus den Kirchenannalen gelöscht, indem man den Zeitpunkt der Krönung ihres Nachfolgers Benedikt III. auf das Jahr 855 vordatierte. Und als Jahre später ein neuer Papst mit dem Namen Johannes gekrönt wurde, nahm er Johannas Titel an und wurde Johannes VIII. Sogar eine Büste mit dem Namen „Johann VIII., eine Frau aus England" in der Kathedrale von Siena wurde von Papst Klemens VIII. (1592–1605) auf „Papst Zacharias" umbenannt.

Die skandalöse Geschichte der Päpstin wird in den mittelalterlichen Chroniken von Anastasius Bibliothecarius, Marianus Scotus und Sigebert de Gemblours beschrieben. Protestantische Autoren veröffentlichten sie im 16. Jahrhundert als Häme gegen das Papsttum. Ironischerweise war es der kalvinistische Historiker David Blondel, der 1647 bewies, daß die Geschichte der Päpstin Johanna erdacht war.

In *The Female Pope* spekulieren Rosemary und Darroll Pardoe, daß der Mythos der Päpstin Johanna von einer echten Person inspiriert war – von Nicetas, einem Eunuchenpatriarchen aus Konstantinopel (766–780 n. Chr.). Seine Geschichte kann von den Gegnern des Papstes in den Bettelorden verändert worden sein, um die Aufmerksamkeit auf die Korruption im Papsttum jener Zeit zu lenken, und daraus entstand ein ehrgeiziger, wenn auch falscher, weiblicher Schwindler.

Levitationen von Heiligen

Levitation wird die Fähigkeit mancher Personen genannt, die Schwerkraft aufzuheben und oft für längere Zeit ohne sichtbare Hilfsmittel einige Meter über dem Boden schweben zu können. In Europa betrachtete die Kirche diese seltsame Fähigkeit lange Zeit als Zeichen des Teufels. Daher war sie sowohl überrascht als auch geschockt durch die Vielzahl an Berichten über Levitationen von Heiligen und anderen bedeutenden Christen. Dazu zählen: die Levitation des heiligen Edmund um das Jahr 1242, als er Erzbischof von Canterbury war; die heilige Theresia von Avila im Jahr 1680 in Madrid; die arabische Karmeliternonne Schwester Maria um 1700 in Bethlehem; der heilige Adolphus Liguori in der Kirche San Giovanni in Foggia im Jahr 1777; Vater Suarez 1911 in Santa Cruz, im Süden von Argentinien; und mehr als 200 weitere katholische Heilige.

Der aufsehenerregendste Fall ist der des heiligen Joseph von Copertino, der 1603 in Apulien, Italien, geboren wurde und im Alter von 22 Jahren Franziskanermönch wurde, nachdem er sich jahrelang gegeißelt hatte, um in einen Zustand der religiösen Ekstase zu verfallen. Diese Ekstase führte häufig zu unkontrollierbaren Levitationen, bei denen er stark unfallgefährdet war, und die er „meine Schwindelanfälle" nannte. Diese verursachten den Kirchenautoritäten häufig Unannehmlichkeiten und waren Anlaß zur Verlegenheit.

So fuhr er etwa an einem besonders schönen Morgen, als er vor Freude jubelte, direkt in einen Olivenbaum, aus dem er von Mönchen mit einer großen Leiter heruntergeholt werden mußte. Ein anderes Mal verbrannte er sich an den Kerzenflammen, als er während einer Messe durch Gebete in Ekstase geriet und durch die Luft direkt auf den Altar flog. Und er erschreckte Papst Urban VIII. sehr, als er vor ihm mehrere Meter über dem Boden schwebte.

Es überrascht nicht, daß Joseph schließlich von den Mönchen gebeten wurde, seine Gebete und Meditationen

Joseph von Copertino schwebt vor Papst Urban VIII. in der Luft.

in Zukunft alleine in seiner sicheren Zelle zu verrichten. Bis zu seinem Tod im Jahr 1663 hatte er angeblich mehr als 100 Levitationen. Er wurde heilig gesprochen, da sein bemerkenswertes Talent als Werk Gottes angesehen wurde.

Wissenschaftler, die dieser Schwerelosigkeit skeptisch gegenüber stehen, tun für gewöhnlich alle Levitationen als Einbildung oder Drogenhalluzinationen ab, eine beliebte Erklärung auch für die Behauptungen von Hexen im Mittelalter, daß sie auf Besenstielen durch die Luft fliegen könnten. Eine weitere Erklärung war Massenhypnotisation durch die Person, die angeblich eine Levitation hatte.

Daniel Dunglas Hume, ein berühmtes Medium aus dem viktorianischen England, der Levitationen hatte, bestätigte, daß seine Levitation durch unsichtbare Geister vollführt wurden, die ihn in die Luft hoben. Er fürchtete aus diesem Grund nie, daß er auf die Erde fallen könnte. Die amerikanische Schriftstellerin Helene Hadsell schrieb ihre einzige, nicht geplante Levitation einer überwältigenden Euphorie zu, die sie erfaßte, als sie sich fertig machte, um die Frühmesse in einer nahen Kapelle zu besuchen.

Die heilige Theresia von Avila eine Karmeliternonne aus dem 16. Jahrhundert gab an, daß sie einmal versuchte, einer Levitation zu widerstehen, doch war es, „als ob eine große Kraft unter meinen Füßen mich aufhob". Sie hielt ihre nachgewiesenen Levitationen oder „Begeisterungstaumel" für das sichtbare Zeichen von Gottes Gnade, doch betete sie, daß er ihr seine Gnade in einer anderen Form enthüllen sollte, die für andere nicht sichtbar wäre, so daß sie nicht anders oder wertvoller als die anderen Nonnen wirke.

Vielleicht ist die Levitation ein Sammelbegriff für verschiedene Phänomene, die alle dasselbe Ergebnis haben – einen Zustand der Schwerelosigkeit. Bis die Wissenschaft den Willen oder die Möglichkeit hat, dieses außergewöhnliche Phänomen genau zu erforschen, wird die Antwort jedoch im wahrsten Sinne des Wortes in der Luft hängen!

Theresia von Avila

Die Heilige Lanze und andere Reliquien

Die Geschichte Europas ist von Wundern, Rätseln und Legenden über die verschiedensten Reliquien durchsetzt. Hier soll nur eine kleine Auswahl folgen.

Die Heilige Lanze, die auch als Longinusspeer oder Schicksalsspeer bekannt ist, war angeblich der Speer, den ein römischer Zenturio namens Gaius Cassius Longinus Jesus in die Seite stieß, als er am Kreuz hing. Mindestens vier Speere sollen die echte Heilige Lanze sein. Einer wurde im 13. Jahrhundert von Ludwig dem Heiligen von den Kreuzzügen in Palästina nach Paris gebracht. Einen zweiten sandte der Ottomanensultan Bajazet II. 1492 an Papst Innozenz VIII. Dieser ließ ihn in einen der Stützpfeiler der Kuppel des Petersdomes einarbeiten. Ein dritter befindet sich in Krakau, Polen, doch handelt es sich hier nur um die Kopie des vierten und berühmtesten Speers, der eine sehr verwickelte Geschichte hat.

Einige Forscher sind der Ansicht, daß er 1098 n. Chr. während des ersten Kreuzzugs in Antiochia gefunden wurde. Laut der Artussage kam er nach Jesu Tod durch Joseph von Arimathäa mit dem Heiligen Gral nach Britannien (siehe S. 21–22). Bei der Gralsprozession im Gralsschloß bemerkte Sir Percival, daß von ihm Blut tropfte. Andere glauben, daß der Speer von Karl dem Großen bei vielen erfolgreichen Schlachten im 9. Jahrhundert getragen wurde. Auf jeden Fall gehörte er in der Folge einer Reihe von Sachsenkönigen, bevor er in die Hände von Friedrich Barbarossa geriet. Von ihm kam er zu den Habsburgern und wurde bis 1938 in der Schatzkammer der Hofburg ausgestellt. In jenem Jahr wurde Österreich unter Adolf Hitler an Deutschland angeschlossen. Wie Trevor Ravenscroft in *The Spear of Destiny* schrieb, war Hitler von den Legenden über die große Macht, die dem Speer zugeschrieben wird, so fasziniert, daß er ihn aus der Hofburg entfernen ließ und ihn später in ein Kellergewölbe in Nürnberg brachte.

Die Heilige Lanze soll heilende Kräfte haben und wurde immer mit der Macht assoziiert, demjenigen, der sie bei einer Schlacht trug, Erfolg zu bringen. Karl der Große starb angeblich kurze Zeit, nachdem er sie aus Versehen fallen ließ. Dasselbe Schicksal erlitt Barbarossa. Und am 30. April 1945, am selben Tag, als der Speer von den siegreichen amerikanischen Truppen in Nürnberg aus seinem Versteck geholt wurde, beging Adolf Hitler in seinem verborgenen Bunker in Berlin Selbstmord.

St. Januarius ist hier mit den Phiolen seines Blutes, die sich in der Kathedrale von Neapel befinden, dargestellt.

St. Januarius soll der 13. Bischof von Benevento gewesen sein, der um 305 n. Chr. in einer Zeit der Verfolgung durch die Römer hingerichtet worden ist. Die Kathedrale von Neapel besitzt eine Probe des geronnenen Blutes des Heiligen, das in zwei versiegelten Phiolen in einer Glasvitrine aufbewahrt wird. Die größere dieser Phiolen ist Gegenstand eines berühmten Wunders – die mysteriöse Verflüssigung des Blutes in der Phiole, wenn die Vitrine während der Messe vom Priester vor den Gläubigen und Fernsehkameras gedreht wird. Dies geschieht mehrmals im Jahr und wurde seit 1389 von Millionen Menschen gesehen.

Laut einem Augenzeugen, dem Arzt Dr. Giorgio Giorgi, der dieser Umwandlung 1970 aus nur einem Meter Entfernung beiwohnte, „geschah es plötzlich und unerwartet. Die Flüssigkeit selbst wurde viel heller, leuchtender; er stiegen so viele Gasblasen in der Flüssigkeit auf …, daß sie zu wallen schien."

Manchmal kann es sein, daß sich das Wunder nicht ereignet, was als Zeichen für drohendes Unglück gilt – außer im Dezember, wo es nur selten zu einer Verflüssigung des Blutes kommt. Das hat einige Wissenschaftler zu der Annahme gebracht, daß die Außentemperatur für die Umwandlung des Blutes verantwortlich ist, doch haben Untersuchungen der Temperaturschwankungen keinen Zusammenhang mit dem Blut ergeben.

Der Duft der Heiligkeit

Manche europäische Heilige und andere tiefgläubige Menschen waren dafür bekannt, einen exquisiten, überirdischen Wohlgeruch zu verbreiten, der als Duft der Heiligkeit bezeichnet wird und für den bisher keine Erklärung gefunden werden konnte.

Niemand brauchte jemals zu fragen, wo im Kloster die selige Maria degli Angeli zu finden sei, da der süße Duft, der diese italienische Nonne des 18. Jahrhunderts umgab, so stark war, daß sie alleine dadurch aufgespürt werden konnte. Maria dachte, daß es sich um ein Zeichen der Gnade handle, doch war es ihr unangenehm, daß nur sie diese Gnade erfahren habe, und nicht auch ihre Schwestern. Sie versuchte diesen Wohlgeruch zu verbergen, indem sie übelriechende Dinge in ihre Zelle stellte, aber das war sinnlos, denn der Duft der Heiligkeit war viel stärker.

In dem Augenblick, als Schwester Giovanna Maria della Croce sich einen Ehering an den Finger steckte (als Symbol ihrer Ehe mit Christus), als sie um 1625 ins Kloster von Rovereto, Italien, eintrat, begann von diesem Finger ein mysteriöser Wohlgeruch von unbeschreiblicher Lieblichkeit aufzusteigen, der ihr viele Jahre erhalten blieb. Sogar Dinge, die sie berührte, verströmten während der nächsten Tage ihren Duft der Heiligkeit. Im Lauf der Jahre ging dieser Wohlgeruch von ihrem Finger auf ihren ganzen Körper und sogar auf ihre Kleider über, die noch lange nachdem sie sie das letzte Mal getragen hatte, diesen Wohlgeruch verströmten.

1991 verkündete die Universität von Pavia, daß Chemiker das Wunder unter Laborbedingungen simuliert hätten. Der Forscher war Dr. Luigi Garlaschelli, der vor kurzem auch das Geheimnis der weinenden Statuen gelüftet hat (siehe S. 64). Sein künstliches Blut ist ein dunkelbraunes, geleeartiges Gebräu aus Kalk und hydriertem Eisenchlorid, versetzt mit Salzwasser. Wird es leicht geschüttelt, verflüssigt es sich, wird jedoch wieder fest, sobald es still steht. Da die Blutproben in der Kathedrale von Neapel nie offiziell untersucht wurden, gibt es keinen wissenschaftlichen Beweis dafür, daß es sich tatsächlich um Blut handelt. Garlaschelli meint, daß ein ähnliches Gelee auch im Mittelalter ohne Probleme hergestellt werden konnte. Außerdem beobachtete Dr. Frederick Williams 1921 angeblich einen Pharmazeuten in der Spitalsapotheke von Neapel, wie er eine „Blutprobe" für die Kathedrale mischte: Sie bestand aus Rindergalle und Natriumsulphat.

Ein weiteres Wunder des Mittelalters, das vor kurzem wissenschaftlich untersucht wurde, ist das blutende Brot von Bolsena. Im 13. Jahrhundert erschien auf einer Hostie in Bolsena, Italien, während einer Messe hellrotes Blut – dieses Ereignis war für Papst Urban IV. Anlaß, das Fronleichnamsfest einzuführen. 1994 gelang es jedoch Dr. Johanna Cullen von der George Mason University in Virginia, USA, das Wunder in einem Steingefäß nachzuvollziehen, indem sie Hostien mit der Bakterie *Serratia marcescens* versetzte, die auf Stärke gedeiht und ein hellrotes Pigment absondert. In drei Tagen erschienen tatsächlich blutrote Punkte auf der Hostie, die mit der Beschreibung des Brotes von Bolsena übereinstimmten. Es ist deshalb wahrscheinlich, daß dieses Brot einfach mit der Bakterie kontaminiert war.

Am 15. Juli 1995 erlitt Vater Christopher Jenkins, ein Priester in der Kirche St. Francis Xavier in Hereford, unerwartet einen schweren Schlaganfall und fiel in ein tiefes Koma. Die Ärzte waren überzeugt, daß er dem Tod nahe war. Ein Eichengefäß auf dem Altar der Kirche enthielt eine Reliquie, die heilende Kräfte besitzen soll – die abgehackte Hand des heiligen John Kemble, eines Priesters, der 1679 hingerichtet

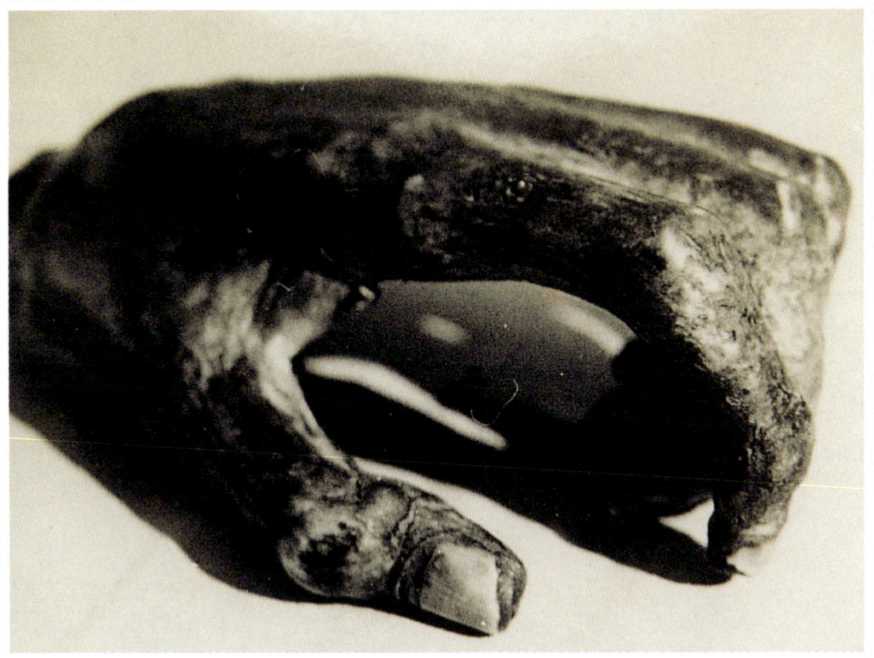

Vollbrachte die abgehackte Hand des heiligen John Kemble 1995 ein Wunder?

und 1970 heiliggesprochen wurde. Pater Anthony Tumelty, ein Gehilfe von Pater Jenkins, verlor keine Zeit und legte dem kranken Mann die Hand auf die Stirn. Kurz danach erwachte Pater Jenkins aus dem Koma und konnte später wieder essen, sprechen und gehen.

Nicht alle Wunder gehen auf das Mittelalter zurück. Und für das Wunder der Hand des heiligen John Kemble kann auch keine wissenschaftliche Erklärung gegeben werden, nur die Kraft des Glaubens.

DAS TURINER GRABTUCH

Das Turiner Grabtuch ist ein helles Leinentuch, das 4,34 Meter lang und 1,09 Meter breit ist. Sowohl auf der Vorderals auch auf der Rückseite ist der blasse, lebensgroße Abdruck eines gekreuzigten Mannes zu sehen. Mehrere Jahrhunderte lang glaubten viele Menschen, daß diese Leinwand das Grabtuch ist, in das der Leichnam Jesu eingewickelt wurde und das seinen Abdruck trägt.

Die Geschichte des Turiner Grabtuches geht auf das Jahr 1353 zurück, als der damalige Besitzer, ein Ritter namens Geoffrey de Charny I., es in Lirey, Frankreich, ausstellte. Es ging später an seine Enkelin Marguerite, die es 1453 dem Herzog Ludwig von Savoyen gab. Das Grabtuch wurde 1532 beinahe zerstört, als die Kapelle, in der es von seinen Besitzern verwahrt wurde, in Flammen aufging. Es überstand das Feuer jedoch mit einigen Brandzeichen. 1578 wurde es der Kathedrale von Turin überreicht und wird hier in einem reichgeschmückten Altar aus dem 17. Jahrhundert aufbewahrt.

Die Vorder- und Rückenansicht des Mannes sind tatsächlich zu sehen, wenn man das Tuch betrachtet, wenn auch nicht sehr deutlich. Vielleicht zeigte die Wissenschaft deshalb bis 1898 wenig Interesse an dem Tuch. Damals machte Secondo Pia als erster Fotos von dem Tuch, die Aufregung in aller Welt hervorriefen. Der Abdruck auf dem Tuch war nicht länger schwach und uninteressant – auf den Negativen sah man die detaillierte und sehr bewegende Abbildung eines Mannes, der auf dem Kreuz gestorben war. Die Wunden der Nägel, die durch die blutenden Riste und Füße geschlagen wurden, waren ebenso deutlich zu sehen wie zahlreiche Striemen auf dem Rücken, die von Peitschenschnüren zu stammen schienen, wie sie zur Zeit Jesu von den römischen Soldaten benützt wurden. Außerdem sah man die blutigen Abdrücke von Dornen quer über der Stirn und eine blutende Stichwunde in der Seite, die von einer spitzen Waffe stammte.

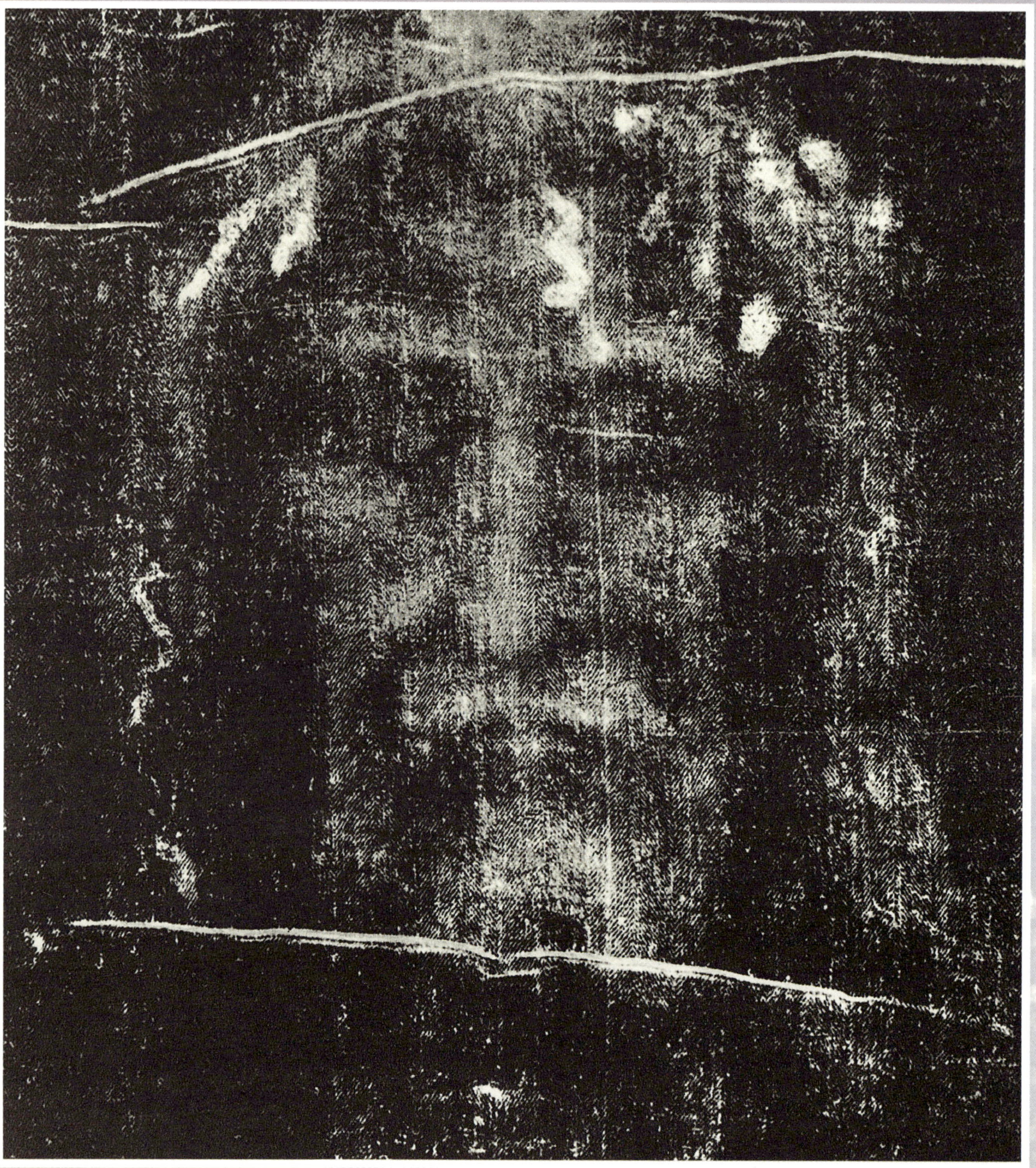

Das lebensgroße Abbild eines gekreuzigten Mannes ist auf dem Turiner Grabtuch zu sehen. Ist es das Gesicht von Jesus …

Der Mann war groß, dünn, hatte einen Bart und dürfte dreißig bis vierzig Jahre alt gewesen sein. Für zahllose Menschen bestand kein Zweifel mehr darüber, daß es sich tatsächlich um das Abbild Jesu handelte und das Tuch somit sein Grabtuch war – aber wie war es aus dem Heiligen Land nach Europa gekommen?

In *The Turin Shroud* meinte der Forscher Ian Wilson aus Oxford, daß es mit einer ebenso rätselhaften Reliquie, dem sogenannten Schweißtuch ident wäre. Dies ist ein kleineres Stück Stoff, das ein wundersames Abbild von Jesu Gesicht aufweist. Man nimmt an, daß es von Jerusalem über Edessa nach Konstantinopel gebracht wurde, aber bei den Plünderungen der Kreuzritter im Jahr 1204 zerstört wurde. Laut Wilson war das Schweißtuch tatsächlich das dreimal gefaltete Grabtuch, wobei am oberen Teil das Gesicht zu sehen war. Er meinte, daß es nicht zerstört wurde, sondern in die Hände von de Charny geriet, der es aufgebreitet hielt und so in ein Grabtuch „verwandelte“ –

... oder von Leonardo da Vinci?

eine interessante Theorie, die aber von Noel Currer-Briggs in *The Shroud and the Grail* verworfen wurde. Er ist der Ansicht, daß das Schweißtuch eine völlig eigenständige Reliquie ist, nämlich das Tuch, das nach der Kreuzigung über Jesu Gesicht gelegt wurde. 1988 wurden wissenschaftliche Untersuchungen durchgeführt, die eine Bestätigung für den Unterschied zwischen Schweißtuch und Grabtuch ergaben.

Mit Erlaubnis der katholischen Kirche wurden kleine Proben aus dem Tuch entnommen und drei Labors in Oxford, Tuscon und Zürich übergeben, die das Alter mittels Radiokarbonmethode feststellen sollten. In einem Artikel in *Nature* (16. Februar 1989) gaben die Teams bekannt, daß ihre Ergebnisse großteils übereinstimmten. Sie bestimmten den Herstellungszeitraum des Tuches mit 1260 bis 1390 n. Chr.

Das Grabtuch stammt also nicht von Jesus, sondern aus dem Mittelalter, was erklärt, warum vor dem 13. Jahrhundert nichts darüber geschrieben wurde. Die Untersuchungen geben allerdings keinen Aufschluß darüber, wann oder wie das Abbild auf dem Grabtuch zustande kam.

Wissenschaftliche Analysen, die in den 70er Jahren durchgeführt wurden, ergaben, daß das Bildnis dreidimensional war, und daß es entstanden ist, weil das Tuch um einen Leichnam gewickelt worden war. Der Abdruck dringt nicht durch das Leinen (was bei einem gemalten Bild der Fall wäre), sondern ist nur auf der obersten Faserschicht enthalten. Noch erstaunlicher ist, daß es besonders gut auf einem Negativ zu sehen ist. Das führte Lynn Picknett und Clive Prince zu der Annahme, daß es sich bei dem Abbild auf dem Tuch um ein sehr frühes Experiment mit Fotografie handeln könnte – durchgeführt von niemand geringerem als Leonardo da Vinci.

In *Turin Shroud: In Whose Image?* meinten sie, daß Leonardos Interesse an Optik und seine geheime Mitgliedschaft in einer Sekte, dem Priorat von Zion, ihn dazu veranlaßte, das Turiner Grabtuch als „Reliquie" zu schaffen, um sich so über den christlichen Glauben an die Auferstehung Jesu lustig zu machen. Er stellte die Reliquie her, indem er ein jahrhundertealtes Leinentuch und einen Leichnam verwendete, dem er peinlich genau Jesu Kreuzigungswunden zufügte. Er schuf das Bildnis auf dem Grabtuch mit Materialien und Techniken, die ihm zu seiner Zeit zur Verfügung standen und mit denen er gute fotografische Ergebnisse erzielte (wie Picknett und Prince bewiesen, als sie ihr eigenes Abbild auf ein Grabtuch applizierten). Doch Leonardos größtes Sakrileg war, daß er über den Abdruck des gekreuzigten Leichnams das Abbild seines eigenen Gesichtes legte! Tatsächlich ist die Ähnlichkeit zwischen dem Gesicht auf dem Grabtuch und Leonardos Gesicht sehr groß, und das würde auch erklären, warum das Gesicht so „losgelöst" wirkt, wie oft bemerkt wurde.

Es sind jedoch nicht alle von dieser Theorie überzeugt. Einige meinen, daß es sich tatsächlich um das Abbild Jesu handelt und daß es durch göttliche Energie im Augenblick seiner Auferstehung geschaffen wurde. Kurz nach Veröffentlichung der Ergebnisse der Radiokarbonmethode sprach Dr. Thomas Phillips vom Labor für Hochenergiephysik der Harvard University öffentlich seine Zweifel über ihre Richtigkeit aus. Er meinte, daß der Körper, der in das Tuch eingewickelt war, Energie abgestrahlt hätte, durch die das Bild entstanden wäre, und daß er auch einen Neutronenausstoß bewirkte, der die Datierung beeinflußt hätte.

Mehr als 600 Jahre nach seiner Entdeckung ist das letzte Wort über das Turiner Grabtuch noch nicht gesprochen.

STIGMATISATION

Im Jahr 1224 kniete der heilige Franz von Assisi am 14. September – dem Fest der Kreuzerhöhung – demütig ins Gebet versunken bei seiner bescheidenen Behausung auf Monte Alvernia und dachte intensiv an die Leiden Jesu am Kreuz. Als er nach oben blickte, sah er einen Engel mit glühenden Flügeln vom Himmel herabsteigen. Er hatte die Form eines gekreuzigten Mannes mit dem barmherzigen Gesicht Christi. Dieser Anblick verursachte Franz von Assisi tiefe Trauer und Mitleid und sie begannen eine langes, geheimes Gespräch. Danach verschwand das wunderbare Wesen und Franz von Assisi bekam auf Händen, Füßen und in der Seite blutende Wunden, die den Kreuzigungswunden Jesu entsprachen.

Diese Wunden, die von selbst zu entstehen scheinen und sich nicht infizieren, werden als Stigmata bezeichnet. Franz von Assisi wird als der erste Mensch angesehen, der diese Wunden bekommen hat, doch seit jenem Tag wurden viele Fälle gemeldet. Es handelt sich vor allem um europäische Frauen, meist katholischen Glaubens (aber nicht immer).

Stigmatisierte behalten ihre Stigmata oft ein ganzes Leben lang, doch es gibt auch hier einige Ausnahmen. Therese Neumann wurde 1898 in Konnersreuth, Bayern, geboren und erlitt in ihrer Jugend verschiedene schwere Verletzungen, die am Jahrestag von bedeutenden Ereignissen im Leben der heiligen Theresia von Lisieux auf wundersame Weise heilten. Sie bekam auch die fünf typischen Stigmata (Hände, Füße, Seite) und Wunden auf der Stirn, die das Abbild der Verletzungen durch die Dornenkrone auf der Stirn Jesu waren. Jeden Freitag verlor sie mehr als 3,5 Kilo und beinahe einen halben Liter Blut durch diese Wunden, die aber am Sonntag wieder völlig verheilt waren.

Die ungewöhnlichsten Stigmata wies die bretonischen Bäuerin namens Marie-Julie Jahenny auf. Wie von Ian Wilson in *The Bleeding Mind* beschrieben, bekam sie am 21. März 1873 die fünf typischen Stigmata und in den nächsten zwölf Monaten noch die Wunden der Dornenkrone, einen Abdruck auf der linken Schulter, Wunden am Handrücken und am Hinterfuß, Zeichen am Rist, ein symbolisches Muster über ihrem Herzen, Striemen auf ihren Armen, Beinen und Knöcheln, die von Geißelungen zu stammen schienen, und einen stigmatischen Ring.

Im 16. Jahrhundert bekam die heilige Katharina dei Ricci eine Narbe auf ihrer rechten Schulter, die an eine Wunde erinnerte, wie sie durch das aussahen, die durch Geißelung hervorgerufen werden und wie sie Jesus bei seiner Kreuzigung erhielt.

In einem Fall von innerer Stigmatisation

Franz von Assisi erhält von einem Engel Stigmata. Gemälde von Giotto.

Tragen eines Kreuzes verursacht wird. 1979, nachdem Vera d'Agostino aus der Provinz Pescara in Italien eine Christuserscheinung gehabt und Stigmata auf den Händen und in der Seite bekommen hatte, bekam sie blutige Striemen am ganzen Körper, die wie Wunden

behauptete Maria Villani, eine Napoleser Domenikanernonne aus dem 17. Jahrhundert, daß ihr Herz und ihre Seite, wenn sie in Ekstase verfiel, von einem feurigen Speer der Liebe durchbohrt würden, den ein Engel trug. Als sie viele Jahre später starb, wurde ihr

Padre Pio hält im Jahr 1955 eine Messe. Pilger strömten in das Kloster San Giovanni Rotondo hoffend auf seine Segnung.

Körper obduziert. Nachdem der Brustkorb geöffnet wurde, strömte aus ihrem Herzen ein Schwall heißen Rauches. Das Herz enthielt eine alte Wunde, die aussah, als ob sie von einem scharfen, spitzen Gegenstand, wie einem Speer, verursacht worden wäre.

Der berühmteste Stigmatisierte der letzten Zeit ist Padre Pio (1887–1968), ein Kapuzinermönch aus dem Kloster San Giovanni Rotondo bei Foggia, Italien. Am 20. September 1915, als er während der Feiern am Jahrestag von Franz von Assisis Stigmatisation betete, fühlte er in seinen Händen einen stechenden Schmerz, und am 20. September 1918 erhielt der tiefgläubige Mann die fünf typischen Stigmata, die ihm sein Leben lang blieben, häufig bluteten und ihm große Schmerzen verursachten. Padre Pio werden auch viele Wunderheilungen und die erstaunliche Fähigkeit zugeschrieben, gleichzeitig an zwei verschiedenen Orten zu erscheinen (Bilokation).

Viele Stigmatisierte litten in ihren frühen Jahren unter großen physischen und emotionalen Schmerzen und viele bleiben ihr Leben lang hysterisch oder fanatisch religiös. Forscher sind der Meinung, daß es sich um eine geistige Störung handelt, bei der durch psychosomatische Prozesse Wunden entstehen, vor allem, wenn die Person beachtliche psychische Kräfte besitzt. Dr. Scott Rogo schreibt in *Miracles*: „Der Betroffene übt auf seinen eigenen Körper Psychokinese aus, die dazu führt, daß sich in seinem Fleisch Wunden öffnen."

Wissenschaftler zweifeln nicht mehr daran, daß durch Autosuggestion, besonders wenn sie im Unterbewußtsein funktioniert, erstaunliche Ergebnisse erzielt werden können. Wie Ian Wilson meinte, können einige Menschen unter Hypnose Blutstränen weinen, andere bekommen spontan Striemen auf ihrer Haut, ihre offenen Wunden hören auf zu bluten, oder sie fühlen keinen Schmerz. Eine vorübergehend Stigmatisierte ist Cloretta Robertson, eine Frau aus Kalifornien, die anders als ihre Kollegen, Protestantin und schwarz ist. 1972 bekam sie im Alter von zehn Jahren, eine Woche nachdem sie ein religiöses Buch gelesen hatte, in dem es um die Kreuzigung Jesu ging, ein blutendes Stigma auf ihrer linken Handfläche. Vier weitere Stigmata erschienen und verschwanden wieder in den folgenden 19 Tagen. Hatte das Thema des Buches eine psychosomatische Reaktion ausgelöst, durch die Stigmata entstanden?

Auf vielen Darstellungen von Kreuzigungen werden Menschen gezeigt, die an den Händen gekreuzigt wurden. Tatsächlich wurden die Nägel durch den Rist geschlagen, da die Hände nicht stark genug sind, das Körpergewicht zu tragen. Die Stigmata entstehen aber fast immer auf den Händen, und nicht am Rist, entsprechend dem verbreiteten Bild der Kreuzigung. Das zeigt wieder, daß die Bildung von Stigmata durch Autosuggestion verursacht wird.

SCHWARZES MEER
TÜRKEI
Arche Noah
Sirrusch (seltsamer babylonischer "Drache" auf dem Ischtar-Tor)
MITTELMEER
Hexenwinde
JORDANIEN
dröhnender Sand
ISRAEL
Stern von Bethlehem
IRAK
Große Pyramide; Sphinx
Aufbewahrungsort der Bundeslade (1)
mumifizierter Krokodiljunge
Lots Weib/Verwandlung in Salzsäule
ÄGYPTEN
tönende Statue
ROTES MEER
angeschwemmter Körper einer unbekannten Meeresschlange
MALI
Bergtiger
GAMBIA
Werhyänen
TSCHAD
SUDAN
astronomisches Wissen der Dogon von Außerirdischen
Aufbewahrungsort der Bundeslade (2)
Werhyänen
Elefanten mit vier Stoßzähnen
Leopardenmenschen
Totenvogel (rätselhafte blutsaugende Fledermaus)
SIERRA LEONE
GHANA
NIGERIA
Werpterosaurier
ÄTHIOPIEN
Pygmäenelefant
KAMERUN
Land von Presbyter Johannes
Olitiau
Werpytons
REPUBLIK SOMALIA
REPUBLIK KONGO
Nandibär
Dinosaurier-ähnliche Mokele-mbembe und Emela-ntouka; Pygmäenelefanten
Wasserelefant; Elefanten mit vier Stoßzähnen; Riesenschlange
KENIA
ZAIRE
Werleoparden
SÜDATLANTIK
krähende Kobra mit Federkamm
modernes Manna
Pterodaktylus-ähnliches Kongamato
ANGOLA
MALAWI
SAMBIA
versunkener Kontinent Lemuria
krähende Kobra mit Federkamm
SIMBABWE
Schlüssel zu den Phänomenen
NAMIBIA
BOTSWANA
LUFT
WASSER
kreischender Sand
ELEMENTE
geflügelte Schlange
LANDTIERE
mörderischer Giftbaum
MENSCHENÄHNLICH
SÜDAFRIKA
ORTE
Meeresungeheuer mit langem Körper wurde in Margate angeschwemmt
ÜBERSINNLICH
Phantom-Motorradtramperin
Fliegender Holländer

3. Kapitel

Naher Osten und Afrika

ALTE LÄNDER, ALTE GEHEIMNISSE

DER NAHE OSTEN – HIER ENTSTANDEN EINIGE DER EINFLUSSREICHSTEN RELIGIONEN DER ERDE. UND AFRIKA – HIER WAR WAHRSCHEINLICH DER GEBURTSORT DER MENSCHHEIT. LÄNDER, DIE GEHEIMNISSE AUS LÄNGST VERGANGENEN ZEITEN VERBERGEN, DEREN SAGEN UND LEGENDEN WIE RUHELOSE GEISTER AUS DEN GRÄBERN DER VERGANGENHEIT AUFERSTEHEN UND IN DER GEGENWART SPUKEN – UND VIELLEICHT DIE ZUKUNFT VERÄNDERN WERDEN. WER WEISS?

Rätsel aus der Vergangenheit

Die Suche nach der verlorenen Bundeslade

Im Film spielt Harrison Ford den schroffen Archäologen Indiana Jones, der einen der größten biblischen Schätze wiederfindet – dies möchte Vendyl Jones verwirklichen. Dieser ältliche Baptistenpriester aus den USA behauptet, die lebende Inspiration für den Charakter des Indiana Jones gewesen zu sein. Er sucht nach der legendären Belohnung seines virtuellen Gegenstücks – der Bundeslade.

Laut der Bibel war diese Reliquie ein Holzkasten (innen und außen mit echtem Gold überzogen), in dem die beiden Steintafeln aufbewahrt wurden, auf denen Gott die Zehn Gebote aufgeschrieben hatte. Die Bundeslade wurde von Mose am Berg Sinai um 1250 v. Chr. nach genauen göttlichen Anweisungen aus Akazienholz gebaut, sie war 114 Zentimeter lang, 69 Zentimeter tief und hoch und hatte einen schweren Golddeckel, auf dem zwei glänzende Engel eingearbeitet waren. An der Seite der Lade waren Goldringe befestigt, durch die lange Stangen gesteckt wurden. Dadurch konnte sie von privilegierten Trägern auf den Schultern getragen werden und wurde so vom Nomadenvolk der Israeliten auf ihren Wanderungen durch die Wüste transportiert.

Sie enthielt offenbar nicht nur die Steintafeln, denn immer, wenn die Israeliten in den Kampf zogen, strahlte die Bundeslade göttliche Energie aus, die es

Für die Philister wurde die Bundeslade eine tödliche Belohnung.

ermöglichte, die Feinde vernichtend zu schlagen. Sie wurde in der Bibel als Zeichen und Siegel Gottes auf der Erde beschrieben. In einer Schlacht bemächtigten sich die Philister der Lade, doch war ihr Erfolg von kurzer Dauer, da sie bald von einer schrecklichen Plage heimgesucht wurden und Krebsgeschwüre bekamen. Bald danach gaben sie ihren mörderischen Preis freiwillig zurück. Sie befestigten die Lade auf einem Karren, der von zwei Kühen bis an die Tore von Beth-schemesch, einer levitischen Stadt in Nordjudäa gezogen wurde. Hier übernahmen sie die Israeliten und brachten sie nach Kiriath-Jearim.

Zwanzig Jahre später brachte sie König David nach Jerusalem. Hier sperrte sie König Salomo 955 v. Chr. im ersten Tempel, der auf Berg Moriah als Aufbewahrungsort für den wundersamen Kasten errichtet wurde, in einen heiligen Raum. Danach wurde sie von Menelik, dem Sohn Salomos und der Königin von Saba, gestohlen und in das heutige Aksum in Nordäthiopien gebracht. Laut einer anderen Legende wurde die Bundeslade kurz vor der Zerstörung des Tempels durch die Babylonier im Jahr 587 v. Chr. vom Propheten Jeremiah entfernt und in einer Höhle in der Umgebung versteckt. Die dritte Möglichkeit ist, daß sie einfach zerstört wurde.

Welche dieser Theorien (wenn überhaupt) auch zutrifft, das Ergebnis war dasselbe: Irgendwann vor der Zerstörung des Tempels verschwand laut den Berichten die Bundeslade.

Im März 1992 leitete Vendyl Jones als Direktor des Institute for Judaic Christian Research in Texas eine

Vendyl Jones auf einem Wandabschnitt, den er bei Jericho freilegte. Er glaubt, daß dieser Teil einer israelitischen Stadt war, in der einst die Bundeslade aufbewahrt wurde.

Expedition zu den Höhlen von Qumran, die damals unter israelischer Besatzung waren, und in denen 1947 die Schriftrollen gefunden wurden. 1952 wurde eine Kupferrolle entdeckt. Darin sollen viele heilige Dinge aufgezählt sein, die früher im zweiten Tempel von Jerusalem standen (gebaut von Herodot dem Großen und 70 n. Chr. von den Römern unter Titus zerstört), und ebenso die Orte, an die sie vor der Zerstörung des Tempels gebracht wurden. Eines dieser Reliquien ist die Bundeslade.

Wie sie in den zweiten Tempel kam, ist nicht geklärt. Durch den Erfolg, den er 1988 durch die Entdeckung eines kleinen Ölungsgefäßes hatte, schienen er und sein Team 1992 ihrem Ziel näher gekommen zu sein, als sie in einer der Höhlen etwas fanden, das sie für das Weihrauchgefäß des Tempels hielten. Ihre Hoffnungen wurden aber schon zwei Wochen nach dieser Entdeckung zerschlagen, als die Israelische Altertumsbehörde ihre Ausgrabungen beendete und sich weigerte, ihre Forschungserlaubnis zu verlängern. Es wurde kein besonderer Grund für diese Maßnahme angegeben – gegenwärtig sind also Jones' Versuche, die verlorene Bundeslade zu finden, vereitelt und er wird so seinem Beinamen „Indiana" nicht getreu.

In der Zeit, als Jones die Bundeslade an der West Bank suchte, behauptete ein anderer Forscher, daß er sie bereits gefunden habe – in Äthiopien. In *The Sign and the Seal* und *Fingerprints of the Gods* erzählt der britische Journalist Graham Hancock von seiner mühsamen Suche nach der Bundeslade, die ihn aufgrund der Theorie über das Schicksal der Lade, nachdem sie von Salomo in den Besitz Meneliks gelangte, nach Aksum führte. Hanocks Nachforschungen überzeugten ihn allerdings, daß Menclik die Bundeslade nicht gestohlen hatte. Er ist der Ansicht, daß sie bis ungefähr 650 v. Chr. im ersten Tempel blieb, bis sie von Tempelpriestern, die fürchteten, daß der Tempel vom jüdäischen König Manasse, einem Götzen verehrenden Heiden, zerstört werden könnte. Deshalb brachten sie den Kasten in einen neuen jüdischen Tempel in Elephantine, in Ägypten. Hier wurde die Bundeslade bis zur Plünderung des Tempels im Jahr 410 v. Chr. aufbewahrt. Sie wurde von flüchtenden Trägern zum See Tana in Äthiopien gebracht, von wo sie 350 n. Chr. von König Ezana nach Aksum überführt wurde. Hier wurde ein spezieller Aufbewahrungsort für die Reliquie errichtet – die Kirche Hl. Maria von Zion. Außer in den unruhigen Zeiten des Mittelalters, als sie mehrmals an einen anderen Ort gebracht wurde, blieb sie seit jener Zeit dort.

Warum ist sie dann also angeblich verloren? Wie kann es ein Geheimnis um die Bundeslade geben, wenn sie ohne Schwierigkeiten an ihrem Aufbewahrungsort besichtigt werden kann? Tatsächlich sollte Hancock erfahren, daß die Geschichte nicht so einfach ist, wie er dachte. Als er die Bundeslade bis zur Kirche Hl. Maria verfolgte, entdeckte er, daß zwar zur Feier des Timkatfestes eine Imitation (bedeckt mit wertvollen Tüchern) in einer öffentlichen Prozession durch die Straßen getragen wird, daß aber das Original für immer im Qeddusa qeddusan (der Entsprechung des Allerheiligsten im jüdischen Tempel) eingeschlossen ist, das nur für eine

Person zugänglich ist – dem Wächter der Bundeslade.

Die Bedeutung der Bundeslade, verbunden mit der Macht der äthiopischen orthodoxen Kirche und der Regierung des Landes, stellt sicher, daß niemand dieses Verbot bricht – das erklärt, warum ein sanftmütiger, bärtiger Mönch, der derzeitige Wächter der Bundeslade, die gesamte Welt (einschließlich dem Herrscher von Äthiopien) daran hindern kann, das Zeichen und Siegel von Gottes Gegenwart auf der Erde zu betrachten. Wenn der Mönch stirbt, wird ein Nachfolger, den er auf dem Totenbett bestimmt hat, diese altehrwürdige Tradition fortsetzen.

Sogar der Versuch, einen unerlaubten Blick auf eine der vielen Nachbildungen der Bundeslade, die sich in verschiedenen anderen äthiopischen Tempeln befinden, zu erhaschen, ist von Schwierigkeiten gezeichnet. Als Hancock versuchte, eine Imitation im Allerheiligsten von Gondar anzusehen, sah er sich mit einer Reihe wütender und rachsüchtiger Kleriker konfrontiert, die ihr Fäuste auf ihn richteten und erklärten, er wäre „... ein sehr schlechter Mann". Natürlich versuchte er nicht, das Original zu sehen. Stattdessen mußte er sich mit dem Rat des Wächters von 1991, einem Mönch namens Gebra Mikhail, zufriedengeben: „Ich glaube, daß die Bundeslade in der Bibel sehr genau beschrieben ist. Sie können dort nachlesen."

Genauso geheimnisumwoben wie der gegenwärtige Aufbewahrungsort der Bundeslade ist ihre Identität. Schließlich machte sie Berge dem Erdboden gleich, ließ die Mauern von Jericho einstürzen und tötete sofort den unglücklichen Gehilfen von König David, Uzzah, der eine Hand auf sie legte, als sie von einem Ochsenkarren zu fallen drohte, der sie nach Jerusalem bringen sollte. Außerdem wurde sie für schreckliche Krankheiten, entstellende Beulen und zahlreiche Todesfälle verantwortlich gemacht, welche die Philister heimsuchten, nachdem sie die Lade von den Israeliten beschlagnahmt hatten – laut Meinung einiger moderner Forscher Anzeichen einer Strahlenkrankheit.

Über die Funktion der Lade wurden verschiedene Spekulationen angestellt, wie zum Beispiel eine Art elektrische Batterie, ein winziger Atomreaktor, sogar ein fortschrittlicher Nahrungsmittelhersteller, der während der Reise der Israeliten durch die Wüste auf der Suche nach dem Gelobten Land Manna machte (siehe S. 103).

Eine Reliquie aus Jerusalem, die zwar viel weniger bekannt ist als die Bundeslade, dafür aber sehr stark daran erinnert, erreichte im 9. Jahrhundert über Ägypten Asturien in Spanien. Sie ist als Arca Santa bekannt und steht in der Kathedrale von Oviedo in einer Kammer, die Alfons der Keusche errichten ließ. Laut dem Historiker Ean Begg erstummte eine Gruppe von Priestern unverzüglich, als sie die Reliquie um 1030 n. Chr. öffneten.

Vielleicht wird man eines Tages das Geheimnis der Bundeslade lösen können, doch sollte man bedenken, daß nichts, was mit dem heutigen technischen Wissen geschaffen werden kann, ihren unglaublichen Kräften entspricht. Werden wir überhaupt in der Lage sein, die Kräfte, die eine Untersuchung der Bundeslade freisetzt, zu kontrollieren?

Vielleicht war Gebra Mikhails Rat gar nicht so schlecht.

Das Land des Presbyters Johannes

Presbyter Johannes. Die Geschichte eines Priesterkönigs stachelte die Phantasie der Byzantiner an.

1165 n. Chr. vergingen die mächtigsten Herrscher Europas vor Neugierde, die durch einen Brief angestachelt worden war. Dieser war an den byzantinischen Herrscher Manuel adressiert und angeblich von einem der mysteriösesten Herrscher der Welt verfaßt worden – einem rätselhaften und sagenhaft reichen Priesterkönig namens Presbyter Johannes.

Laut Legende war Presbyter Johannes der christliche Herrscher eines unbekannten Landes im Osten, das vor Reichtum und Wundern aller Art strotzte. Es gab dort Einhörner und Drachen, der Jungbrunnen floß für alle Bewohner, die ewige Jugend wünschten, feuerfeste Kleidung wurde aus Kokons gewoben, die von Salamandern wie Asbestseidenraupen gesponnen wurden. Unglaubliche Tatsache oder Fiktion?

Man tendierte zur zweiten Ansicht, als Nachforschungen keine konkreten Ergebnisse über den Priesterkönig und sein Königreich ergaben. Sein Brief wurde als Schwindel abgetan und das Land von Presbyter Johannes ist seit langem von den Landkarten verschwunden. Einige Forscher meinen, daß die Geschichten durch Äthiopien, das seit dem 4. Jahrhundert n. Chr. christlich war, inspiriert wurde und, daß „Johannes" von „Zan", aus dem Herrschertitel von Äthiopien, abgeleitet wurde.

Die Arche Noah

Viele Wissenschaftler haben die Erzählung über die Arche Noah und die Große Flut im Buch Genesis in der Bibel als Allegorie abgetan und glauben nicht, daß es sich um den Bericht eines tatsächlichen Ereignisses handelt. Aber es wird auch oft behauptet, daß das riesige Schiff Noahs nicht nur echt ist, sondern vor kurzem auch entdeckt wurde.

Im Sommer 1916 meinte der russische Pilot Leutnant Wladimir Roskovitsky, den Rumpf eines Schiffes gesichtet zu haben, der halb aus den tiefer gelegenen Hängen des Berges Ararat in der Osttürkei hervorragte – Bibelforscher sind allgemein der Auffassung, daß die Arche Noah nach der Flut auf diesem Berg aufsetzte. Der Zar sandte Forscher an den Ort, um das seltsame Fahrzeug aufzuspüren und zu untersuchen, doch ging ihr genauer Bericht angeblich während der Russischen Revolution verloren.

Die Arche Noah hier in der Darstellung von Gustave Doré (19. Jahrhundert) für ***Sending Forth the Dove.***

Anfang der 50er Jahre machte der amerikanische Erdöltechniker George Jefferson Greene aus weniger als 30 Meter Höhe über dem Berg Ararat Fotos von einer schiffähnlichen Struktur in einer tief eingeschnittenen Rinne. 1962 kam er unter mysteriösen Umständen in Guyana ums Leben und die Fotos von der Arche verschwanden mit ihm.

1955 grub der französische Industrielle Fernand Navarra ein Stück altes Holz von einer schiffähnlichen Struktur aus, die bei einem Gletscher am Berg Ararat zu sehen ist. Navarra ist der Meinung, daß es sich hierbei um einen Teil der Arche Noah handelt, doch laut amerikanischer Radiokarbonanalysen ist das Holz nur ungefähr 1400 Jahre alt, und somit zu jung. In den 80er Jahren führte der frühere Astronaut James Irwin mehrere Expeditionen zum Berg Ararat, um nach der Arche Noah zu suchen, allerdings ohne Erfolg.

In den bekanntesten „archeologischen" Studien wird jedoch ein außergewöhnliches, schiffähnliches Objekt von erstaunlicher Größe beschrieben, das nicht am Berg Ararat selbst, sondern in nur 32 Kilometer Entfernung in der Bergkette Akyayla, direkt am Fuße des Berges Al Judi gefunden worden ist – zufällig wird dieser Berg auch im Koran als der Ort bezeichnet, an dem die Arche Noah gelandet ist. Dieses seltsame Objekt wurde erstmals in den 50er Jahren bei einer Luftrauminspektion von der türkischen Luftwache entdeckt, und war in den 80er und 90er Jahren Ziel zahlreicher Inspektionen. Unter den Teilnehmern waren der amerikanische Schiffbruchspezialist David Fasold und der Archäologe Vendyl Jones (der eine völlig andere biblische Reliquie sucht, nämlich die Bundeslade; siehe S. 79–81).

Dieses auffällige Objekt ähnelt einem schifförmigen Hügel, der von einem Bergkamm begrenzt wird und dessen Dimensionen ungefähr mit denen übereinstimmen, die in der Genesis für die Arche Noah angegeben werden. Allerdings scheint der Hügel kein Holz oder andere physikalische Überreste zu enthalten. Fasold meinte, der Grund dafür ist, daß die Arche versteinerte. Geologen halten dagegen, daß es sich nur um eine seltsam geformte Erderhebung (Synkline) in Form einer Arche handelt, und nicht um die Arche selbst. Tatsächlich gibt es die Theorie, daß dieser auffällige Hügel eine *Inspiration* für die Geschichte von der Arche Noah war – eine überraschende Umkehrung der traditionellen Konzepte. Inzwischen untersucht aber Fasold gemeinsam mit einem türkischen Forscherteam weiter den archenförmigen Al Judi in der Hoffnung, eine Bestätigung zu finden, daß eines der größten Wunder der Bibel mehr ist als nur Mythologie.

EINE TÖNENDE STATUE UND EINE SALZSÄULE

Die folgenden Zeilen stammen aus Oscar Wildes Gedicht „Die Sphinx":

Noch späht von seinem Porphyrthron
lichtlosen Auges Memnon aus
Und schreit nach dir ins Land hinaus,
wenn gelb des Morgens Farben lohn;

Diese Worte berichten von einer ungewöhnlichen Statue, die mehr als 200 Jahre lang häufig hohe Töne ausstieß, die klangen, als ob die Saite einer Harfe riß. Sie ist die östliche Statue der beiden Kolosse von Memnon, der Sitzfiguren von Amenhotep III. Diese Figuren, von denen jede mehr als 15 Meter hoch ist, wurden in Sandstein gehauen und um 1500 v. Chr. errichtet. Sie stehen noch heute inmitten der Ruinen von Theben (Luxor), nahe dem Westufer des Nils.

27 v. Chr. wurde die östliche Statue bei mehreren Erdbeben teilweise zerstört und die obere Hälfte fiel zu Boden. Bis dahin war sie völlig ruhig, doch sieben Jahre später besuchte sie

Die Kolosse von Memnon, zwei Sitzstatuen des Pharaos Amenhotep III. aus Sandstein in den Ruinen von Theben. Die Statue rechts im Bild gab Töne von sich.

der Historiker Strabo Theben und berichtete, daß er zu Sonnenaufgang einen gedämpften, glockenähnlichen Ton gehört habe. Von da an hörten dieses Geräusch bis zum Jahr 196 n. Chr. noch viele andere Besucher (für gewöhnlich bei Sonnenaufgang), darunter Juvenal und Kaiser Hadrian. Einige bewahrten ihre Erlebnisse sogar für die Nachwelt, indem sie sie an der Seite der Statue einritzten. 200 n. Chr. ließ Kaiser Septimus Severus den heruntergefallenen oberen Teil durch einen neuen, frisch gehauenen ersetzen – danach „sprach" sie niemals wieder.

Es ist daher wahrscheinlich, daß das Geräusch ein ungewöhnlicher Nebeneffekt der Beschädigung durch das Erdbeben war, der durch die Reparatur behoben wurde. In einigen Erklärungen heißt es: Das Geräusch entstand, weil sich die Luft bei Erwärmung durch die Sonne ausdehnte und von innen durch die Ritzen austrat; verschiedene Teile auf der unteren Hälfte der Statue dehnten sich durch die Sonnenwärme aus und rieben so gegeneinander; vorher unhörbare Töne wurden durch die Beschädigung während des Erdbebens hörbar; und Klänge, die von ägyptischen Priestern erzeugt wurden, um ihren Ruf zu steigern oder Geld zu erhalten (oder beides). Wir werden die Wahrheit nie erfahren.

Ein weiteres altes Rätsel ist, ob Lots Weib wirklich zu einer Salzsäule erstarrte, als sie auf die brennende Stadt Sodom zurückblickte, wie im Buch Genesis behauptet wird. Heute sind

Salzsäulen im Toten Meer. Waren sie Vorlage für die Geschichte von Lots Weib?

Pyramiden, vor allem die Cheopspyramide, haben immer große Faszination ausgeübt.

einige Theologen der Meinung, daß das berühmte Tote Meer der Ort ist, an dem diese Stadt stand. Es weist Salzablagerungen in Säulenform auf, welche Vorbild für diese Geschichte gewesen sein könnten.

Der Chemiker Dr. I. Klotz von der Northwestern University in Illinois meinte 1988, daß Lots Weib durch einen biblischen „Treibhauseffekt" getötet wurde, der durch das Inferno der brennenden Stadt Sodom ausgelöst wurde.

Laut Klotz wurde sie, als sie sich umdrehte, von einem Schwall von Strahlen und heißer Luft erfaßt, in dem sehr viel Kohlendioxid enthalten war. In ihrem Körper verband sich Calcium mit dem Kohlendioxid und führte zu einer Calcitkristallisation – so wurde die unglückliche Frau zu einem festen Calcitblock verwandelt, einer Substanz, die von den alten Hebräern als „Salz" bezeichnet wurde.

Pyramidologie und Macht der Pyramiden

Seitdem sie ungefähr 2600 v. Chr. errichtet wurde, war die Cheopspyramide (oder Große Pyramide) in Gizeh, Ägypten, wahrscheinlich Anlaß für mehr Vermutungen als jedes andere Gebäude der Welt. Zwei der umstrittensten Themen sind hier die Pyramidologie und die Macht der Pyramiden.

„Pyramidologie" ist ein Begriff, der geprägt wurde, um die Anstrengungen verschiedener Forscher zu beschreiben, die beweisen möchten, daß in den Abmessungen der Großen Pyramide eine Vielzahl von höchst wissenschaftlichen Daten und Prophezeiungen steckt. Die Person, die diesen Glauben allgemein bekannt machte, war Charles Piazzi Smyth, Königlicher Astronom von Schottland, dessen Forschungen vor Ort um das Jahr 1860 zur Veröffentlichung von *Our Inheritance in the Great Pyramid* führten, dem ersten aus einer Reihe sehr detaillierter Werke. Darin beschrieb Smyth die verschiedensten metrischen

Daten, die offensichtlich in den Abmessungen der Großen Pyramide enthalten sind: So entspricht zum Beispiel ihr Umfang der Länge eines Sonnenjahres der Erde, die Höhe im Vergleich zur Grundfläche ergibt Pi, die Höhe multipliziert mit 10° entspricht der Entfernung zwischen Sonne und Erde, usw.

Diese Berechnungen schienen sehr beeindruckend, bis andere Forscher sie überprüften und entdeckten, daß sie sehr ungenau waren. Tatsächlich hatte Smyth einige davon erhalten, indem er eine völlig neue Maßeinheit erfand – das Pyramidenzoll (= 0,999 Zoll oder 25,146 Millimeter). Weiters waren alle jene über die Höhe der Pyramide nur Schätzungen, da die Spitze der Pyramide fehlt! Die geheimen Prophezeiungen, die in den Abmessungen lagen, waren ebenfalls nicht gerade einleuchtend. So wurde zum Beispiel je nach Berechnung, die man heranzog, das zweite Kommen Christi für 1881, 1911 und 1936 vorausgesagt, und der Tag des Jüngsten Gerichtes hätte der 20. August 1953 sein sollen.

Ebenso umstritten, aber viel interessanter, sind die Behauptungen über die Macht der Pyramide. Sie stammen von Antoine Bovis, einem französischen Urlauber aus den 30er Jahren, der zu seiner Überraschung bemerkte, daß kleine Tiere, die in der Pyramide gestorben waren, trotz der Feuchtigkeit nicht verwesten. Wieder daheim, experimentierte er mit Pyramiden aus Pappe und sah, daß Gemüse in der Pyramide länger frisch blieb als in anderen Behältern.

Bovis' Ergebnisse kamen gerade zur rechten Zeit Karel Drbal zu Ohren, einem Radiotechniker aus der früheren Tschechoslowakei, der auf einem anderen Gebiet experimentierte. Statt Gemüse legte er Rasierklingen in ein Pyramidenmodell und bemerkte zu seiner Überraschung, daß stumpfe Klingen wieder scharf wurden. Drbal war so beeindruckt, daß er 1949 beim Patentamt in Prag seine Pyramide als Erfindung, stumpfe Klingen zu schärfen, eintragen lassen wollte.

Aus verständlichen Gründen standen die Wissenschaftler im Patentamt dieser Behauptung sehr skeptisch gegenüber und erteilten ihm das Patent erst, als weitere Tests zu ihrer Zufriedenheit absolviert wurden. Diese dauerten zehn Jahre, waren aber offensichtlich erfolgreich, denn 1959 bekam Drbal sein Patent, registriert als Nr. 91304. Seither produziert eine Fabrik in seiner Heimat Pyramiden aus Pappe (heute Styropor), mit denen stumpfe Rasierklingen geschärft werden. Die Längsachse der Klinge muß in Richtung des Magnetfelds der Erde liegen, damit sie wieder scharf wird.

Einige Forscher haben offensichtlich keine signifikanten Ergebnisse erzielt und leugnen deshalb die Existenz dieses Phänomens. Andererseits meint Dr. Lyall Watson, Autor von *Supernature*, daß er eine zweischneidige Rasierklinge täglich bis zu vier Monaten verwenden konnte, wenn er sie so unter die Spitze einer Pappyramide legte, daß die Grundlinien der Pyramide nach der magnetischen Nord-Süd-Linie und die Schneiden der Klingen Ost-West orientiert waren. Er bemerkte jedoch, daß die Klinge nicht nur auf den Boden einer Pyramide gelegt werden kann, sondern auch auf ein Gestell oder ein Plateau in einem Drittel der Höhe der Pyramide, und daß die Pyramide während des Experiments nicht in der Nähe von elektrischen Geräten stehen darf.

Ein ähnlicher Bericht erschien im *Daily Mail* (28. Dezember 1995). Hier behauptete J. A. Dempsey aus Chester, England, daß eine Rasierklinge in einer Pappyramide in drei Tagen wieder voll geschärft würde, und daß er auf diese Weise denselben billigen Wegwerfrasierer 18 Monate verwenden konnte. Die relativen Abmessungen seiner Pyramide (und der Watsons) entsprachen denen der Großen Pyramide, und er richtete die Klinge in der Pyramide Nord-Süd aus, parallel zu einer ihrer Seiten und legte sie auf eine Zündholzschachtel, so daß sie ein Drittel über dem Boden lag.

Der Mechanismus, durch den dieser Effekt erzielt werden kann, ist heute noch nicht geklärt. Allerdings stellte Watson Überlegungen an, ob vielleicht die Abmessungen der Pyramide ein inneres Magnetfeld hervorrufen, das die Neubildung von Kristallen auf der Schneide einer stumpfen Rasierklinge fördert. Experimente mit einem Gaußmeter haben ergeben, daß es tatsächlich zu magnetischer Induktion kommt und daß elektromagnetische Dehydration aus dem Kraftfeld resultieren kann, das durch diese Induktion hervorgerufen wird. All dies würde die oben angeführten Bedingungen für das Patent und die Notwendigkeit erklären, die Pyramidenmodelle von elektrischen Feldern fernzuhalten, da diese ihr Magnetfeld stören.

DER STERN VON BETHLEHEM – EIN WEIHNACHTS-RÄTSEL

Viele Jahrhunderte lang stellten Astronomen Überlegungen über den geheimnisvollen Stern von Bethlehem an, der laut Matthäusevangelium im Osten erschien, drei Weise zum Stall führte, wo Jesus geboren worden war und über ihnen als heiliger Leitstern stehenblieb.

Die faszinierendste Erklärung wurde vom deutschen Astronomen Johannes Kepler aufgestellt. Er war der Meinung, daß der Stern eine Konjunktion (Zusammentreffen) von Jupiter und Saturn in der Konstellation der Fische war. Dieses seltene Ereignis hätte sowohl astrologische als auch astronomische Bedeutung gehabt.

Viele Theologen glauben hingegen, daß die drei Weisen – Magier – Astrologen waren, deren Studien ihnen ein großes Ereignis prophezeit hätten, das durch eine ungewöhnliche Himmelskonstellation im Osten angekündigt werden würde. In der Astrologie ist Jupiter der königliche Stern, Saturn und die Fische werden mit den Israeliten in Verbindung gebracht. Daher wäre eine Konjunktion dieser Planeten in der Konstellation Fische Hinweis auf ein Ereignis gewesen, das für die Juden königliche Bedeutung hatte.

Weiters meinte der Astronom Dr. David Hughes von der Sheffield University in *The Star of Bethlehem Mystery*, der alte babylonische und chinesische Sternkarten geprüft hatte, daß im Jahr 7 v. Chr. Jupiter und Saturn dreimal zusammentrafen. Die erste Konjunktion war am 27. Mai (dieses Ereignis war möglicherweise der Auslöser für die Reise der Weisen aus dem Morgenland nach Westen), die zweite am 15. September (bei ihrer Ankunft in

Die Magier, die von einem Stern im Osten geführt werden in einem Mosaik aus der Kirche San Apollonia, Ravenna.

Damaskus) und die dritte am 1. Dezember (sie wies ihnen das Ziel ihrer Reise in Bethlehem).

Im Dezember 1995 veröffentlichte der amerikanische Astronom Dr. Michael Molnar eine andere Theorie, in der er die astronomischen Ereignisse zur Zeit von Jesu Geburt mit dem astrologischen Symbolismus auf den römischen Münzen verglich. Er meinte, daß der Stern eine doppelte Verfinsterung (Eklipse) von Jupiter durch den Mond war.

Eine weitere Theorie geht von einer Supernova oder Sternenexplosion aus. Dr. Richard Stephenson, Astronom an der Liverpool University, erfuhr aus alten chinesischen Texten, daß es im Frühjahr 5 v. Chr. an jenem Teil des Himmels zu einer Supernovaexplosion kam. Dieses Jahr ist auch das Geburtsjahr Jesu. Eine andere Supernova ereignete sich am 23. Februar 4 v. Chr. Deshalb meinte der amerikanische Mathematiker A. J. Morehouse, daß sich der Stern tatsächlich aus drei verschiedenen Ereignissen zusammensetzte: Aus den Konjunktionen von Jupiter und Saturn und den beiden verschiedenen Supernovae.

Matthäus berichtet, daß der Stern bis zu dem Ort zog, „wo das Kind war; dort blieb er stehen". Anhänger der oben beschriebenen Theorien meinen jedoch, daß diese Bewegung nur eine optische Täuschung war. 1991 meinte Professor Colin Humphreys vom Institut für Materialwissenschaften an der Cambridge University, daß es sich bei dem Stern um einen Kometen handelte, der im Frühjahr 5 v. Chr. erschienen sein soll. Dagegen lehnte er die dreifache Konjunktion von Jupiter und Saturn ab, da diese beiden Planeten noch nie zusammengetroffen waren.

In der Vergangenheit wurden Versuche von andere Wissenschaftlern unternommen, den Stern als Halleyschen Kometen zu identifizieren, doch ohne Erfolg. Obwohl dieser spezielle Komet tatsächlich auf der Höhe von Bethlehem besonders hell leuchtete, kam er im Jahr 11 v. Chr., also wenigstens vier Jahre zu früh.

Eine letzte Spekulation über den Stern bezieht sich auf eines von sieben Gemälden, die Lukas zugeschrieben werden. Es zeigt die Madonna mit dem Kind und befindet sich in der Kirche Maria Verkündung auf dem Berg St. Thomas bei Madras, Indien. Auf diesem Gemälde wird der Stern von Bethlehem als ellipsenförmiges Objekt mit flügelähnlichen Strukturen am hinteren Ende und einem Kern, der von Strahlen umgeben ist, dargestellt. Das ist die Grundlage für die ungewöhnlichste Interpretation – ein außerirdisches Raumfahrzeug. Dieses neue Konzept, das von Robin Collyns 1974 veröffentlicht wurde, ist auch Thema von „A Spaceman Came Travelling", einem bekannten Weihnachtslied des irischen Popsängers Chris de Burgh. Diese Theorie ist aber wohl kaum Musik in den Ohren der orthodoxen Wissenschaft.

GEHEIMNISSE DER SPHINX

Von der Zeit des neuen Königreichs im alten Ägypten (ca. 1400 v. Chr.) bis zur Entwicklung der modernen Ägyptologie vor ungefähr 100 Jahren durch Sir Flinders Petrie und andere, dachte man immer, daß die Große Sphinx von Gizeh vor der vierten ägyptischen Dynastie gebaut wurde (die ca. 2550 v. Chr. begann). Forscher des 20. Jahrhunderts sind allerdings davon überzeugt, daß sie um 2500 v. Chr., während der Herrschaft des Pharaos Chephren aus der vierten Dynastie, gebaut wurde und, daß sie tatsächlich den Pharao selbst darstellt.

Als daher 1991 der Geologe Dr. Robert Schoch von der Boston University bewies, daß die früheren Meinungen falsch waren und die Große Sphinx vermutlich zwischen 7000 und 5000 v. Chr. gebaut worden war, verursachte das natürlich in der Gemeinschaft der Ägyptologen große Aufregung. Weiters behauptete er, daß nur der Körper der Sphinx aus dieser Zeit stammt, daß sie in mehreren Stufen errichtet worden war, beginnend beim Körper, und, daß der Hinterteil zum Schluß gebaut wurde. Die meisten Ägyptologen sind der Ansicht, daß die Sphinx als Wächterin für die Pyramiden errichtet wurde, doch falls Schoch recht hat, bestand sie schon mehrere Jahrtausende, bevor diese überhaupt entstanden.

Schoch führt seine Theorie auf die unterschiedliche Verwitterung der Sphinx zurück. Während andere Skulpturen in diesem Gebiet den üblichen Sand- und Windabrieb von Sandstein aufweisen, scheint die Sphinx gegen Wassererosion resistent zu sein. Die letzte große Katastrophe war die Flut- und Regenkatastrophe von Nabta zwischen 12000 und 3000 v. Chr. Die vordynastische Entstehungszeit der Sphinx wurde auch durch seismische Analysen bestätigt, so daß Schoch gegenwärtig hofft, von der ägyptischen Regierung die Erlaubnis zu erhalten, Proben aus der Sphinx zu entnehmen, um mittels Radioisotopenmethode mit Chlor-36 ihr Alter zu bestimmen.

ASTRONOMIE DER DOGON

Die Dogon sind arme Ackerbauern, die im Süden Malis in Westafrika in Höhlen leben – man würde nicht annehmen, daß sie ausgefeilte astronomische Daten besitzen. Doch laut einer Studie, welche die französischen Anthropologen Marcel Griaule und Germaine Dieterlen zwischen 1946 und 1950 durchführten, kennen die Dogonpriester einen winzigen, unsichtbaren Stern, den sie *Po* nennen. Sie wissen, daß er aus einer sehr schweren Substanz besteht und mit einer Umlaufzeit von 50 Jahren in einer elliptischen Bahn um den Hundsstern Sirius kreist.

Es gibt diesen Stern tatsächlich, Sirius B, der wissenschaftlich erstmals 1862 beschrieben wurde und dessen Atmosphäre so dicht ist, daß ein Kubikmeter seiner Materie ungefähr 20 000 Tonnen wiegt. Weiters entspricht seine Umlaufbahn der Beschreibung der Dogon, so daß er für das menschliche Auge völlig unsichtbar ist und erst 1970 zum ersten Mal fotografiert wurde.

Warum wissen die Dogon also so viel über Sirius B? Ihre Erklärung ist noch erstaunlicher. Sie behaupten, daß sie ihr astronomisches Wissen (sie kennen auch die Ringe von Saturn und die vier Hauptmonde von Jupiter) von amphibischen Wesen aus dem All erhalten haben, welche die Erde vor langer Zeit vom Sternensystem des Sirius aus besuchten.

In *The Sirius Mystery* unterstützt der Forscher Robert K.G. Temple die außerirdische Herkunft der Daten der Dogon, doch andere sind sehr skeptisch. Der amerikanische Kosmologe Dr. Carl Sagan hält es für viel wahrscheinlicher, daß sie ihr Wissen von Europäern haben, die in den 30er Jahren in diesem Gebiet reisten – damals wurden Einzelheiten über den Sirius, seinen winzigen Begleitstern und andere astronomische Daten, die später von den Dogon an die französischen Astrologen weitergegeben wurden, in der westlichen Welt bekannt. Diese Theorie ist sehr schlüssig, doch kennen die Dogon noch einen *zweiten* Stern, der im rechten Winkel von Sirius B um Sirius kreist, und den sie *emme ya* („Sonne der Frauen") nennen. Er ist allerdings der Wissenschaft bisher noch völlig unbekannt: Was werden also die Wissenschaftler machen, wenn sie eines Tages entdecken, daß es diesen Stern wirklich gibt?

Tänzer der Dogon.

Die Große Sphinx von Gizeh: Ist dieses faszinierende Denkmal tatsächlich älter als die Pyramiden?

Schoch hält auch nichts von der Theorie, laut der die Sphinx das Gesicht Chephrens hat. Er stützt sich dabei auf den Gerichtsmediziner Frank Domingo aus New York, der festgestellt hat, daß sich die Gesichter Chephrens und der Sphinx deutlich unterscheiden und letztere deutlich „afrikanische“ (also negroide) Züge aufweisen.

Schochs Forschungsarbeiten sind zwar die wissenschaftlichsten, aber nicht die einzigen, die ergeben, daß die Sphinx vor der Zeit der Dynastien errichtet wurde. In *Serpent in the Sky* meint der autodidaktische Ägyptologe John Anthony West, daß sie mindestens um 10000 v. Chr. von überlebenden Bewohnern aus Atlantis gebaut wurde. Allerdings diente diese Theorie nur dazu, ihn von der Gemeinschaft der Ägyptologen zu entfremden. Der Journalist Graham Hancock meinte in *Fingerprints of the Gods*, daß die Sphinx tatsächlich in vordynastischer Zeit von einem früheren bedeutenden Kulturkreis errichtet wurde. Seiner Meinung nach kamen diese Menschen aus einem früher bewohnbaren Teil der Antarktis und befuhren später die Meere, um sich in anderen Gebieten, einschließlich dem Niltal, niederzulassen.

Wir müssen zugeben, daß die Sphinx, falls sie wirklich aus vordynastischer Zeit stammt, von sehr fortschrittlichen Menschen gebaut wurde, nicht aber von den Ägyptern. Aber wer war dieses Volk? Wie die mythologische Sphinx der Griechen, beherrscht es auch die Sphinx von Gizeh hervorragend, schwierige Rätsel zu stellen.

LEMURIA – VERSUNKENE HEIMAT DER MENSCHHEIT?

Mit mehr als zwanzig verschiedenen Arten sind die Lemuren eine Gruppe von primitiven Primaten, die nur auf Madagaskar und auf einigen Inseln vor der Küste vorkommen. Ihre nächsten Verwandten sind die Buschbabys (Galagos) und Pottos in den afrikanischen Tropen und die Loris auf dem indischen Subkontinent und Ostasien. Sie werden alle als Halbaffen bezeichnet. Wie kann man aber die seltsam unzusammenhängende zoogeographische Verbreitung der Halbaffen erklären?

Um 1860 vertraten Zoologen, die sich auf die neue Evolutionstheorie Darwins stützten, die Meinung, daß Afrika, Madagaskar, Indien und Südostasien früher durch einen Kontinent über den Indischen Ozean verbunden waren, auf dem die ersten Halbaffen lebten. Dieser Kontinent versank später und isolierte dadurch die Halbaffen auf ihre heutigen, weit voneinander getrennten Verbreitungsgebiete.

Der englische Zoologe Philip L. Sclater nannte diesen hypothetischen „versunkenen" Kontinent Lemuria. Diese Theorie erhielt um 1870 neue Nahrung, als der deutsche Wissenschaftler Ernst Haeckel meinte, von Lemuria könnte sogar die Menschheit ausgegangen sein. Wir wissen heute, daß die Verbreitung der Halbaffen durch den Kontinentaldrift verursacht wurde – daß Afrika und Indien vor vielen Millionen Jahren auseinandergerissen wurden. Leider wurden jedoch lange vor dieser Entdeckung einige bedeutende Okkultisten auf die Ansicht Haeckels, daß Lemuria die Wiege der Menschheit sei, aufmerksam, und sie begannen ihre eigenen und immer seltsameren Theorien über die Entwicklung der Menschheit zu spinnen.

Die berühmteste dieser Theorien stammt von Madame Helena P. Blavatsky, der Begründerin der Theosophischen Gesellschaft. Sie behauptete, in Kontakt mit einigen ätherischen Wesen zu stehen, die ihr die wahre Geschichte der Menschheit erzählt hätten, und daß diese tatsächlich auf Lemuria zurückging.

Laut Blavatsky waren die Lemuren die dritte von sieben Urrassen (von denen jede sieben Stufen als Unterrasse durchläuft) auf der Erde. Die heutige Menschheit ist die fünfte Urrasse. Die Bewohner von Lemuria waren anfangs groteske Zwitterwesen, die primitiven Affen glichen, drei Augen hatten und Eier legten. Als sie sich zu einer höheren Unterrasse entwickelten, fuhren einige schließlich nach Atlantis und wurden die vierte Urrasse. Lemuria selbst wurde durch schreckliche Vulkanausbrüche zerstört, Atlantis später durch schwarze Magie.

Die Verbreitung der Lemuren führte zu Theorien über einen versunkenen Kontinent.

Blavatsky starb 1891, doch wurden von ihren Anhängern nach ihrem Tod weitere phantastische Einzelheiten enthüllt und noch am 22. Mai 1932 brachte der *Los Angeles Times Star* einen Bericht von dem Reporter Edward Lanser, der behauptete, eine Siedlung von Bewohnern Lemurias entdeckt zu haben, die in Abgeschiedenheit auf Mount Shasta in Kalifornien lebten. Es ist Ironie, daß Lemuria, das nie mehr war als eine falsche Vorstellung von Zoologen aus dem 19. Jahrhundert, noch heute bekannter ist als viele alte Kulturen, die tatsächlich existierten.

Unterschiedlichste rätselhafte Wesen

Überlebende aus prähistorischer Zeit

Wie ich in meinem Buch *In Search of Prehistoric Survivors* beschrieben habe, scheint es immer wahrscheinlicher, daß es bisher unentdeckte Nachkommen einiger der bekanntesten prähistorischen Tiere gibt, die in abgeschiedenen Regionen Afrikas leben.

Der interessanteste Gedanke ist, daß es eine lebende Dinosaurierart gibt. Das rätselhafte Tier, von dem heute am ehesten dieser Fall angenommen wird, hat bereits zu mehreren wissenschaftlichen Expeditionen in das riesige Sumpfgebiet Likouala in der Volksrepublik Kongo geführt, wo es leben soll. Es wird von den Pygmäen und den Siedlern aus dem Westen Mokele-mbembe genannt.

Augenzeugen beschreiben es als sehr großes Wassertier, ungefähr neun Meter lang, rötlich braun, mit stämmigem Körper von der Größe eines Elefanten, relativ kurzen, dicken Beinen, einem langen Schwanz, einem schlanken, langen Hals, der in einem kleinen Kopf endet, dessen Fußabdrücke drei Zehen aufweisen. Diese Beschreibung erinnert an einen Sauropoden, wie der berühmte *Apatosaurus* (früher als *Brontosaurus* bezeichnet) und der *Diplodokus*.

Tatsächlich haben Wissenschaftler den einheimischen Beobachtern des Mokele-mbembe, die kein paläontologisches Wissen haben, illustrierte Tierbücher vorgelegt, und sie haben ohne zu zögern (und ohne Hilfe) Bilder der Sauropoden ausgewählt, die diesem rätselhaften Wesen am nächsten kamen.

Dr. Karl Shuker mit einem T-Shirt der „Operation Kongo".

Auch der Hauptforscher des Mokele-mbembe, der anerkannte Biologe Professor Roy P. Mackal, hält die Theorie von einem überlebenden Sauropoden am wahrscheinlichsten. Der kürzlich von der Chicago University pensionierte Biologe leitete in den 80er Jahren zwei Suchexpeditionen nach Likouala ein. Zwei bedeutende britische Expeditionen – „Operation Kongo" (1986) und „Operation Kongo 2" (1992) suchten unter der Leitung von Bill Gibbons ebenfalls nach dem Tier.

Es gibt noch keinen wissenschaftlichen Beweis für die Existenz des Tieres, doch ist das auch nicht überraschend, da sein Lebensraum so unwirtlich ist, daß sogar die Bewohner der Region ihn nach Möglichkeit meiden. Es besteht kein Zweifel daran, daß nur die hartnäckigsten (und unverwüstlichsten) Forscher jemals das Tier entdecken und bestimmen werden können. Vielleicht stehen die Chancen am besten, wenn man frische Skelette dieses großen Lebewesens findet.

Zu den Berichten der Augenzeugen kommen Erzählungen von ähnlichen Lebewesen (bekannt unter Namen wie Badigui, Amali und N'yamala) aus anderen tropischen Regionen Afrikas, wie der Zentralafrikanischen Republik und Gabun. Besonders interessant ist die Theorie, daß das berühmte Ischtar-Tor im alten Babylon eine verzerrte Darstellung des Mokele-mbembe ist (basierend auf Erzählungen von Reisenden und nicht auf tatsächlichen Beobachtungen der Baumeister), da einige der auffälligen, glasierten Ziegel gut aus Zentralafrika stammen können, von wo es unzählige Berichte über langhalsige Wasserungeheuer gibt.

In den abgelegenen Sümpfen von Likouala in der Volksrepublik Kongo soll ein Tier namens Mokele-mbembe leben. Könnte es sich um eine lebende Dinosaurierart handeln?

Ein anderes rätselhaftes Wesen aus Likouala, das mit Dinosauriern in Zusammenhang gebracht wird, ist das Emela-ntouka („Elefantenmörder"), ein amphibisches Wesen von der Größe eines Elefanten, das ein mächtiges Elfenbeinhorn auf der Nase trägt. Es wurde zwar in der Vergangenheit die Möglichkeit erwogen, daß es sich um ein Rhinozeros handelt, das teilweise im Wasser lebt, doch scheinen allgemeines Aussehen und Lebensweise nicht übereinzustimmen. Aufgrund des sehr auffälligen Horns (das sich von dem eines Rhinozeros' stark unterscheidet, da das Horn dieser Tiere nur aus gepreßtem Haar besteht), des schweren Schwanzes (welchen ein Rhinozeros nicht hat) und der Angewohnheit, Elefanten, die sich in seinen sumpfigen Lebensraum vorwagen, den Bauch aufzuschlitzen, hat Mackal vorgeschlagen, daß es sich beim Emela-ntouka vielleicht um einen überlebenden Ceratops handelt – also um einen gehörnten Dinosaurier, der mit dem berühmten *Triceratops* verwandt ist.

Möglicherweise ist das Emela-ntouka ein lebender Ceratops.

Eines der gefürchtetsten Tiere Afrikas ist der wilde Nandi-Bär in Kenia. Mehrere Zoologen haben gemeint, daß in einigen Berichten über ein angeblich ausgestorbenes Tier, das Chalicotherium, gesprochen wird. Technisch gesehen war dieser Verwandte der Pferde ein Säugetier mit Hufen und einem fallenden Rücken, doch besaß es keine Hufe, sondern riesige Klauen, mit denen es Wurzeln ausgrub. Obwohl es offiziell seit dem Pleistozän (das vor 10 000 Jahren endete) ausgestorben ist, würde ein überlebendes Exemplar wahrscheinlich dem Nandi-Bär ziemlich ähnlich sehen.

Als Pflanzenfresser würde ein Chalicotherium jedoch nicht seine Opfer verspeisen, wie dies bei Opfern des Nandi-Bärs der Fall war. Es gibt noch einen möglichen Überlebenden aus prähistorischer Zeit, der für diese Fälle eine Erklärung sein könnte. Die *Hyaena brevirostris*, eine kurzköpfige Hyäne, groß wie ein Löwe, lebte im Pleistozän in Afrika und war ein viel aktiverer Jäger als ihre Nachkommen. Interessant ist, daß Augenzeugen den Nandi-Bär mit einer riesigen Hyäne vergleichen, die aber einen kleineren, bärenähnlichen Kopf hat (daher der Name des Tieres). Wenn eine kurzköpfige Hyäne tatsächlich in den Tiefen der ostafrikanischen Wälder überlebt haben sollte, wäre die Identität des räuberischen Nandi-Bärs endlich gelöst.

Der Tigre de montagne oder Bergtiger im Norden des Tschad, in Westafrika, überlebte vielleicht auch. Laut den Zagaoua aus Ennedi ist dieses nicht identifizierte Tier groß wie ein Löwe, hat rotes Fell mit weißen Streifen, keinen Schwanz und riesige Vorderfänge, die aus seinem Maul herausragen. Als man einem alten Jäger der Zagaoua Bilder von verschiedenen ausgestorbenen und lebenden Tieren zeigte, erkannte er den

Der gefürchtete, wilde Nandi Bär.

Bergtiger als Machairodus – den afrikanischen Säbelzahntiger, der vor mehr als einer Million Jahre ausgestorben sein soll. Der Tschad ist zoologisch noch wenig erforscht, und die Bergzüge sind nicht leicht zugänglich. Könnte hier ein Exemplar der Säbelzahntiger überlebt haben, ungestört von Zeit und Mensch? Vielleicht wird ein furchtloses Forscherteam uns eines Tages die Antwort geben.

ECHSENVÖGEL UND TOTENVÖGEL

Einige der seltsamsten Rätsel Afrikas schweben auf den dunklen Flügeln der Angst und der Mystik.

Die Kaondé leben um das Sumpfland des Jiundu in Sambia. Sie sind über-

Augenzeugen beschreiben das Kongomato als eine Art prähistorischen Pterosaurier.

zeugt, daß sich in den unzugänglichen Tiefen dieses Gebiets ein schrecklicher „Echsenvogel" verbirgt, den sie Kongamato nennen. Angeblich handelt es sich um eine Echse oder ein Krokodil mit langem Schwanz, Fledermausflügeln und einem Schnabel mit Zähnen. Das entspricht genau der Beschreibung eines Rhamphorhynchus – einem der berühmten prähistorischen fliegenden Reptilien, den Pterosauriern. Als man den Eingeborenen verschiedene illustrierte Tierbücher zeigte, wählten sie einheitlich Bilder von Pterosauriern, die dem Kongamato genau entsprachen.

Berichte über ähnliche Tiere gibt es auch aus Angola, Kenia, Zaire, Tansania und Simbabwe. Sogar der anerkannte südafrikanische Zoologe Professor J. L. B. Smith glaubt, daß diese Tiere tatsächlich existieren könnten: 1938 war er an der Entdeckung einer Coelacanthia beteiligt, einem prähistorischen Fisch, von dem man bisher angenommen hatte, daß er gemeinsam mit den Dinosauriern und Pterosauriern vor mindestens 64 Millionen Jahren ausgestorben ist. Die Vorstellung, daß es im 20. Jahrhundert Pterosaurier gibt, ist ohne Zweifel sehr radikal. Falls sie aber wirklich überlebt haben sollten, dann genau in einem nicht erforschten Gebiet wie dem Sumpfland des Jiundu, wo man erwarten kann, daß sie von der Wissenschaft unentdeckt blieben.

Das Kongamato ist nicht mit dem Olitiau zu verwechseln – einem geflügelten Wesen aus den Assumbo-Bergen Kameruns. Die Zoologen Gerald Russell und Ivan Sanderson sahen an einem Abend im Jahr 1932 während der Percy Sladen Expedition ein Olitiau. Plötzlich trat es aus der Dunkelheit hervor und glitt über den Fluß, in dem Sanderson stand, so daß er gezwungen war, seinem offenen Maul auszuweichen, das voller Zähne war. Sanderson bestätigte, daß es sich um eine riesige, schwarze Fledermaus mit flachem affenähnlichen Gesicht und einer Flügelspannweite von ungefähr 3,5 Metern handelte. (Das ist mehr als das Doppelte der bisher größten Fledermaus, dem Neuguinea-Flughund.)

1936 reiste der Archäologe Byron de Prorok durch Südäthiopien, als er von der Teufelshöhle hörte, einer verwunschenen Höhle bei Lekempti, in der grausame, geflügelte Kreaturen, die Totenvögel, lebten. Nachdem er einen jungen örtlichen Führer bestochen hatte, führte dieser de Prorok an den gefürchteten Ort. Er ging auf der Suche nach den mysteriösen Kreaturen in deren Domäne, doch fand er nur einen Schwarm Fledermäuse. Als er herauskam, sagte man ihm jedoch, daß es sich um die Totenvögel handle, und daß sie ihren Namen daher hatten, weil sie menschliches Blut saugten.

Um diese Behauptung zu untermauern, führte man ihn zu einem nahen Camp, in dem Ziegenhirten lebten. Hier sah er, daß viele Hirten kleine, punktförmige Wunden auf ihren Armen und Beinen hatten. Sie erklärten ihm, daß ihnen diese die Totenvögel zugefügt hätten, die in der Nacht geräuschlos in ihr Camp kamen und ihr Blut tranken, während sie schliefen. Ein Hirte im Camp schien dem Tode nahe, und seine Kleider und Laken waren blutdurchtränkt.

Aus zoologischer Sicht ist diese Erzählung deshalb bedeutend, weil nur drei Fledermausarten bekannt sind, die Blut saugen: Diese blutsaugenden Fledermäuse leben ausschließlich auf dem amerikanischen Kontinent. Es gibt in der Alten Welt keine bekannte blutsaugende Fledermausart. Stimmen also die

Der Zoologe Ivan Sanderson beschrieb eine riesige fledermausähnliche Kreatur in den Assumbo-Bergen in Kamerun.

Berichte von de Prorok und den Ziegenhirten, müßte es in der Teufelshöhle in Äthiopien noch eine Fledermausart geben, die auf ihre Entdeckung wartet.

Zwei Berichte wurden vor kurzem von John L. Vellutini veröffentlicht. Sie erschienen erstmals in *West African Studies* von Mary H. Kingsley:

Die seltsamste Form von Hexerei, die meines Wissens nach je an einem Menschen durchgeführt wurde, erzählten mir zwei Eingeborene bei den Ogowe. Es waren zwei sehr intelligente, verläßliche Männer, einer von ihnen sogar Christ. Sie sagten, daß vor ungefähr zwei Jahren ein Verwandter von ihnen arg verhext worden war. Es wurde ein Arzt gerufen, der ihm ein Brechmittel verabreichte. Plötzlich erschien ein seltsames kleines Tier, das mit großer Geschwindigkeit wuchs. Nach einer Stunde kroch es aus der Wanne und flog schließlich davon. Es hatte Fledermausflügel und den Körper und Schwanz einer Echse. Laut meinen Informanten handelte es sich um einen Catawampus, der in dem Mann gewachsen wäre und sich durch seine inneren Organe gefressen hätte, wenn er nicht durch das Brechmittel gestört worden wäre.

Diese Geschichte erinnert stark an die Sage vom „Wasserwolf" aus Yorkshire, England. Hier wird erzählt, daß ein echsenähnliches Wesen im Magen eines Menschen wachsen kann, wenn dieser unabsichtlich Flußwasser trinkt, in dem die Eier des Wesens schwimmen. Sie erinnert auch an die berüchtigten „Stadtsagen", in denen Menschen Tintenfischeier essen, usw.

Vellutinis anderer Bericht stammt aus Sir Allan Cardinalls *In Ashanti and Beyond*:

Als ich in Goaso (Ghana) war, erzählte mir eines Abends ein Häuptling, den ich gut kennenlernen sollte, auf meine Frage nach seiner Gesundheit, daß es ihm nicht gut gehe. Er hatte schlechte Nachrichten bekommen: Zwei seiner Freunde in entfernten Dörfern waren schwer krank, und es wäre seine Schuld, er wüßte aber nicht, was er tun solle. Ich bat ihn um eine Erklärung, und er gab an, daß er in der letzten Zeit, wenn er schlafen ging, die Form einer riesigen Fledermaus annahm – er beschrieb ein geflügeltes Krokodil – und daß er diese und andere Freunde besucht und sie gefressen hätte. Daher kam ihre Krankheit. Ob ich Rat wüßte? Er glaubte wirklich an diese Geschichte und bot viele Opfer. Der Traum kehrte immer wieder und da sein Inhalt allgemein bekannt war, nahm man nach seinem Selbstmord einige Monate später, als ich bereits versetzt worden war, an, daß er ein Hexer gewesen war, dies wußte und sich heldenhaft das Leben nahm.

Ein „geflügeltes Krokodil" erinnert eher an einen Pterosaurier als an eine Fledermaus. Es ist bereits die Annahme, daß es einen lebenden Pterosaurier, wie das Kongamato, gibt, sehr radikal – ganz zu schweigen von einem Traumwesen in Form eines Werpterosauriers!

Rätselhafte Elefantenwesen

Es gibt Berichte über ungewöhnlich kleine, doch ausgewachsene Elefanten aus verschiedenen Ländern Afrikas, darunter Zaire, die Zentralafrikanische Republik, Kamerun, Gabun und Liberia. Einige lebende Tiere wurden in verschiedene Tiergärten gebracht, wie in den Bronx Zoo in New York, wo einst ein berühmter männlicher Pygmäenelefant mit dem Namen Congo lebte. Als er im Jahr 1905 im Alter von sechs Jahren im Kongo (damals Französisch Kongo) gefangen worden war, betrug seine Schulterhöhe nur 1,12 Meter. Auch bei seinem Tod zehn Jahre später war er nur knapp zwei Meter groß. Die Eingeborenen haben ihre eigenen Namen für diese kleinen Dickhäuter. Sie betrachten sie als völlig eigenständig von den viel größeren, normalen Elefanten. Die Wissenschaft hat sie entweder als Launen der Natur abgetan – verkrüppelte Zwerge, die keine taxonomische Bedeutung haben – oder als nicht ausgewachsene Jungtiere, die frühzeitig Stoßzähne entwickeln.

1989 verkündeten jedoch die deutschen Zoologen Dr. Wolfgang Böhme und Dr. Martin Eisentraut, daß die Pygmäenelefanten als eigene Art klassifiziert werden sollten (*Loxodonta pumilio*), da sie anatomische Unterschiede und anderes Verhalten als bei den Elefanten festgestellt hätten. Dazu kam die Bestätigung, daß Tiere mit Stoßzähnen tatsächlich ausgewachsen sind, als man ein totes Weibchen fand, das einen voll

Im London Zoo gab es kurz einen Pygmäenelefanten.

In den Sümpfen von Zaire sollen angeblich Wasserelefanten leben.

entwickelten Fötus trug (was ein Beweis gegen die Theorie von Jungtieren war) und Filmmaterial von Herden von Pygmänenelefanten vorführte (was gegen die „Besonderheit der Natur" sprach).

Noch umstrittener ist der Wasserelefant von Zaire. Er hat eine Schulterhöhe von ungefähr zwei Metern, und er soll ziemlich kurze Beine, eine glatte, glänzende Haut wie ein Nilpferd, einen doppelt so langen Hals wie ein normaler afrikanischer Elefant sowie einen deutlich ovalen Kopf mit einem kurzen, nur 60 Zentimeter langen Körper und keine Stoßzähne haben. Es wurde im Sumpfland zwischen den Seen Mai-Ndombe (früher Leopold II.) und Tumba gesehen, soll tagsüber im tiefen Wasser versteckt bleiben und in der Nacht an Land kommen, um sich am üppigen Gras zu nähren. Es ist bemerkenswert, daß der Wasserelefant in seiner Form einigen der ältesten, lange ausgestorbenen Arten zu entsprechen scheint, wie dem *Phiomia* und dem *Moeritherium*: Haben sie sich vielleicht bis heute versteckt in wenig veränderter Form gehalten?

Viele Legenden erzählen von sagenhaften Elefantenkönigen mit vier Stoßzähnen anstatt der üblichen zwei, doch gibt es tatsächlich mißgebildete Elefanten mit vier Stoßzähnen. Das bekannteste Tier wurde am 6. August 1947 in Lukula, Zaire, geschossen und sein Kopf an das Musée du Congo belge in Belgien geschickt. Jeder seiner vier Stoßzähne wog um die 23 Kilo. Abdul El-Farag Ali sah am 18. Mai 1917 einen weiteren Elefanten mit vier Stoßzähnen, den er aber nicht schoß, und der Naturforscher Armand Denis entdeckte den Schädel und die Stoßzähne eines toten Tieres im Ituri-Wald in Zaire. Das seltsamste Exemplar wurde aber am 1. Mai 1870 von David Livingstone geschossen. Das Tier hatte drei Stoßzähne, wobei der dritte unten aus dem Körper herauswuchs.

GAMBO UND TRUNKO

Als man krokodilähnliche Meeresschlangen sichtete, glaubte man an die Möglichkeit, daß ein Verwandter der hochentwickelten Meerkrokodile oder Thalattosuchia seit der Mitte der Kreidezeit (vor ungefähr 110 Millionen Jahren) überlebt hatte. Ihre stromlinienförmigen Körper waren nicht wie die der anderen Krokodile schuppig und ihre Glieder paddelförmig. Auch wiesen sie auf der Schwanzoberseite eine Flosse auf.

Einer der überzeugendsten Berichte im Zusammenhang mit diesem Wesen umfaßte den toten, aber praktisch unverletzten und nicht verwesten Körper eines seltsamen Meereslebewesens, das am 12. Juni 1983 vom Naturforscher Owen Burnham angeschwemmt auf einem Strand in Gambia gefunden worden war. Das Tier war ungefähr 4,50 Meter lang, relativ schlank, oben dunkel, doch auf der Unterseite viel heller. Es hatte einen sehr langen Rachen mit 80 spitzen Zähnen und zwei Nüstern auf der Spitze des Oberkiefers, einen kurzen Hals, vier paddelförmige Glieder und einen langen, spitzen Schwanz.

Burnhams Beschreibung entsprach der eines Thalattosuchias. Dies ist vor allem der Fall, wenn wir annehmen, daß Gambo ursprünglich eine Schwanzflosse hatte, daß diese aber bei (oder nach) seinem Tod abgerissen wurde. Wäre Gambos Körper doch nur für eine wissenschaftliche Untersuchung erhalten geblieben!

Leider kamen jedoch, als Burnham den Körper noch untersuchte, einige Eingeborene vorbei und köpften den Kadaver, um den Kopf als Souvenir an Touristen zu verkaufen. Danach vergruben sie die Überreste im Sand.

„Gambo", das seltsame Meereswesen, das vom Wildforscher Owen Burnham gefunden und beschrieben wurde.

„Trunko", ein Meerestier, das vor der südafrikanischen Küste 1922 bei einem Kampf mit Walen beobachtet wurde.

Am Morgen des 1. November 1922 beobachteten Strandbesucher in Margate, Südafrika, ein überraschendes Spektakel vor der Küste: Man sah deutlich zwei Wale, die mit einem sehr seltsamem Meeresungeheuer kämpften, das ein schneeweißes Fell und einen riesigen Elefantenkörper hatte. Im Verlauf dieses Kampfes der Giganten schien das Ungeheuer schwächer zu werden, und drei Stunden später war es tot. Am Abend wurde der leblose Körper an den Strand gespült. Er war wirklich riesig, über 14 Meter lang, dazu kam noch ein drei Meter langer Schwanz. Das auffälligste Merkmal, abgesehen von seinem 20 Zentimeter langen, dichten Fell, war, daß es keinen erkennbaren Kopf besaß. Stattdessen hatte es nur einen kopfähnlichen Fortsatz, der 1,50 Meter lang war, und der während des Kampfes mit den Walen deutlich zu sehen gewesen ist.

Es versteht sich von selbst, daß es kein lebendes oder ausgestorbenes Tier gibt, das der Wissenschaft bekannt wäre und dem „Meerelefanten" von Margate gleicht (er wurde „Trunko" genannt). Besonders enttäuschend an der Geschichte ist, daß in den zehn Tagen, die Trunko am Strand lag, kein Wissenschaftler es für nötig hielt, vorbeizukommen und den Körper zu untersuchen. Schließlich nahmen die Wellen ihn wieder ins Meer hinaus und er wurde nie wieder gesehen.

„Pelzige" Meeresungeheuer stellen sich meist als verweste Überreste von Haien heraus, wobei das „Fell" tatsächlich ihre sichtbaren Gewebefasern sind. Das ist aber keine Erklärung für den Körper von Margate, da Trunko ja noch lebendig gesehen wurde und er bei seinem Kampf mit den Walen bereits ein Fell hatte. Ein Wesen, das eine riesige Entdeckung in der Zoologie hätte sein können, wurde einfach ignoriert und es ging für immer verloren.

Rätselhafte Schlangen

In Afrika könnten einige mysteriöse Schlangen leben, die noch nicht wissenschaftlich untersucht wurden. Ein sehr dramatisches Ereignis, das darauf schließen läßt, spielte sich 1959 ab und betraf den belgischen Piloten Oberst Remy van Lierde. Als er in einer Höhe von ungefähr 150 Metern über freies Land und einige Termitenhügel in der Region Katanga (heute Shaba) in Zaire flog, sah er, wie eine riesige pythonähnliche Schlange aus einem Loch im Boden kam und sich direkt in Richtung des Hubschraubers erhob. Außergewöhnlich ist an diesem Bericht allerdings nicht das kämpferische Verhalten des Tieres, sondern seine Größe. Nach einer genauen Analyse der Topographie, die auf einigen Fotos, welche van Lierde von der Schlange machte, zu sehen ist, wurde die Gesamtlänge auf mindestens 12–15 Meter und höchstens 60 Meter geschätzt.

Die krähende Schopfkobra erinnert an den Basilisken der Mythologie.

Noch erstaunlicher sind Berichte über eine seltsame Schlange, die wie ein Hahn krähen kann und diesem Bewohner von Bauernhöfen darin noch weiter gleicht, daß sie Kehlklappen und auf dem Kopf einen vorstehenden Kamm aus Horn hat. Sie erinnert stark an den Basilisken der Mythologie und wurde als krähende Schopfkobra bezeichnet (obwohl sie keine Brillenzeichnung hat). Ernstzunehmende Berichte über dieses Tier, das bis zu sechs Meter lang werden kann, gibt es aus vielen tropischen Regionen Afrikas, wo es unter verschiedenen Namen wie Inkhomi („Mörder") bekannt ist. 1944 behauptete Dr. J. O. Shircore aus Karonga, Malawi, die konservierten Überreste des Kamms und eines Teils des Halses von einer dieser Schlangen zu besitzen; und im Mai 1959 überfuhr John Knott unabsichtlich eines dieser Wesen, als er von Binga in Südrhodesien (heute Simbabwe) nach Hause fuhr. Laut Knott hatte die Schlange einen symmetrischen Kamm, den sie mittels fünf innerer hebelähnlicher Knorpel bewegen konnte.

Am unglaublichsten aber ist, daß es offenbar in Namibia eine fliegende Schlange geben muß. Bei den Namaqua im Süden des Landes ist dieses Wesen allgemein bekannt, es wurde aber auch bereits von einigen anderen Menschen gesehen. 1942 warf der Teenager Michael Esterhuise im Gebirge einen Stein auf einen großen Waran, der in einer Felsspalte saß. Allerdings stellte sich heraus, daß es sich um eine sehr große Schlange handelte, die an ihren Mundwinkeln zwei flügelähnliche Fortsätze hatte. Ein anderes Mal stürzte sich eine dieser Schlangen von einem Felsvorsprung auf Esterhuise herab, so daß er mit großer Wucht zu Boden fiel. Esterhuise floh, doch die Abdrücke des Tieres blieben zurück und wurden von der anerkannten Naturforscherin Marjorie Courtenay-Latimer untersucht, die bestätigte, daß sie den Abdrücken einer Schlange entsprachen. Dieses mysteriöse Wesen soll auch ein helles Licht mitten auf der Stirn haben, doch kann es sich dabei auch um stark reflektierende Schuppen handeln. Weiters gibt es in Asien eine bekannte Art von „fliegenden" Schlangen, die von Baum zu Baum gleiten, indem sie ihren Brustkorb ausweiten und ihren Körper flach machen, so daß er wie ein Fallschirmband wirkt. Vielleicht ist also die Licht abstrahlende, fliegende Schlange von Namibia doch nicht so unwahrscheinlich.

Werleoparden und Krokodiljungen

Der Glaube, daß böse Geister und manche Menschen sich in Tiere verwandeln können, ist in weiten Teilen Afrikas verbreitet. Berichte von Werhyänen oder Hyänenmenschen, die gnadenlos unglückliche Menschen und ihre Tiere verschlingen, sind in den westafrikanischen Ländern Mali und Nigeria allgemein bekannt. Tatsächlich gibt es in der Sprache der Bornu im Nordwesten Nigerias sogar ein eigenes Wort für diese Art der Verwandlung – bultungin, was soviel wie „Ich verwandle mich in eine Hyäne" bedeutet. Im Süden Afrikas sagt man, daß Hyänenmenschen sehr hübsch sind, aber zwei Münder besitzen – einen zum Sprechen und den anderen, um mit den Zähnen den Menschen die Knochen zu brechen (dieser Mund muß natürlich vor den auserwählten Opfern immer verborgen werden).

Legenden über Werleoparden gibt es in Zaire und auch in Sierra Leone, in Westafrika – hier bestehen sogar einige geheime und stark gefürchtete Gesellschaften von Leopardenmenschen. Ihre Mitglieder behaupten, daß sie sich in Leoparden verwandeln können, sie kleiden sich in Leopardenhäute und reißen ihre unglücklichen Opfer in der Art ihrer tierischen Namensbrüder mit Metallkrallen zu Tode.

Als Bill Gibbons (siehe S. 91) in den 80er Jahren die Volksrepublik Kongo erforschte, hörte er erstaunliche Geschichten von Wunderheilern, die sich angeblich in riesige Pythons verwandeln konnten. In der Republik Somalia sind Erzählungen von Werkrokodilen verbreitet, und David Livingstone hörte viele Berichte von Werlöwen, besonders bei den Makololo am Oberlauf des Sambesi, die als Pondoro bezeichnet werden.

Werleoparden und Leopardenmenschen sind in Zaire und Sierra Leone gefürchtet.

Im März 1992 erklärten türkische Archäologen, daß sie eine außergewöhnliche ägyptische Mumie in den Gewölben des berühmten Topkapi Palastes in Istanbul gefunden hätten. Sie lag in einem Holzsarkophag, und als man sie vorsichtig auswickelte, entdeckte man, daß sie oben die Gestalt eines Jungen und unten die eines Krokodils hatte. Einige Forscher meinten, der Junge könnte von einem Krokodil getötet und halb gefressen worden sein, und daß seine Eltern, die ihn mit einem vollständigen Körper in die nächste Welt schicken wollten, das Krokodil töten und den unteren Teil an die Überreste des Jungen befestigen ließen. Allerdings scheint diese Theorie genauso bizarr wie die Mumie selbst!

Eine plausiblere Erklärung ist, daß die Mumie absichtlich von Verehrern Sebeks, des altägyptischen krokodilköpfigen Gottes der Flüsse und Seen, als Opfer geschaffen wurde. Vielleicht wurde sie sogar als geschickte Fälschung für eine Ausstellung gemacht. Ähnliche Ungeheuer waren einst bei amerikanischen Karnevals sehr beliebt. Eines davon, bekannt unter dem Namen Jake, der Alligatormann, besteht oben aus einem Affenskelett, das geschickt an die untere Hälfte eines kleinen Alligators befestigt ist. Es ist noch heute im Marsh's Free Museum in Long Beach, Kalifornien, zu bewundern.

Jake, der Alligatormann: Auf Postkarten von Long Beach gibt es auch konventionellere Motive.

Aus den Schatten des Schwarzen Kontinents

Der Fliegende Holländer

Die Geschichte des *Fliegenden Holländers* geht zurück auf das 17. Jahrhundert, als ein Schiff von Amsterdam nach Batavia (heute Jakarta) auf Java segelte. Es stand unter der Leitung eines furchtlosen und sehr erfahrenen holländischen Kapitäns namens Hendrik Van der Decken. Alles ging gut, bis das Schiff vor dem Kap der guten Hoffnung in Südafrika in einen fürchterlichen Sturm geriet. An Bord wurde alles versucht, um die Elemente zu besiegen und die Reise fortzusetzen, doch vergebens. Van der Decken lehnte jedoch die Bitten der Besatzung ab, das Schiff zu wenden. Statt dessen fluchte er blasphemisch zum Himmel und schwor, sogar den Allmächtigen zu besiegen und durch den Sturm bis Table Bay zu gelangen.

Plötzlich erschien eine Figur an Deck – der Allmächtige selbst oder der Engel des Herrn? –, doch Van der Decken weigerte sich, seine Kappe demütig zu berühren und schoß sogar mit seiner Pistole auf die Figur. Daraufhin erklärte der himmlische Besucher ernst, daß er und sein Schiff niemals Ruhe finden würden. Sie würden von nun an verdammt sein, bis in alle Ewigkeit durch die Meere zu segeln und denen Unglück bringen, die sie trafen.

Und so war es, denn kaum war die Besatzung gestorben, wurde sie durch bewegliche Skelette ersetzt, die für immer unter der Herrschaft des unsterblichen Kapitäns Van der Decken dienen.

Diese Geschichte könnte als Legende abgetan werden, die Inspiration für Richard Wagners Oper *Der Fliegende Holländer* (1843) war, doch gibt es viele Berichte über das verwunschene Schiff, die meisten davon vom Kap der Guten Hoffnung. Im März 1939 sahen Helene Tydell und sechzig weitere Sonnenanbeter in False Bay, in der Nähe des Kaps, wie der *Fliegende Holländer* langsam über das Meer segelte (obwohl es windstill war) und schließlich vor den Beobachtern abrupt verschwand. Im September 1942 beobachteten vier Familienmitglieder, die auf ihrer Terrasse in Mouille Point, Cape Town, saßen, ungefähr 15 Minuten lang, wie das Schiff auf Table Bay zusegelte und einen seltsamen Schein hinter sich zurückließ.

*Der zur ewigen Meeresumsegelung verdammte Geist des **Fliegenden Holländers.***

Im Februar 1857 soll das Schiff und sein Kapitän von der Besatzung der *Joseph Somers* vor der Insel Tristan da Cunha im Südatlantik gesehen worden sein. Laut Legende bringt der *Fliegende Holländer* allen, die ihn treffen, Unglück. Kurz darauf brach auf der *Joseph Somers* tatsächlich ein Feuer aus, in dem viele Besatzungsmitglieder starben.

Im bekanntesten Bericht vom 11. Juli 1881 soll das Schiff von 13 Menschen zwischen Melbourne und Sydney vor der australischen Küste gesehen worden sein. Einer der Beobachter war der 16jährige Prinz George, Großbritanniens späterer König George V. Obwohl er als Midshipman an Bord der HMS *Baccante* diente, sah er das Geisterschiff an Bord der HMS *Inconstant* (auf die er kurz zuvor überstellt worden war, als auf der *Baccante* Steuerprobleme auftraten) und trug das Ereignis auch in das Logbuch der *Inconstant* ein. Laut seiner Erzählung glühte der *Fliegende Holländer* in einem seltsamen roten Licht, und Masten, – Spiere und Segel waren deutlich zu sehen. Der Prinz war nicht der erste auf der *Inconstant*, der das Schiff sah: Der Seemann, der diese Ehre für sich verbuchen konnte, fiel am nächsten Tag von der Takelage und starb.

Skeptiker meinen, daß es sich um nichts anderes als Luftspiegelungen von Schiffen handelt, die an einem anderen Ort segeln, doch beschreiben Augenzeugen ein wahrhaft altmodisches Schiff. Es unterscheidet sich stark von modernen Schiffen und erinnert an einen holländischen East Indiaman – was der *Fliegende Holländer* tatsächlich war.

DIE TRAMPERIN UND DIE MOTORRADFAHRER

Eines der unheimlichsten Phänomene ist der Phantomtramper. Meist bleibt ein Auto- oder Lastwagenfahrer stehen, um den vorgeblich echten Tramper mitzunehmen, der aber dann während der Fahrt plötzlich verschwindet und später nach der Beschreibung des verstörten Autofahrers als ein Bewohner der Umgebung identifiziert wird, der vor einigen Jahren gestorben ist.

In Cape Province, Südafrika, war Ende der 70er Jahre mehr als ein Fahrer involviert, und mindestens zwei von ihnen lenkten keine Autos oder Lastwägen, sondern Motorräder!

Es begann an einem Abend im April 1978, als der Armeefahrer Unteroffizier Dawie von Jaarsveld mit seinem Motorrad auf einer Straße bei De Rust fuhr. Er sah eine junge Frau am Straßenrand stehen und hielt an, um sie zu fragen, ob er sie in die nahegelegene Stadt Uniondale mitnehmen sollte, wo seine Freundin wohnte. Sie murmelte eine Antwort, die er durch den Sturzhelm nicht deutlich verstehen konnte, und stieg hinter ihm auf. Er gab ihr den Ersatzhelm und einen zweiten Kopfhörer, damit sie, wie er, die Musik aus seinem Radio hören konnte.

Unteroffizier Dawie van Jaarsveld, einer von zwei Motorradfahrern, die auf demselben Straßenabschnitt bei Uniondale, Südafrika, eine mysteriöse Beifahrerin hatten.

Nach ungefähr 15 Kilometern bremste sein Hinterrad und er blieb stehen, um zu sehen, ob er ein Loch im Reifen hatte – und er sah zu seiner Überraschung, daß seine Beifahrerin verschwunden war. Sie war jedoch sicher nicht hinuntergefallen, da der Helm, den sie getragen hatte, auf den Rücksitz geschnallt war, und als er seinen eigenen Helm abnahm, stellte er zu seiner noch größeren Überraschung fest, daß der zweite Kopfhörer, den er ihr gegeben hatte, in seinem Ohr steckte!

Dawie hielt entnervt bei einem Café und rief seine Freundin an, um ihr von seinem gruseligen Erlebnis zu erzählen. Seine Geschichte wurde später von der Forscherin Cynthia Hind überprüft, die bestätigte, daß jeder, der ihn im Café gesehen hatte, sich erinnerte, daß er tatsächlich sehr verängstigt schien. Aber das war noch nicht das Ende der Geschichte.

Am 4. April 1980 fühlte Andre Coetzee plötzlich, als er an der Stelle vorbeifuhr, wo Dawie seine verschwundene Beifahrerin aufgenommen hatte, wie ihm jemand von hinten die Arme um den Körper schlang, und er hatte das untrügliche Gefühl, daß jemand auf seinem Beifahrersitz saß. Andre beschleunigte in Panik und fühlte, wie etwas von hinten dreimal auf seinen Helm klopfte. Erst als er mehr als 160 km/h fuhr, verschwand das Wesen wieder.

Nachfolgende Untersuchungen ergaben, daß mehrere Autofahrer in den letzten Jahren immer an derselben Stelle und um dieselbe Jahreszeit eine junge Frau mitgenommen hatten, die immer auf mysteriöse Weise verschwunden war und Dawies Passagier glich – nicht nur im Aussehen, sondern auch in ihrer Kleidung.

Schließlich enthüllte ein Pilot, daß seine Verlobte, Maria Roux, am 12. April 1968 bei einem Autounfall gestorben war – an der Stelle, wo jedes Jahr die Geistertramperin erschien. Maria Roux' Beschreibung und die Kleidung, die sie am Tag des Unfalls getragen hatte, paßte auf die der Tramperin.

MONSTERBÄUME

Als die Venusfliegenfalle um 1760 erstmals wissenschaftlich untersucht werden sollte, weigerten sich skeptische Botaniker vorerst, zu glauben, daß diese außergewöhnliche Pflanze tatsächlich Insekten fangen und fressen könne, bis sie es selbst sahen. Ein Jahrhundert später erhielt der polnische Biologe Dr. Omelius Fredlowski einen Brief vom deutschen Forscher Carle Liche, in dem dieser behauptete, auf Madagaskar eine viel größere und mörderischere fleischfressende Pflanze gesehen zu haben. Er berichtete, daß er voller Grauen zugesehen hatte, wie Einwohner dem Monsterbaum eine lebende Frau opferten.

Liche verglich den Baum mit einer Ananas, die 2,50 Meter hoch und verhältnismäßig dick war, acht Blätter hatte, die oben aus der Pflanze herauswuchsen, je 3,50 Meter lang und am Ende spitz waren. Eine klare, sirupartige, sehr berauschende Flüssigkeit tröpfelte auf zwei konkave Platten, die übereinander lagen und den Baumwipfel bildeten. Unter der tiefer liegenden Platte erstreckten sich haarige, grüne, 2,50 Meter lange Ranken in alle Richtungen. Darüber reckten sich sechs außerordentlich dünne, über 1,50 Meter lange, weiße Fühler zum Himmel, die sich unaufhörlich wie bösartige Schlangen bewegten.

Bald nachdem die Menschen zu dem Baum gebetet hatten, zwangen sie eine Frau, die unter ihnen stand, den Stamm hinaufzuklettern. Sobald sie oben angekommen war, neigte sie sich zwischen den tanzenden Fühlern vor und trank die klebrige Flüssigkeit, die hier hervortrat. Sie wurde davon völlig berauscht. Als sie aber versuchte, von dem Baum herunterzuspringen, wurde die Pflanze sofort lebendig und die Fühler zitterten mit der gnadenlosen Wut hungriger Schlangen über ihrem Kopf, schlossen sich immer fester um sie und hielten sie in ihren Fängen.

Bald wurden ihre Schreie durch ein gurgelndes Geräusch ersetzt, und langsam bewegten sich die acht großen Blätter des Baumes nach oben, bis sie ebenfalls ihren Körper umfingen. Sie drückten immer fester, bis eine abstoßende Flüssigkeit zwischen ihnen hervortrat, bestehend aus dunklem Blut und der Flüssigkeit der Gedärme des Opfers, vermischt mit dem dickflüssigen Rauschmittel der Pflanze. Die Blätter der Pflanze blieben zehn Tage lang aufrecht stehen, und hingen danach wieder hinunter, wie Liche bemerkte. Ihr behaarten, grünen Ranken waren wieder ausgestreckt und die Fühler tanzten darüber. Als einzige Erinnerung an das grauenhafte Ereignis , das hier vor kurzem stattgefunden hatte, lag ein weißer Totenkopf eines Menschen unter dem Baum.

Natürlich stehen viele Wissenschaftler Liches Bericht skeptisch gegenüber. Doch als Salmon Osborn, ein ehemaliger Gouverneur von Michigan, Madagaskar in den 20er Jahren besuchte, um diesem Monster der Botanik auf den Grund zu gehen, erfuhr er von den Einheimischen und Missionaren, daß der Baum offenbar gut bekannt war und daß Madagaskar viele Jahrhunderte lang das „Land des menschenfressenden Baums" genannt wurde. Allerdings fand er ihn nie – was vielleicht nur gut war.

Am 2. November 1882 veröffentlichte ein madegassischer Missionar, Reverend G. W. Parker, faszinierende Neuigkeiten über einen ebenso mysteriösen wie gefährlichen Baum in der Zeitschrift *Nature*. Er soll Umdhlebi heißen und in Zululand, Südafrika, wachsen. Parker beschrieb ihn als „hinterhältig aussehenden Baum" mit großen, glänzenden, spitz zulaufenden Blättern, die dunkelgrün und brüchig waren. Außerdem hatte er Früchte, die wie lange, schwarze Stangen mit roter Spitze aussahen, und eine seltsame Rinde, die in großen Stücken herabhängt, wobei man darunter frische Rinde sieht.

Laut Parker war das seltsamste Merkmal des Umdhlebi jedoch „... seine Fähigkeit, jedes Wesen, das ihm nahe kam, zu vergiften. Die Symptome der Vergiftung waren starker Kopfschmerz, blutunterlaufene Augen und Delirium, das mit dem Tod endete." Die Zulus opfern ihm Ziegen oder Schafe, und versuchen tapfer, die Früchte, die auf den Boden fallen, zu sammeln, da diese das einzige Gegenmittel zu den bösen Kräften des Baumes haben sollen.

Man kann die Früchte jedoch nur ohne Verluste sammeln, wenn man sich dem Umdhlebi von der Seite nähert, die dem Wind zugewandt ist. Daraus resultiert die Vermutung, daß der Baum ein tödliches Gas aus seinem Nährboden absondert. Doch Parker meinte, daß dieser zwar kargen Felsboden bevorzugt, jedoch auf allen Böden wächst, und nicht nur auf denen, die Kohlendioxid absondern. Aus verständlichen Gründen wird das Gebiet um einen Umdhlebi nie von Menschen bewohnt.

Parker berichtete auch von einem Busch in Zululand, der offensichtlich mit dem Umdhlebi verwandt ist und ebenfalls tödliche Dämpfe absondert, jedoch kleinere Blätter und keine Rinde hat, die sich schält. Bis heute wurde jedoch noch keines dieser Gewächse wissenschaftlich beschrieben.

Audrey II., die Pflanze mit Appetit auf Blut in Frank Oz' Film ***Der Kleine Horrorladen.***

Sand, der dröhnt und kreischt

Zwei der bekanntesten mineralogischen Rätsel sind der dröhnende Sand von Jebel Nagous auf der Sinai-Halbinsel und der brüllende Sand in der Wüste Kalahari im Süden Botswanas.

„Jebel Nagous" heißt übersetzt „Berg der Glocke" und dieser Name ist gut gewählt. Auf den steilen Abhängen sind mehrere große Sandbänke, und eine davon, Seetzens Glockenbank, gibt dröhnenden Lärm von sich, wenn sie abrutscht. Der Sand besteht vor allem aus Quarz und kalkhaltigem Sandstein und ist sehr fein und rundkörnig. Der Ton wurde 1889 von dem Forscher H. Carrington Bolton als „... ein Musikton, der dem tiefsten Baßton auf einer Orgel mit Tremolounterdrückung entspricht" beschrieben. Je mehr Sand abrutscht, desto lauter ist der Ton. Allerdings muß der Sand trocken sein. Es ist noch nicht erforscht, wie genau das Geräusch zustande kommt, eine rasch abrutschende Sandbank scheint jedoch wie eine Membran in einem Lautsprecher zu vibrieren.

Der kreischende Sand der Kalahari liegt am Südostrand der Wüste auf einer langen, weißlichen Sanddüne. Er gibt zwei verschiedene Geräusche von sich. Eines davon ist das berühmte Kreischen, das zustande kommt, wenn der Sand in Haufen nach vorne geschoben wird. Das andere ist sein Summen, das entsteht, wenn der Sand langsam einen Abhang hinunterrutscht. Sogar Sandproben, die in Säcken nach Pretoria transportiert wurden, kreischten, wenn die Säcke halb leer waren und plötzlich gekippt wurden. Das Geräusch verschwand allerdings nach einigen Wochen, wenn man die Säcke offenließ. Das liegt vielleicht daran, daß die Proben den Wasserdampf aufnahmen, der in der Luft von Pretoria liegt, und nasser Sand keine Geräusche von sich gibt.

Manna – Nahrung von den Göttern?

Laut dem Buch Exodus der Bibel ernährten sich die Israeliten auf ihrer 40jährigen Reise durch die Wüste von Ägypten ins Heilige Land von wundersamem „Brot", das von Gott kam und in großer Menge vom Himmel fiel. Es wurde Manna genannt, war weiß, sah aus wie Koriandersamen und schmeckte wie Honigwaffeln. Aber was war es? Auch heute gibt es noch keine allgemein gültige Antwort auf diese Frage.

Eine Möglichkeit, die von manchen Forschern vertreten wird, ist, daß Manna eine genießbare Flechte, *Lecanora esculenta*, war, die auf Felsen wächst, aber durch Windstöße leicht entwurzelt und über beträchtliche Entfernungen durch die Luft transportiert werden kann. Ein angolischer Wissenschaftler sammelte Proben von modernem Manna, das vom Himmel fiel, und sandte sie an europäische Kollegen, die ihm bestätigten, daß es sich um Flechten handelte.

Am weitesten verbreitet ist heute die Meinung, daß Manna ein gummiartiges, süßliches Sekret ist, das von zwei Arten von Schildläusen abgeschieden wird. Diese Halbflügler sind mit der berühmten Koschenilleschildlaus verwandt und sie ernähren sich von Tamarisken, *Tamarix mannifera*, einem Wüstenbusch, in dessen Rinde sie sich graben. Die Theorie von griechischen Mönchen, die auf Sinai lebten, wo die Israeliten durchzogen, ist seitdem unter Gelehrten sehr populär. Das Sekret der Insekten trocknet schnell und wird weiß und klebrig. Es fällt häufig in Form von glitzernden Körnern von Tamarisken und es ist bekannt, daß Beduinen es auf ihren Reisen essen. Dennoch kann man kaum glauben, daß es in so großen Mengen vorhanden war, um damit eine derart große Gruppe Menschen 40 Jahre lang jeden Tag zu ernähren. Außerdem ist es nicht so nahrhaft, daß es als Hauptnahrungsmittel dienen könnte.

Die Israeliten sammeln Manna, das vom Himmel fällt. Gemälde von 1520.

Die Manna-Esche FRAXINUS ORNUS.

Beachtenswert ist noch eine andere Mannaquelle – die Manna-Esche *Fraxinus orus*. Das Manna, das von diesem Baum ausgeschwitzt wird, ist kristallines Kohlenhydrat, das unter dem Namen Mannazucker oder Mannit bekannt ist. Dieser Zucker wird mit Alkohol extrahiert und kommt auch in braunem Seetang und in Zwiebeln vor.

George Sassoon und Rodney Dale meinten in *The Manna Machine*, daß es sich um eine Algenkultur handelte, die täglich in großen Mengen von einer hochtechnologisierten Nahrungsmittelmaschine erzeugt wurde – diese war nichts anderes als die berühmte Bundeslade (siehe S. 79–81). Wenn man allerdings bedenkt, daß dieses Buch auf der Grundlage eines Scherzartikels basiert, den diese beiden Autoren am 1. April 1976 in *New Scientist* veröffentlichten, stellt sich die Frage, ob sie wirklich erwarten, daß man ihre Idee ernst nimmt.

Sharav und Schirokko – Hexenwinde

Die alten Babylonier dachten, daß bestimmte Krankheiten vom heißen, trockenen Atem der Dämonen zu den Menschen gelangten, und auch heute noch sagen wir in der Umgangssprache, daß „wir wissen, woher der Wind weht". Auch wurden gewisse Windströmungen seit jeher mit verschiedenen Krankheiten, Verbrechen und sogar Selbstmord in Zusammenhang gebracht.

Diese Winde werden als Hexenwinde oder Winde des Teufels bezeichnet. Einer der bekanntesten ist der Schirokko, dessen warme Luft jeden Frühling von der Sahara und der arabischen Halbinsel nach Osten über das Mittelmeer bis Italien und Spanien bläst.

Der Schirokko hat viele verschiedene regionale Namen, darunter Sharav (Israel), Khamsin (Ägypten), Chili (Tunesien) und Leveche (Marokko). Seit 1960 wird die israelische Version, der Sharav, von Dr. Felix Sulman an der Hebräischen Universität in Jerusalem untersucht. Seine Nachforschungen haben einige jahrhundertealte Geheimnisse ans Tageslicht gebracht und wurden von Fred Soyka in *The Ion Effect* und von Dr. Lyall Watson in *Heaven's Breath* aufbereitet.

Im Nahen Osten ist die Wirkung dieses Windes auf die geistige und körperliche Gesundheit so bekannt, so daß einige Richter für Gewaltverbrechen, die während des Sharav begangen werden, mildere Strafen verhängen. Genauso wissen Ärzte, daß viele Krankheiten gehäufter auftreten, wenn der Sharav bläst.

1971 hatte Dr. Sulman bewiesen, daß es drei verschiedene Kategorien von Menschen gibt, die unter dem Sharav leiden, doch verschieden darauf reagieren. Zu der Hauptgruppe gehören Menschen, deren Urin einen ungewöhnlich hohen Gehalt an Serotonin aufweist – dieses Hormon ist für Stimmungsschwankungen verantwortlich. Für gewöhnlich ist es ein natürliches Beruhigungsmittel, doch wenn der Körper zu viel davon produziert, hat es den gegenteiligen Effekt und verursacht Reizbarkeit, Migräne und Schlaflosigkeit – die klassischen Symptome, unter denen Menschen bei Auftreten des Sharav leiden.

In die zweite Kategorie fallen Menschen, die während des Windes abgeschlagen sind und weniger Adrenalin produzieren, das für gewöhnlich in Streßsituationen ausgestoßen wird. Hier wurden die Nebennieren, die dieses Hormon produzieren, durch den Sharav so stark beansprucht, daß sie nicht mehr richtig arbeiten.

Statue des babylonischen Dämonen Pazuzu, dessen heißer Atem den Menschen Krankheit brachte.

Zur dritten Kategorie gehören Menschen, deren Schilddrüse während des Sharav nicht richtig arbeitet.

Wie kommt es aber zu all diesen physiologischen Störungen? Die Antwort scheint zu sein, daß heiße, trockene Winde wie der Sharav, die besonders hohe Staub- oder Sandkonzentration aufweisen, zu viele positive Ionen, also positiv geladene Luftmoleküle, mitführen. Treten positive Ionen in hoher Konzentration auf, führen sie zu den verschiedensten körperlichen Beeinträchtigungen.

Eine Anhäufung von positiven Ionen erklärt zweifelsohne auch ähnliche Störungen, die mit anderen Hexenwinden assoziiert werden. Dazu gehören Berg (Südafrika), Kubang (Java), Föhn (Alpen), Chinook (Rocky Mountains), Mistral (Frankreich), Brickfielder (New South Wales) und Santa Ana (Sierra Nevada). Die Auswirkungen eines dieser Winde, die des Föhns, sind vielleicht nicht nur auf eine erhöhte Konzentration von positiven Ionen zurückzuführen, sondern auch auf die Sphärik – elektromagnetische Wellen aus der Atmosphäre.

Chuchunaa (Tiermensch)
Explosion von Tunguska
RUSSLAND
SCHWARZES MEER
KASPISCHES MEER
Almasty/Kaptar (Tiermensch)
Letayuschiy chelovek („fliegender Mensch“)
Riesen-Yeti (Dzu-teh)
MONGOLEI
Almas (Tiermensch)
Todeswurm (Allergorhai-horhai)
Bar-manu (Tiermensch)
CHINA
drei verschiedene Arten von Yetis
TIBET
Tumo (Temperaturanstieg); Lung-gom
Yeren (Tiermensch)
Statuen, die Milch trinken
Statuen, die Milch trinken
Shambala; Agharti
PAKISTAN
Rostfreie Eisensäule
Haare eines Bebens
blaue Tiger
NEPAL
Pygmäen und echte Yetis (Teh-lma und Meh-teh)
Statuen, die Milch trinken
Buru (riesiger Lungenfisch)
von Bären aufgezogene Kinder
Teufelskatze
INDIEN
Riesen-Yeti (Dzu-teh)
BANGLADESCH
HONG KONG
Statuen, die Milch trinke
von Wölfen aufgezogene Kinder
Magie der Fakire, darunter Levitation, Seiltrick
Statuen, die Milch trinken
BIRMA
Riesen-Yeti (Dzu-teh)
Kind von Tiger aufgezogen
Ritueller Tanz mit Königskobra; Riesen-Yeti (Dzu-teh)
VIETNAM
Hope-Diamant
THAILAND
Haare eines Bebens
fliegende „Batwoman“
Klaasens unheimlicher grüner Jadebuddha; Statuen, die Milch trinken
Schlüssel zu den Phänomenen
LUFT
WASSER
ELEMENTE
LANDTIERE
MENSCHENÄHNLICH
ORTE
ÜBERSINNLICH
Teufelsvogel; gehörnter Schakal
SRI LANKA
INDISCHER OZEAN
Statuen, die Milch trinken
SINGAPUR
Zähmung von Kobras
BORNEO
Batutut (Tiermensch)
SUMATRA
Orang pendek (Tiermensch)
KRAKATOA
Prophezeiung eines Vulkanausbruchs
JAVA
Ahool (Riesenfledermaus)

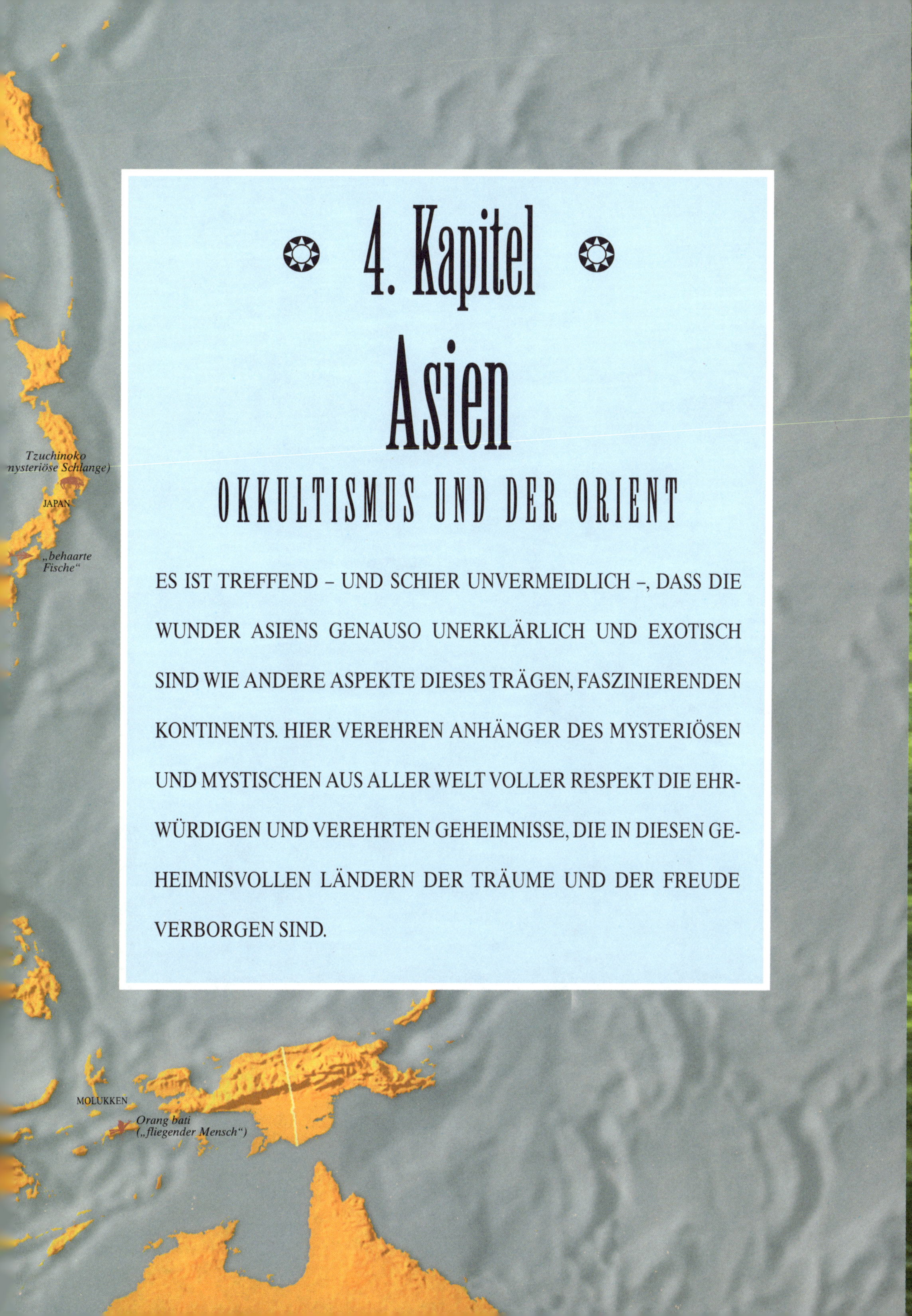

4. Kapitel

Asien

OKKULTISMUS UND DER ORIENT

ES IST TREFFEND – UND SCHIER UNVERMEIDLICH –, DASS DIE WUNDER ASIENS GENAUSO UNERKLÄRLICH UND EXOTISCH SIND WIE ANDERE ASPEKTE DIESES TRÄGEN, FASZINIERENDEN KONTINENTS. HIER VEREHREN ANHÄNGER DES MYSTERIÖSEN UND MYSTISCHEN AUS ALLER WELT VOLLER RESPEKT DIE EHRWÜRDIGEN UND VEREHRTEN GEHEIMNISSE, DIE IN DIESEN GEHEIMNISVOLLEN LÄNDERN DER TRÄUME UND DER FREUDE VERBORGEN SIND.

Seltsame Talente, geheimes Wissen

Tibetische Weisheit

Tibet war Inspirationsquelle für viele Erzählungen, die von verlorenen Ländern wie Shangri-La erzählen und den Lamas unheimliche Kräfte zusprechen. Ist die tibetische Wirklichkeit vielleicht noch seltsamer als die Erzählungen?

Uralt ist bereits der buddhistische Glaube, daß irgendwo in den luftigen Höhen Tibets Shangri-La liegt – eine ruhige, heilige Welt mit dem Namen Shambala, in der es ein üppiges, fruchtbares Tal gibt, das von hohen, schneebedeckten Bergen umgeben ist. Shambala ist eine Quelle esoterischen Wissens, die bereits älter ist als alle modernen Zivilisationen. Hier wurde Buddha in die alte Weisheit eingeweiht, hier leben erleuchtete Menschen, doch bleibt der Ort den meisten Menschen verborgen. Sogar Flugzeuge können über das Gebiet fliegen, ohne daß man es sieht, doch soll es einige geheime Gänge geben, die dieses wunderbare Land mit dem Palast des Dalai Lama, dem Potala, verbinden.

Manche Legenden und auch Forscher des Ostens meinen jedoch, daß Shambala hinter Tibet liegt. In der taoistischen Mythologie wird das geheime Land zum Beispiel Tebu genannt und soll irgendwo zwischen Tibet und Sichuan liegen. Nach dem Studium von Texten aus dem Nahen Osten und aus Griechenland erklärte der Historiker Geoffrey Ashe, daß Shambala viel weiter im Norden liegt, im Altai-Gebirge zwischen Südrußland und der nordwestlichen Mongolei.

Madame Helena Blavatsky, die Begründerin der Theosophischen Gesell-

Detail aus dem tibetischen „Lebensrad".

schaft (siehe S. 89) glaubte, daß das Gebiet in der Wüste Gobi in der südlichen Mongolei liegt, der ungarische Philologe Cosma de Körös blickte dagegen weiter nach Westen und meinte, daß Syr Daria in Kasachstan ein geeigneter Ort wäre. Einige Gläubige sind allerdings der Überzeugung, daß Shambala auf der Erde nicht existiert, sondern einer eigenen Dimension oder einer höheren Bewußtseinsebene angehört, und daß es sich somit nicht auf der Erde, sondern im Geist und in der Seele befindet.

Verbunden mit den Mythen von Shambala ist der Glaube, daß alle Kontinente durch einen Irrgarten unterirdischer Wege verbunden sind, die von einer riesigen unterirdischen Welt mit dem Namen Agharti ausgehen, die sich irgendwo unter Tibet oder an einem anderen Ort Asiens befindet. *The Lost World of Agharti* von Alec Maclellan umfaßt eine Sammlung von Erzählungen, laut denen Agharti Heimat einer alten „Überrasse" ist, die von unserer eigenen Welt auf der Erdoberfläche verborgen lebt, sie aber durch eine mysteriöse und sehr starke Macht, das „Vril", kontrollieren möchte.

Viele dieser Behauptungen gehen auf *The Coming Race* zurück, ein seltsames Buch des englischen Okkultisten Edward Bulwer-Lytton, das 1871 veröffentlicht wurde und um das ein Streit entflammte, ob es sich um eine erfundene Geschichte handelt, oder ob ein Körnchen Wahrheit darin steckt. Ein Mensch, der von der Erzählung einer geheimnisvollen unterirdischen Menschenrasse mit mystischen Kräften überzeugt war, ist Adolf Hitler. Wie von Maclellan beschrieben, wollte Hitler von der geheimen Macht von Agharti, dem Vril, Besitz erlangen, von der er annahm, daß sie ihm Erfolg für eine Eroberung der Welt und der Errichtung

Eine Facette des tibetischen Buddhismus ist der Glaube, daß die menschliche Seele vor ihrer Befreiung mehrmals reinkarniert wird. Die Abbildung zeigt ein traditionelles Tanka oder „Lebensrad", das vom Dämonen Mara, dem Versucher, festgehalten wird.

Der Dalai Lama. Geheimnisvolle Tunnel sollen seinen Palast, den Potala, mit dem wunderbaren Land Shambala verbinden.

des Tausendjährigen Reiches geben würde. Vril-Gesellschaft war der Name der führenden okkultistischen Gesellschaft im Nazideutschland, und Hitler plante mehrere wissenschaftliche Expeditionen, um das unterirdische Reich zu suchen, das aber nie gefunden wurde.

Bei den außergewöhnlichen körperlichen Leistungen der tibetischen Buddhistenmönche sollen ebenfalls mysteriöse, unerklärliche Kräfte mitspielen. Eines ihrer erstaunlichsten Talente ist Tumo – die Fähigkeit der Mönche, die Körpertemperatur so stark zu erhöhen, daß sie einen ganzen Winter, bekleidet mit einem einzigen Kleidungsstück oder sogar nackt, in einer kahlen Berghöhle im Schnee überleben können.

Tumo kann durch einfaches Yoga erlernt werden, und die letzte Prüfung, ob der Schüler sich diese Fähigkeit tatsächlich angeeignet hat, ist alles andere als einfach. Er muß nicht nur nackt die ganze Nacht auf einem zugefrorenen Bergsee sitzen, sondern auch ein Kleidungsstück, das durch ein Loch im Eis in das eisige Wasser des Sees getaucht wurde, allein durch seine Körperwärme trocknen. Jedes Mal, wenn es trocken ist, wird es wieder ins Wasser getaucht und dem Schüler erneut umgehängt – diese Prozedur wird bis zum Sonnenaufgang wiederholt.

1981 versah Dr. Herbert Benson von der Harvard Medical School einige tibetische Buddhistenmönche, welche die Kunst des Tumo beherrschten, mit Temperatursensoren und bestätigte, daß sie die Temperatur in ihren Fingern und Zehen um 8 °C erhöhen konnten, in anderen Körperteilen etwas weniger. Er schloß daraus, daß Tumo zu einer Ausdehnung der Blutgefäße in der Haut führte.

Nicht weniger erstaunlich ist Lung-gom – eine Fähigkeit, die es den Lamas ermöglicht, in großer Geschwindigkeit über Schnee zu laufen, indem sie ihr Körpergewicht reduzieren. Diese Übung erfordert anhaltende Konzentration. Beobachter aus dem Westen berichten, daß Lung-gom Läufer eine Geschwindigkeit von bis zu 19 Kilometern in 20 Minuten erreichen können. In *With Mystics and Magicians in Tibet* beschreibt die Forscherin Alexandra David-Neel, die 14 Jahre zu Studienzwecken in Tibet gelebt hat, daß sie einen dieser Läufer sah, und ihn fotografieren und mit ihm sprechen wollte, daß sie daran aber von ihrem tibetischen Begleiter gehindert wurde. Er warnte sie, daß diese Unterbrechung der Konzentration ihn sofort töten würde.

In einem Buch mit dem Titel *Sungods in Exile* wird die Behauptung aufgestellt, daß ein tibetischer Stamm mit dem Namen Dzopa die degenerierten Nachkommen einer Rasse von Außerirdischen vom Sternensystem des Sirius sind, die 1017 in Tibet notlandeten und sich in der Folge mit den Einwohnern mischten. Bei den Dzopa fand man eine seltsame Metallplatte, die als Lolladoff-Platte bezeichnet wird. Sie kann schwerer und leichter werden und ist mit seltsamen Zeichen gefüllt. Das Buch soll von einem mysteriösen Wissenschaftler aus Oxford namens Dr. Karyl Robin-Evans geschrieben worden sein, der Tibet 1947 besuchte, aber 1974 verstarb. Das Werk wurde von David Agamon herausgegeben. Einige Forscher meinen, daß es echt ist, andere sind skeptischer. Vorsichtig ausgedrückt sind die Behauptungen, die darin aufgestellt werden, von Shangri-La doch sehr weit entfernt!

Tanz mit der Königskobra

Eines der ältesten Beispiele der Tierverehrung ist Ophiolatrie – Schlangenverehrung –, bei der es oft zu einer mystischen Verbindung zwischen Jüngern und

Mörderischer Tanz: Am Höhepunkt ihres Tanzes mit der Kobra beugt sich die Schlangenpriesterin auf Birma vor und küßt das Tier.

Gott kommt. Diese Verehrung nimmt viele Formen an, es ist jedoch keine dramatischer oder gefährlicher als der tödliche Tanz der Schlangenpriesterinnen in den berühmten Schlangenkulten auf Birma. Ziel ihrer Verehrung ist die Königskobra *Ophiophagus hannah*, die größte Giftschlange der Welt mit einer Länge von bis zu fünf Metern. Sie ist aber auch eine der aggressivsten Schlangen und kann ihren Kopf und Oberkörper bis zu einem Meter vom Boden abheben. Angesichts dieses riesigen Tieres würden die meisten Menschen so schnell wie möglich flüchten. Doch eine Schlangenpriesterin auf Birma hat ganz anderes im Sinn – sie möchte mit ihrem Schlangengott tanzen.

Sobald also eine wilde Königskobra entdeckt wird, beginnt die Priesterin ihre Vorstellung nur einen oder zwei Meter von der Schlange entfernt. Sie verwendet dabei ihr langes Kleid geschickt in der Art der Matadore, um mögliche Angriffe der Schlange abzuwehren, welche die Schlange mit ihren todbringenden Giftzähnen unternimmt. Am Höhepunkt ihres Tanzes beugt sich die Priesterin plötzlich nach vorne und küßt die Kobra – auf den Kopf, manchmal direkt auf das Maul. Sie wiederholt dies zweimal, bewegt sich dann langsam nach hinten und läßt die Kobra davongleiten. Der Tanz ist vorbei, die Gottheit verschwunden.

Wie kommt es zu dieser erstaunlichen Vorführung? Wahrscheinlich beginnt die Ausbildung schon in jungen Jahren mit ungiftigen Schlangen oder mit „zahmen" Kobras (denen der Giftzahn gezogen wurde), um ausreichendes Wissen über das Verhalten und die Bewegungen der Schlange zu erhalten, so daß sie deren Bewegungen in Sekundenbruchteilen vorhersehen kann. Außerdem kann der Tanz der Priesterin so angelegt sein, daß die Kobra verwirrt oder sogar hypnotisiert wird, so daß ihre Angriffe langsamer und weniger genau werden. Der Tanz mit der Kobra geht bereits auf eine sehr alte Tradition zurück.

Einer dieser dramatischen Vorstellungen wohnte im Jahr 1939 der Naturforscher Armand Denis bei, als er sich auf Filmreise im Fernen Osten befand. Während er wegen eines anderen Auftrags in Asien war, erlebte er ein zweites Treffen zwischen Mensch und Königskobra.

Kurz vor Ausbruch des Zweiten Weltkriegs filmte Denis in Singapur. Um den Film über die Fauna, an dem er arbeitete, zu vervollständigen, suchte er eine Reihe von Königskobras, die in diesem Gebiet sehr häufig sind. Schließlich erhielt er ungefähr ein Duzend außergewöhnlich aggressive, ausgewachsene Tiere. Er sperrte sie in eine Kiste, die mit feinem Maschendraht abgedeckt war. Dieser Draht war bald von ihrem starken Gift übersät, als sie vor Wut, weil sie eingeschlossen waren, wiederholt dagegenschlugen.

Bald darauf kam ein Chinesenjunge, der mit einem seltsamen weißen Gewand mit weiten Ärmeln bekleidet war, in das Hotel und bat Denis seine Dienste als Schlangenwärter an. Die Bedingung war, daß Denis ihm nach Ende der Dreharbeiten eine der Königskobras geben sollte. Obwohl er natürlich die Fähigkeiten des Jungen, diese gefährlichen Schlangen bändigen zu können, anzweifelte, war er doch von dem seltsamen Angebot so angetan, daß er dem Jungen gestattete, die Kobras zu betrachten, während sie sich wütend, aber erfolglos in ihrem verschlossenen Gefängnis wanden. Der Junge richtete seine Aufmerksamkeit bald auf ein besonders großes und aggressives Tier, das er sehr schön fand, und mit dem er, wie er Denis versicherte, keine Probleme haben würde. Denis machte ihn natürlich sofort darauf aufmerksam, daß niemand dieses Tier in seiner derzeitigen Wut zähmen könne. Erst wenn die Schlange sich nach mehreren Tagen in Gefangenschaft beruhigt hätte, könne man sie halbwegs gefahrlos herausnehmen, und auch nur, um sie zu filmen.

Der Junge lächelte nur und meinte selbstsicher, daß es für *ihn* kein Problem wäre, mit der Schlange sofort und völlig ohne Gefahr fertig zu werden. Er begann, eine Ecke der Kiste aufzudrücken. Denis bat ihn voller Entsetzen, die Schlange in Ruhe zu lassen, doch der Junge zögerte nur kurz und nahm aus einem seiner langen Ärmel eine kleine Phiole mit einer seltsamen, grünen Flüssigkeit. Als er sie aufmachte, strömte sie einen Geruch aus, der etwa an frisch gemähtes Gras erinnerte. Er schüttete sich einen Teil davon in den Mund und beugte sich dann soweit zur Kiste hinab, bis sein Gesicht in Fangweite der Kobra war. Denis wagte kaum, hinzublicken, doch konnte er nur tatenlos zusehen und darauf warten, daß die Schlange zuschlagen und dieses dumme Kind töten würde. Statt dessen handelte der Junge zuerst, und noch dazu unerwartet.

Er neigte sich noch näher zu der Kiste hinab und spuckte plötzlich die Flüssigkeit aus, wobei er sie absichtlich über Gesicht, Kopf und Körper der ausgewählten Kobra verteilte. Danach wartete er ungefähr eine Minute und griff dann – zu Denis noch größerer Überraschung und Entsetzen – in die Kiste und nahm die Schlange heraus. Seine Hände umfaßten den Körper des Tieres in der Mitte, und er hielt sie genauso sorglos, wie ein anderes Kind vielleicht eine Schnur oder einen Strick halten würde. Auf geheimnisvolle Weise hatte die grüne Flüssigkeit die Kobra völlig passiv gemacht. Sie hob zwar ihren faustgroßen Kopf, um ihren jungen Fänger anzublicken, doch machte sie keinerlei Versuch, ihn zu beißen.

Nach einiger Zeit gab der Junge die Kobra wieder zurück in die Kiste, verneigte sich vor dem sprachlosen Denis und verließ den Raum mit dem Versprechen, am nächsten Morgen zurückzukommen und alle Kobras zu zähmen. Er kehrte allerdings nicht zurück und Denis sah seinen mysteriösen Besucher nie wieder.

Der Mechanismus, der hier zum Tragen kam, ist noch rätselhafter als das Geheimnis des Tanzes mit der Kobra, denn es gibt keine wissenschaftlich bekannte Substanz, die Kobras zähmen kann. Vor hundert Jahren wurde in Zeitschriften behauptet, daß in Teilen Ohios Klapperschlangen mit den Blättern der weißen Esche gezähmt werden könnten, doch gibt es keinen wissenschaftlichen Beweis für diese Behauptung.

Magie der Fakire

Einige der berühmtesten Mutproben der indischen Fakire widersetzen sich allen Regeln westlichen Wissens über Physiologie, oder doch nicht?

Anders als der Westen hatte der Osten nie Probleme, das Phänomen der Levitation zu akzeptieren.

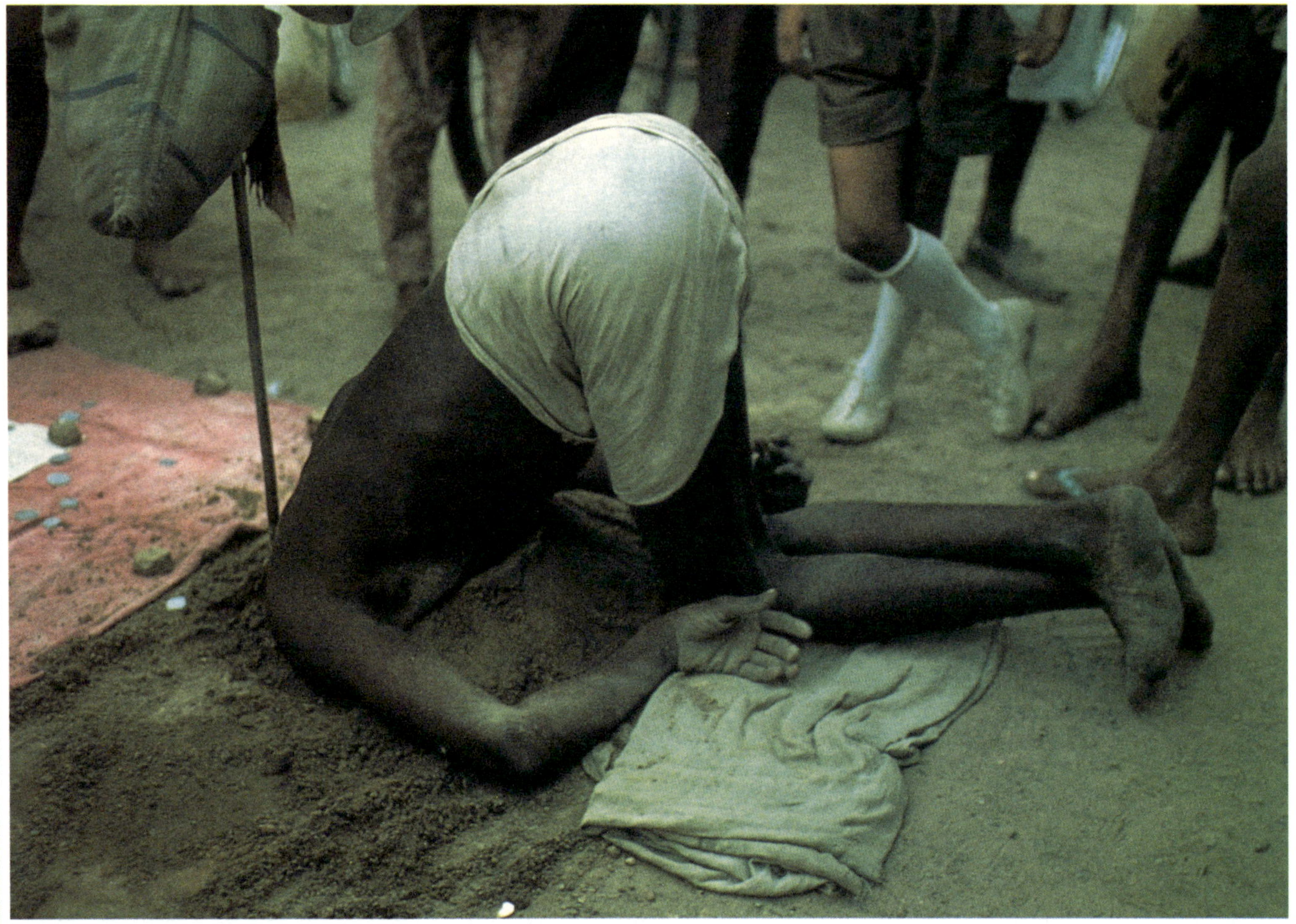

Ein Yogi hält seinen Kopf in Agra, Indien, im Sand vergraben. Als dieses Foto gemacht wurde, hatte er zu atmen aufgehört und sein Herzschlag war auf zwei Schläge pro Minute gesunken.

Schon die ersten westlichen Besucher, die nach Indien reisten, waren über den ungewöhnlichen Anblick nahezu nackter Fakire erstaunt, die auf Nagelbetten lagen, ohne Verletzungen zu erleiden. Der Fakir liegt wirklich auf Nägeln, die sich ihm ins Fleisch drücken, doch wird er durch das Verständnis gewisser physikalischer Grundsätze geschützt, die der westlichen Wissenschaft zwar bekannt sind, aber kaum von Laien angewendet werden. Genau darin liegt die Illusion, nämlich im fälschlichen Glauben der westlichen Zuseher, daß sich die Nägel in den Körper drücken müssen.

Im Herbst 1981 legte sich Professor Larry D. Kirkpatrick, ein Physiker an der Montana State University, vor Studenten am Campus in Bozeman selbst auf ein Nagelbett. Er erlaubte dabei sogar kräftig gebauten Football-Spielern, sich in voller Ausrüstung auf seine Brust zu setzen. Und was war der Zweck dieser interessanten Darbietung? Sie sollte beweisen, daß es einen wesentlichen Zusammenhang zwischen der Gewichtsverteilung und dem Druck gibt, daß also die Anzahl der Nägel, auf denen der Körper liegt, indirekt proportional zum Druck ist, den der Körper auf die Nägel ausübt. Deshalb muß jedes Bett eine Mindestanzahl an Nägeln aufweisen (die direkt proportional zum Gewicht des Menschen ist, der darauf liegt), so daß der Druck, den der Körper auf jeden einzelnen Nagel ausübt, nicht groß genug ist, um die Haut zu durchdringen.

Anders als der Westen, hatte der Osten niemals Probleme damit, das Phänomen der Levitation zu akzeptieren – ein weiteres Kunststück, das von den Fakiren vorgeführt wird. Im Gegenteil, asiatische Jugendliche, die Levitationen haben, werden von älteren, erfahreneren Trainern systematisch ausgebildet, damit sie ihre Kräfte entwickeln und kontrollieren lernen.

Einer der Fälle von Levitation aus Asien ereignete sich 1936 in Südindien und wurde in der Zeitschrift *Illustrated London News* (6. Juni 1936) durch eine Reihe von Fotos genau aufgeschlüsselt, die von P.Y. Plunkett gemacht wurden. Die Levitation wurde von Subbayah Pullavar durchgeführt und ereignete sich um ungefähr 12.30 Uhr vor etwa 150 Menschen.

Nachdem der Fakir Wasser in einem Kreis um das Zelt, in dem er die Levitation machte, geschüttet hatte, ging er hinein und war einige Minuten vom Publikum nicht zu sehen. Das Zelt wurde dann weggehoben und die Zuseher bemerkten zu ihrer Überraschung, daß er in Trance waagrecht in der Luft schwebte und die Hände auf einen stoffbedeckten Stock stützte, der ungefähr einen Meter lang war, und den er eher zur Balance als zur Stütze verwendete. Natürlich fuhr das Publikum mit den Händen durch die Luft unter ihm, um zu prüfen, ob keine Schnüre oder ähnliches versteckt wären, doch war hier nichts.

Nach vier Minuten wurde das Zelt wieder um den Fakir aufgestellt, um seinen Abstieg vor dem Publikum zu verbergen. Plunkett konnte ihn jedoch durch die dünnen Wände erkennen und sah, wie er für kurze Zeit in der Luft verharrte, bevor er sehr langsam waagrecht nach unten sank. Er benötigte für seinen Abstieg etwa fünf Minuten.

Noch umstrittener ist der berüchtigte indische Seiltrick. Es gibt davon zahllose Bühnen- und Filmversionen, die geschickt mit ausgefeilten Specialeffects angereichert wurden, doch behaupten viele Besucher des Ostens, dieses Kunststück unter freiem Himmel gesehen zu haben.

Der Fakir wirft ein Ende eines langen Hanfstricks in die Luft, wo er wie eine aufrechte Stange hängen bleibt. Er befiehlt dann einem jungen Assistenten, auf den Strick zu klettern, was dieser auch macht. Allerdings verschwindet er, sobald er die Spitze erreicht hat, aus dem Blickfeld. Seine Stimme bleibt jedoch und beschimpft den Fakir, der, wütend über die Unverfrorenheit seines Assistenten, ebenfalls auf den Strick klettert und verschwindet. Augenblicke später fallen die abgetrennten Gliedmaßen und der Rumpf des Jungen auf den Boden und der Fakir erscheint wieder auf der Spitze des Seils und klettert mit dem Kopf des Jungen in der Hand herunter. Er setzt den verstümmelten Körper am Boden zusammen, versetzt ihm einen Stoß – und der Junge steht lebendig und völlig unverletzt auf. Die Vorstellung ist vorüber und das Publikum ist sprachlos vor Staunen.

Es wurden verschiedene Erklärungen angeboten. Massenhalluzination ist sehr populär, wobei die Anhänger dieser Theorie meinen, daß der dauernde Monolog des Fakirs während der Vorstellung ein sanftes Mittel ist, die Zuseher in eine Art Hypnose zu versetzen. Ein weiterer Lösungsvorschlag wäre, daß der Seiltrick überhaupt nie durchgeführt wurde und nichts weiteres ist als östliche Folklore.

In *The Unexplained* versuchte Marc Cramer jedoch, dieses Kunststück als kluge Illusion zu erklären, das in der Nacht bei Laternenschein vorgeführt wird, um die Täuschung zu erleichtern. Er meint, daß die Schnur mit einem versteckten Draht verstärkt ist, daß das zeitweilige Verschwinden der beiden Artisten auf der Spitze des Seils ein optischer Effekt ist, der durch die Dunkelheit der Nacht außerhalb des Laternenscheins verursacht wird, und daß die „Zerstückelung“ des Jungen nichts anderes ist als eine kluge List, bei der man den Körper eines bereits toten Affen und einen speziellen, bemalten Holzkopf verwendet. Es gibt Fotos von Fakiren mit vertikalen Seilen, doch können in diesen leicht Bambusteile enthalten sein, die einschnappen und so eine steife Stange ergeben, die man aber mit einer einfachen Bewegung wieder lösen kann und somit eine gewöhnliche Schnur erhält.

Die indischen Artisten „Karachi und Kyder“ führen 1935 den Seiltrick auf.

Von Schneemenschen und Todeswürmern

Auf den Spuren des Yeti

Meist wird der Yeti oder Schneemensch als großer, zottiger Tiermensch dargestellt, der bei seinen Streifzügen durch die schneebedeckten Berge kurz auftaucht und riesige Fußstapfen zurückläßt. Die Zoologen Ivan T. Sanderson und Dr. Bernard Heuvelmans sowie die Kryptozoologin Loren Coleman haben jedoch festgestellt, daß es drei völlig verschiedene Schneemenschen mit ebenso unterschiedlichen Lebensräumen gibt.

Der erste davon ist der Pygmäen-Yeti oder Teh-lma, der circa einen Meter groß ist. Er hat sehr dichte, rote Behaarung, eine kleine Mähne und ist Allesfresser, wie man aus seinen Exkrementen erkennen kann. Seine hominiden Fußspuren sind 13 Zentimeter lang. Der Teh-lma lebt in den tiefergelegenen, tropischen Tälern des Himalaja in Nepal und Tibet und am Oberlauf des Brahmaputra. Laut Sanderson könnte der Teh-lma einer sehr primitiven, behaarten menschlichen Rasse, den sogenannten Protopygmäen, angehören.

Der zweite Yeti ist der „echte" Yeti oder Meh-teh. Dieses Wesen ist meist gemeint, wenn man von Schneemenschen spricht. Es ist sehr kräftig, ungefähr so groß wie ein Mensch (1,50–1,80 Meter) und Allesfresser. Sein Kopf ist konisch, sein lippenloser Mund sehr groß, das Kiefer hervorstehend, und das kurze, dichte Fell meist rötlichbraun, manchmal auch grau. Der Meh-teh kommt in den gleichen geographischen Zonen vor wie der Teh-lma, lebt jedoch für gewöhnlich in den höher gelegenen Gebirgswäldern, aus denen er zur Nahrungssuche jedoch manchmal hervorkommt, um über Schneefelder zu streifen, auf denen er seine „typischen" Spuren hinterläßt. Seine Füße sind kurz, aber sehr breit, die zweite Zehe ist länger als die erste, wodurch die Spuren des Meh-teh leicht von menschlichen Fußabdrücken zu unterscheiden sind. Es könnte sich um eine spezielle Art von Orang-Utans handeln, die in den höher gelegenen Gebirgswäldern am Boden und nicht in den Bäumen lebt.

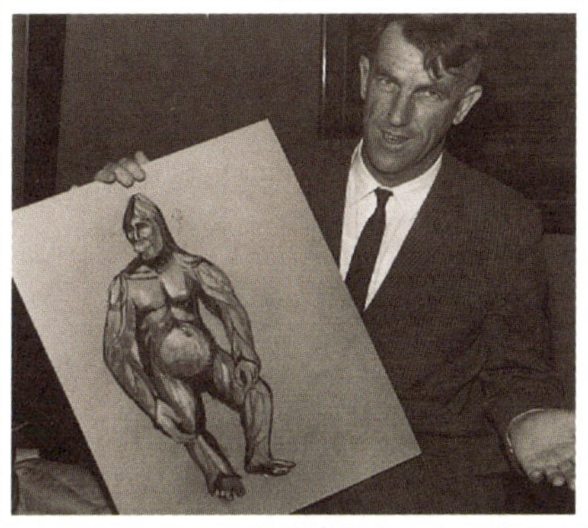

Im Jahre 1960 berichtet Sir Edmund Hillary vor Journalisten, daß er hofft, bei seiner nächsten Expedition in den Himalaja einen Yeti zu finden.

Die dritte und beeindruckendste Art ist der Riesen-Yeti, der auch unter den Namen Dzu-teh („schwerfälliges Wesen"), Rimi, Tok oder Nyalmo bekannt ist. Obwohl die Menschen in Nepal von diesem Schneemenschen gehört haben, kommt er nicht in ihrem Land oder im Himalaja vor, sondern in den höchsten und rauhesten Regionen Osttibets, in Sikkim, Bangladesch, Birma, in der Mandschurei und in Nordvietnam.

Trotz seiner Größe ist dieser auffällige Zweibeiner äußerst scheu. Er ist Allesfresser und 1,80–2,70 Meter groß, hat einen flachen Schädel, eine nach vorn versetzte Stirn mit hochstehenden Haaren, lange, kräftige Arme, riesige Hände und ein langes, zottiges Fell, das schwarz oder dunkelgrau sein kann. Anders als beim Meh-teh sind seine Füße hominid, anhand seiner Spuren läßt sich jedoch erkennen, daß er unter der ersten Zehe jeweils einen Ballen hat.

Interessanterweise ist das auch ein Merkmal des geheimnisvollen amerikanischen Tiermenschen, der Bigfoot oder Sasquatch genannt wird. Laut Beschreibungen ähneln sich Riesen-Yeti und Bigfoot so stark, daß Kryptozoologen annehmen, daß es sich um ein und dieselbe Art handelt. Die am weitesten verbreitete Theorie besagt jedoch, daß wir es hier mit einem riesigen Affen,

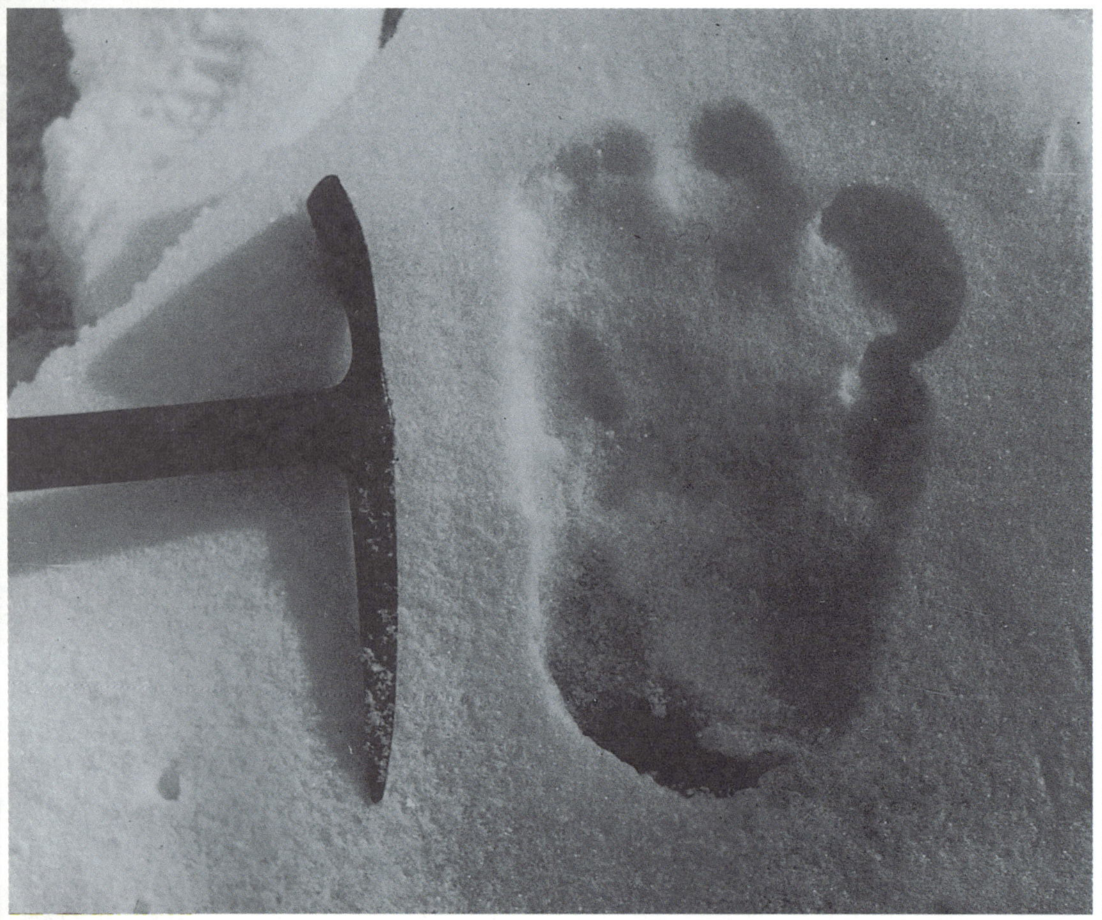

Fußspur eines Meh-teh oder echten Yeti, die 1951 in einer Höhe von 5800 Metern auf einem Gletscher in Nepal entdeckt wurde.

dem *Gigantopithecus* zu tun haben, der ursprünglich in Zentralasien lebte, offiziell jedoch vor rund 300 000 Jahren ausgestorben ist. Bis jetzt wurde allerdings noch kein zufriedenstellender Grund für sein Aussterben gefunden. Zur Zeit des *Gigantopithecus* war Asien durch eine Landbrücke mit Alaska verbunden. Viele andere Tierarten überquerten diese Brücke und wurden in der Neuen Welt heimisch, warum also nicht auch der *Gigantopithecus*?

Falls das dennoch der Fall war, und der *Gigantopithecus* bis zum heutigen Tag überlebte, ohne von der Wissenschaft entdeckt zu werden, wäre das eine Erklärung für das Auftauchen des Bigfoot. Ebenso könnte es sich beim Riesen-Yeti um Exemplare dieses Affen handeln, die unentdeckt im asiatischen Ursprungsland weiterleben.

Berichte über verschiedene Gegenstände, die von einem Yeti stammen, gelangen immer wieder in die westliche Welt, bieten meist jedoch nur wenige tatsächliche Anhaltspunkte. Ein vermeintlicher Yeti-Skalp wurde 1960 von Sir Edmund Hillary im Zuge einer dreimonatigen Yeti-Expedition nach Nepal im Kloster Khumjung gefunden. Er durfte sich den Skalp ausleihen, um ihn in Europa untersuchen zu lassen, wo er sich als Kopfhaut eines in den Bergen lebenden antilopenähnlichen Tieres, des Serau, *Capricornis sumatraensis*, entpuppte. Das Ganze wurde hierauf als Fälschung abgetan, was jedoch auch etwas kurzsichtig ist. Der „Yeti-Skalp" wird in Nepal bei religiösen Zeremonien von der Person getragen, die in die Rolle des Yeti schlüpft. Daher soll der Skalp den Yeti *darstellen* und muß nicht unbedingt von einem Yeti stammen. Die Nepalesen wissen dies, Menschen aus dem Westen nehmen jedoch fälschlicherweise an, daß ein „Yeti-Skalp" unbedingt von einem Yeti sein muß. So läßt sich möglicherweise das Mißverständnis von Khumjung klären.

Ein anderes Kloster in Nepal, diesmal in Pangboche, verfügte über eine seltsame Hand, die angeblich von einem Yeti stammte. Haut- und Knochenteile dieser Hand wurden vom Anthropologen Professor W. C. Osman Hill und von einem Team der University of California in Los Angeles untersucht. Die Resultate zeigten, daß es sich dabei um die Hand einer bislang unerforschten Primatenart handelte. Es gibt immer noch Fotos davon, die Hand selbst wurde jedoch im Mai 1991 auf mysteriöse Weise aus dem Kloster gestohlen und ist nie wieder aufgetaucht. Noch sensationeller ist die Behauptung, die ein tibetanischer Lama mit Namen Chemed Rigdzin Dorje Lopu im Jahre 1953 aufstellte: Er hätte zwei mumifizierte, 2,50 Meter große Exemplare des Rimi oder Riesen-Yeti untersucht. Eines befand sich im Kloster von Sakya, das andere im Kloster von Riwoche in der Provinz Kham. Das war jedoch vor der Annexion Tibets durch China, bevor zahlreiche tibetanische Klöster geplündert wurden.

Aber es gibt auch zuverlässigere Entdeckungen. Im Jahre 1959 organisierte der texanische Ölmillionär Tom Slick eine Yeti-Expedition nach Nepal, wo er Exkremente fand, die einen bis dato unbekannten Fadenwurm enthielten. Da die verschiedenen Tierarten oft charakteristische Parasiten aufweisen, bestärkt das die Theorie, daß es mindestens eine Yeti-Art gibt, die ebenso wie ihr Parasit der Wissenschaft bislang verborgen blieb.

Der echte Batman?

Die Sundanesen auf Westjava berichten von einer riesigen Fledermaus, die aufgrund des dreimaligen Rufes, den sie beim Fliegen ausstößt, Ahool genannt wird. Am Tag verbirgt sich die Fledermaus in Höhlen auf der Rückseite der Wasserfälle, in der Nacht gleitet sie über die Tropenflüsse und fängt mit den Füßen große Fische aus dem Wasser. Ihr Kopf ähnelt dem eines Affen, ihr Gesicht ist jedoch flach wie das eines Menschen. Sie hat große, dunkle Augen und einen grau behaarten Körper, der angeblich so groß ist wie der eines einjährigen Kindes. Die Flügel haben eine Spannweite von maximal 3,50 Metern. Das entspricht in etwa der doppelten Flügelspannweite der weltweit größten,

Der Orang Bati – nur eine riesige Fledermaus?

bekannten Fledermausart. Beweise für die Existenz des Ahool sind nicht auf Berichte der Einheimischen beschränkt. Im Jahre 1927 hörte der Naturwissenschaftler Dr. Ernst Bartels den Dreifachruf einer Riesenfledermaus, die sein Haus überflog.

Es wird auch noch von einem weitaus menschenähnlicheren Wesen, dem Orang Bati („fliegender Mensch") aus Seram berichtet. Obwohl diese indonesische Insel die zweitgrößte der Molukken ist, blieb sie im Inneren, wo sie mit dichten Regenwäldern bedeckt ist, weitgehend unerforscht. Im Juni 1986 besuchte Tyson Hughes, ein Spezialist für tropische Landwirtschaft, im Zuge seiner Forschungen Seram und erstellte detaillierte Berichte vom Orang Bati. Die Einheimischen beschrieben diese Wesen als hominid und fast 1,50 Meter groß, mit schwarzen Flügeln, roter Haut und einem langen, dünnen Schwanz, die schreiend erloschene Vulkane bevölkern und auch Kinder aus Uraur und anderen Dörfern entführen, welche unauffindbar bleiben. Ist der Orang Bati nur eine Riesenfledermaus oder mehr?

Earl Morrison war einer von drei U. S. Marines, die nahe Da Nang in Südvietnam im Sommer im Jahre 1969 Wache hielten, als sie eine rätselhafte Erscheinung sahen. Ein Wesen flog auf sie zu, und sie konnten deutlich sehen, daß „es" wie eine nackte Frau aussah, die ca. 1,50 Meter groß war, schwarze, behaarte Haut und Flügel wie aus Ebenholz hatte. An den Flügeln waren Finger, Hände und Arme. Die üblichen Erklärungen lauten, daß die Männer aufgrund der Streßsituation in einer Kriegszone einen großen Vogel oder eine Fledermaus mit dieser fliegenden Frau verwechselt hatten. Doch wer weiß?

Auch sollte man ähnliche Berichte von Menschen mit Fledermausflügeln aus Primorskiy Kray (dem russischen Fernen Osten) berücksichtigen. Letayuschiy Chelovek, „Fliegender Mensch" wurde vor einigen Jahren von einem Jäger namens A. I. Kurentsov im Dickicht der Taiga gesichtet, als dieser sein Lagerfeuer überflog. Handelt es sich wirklich um einen Batman? Die Taiga ist groß genug, um viele Rätsel zu aufzunehmen.

Blaue Tiger und Teufelskatzen

Einige der größten Geheimnisse Asiens beziehen sich auf katzenartige Wesen. Nach wie vor unbestätigt ist zum Beispiel die Existenz der exotischen blauen Tiger von Fujian im Südosten Chinas. Ab und zu wurden diese schönen Tiere gesehen, doch gibt es keine Hautproben oder andere Materialien für wissenschaftliche Untersuchungen. Harry R. Caldwell, ein Methodistenmissionar, der auch ein guter Jäger war und den blauen Tiger eifrig suchte, war im September 1910 nahe dran, ein Beweismittel zu erlangen, als er ein solches Wesen in nächster Nähe erblickte.

So lautet seine Beschreibung im seinem Werk *Blue Tiger*: „Die Zeichnung des Tieres war wunderschön. Die Grundfarbe war ein tiefes Malteserblau, das an manchen Stellen fast in ein Dunkelblau überging. Die Streifen waren deutlich zu sehen und glichen denen eines normalen Tigers."

Die Aufmerksamkeit des blauen Tigers richtete sich auf etwas, das er in einer Schlucht sah, die unterhalb der Stelle lag, an der er saß. Als sich Caldwell nach vorne beugte, sah er, daß der Tiger zwei Kinder beobachtete, die gerade Pflanzen sammelten. Caldwell erkannte, daß er die Kinder treffen könnte, daher veränderte er seine Position, um den Schuß aus einer anderen

Ganz selten wird ein blauer Tiger gesehen, was von der Existenz dieses wahrlich exotischen Tieres zeugt.

Richtung abzugeben. Dadurch verlor er jedoch den Tiger aus den Augen, der geräuschlos im Urwald verschwand.

Bei seiner Suche nach diesen edlen Tieren wurde Caldwell manchmal von seinem Sohn John und dem amerikanischen Zoologen Roy Chapman Andrews begleitet. John erinnerte sich, auf den Bergpfaden von Fujian manchmal Haare aus einem blauen Fell gesehen zu haben. Wahrscheinlich beruhte die spektakuläre Farbe des Tigers auf derselben Genmutation, die auch die auffällige Färbung einer Gattung von Hauskatzen bewirkt.

Eher unheimlich als exotisch wirkt wahrscheinlich eine andere rätselhafte Erscheinung, die auch als sogenannte Teufelskatze bekannt ist. Der katholische Priester John Morrison wurde während seiner Missionarszeit in Patna, in Indien, oftmals bei der Bekämpfung dieser scheinbar unsichtbaren, doch immer wieder hörbaren Wesen zu Hilfe gerufen. Zum ersten Mal stieß er auf dieses Phänomen im Jahre 1940, als Eugene, einer seiner Schüler, berichtete, daß in seinem Haus ständig seltsame Schreie zu hören waren. Speziell der laute Schrei einer Katze war immer wieder zu vernehmen, ohne daß irgendwo eine Katze zu sehen war. Pater Morrison ging zu Eugenes Haus und versprühte Weihwasser in allen Zimmern. Während er dort war, verstummten die Schreie, als er wegging, begannen sie von neuem.

Eines Tages kam Eugens Frau Cecilia voller Angst zum Pater gelaufen und flehte ihn an, ihr Haus von der schrecklichen Plage zu befreien. Doch plötzlich, noch während sie sprach, erklang ein schauriger Schrei direkt vom Hausdach des Paters. Es hörte sich ganz seltsam an, wie die Kombination eines Hahnenschreis mit dem einer Katze.

Sogleich ging der Pater zum Haus von Cecilia und versprühte überall Weihwasser, sogar auf der Veranda und in einem benachbarten, leerstehenden Haus. Danach ging er zurück zu seinem eigenen Heim und tat dasselbe. Hierauf rief er den Hl. Michael mit dem Gebet um Hilfe an, das er normalerweise am Ende einer Messe sprach. Der Schrei der Katze wurde weder im Hause des Paters noch im Haus von Eugene und Cecilia je wieder gehört.

Der mongolische Todeswurm, der angeblich ein tödliches Gift abgibt und seine Opfer möglicherweise auch durch einen Stromstoß töten kann.

Exotische Wesen des Orients

Unter den vielen Geheimnissen des Orients gibt es eine wahre Menagerie an mysteriösen Tierwesen, die der Zoologie bislang verborgen blieben. Eines der berühmtesten Phänomene ist der Teufelsvogel aus Sri Lanka, der diesen Namen aufgrund seines schrecklichen Rufes erhielt, der dem Geschrei eines kleinen Jungen ähnlich ist, der langsam erdrosselt wird. Für viele Wissenschaftler ist dieses gräßliche Wesen nichts anderes als eine in Sri Lanka beheimatete Käuzchen-, *Strix leptogrammica ochrogenys,* oder Uhuart, *Bubo nipalensis blighi.* Doch niemals wurde einer dieser Vögel tatsächlich dabei beobachtet, wie er den schaurigen Ruf des Todesvogels ausstieß.

Außerdem glauben Singhalesen, Tamilen und auch viele der Menschen aus dem Westen, die auf der Insel leben, nicht an diese offiziellen Erklärungen, vor allem wenn diese das Käuzchen zum Inhalt haben. Diese Vogelart ist in Sri Lanka weitverbreitet, so daß es unwahrscheinlich erscheint, daß sie den Ruf des Teufelsvogels hervorbringt. Mehrere Adlerarten, die auf der Insel heimisch sind, wie auch eine Art des Ziegenmelkers und der Wasserralle wurden als mögliche Identität für dieses geheimnisvolle Wesen vorgeschlagen.

Eine weiteres ungewöhnliches Wesen aus Sri Lanka ist der gehörnte Schakal. Es handelt sich dabei um einen Schakal mit einem kleinen Horn, das aus dem Hinterkopf ragt. Vermutlich sind diese Hörner angeborene Mißbildungen, die bei den Einheimischen als Glücksbringer gelten.

Im Süden der Wüste Gobi verbirgt sich eines der ungewöhnlichsten Wesen im Sand. Es ist unter dem Namen Allergorhai-horhai oder „mongolischer Todeswurm“ bekannt. Ein europäisches Forscherteam unter der Führung von Ivan Mackerle suchte vor Jahren erfolglos nach diesem Wesen, das Ähnlichkeit mit einem großen, fetten Wurm hat, bis zu einem Meter lang und von dunkelroter Farbe ist und an beiden Enden stachelförmige Spitzen aufweist. Es versteckt sich im Wüstensand, doch wenn es sich an die Oberfläche begibt, wird es von den Einheimischen sorgsam gemieden.

Kommt man ihm zu nahe, kann der Todeswurm ein bösartiges Gift absondern, das äußerst ätzend ist und unmittelbar zum Tod führt, indem es sich durch das Gewebe ins Blut seines Opfers brennt. Zusätzlich kann der Todeswurm noch auf eine andere Art töten.

Während der Expedition von Mackerle erzählte der einheimische Dolmetscher, daß, als er selbst noch ein kleiner Junge war, ein Team von Geologen aus dem Westen dasselbe Gebiet besucht hatte. Einer von ihnen stocherte ohne bestimmte Absicht mit einer Eisenstange im Sand herum, als er plötzlich tot umfiel. Sekunden später begann sich der Sand zu bewegen und ein riesiger, fetter Wurm kam heraus – ein Allergorhai-horhai.

Falls diese erstaunliche Geschichte wahr ist (und es gibt noch viele ähnliche, einige davon auch über Kamele, die durch den Sand gingen), kann es nur so sein, daß der Mann durch einen Stromstoß getötet wurde. Verschiedene Fischarten können Stromstöße erzeugen, der Wurm wäre jedoch das erste am Land lebende Wesen mit dieser Fähigkeit.

Der afrikanische Lungenfisch PROTOPTERUS DOLLOI könnte ein entfernter Verwandter des Buru, des Sumpfmonsters aus dem Himalaja, sein.

Im Jahre 1987 erregten die Kryptozoologen Michel Dethier und Ayako Dethier-Sakamoto die Aufmerksamkeit der westlichen Welt mit Berichten über ein japanisches Tierwesen namens

Die Tzuchinoko, eine mysteriöse japanische Schlange, ist möglicherweise eine Unterart der Grubenotter.

Tzuchinoko, das man in Japan schon seit Jahrhunderten kennt. Es handelt sich dabei um eine ungewöhnlich kurze und dicke Schlange mit einem auffälligen Kamm am Rücken. Die kleinen, aber stark ausgeprägten Vertiefungen im Gesicht, die hornartigen Gebilde über den Augen, der stark geschwungene Hals und die gekreuzte Dreiecksform, die man von oben erkennen kann, sprechen dafür, daß wir es hier mit einer ungewöhnlichen Mutation einer Grubenotter, *Agkistrodon halys*, zu tun haben. Es könnte sich aber auch um eine ganz eigenständige Art handeln.

Die „behaarten Fische", Amphibien, die in japanischen Flüssen leben, bis zu 1,50 Meter lang werden und mit Schuppen bedeckt sind, am Kopf jedoch Haare haben, sind die seltsamste Art. Sie kommen manchmal an Land, wobei sie laute Schreie ausstoßen. Menschen gegenüber verhalten sie sich sehr angriffslustig, wobei diese Angriffe tödlich sind. Allerdings fressen sie ihre Opfer nicht. Vielleicht beruht die Existenz der „behaarten Fische" auf einer verzerrten Darstellung von Pelzrobben, die in den Sagen und Legenden vom Meer ins Süßwasser überwechselten?

Im Jahre 1948 reisten Ralph Izzard (damals Korrespondent der Londoner Zeitung *Daily Mail*) und der Forscher Charles Stonor nach Rilo, einem Tal im östlichen Himalaja nahe den Dafla-Hügeln in Assam, um ein im Sumpf wohnendes Tier zu suchen, das vom dort ansässigen Volk der Apa Tani als Buru bezeichnet wurde. Angeblich war das Buru 3,50–4 Meter lang, hatte einen rundlichen, langen Körper und einen Schwanz, der es etwas schlangenförmig aussehen ließ, sowie Extremitäten, die von einigen Augenzeugen lediglich als paarweise angeordnete Hautlappen beschrieben wurden. Leider trafen die beiden Forscher nicht auf dieses rätselhafte Wesen, das heute scheinbar ausgestorben ist.

Die traditionelle Erklärung der Kryptozoologen für das Buru ist die Existenz eines speziellen Warans. Wie ich jedoch in meinem Werk *Extraordinary Animals Worldwide* darlegte, ist das Wesen eine Art großer Lungenfisch. Berichte der Einheimischen besagen, daß das Buru niemals außerhalb des Wassers gesehen wurde und sich während der Trockenzeit am Boden des Sumpfes im Schlamm eingrub. Warane machen das nie, südamerikanische und auch manche afrikanischen Lungenfische schon. Seltsam ist, daß noch nie Lungenfische in Asien entdeckt wurden, obwohl es sie in Südamerika, Afrika und Australien gibt. Denn es gibt keinen Grund, warum sie nicht auch dort leben sollten.

In jüngster Zeit wurden von Professor Roy Mackal, einem Biologen der Chicago University, Berichte über einen in Vietnam lebenden Fisch gesammelt, bei dem es sich um einen 1,80 Meter großen Lungenfisch zu handeln scheint. Vielleicht gibt es also diese seltsamen Wesen auch auf dem asiatischen Kontinent.

Almas, Orang Pendek und Yeren – in Asien lebende Trolle

In der Paläontologie wird der Neandertaler, *Homo sapiens neanderthalensis*, als untersetzte, muskulöse Unterart des Menschen beschrieben, der vorspringende Kiefer, ausgeprägte Brauen sowie einen flachen Schädel hatte, Teile Eurasiens bewohnte und vor rund 30 000 Jahren ausgestorben ist. Ist es also möglich, daß Sagen von Trollen auf Neandertalern beruhen, die in entlegenen Gebieten Asiens überlebten?

Berichte über mysteriöse „Wilde", die am ganzen Körper behaart sind, gibt es aus verschiedenen Regionen. In der Mongolei heißen sie zum Beispiel Almas und bewohnen das Altai-Gebirge. Im Kaukasus ist es der Almasty oder Kaptar, im Iran der Nasnas oder Dev und im sibirischen Verchojansk-Gebirge der Chuchunaa. In Pakistan heißt dieses Wesen Bar-manu und auch in anderen südasiatischen Ländern wurde es gesichtet.

In den letzten dreißig Jahren wurde diesen „Neoneandertalern" von westlichen Wissenschaftlern ernsthafte Beachtung geschenkt. In ihrem Werk *Wildmen* zeichnete die englische Anthropologin Dr. Myra Shackley ihre Nachforschungen auf, die sie 1979 in der Äußeren Mongolei über Almas angestellt hatte, und zeigte sich beeindruckt von den Berichten einheimischer Augenzeugen: „Ich bin nun in der Lage, die Existenz der Almas zu akzeptieren." Hier wurden auch Neandertaler-Fossilien gefunden.

Die russische Anatomin Dr. Marie-Jeanne Kofman hat über 30 Jahre lang versucht, den kaukasischen Almasty zu erforschen. Während der zweiten Hälfte des 19. Jahrhunderts wurde in den Wäldern des Berges Zaadan eine Almasty-Frau mit dunkler Haut und rötlicher Behaarung gefangen. Sie hatte hohe Wangenknochen, vorspringende Kiefer und andere klassische Merkmale eines Neandertalers und konnte nicht sprechen. Man nannte sie Zana und sie lebte für den Rest ihres Lebens in dem Dorf Tchina. Während dieser Zeit wurde sie von mindestens einem der Dorfbewohner geschwängert. Sie gebar fünf Kinder und starb in den 80er Jahren des 19. Jahrhunderts.

Im Jahre 1964 besuchte der russische Wissenschaftler Dr. Boris Porschnew die Gegend und sprach mit zwei Einheimischen, die behaupteten, Zanas Enkelkinder zu sein. Sie erzählten, daß ihre Eltern sprechen konnten und wie die anderen Dorfbewohner aussahen. Tatsächlich vertreten einige Anthropologen die Auffassung, daß die Neandertaler nicht wirklich ausstarben, sondern sich mit den neuzeitlichen Menschen vermischten.

Seit Ende der 80er Jahre ist Jordi Magraner vom naturhistorischen Museum in Paris auf der Suche nach dem pakistanischen Bar-manu. Beim achten Treffen der Language Origins Society (der Gesellschaft für Sprachursprung) am 9. September 1992 im Selwyn College in Cambridge präsentierte er mit seiner Kollegin Dr. Anne Malassé ein beeindruckendes Dossier mit Skizzen und Berichten von Augenzeugen, welche belegten, daß der Barmanu im Chitral, im Norden von Pakistan, nach wie vor existiert.

Im Jahre 1994 verbrachte Debbie Martyr, eine Londoner Journalistin, fünf Monate im Nationalpark Kerinci Seblat in West-Sumatra, wo sie sich auf die Suche nach einem mysteriösen Tiermenschen begab, der Orang Pendek („kleiner Mann") oder Sedapa heißt.

Diese ein Meter großen, schwanzlosen, behaarten Wesen, die wie breitschultrige Affen aussehen, aber auf ihren kur-

Der HOMO SAPIENS NEANDERTHALENSIS, angeblich vor 30 000 Jahren ausgestorben, lebt noch immer in den Sagen und Legenden über die „Wilden".

zen Hinterbeinen gehen, wurden über Jahrhunderte hinweg auf Sumatra (und auch auf Borneo, wo sie Batutut genannt werden) immer wieder gesichtet.

Da nie ein Exemplar für Untersuchungen zur Verfügung stand, leugnete die Wissenschaft jedoch ihre Existenz und tat solche Berichte als eine Verwechslung mit großen Gibbons, Bären oder Orang-Utans ab.

Dennoch hatten Martyr und ihre Kollegen zwei kurze Begegnungen mit einem Wesen, das sie für den echten Orang Pendek hielten. Einmal sah sie ihn sogar, wobei er bewegungslos schien, durch die Linse ihrer Kamera. Sie drehte sich kurz weg; als sie sich wieder zurückdrehte, war „das Objekt" verschwunden. Erst dann wurde ihr klar, daß sie einen der auf Sumatra lebenden Trolle gesehen hatte. Sie möchte ihre Suche solange fortsetzen, bis die Existenz des Orang Pendek bestätigt ist. In der Zwischenzeit wurde sie jedoch im Rennen um ein Foto geschlagen, da ein anderer Forscher, Pak Buya, bereits ein Bild von einem kleinen, menschenähnlichen, behaarten Wesen aufgenommen hatte.

Einige Primatologen vertreten die Auffassung, daß der Orang Pendek einen Nachfahren des *Homo erectus*, des direkten Vorgängers des neuzeitlichen Menschen, darstellt; andere glauben an die Existenz einer hoch spezialisierten anthropoiden Affenart, die auf zwei Beinen geht.

Ein weiterer mysteriöser, asiatischer Tiermensch ist der Yeren, von dem oft aus dem Shennongjia-Gebirge in Zentralchina berichtet wird und von dem die Kryptozoologen annehmen, daß er entweder zu einer noch heute existierenden Art des *Gigantopithecus* gehört oder zu einer Restpopulation von Orang-Utans auf dem Festland. Die Beschreibungen zeigen einen zottigen Affenmenschen mit rötlicher Behaarung, der ca. 1,50–1,80 Meter groß ist und sehr große Füße hat. In den vergangenen Jahren wurden auf Bäumen und Büschen gefundene Haarproben des Yeren mit Hilfe von Protonen-induzierter-Röntgen-Spektrometrie (PIXE) untersucht. Das Resultat wich gänzlich von dem Profil jeder anderen, in China lebenden Rasse ab und wies einen außergewöhnlich (aber durchgehend) hohen Anteil an Eisen und Zink auf.

Bei einem Besuch der Region Shennongjia im Jahr 1994 sah der Journalist Bob Chisholm einen Film über ein seltsames Wesen mit birnenförmigem Kopf und Affenohren, von dem die Einheimischen behaupteten, daß es sich um den Nachkommen eines männlichen Yeren und einer menschlichen Frau handelte. Ein Arzt in Peking, der seine Ausbildung im Westen absolviert hatte, identifizierte dieses Wesen jedoch als einen Menschen, der an Mikrozephalie und somit an starken Mißbildungen litt.

Esoterik des Ostens

Der Schicksalsdiamant und eine beunruhigende Statue

Wie ein Stern glänzte das eisblaue Feuer des Steins auf der Stirn einer indischen Tempelstatue – bis er von einem diebischen Hindupriester, der dafür mit einem qualvollen Tod bezahlte, pietätlos herausgerissen wurde. So begann die dunkle Geschichte eines ebenso berühmten wie berüchtigten Edelsteins, den wir als Hope-Diamant (Diamant der Hoffnung) kennen. Für viele seiner unseligen Besitzer wurde dieser Stein zum Schicksalsdiamanten.

Angeblich stammte er ursprünglich aus den Golconda-Minen am Fluß Kistna in Südwest-Indien und tauchte 1642 zum ersten Mal in Europa auf. Zu diesem Zeitpunkt wurde der Stein von einem französischen Kaufmann mit dem Namen Jean-Baptiste Tavernier erstanden, der ihn 1668 für eine stolze Summe an König Ludwig XIV. verkaufte. Bald darauf verlor der Kaufmann jedoch seinen ganzen Gewinn bei dem Versuch, seinen Sohn aus der enormen Verschuldung zu retten. Tavernier reiste nach Indien, in der Hoffnung, seinen Verlust wieder wettmachen zu können, wurde jedoch von einer Meute wilder Hunde zerfleischt.

In der Zwischenzeit ging der gefürchtete Diamant von einem König zum nächsten, und jeder von ihnen erlitt ein tragisches Schicksal. König Ludwig XIV. verlor einen Großteil seines Reiches und seine Popularität. Prinzessin de Lamballe wurde zu Tode geprügelt und sowohl Ludwig XVI. als auch Marie Antoinette wurden hingerichtet. Jahre später verfeinerte ein holländischer Diamantschleifer auf kunstvolle Art diesen außergewöhnlich großen Stein, seinen bösartigen Einfluß konnte er jedoch nicht umwandeln.

Für viele seiner Besitzer wurde der Diamant der Hoffnung zum Schicksalsdiamant.

Sein Sohn stahl ihm den geschliffenen Diamanten und der verzweifelte Mann beging Selbstmord. Im Jahr 1930, als er von einem sehr wohlhabenden Banker namens Henry Hope gekauft wurde, erhielt der Unglücksbringer seinen offiziellen Namen. Einer seiner Nachkommen, Lord Francis Hope, war beinahe pleite, als er den Diamanten verkaufte, nachdem seine Frau den Stein verflucht hatte. Der nächste Käufer, der französische Makler Jacques Colot, wurde verrückt und beging Selbstmord, und die beiden nachfolgenden Besitzer wurden beide ermordet!

Ein türkischer Sultan, der den Edelstein 1908 um 400 000 Dollar erstand, erstach kurz darauf seine Frau und wurde gestürzt. Die gesamte Familie von Edward McLean wurde in den Jahren nach dem Erwerb des unheilvollen Diamantens im Jahre 1911 von tragischen Schicksalsschlägen heimgesucht.

Der einzige Mensch, der verschont blieb, war der amerikanische Juwelier Harry Winston. Nachdem er den „Diamant der Hoffnung“ erstanden hatte, verkaufte er ihn nicht weiter, sondern stiftete ihn der Smithsonian Institution, die ihn noch besitzt.

Ein wertvoller Gegenstand ganz anderer Art hatte ebensolche geheimnisvollen Kräfte. In seinem Buch *Through the Jungle Very Softly* berichtete Ludwig Koch-Isenburg von einer kleinen Buddha-Statuette, die formvollendet aus grüner Jade gefertigt war. Dreißig Jahre zuvor war ein holländischer Kollege namens Klaasen von der kunstfertigen Ausführung dieser Figur so angetan, daß

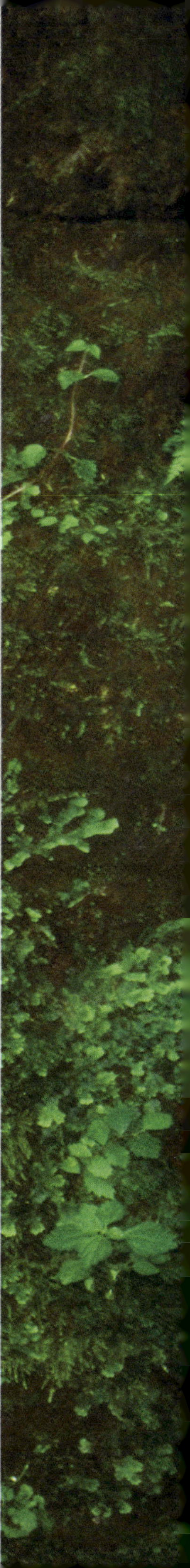

er sie aus ihrem Versteck gestohlen hatte. Die Statue befand sich zu Füßen einer riesigen, alten Buddha-Figur, die in einem thailändischen Tempel in einer Urwaldgrotte, aus dem Fels gehauen worden war. Klaasen schmuggelte die Statue erfolgreich nach Holland, doch obwohl er ein fanatischer Kunstsammler war, konnte er sich nicht am Anblick der Statue erfreuen, sondern empfand lediglich ein unerklärliches Unbehagen. Nach ungefähr einem Jahr war er durch sie so beunruhigt, daß er nach Thailand zurückkehrte, um sie wieder an ihren ursprünglichen Platz zu stellen. Während er damit beschäftigt war, traf er einen buddhistischen Mönch, der ihn anlächelte und ihm erzählte, daß er Klaasen beim Diebstahl der Statue im Vorjahr beobachtet hatte. Er hatte jedoch gewußt, daß sie ihn erleuchten würde, und er sie an ihren wahren Platz zurückbringen würde.

Ein weiteres Rätsel des Ostens ist die massive, 6,40 Meter hohe Eisensäule, die in einem Hof in Mehauli bei Delhi in Indien steht. Die Säule ist abgesehen von einer oberflächlichen Rostschicht, nicht im geringsten verwittert, obwohl sie schon seit rund 1600 Jahren dort steht. Sie wurde als Siegeszeichen von König Chandra Gupta II. im 4. Jahrhundert n. Chr. errichtet. Der Geschichtswissenschaftler Francis Hitching meint, daß sie aus einem einzigen Stück reinen Eisens besteht. Dilip Salwi vertrat jedoch in einem Artikel im *New Scientist* (3. Jänner 1985) die Auffassung, daß sie auch Kohlenstoff, Quarz und Phosphor in geringer Menge enthält und aus mehreren Stücken heißen Schmiedeeisens zusammengesetzt wurde, die mittels einer heutzutage nicht mehr verwendeten indischen Schweißtechnik in einem Ofen mit dem Hammer bearbeitet worden waren.

Magnetberge

Eine der vielen phantastischen Geschichten aus den *Märchen aus „Tausendundeine Nacht“* erzählt von einem magischen Berg, der zur Gänze aus Magneteisen bestand und alle Gegenstände aus Eisen anzog. Ähnliche Behauptungen tauchten jedoch auch in der Fachliteratur auf. Die erste davon im dreizehnbändigen *Geographike hyphegesis*, das von dem ägyptischen Wissenschaftler Claudius Ptolemäus im 2. Jahrhundert n. Chr. verfaßt wurde. In diesem Werk wird von einem Berg im Meer des Fernen Ostens berichtet, der nahe den „Inseln der Satyrn“ lag und zur Gänze aus Magneteisen bestand. Er brachte alle vorbeifahrenden Schiffe zum Sinken, da seine Magnetkräfte die Eisennägel anzogen, die das Schiff zusammenhielten.

Ein ähnlicher Bericht erschien im 11. Jahrhundert in einem Werk des chinesischen Schriftstellers So Sung. Er nimmt Bezug auf die Gebirge und Inseln, die der Küste des heutigen Südvietnams vorgelagert sind und spricht von flachen Stellen im Wasser, in denen unzählige Hügel sein sollen, deren Magnetkräfte die Eisenbeschichtungen vorbeifahrender, ausländischer Schiffe abrissen.

In letzter Zeit wurden keine Berichte über solche Berge, Inseln oder andere magnetische Erscheinungen mehr verzeichnet, daher sind diese Erzählungen wohl in den Bereich der Sagen einzuordnen.

Agib besteigt den Magnetberg. Darstellung aus einer Ausgabe der ***Märchen aus Tausendundeine Nacht*** *aus dem 19. Jahrhundert.*

Der Feuerball von Tunguska

Am Morgen des 30. Juni 1908 donnerte ein riesiger Feuerball über den sibirischen Himmel und explodierte mit solch gewaltiger Stärke nordwestlich des Baikalsees, daß in der Region von Tunguska ein kräftiger Wald mit einer Fläche von ca. 2000 Quadratkilometern wie ein Haufen trockenen Papiers sofort Feuer fing. Mikrobarographische Aufzeichnungen zeigten, daß die Explosion so groß war, daß die gesamte Erde zweimal von atmosphärischen Schockwellen umkreist wurde, die ihren Ausgangspunkt in Tunguska hatten. Menschen, die sich in einer Entfernung von 65 Kilometern aufhielten, flogen in die Luft, ganze Rentierherden starben in den Feuerstürmen und noch Tage später wurde der Himmel von einem roten Leuchten erhellt, das sogar noch in Großbritannien zu sehen war.

Untersuchungen der zerstörten Landschaft haben keine Spur eines Kraters gezeigt, der sich beim Auftreffen eines Meteoriten gebildet hätte – diese Erklärung bot der erste Wissenschaftler, der die Katastrophe untersuchte, ein russischer Geologe namens Leonid Kulik. In den folgenden Jahren stellte man bei neuen Bäumen, die in der Region wuchsen, ein abnormales Wachstum fest, das Forscher vermuten ließ, daß sie einer Strahlung ausgesetzt worden waren. Das brachte andere russische Forscher zu der Auffassung, daß ein mit Atomkraft betriebenes außerirdisches Raumschiff explodiert war, doch gibt es keine schlüssigen Beweise für verstärkte Strahlungswerte.

Eine Theorie besagt, daß ein Komet, dessen Eisspitze schmolz, über Tunguska explodierte, da keine Stein- oder Eisenfragmente zu finden waren, wie es bei der Explosion eines Meteoriten oder kleinen Asteroiden der Fall gewesen wäre. Es gab auch keine Aufzeichnungen über einen nahenden Kometen. Außerdem behaupteten Christopher Chyba und seine Kollegen vom Goddard-Raumfahrtszentrum der NASA in Greenbelt, Maryland, daß die Explosion für einen Kometen zu tief erfolgt sei. Sie wiederum vertraten 1993 die These, daß ein Steinasteroid mit einem Durch-

Am Cheko-See in Zentralsibirien, der nahe dem Zentrum des Feuerballs lag, befindet sich heute eine Station zur Erforschung dieses Phänomens.

messer von 27 Metern verdampft war. Eine andere Erklärung im „Weltraumzeitalter" wäre die Existenz eines kleinen schwarzen Loches, das durch den Himmel gekommen und ins Innere der Erde gefallen ist, ohne einen Krater zu hinterlassen, um auf der anderen Seite, irgendwo mitten im Nordatlantik, wieder aufzutauchen. Zum entsprechenden Zeitpunkt wurde jedoch im Atlantik keine Störung verzeichnet, daher hält diese Theorie nur, wenn man annimmt, das schwarze Loch hätte sich selbst zerstört.

Auch eine Explosion von Antimaterie wurde in Betracht gezogen, doch weiß man darüber so wenig, daß sich keine ausreichenden Argumente für diese Theorie finden lassen. Fast 90 Jahre sind seit dem schicksalshaften Tag in Tunguska vergangen, und noch immer weiß man nicht, was tatsächlich geschah.

Statuen, die Milch trinken

Eine der ungewöhnlichsten religiösen Erscheinungen seit vielen Jahren begann am Donnerstag, dem 21. September 1995 in einem hinduistischen Tempel in Neu Delhi. Es geschah während der Zeit des Pitr Baksh, in der fromme Gläubige den Seelen ihrer Vorfahren Milch darbringen, die sie vor einer weißen Marmorstatue von Ganescha, einer elephantenköpfigen Gottheit, aufstellen. Ganescha ist der freundliche Hindu-Gott der praktischen Weisheit. An diesem Tag begann die Statue die Milch plötzlich zu trinken, indem sie sie durch ihren Fuß aufsog!

Schilderungen dieses erstmals aufgetretenen Wunders verbreiteten sich rasch und gelangten in weit entfernte Gebiete – ebenso wie das Wunder selbst. Noch bevor der Tag um war, wurden Milch trinkende Statuen in hinduistischen Tempeln in ganz Indien, Hongkong, Nepal, Indonesien, Bangladesch, Thailand und Singapur gesehen und sogar in Tempeln in Afrika, dem Nahen Osten, Europa, Nordamerika und Australien.

Eine 45 Zentimeter große Statue von Ganescha im Tempel von Khampur Shiv Mandir in Chandigarh im Punjab trank heftig Milch von einem Löffel. Die Milch verschwand auch aus den Händen der Gläubigen, die sie einem Bild von Ganescha in Ludhiana, ebenfalls im Punjab, darbrachten. In Großbritannien erregte der Vishwa-Tempel in Southall die Aufmerksamkeit der Medien und der Öffentlichkeit, als eine 30 Zentimeter hohe Statue des Stiers Nandi, auf dem die Gottheit Shiva reitet, Milch von einem Löffel zu trinken begann. Sogar eine Bronzestatue der Schlangengottheit Shash Naag im Shri Ram Mandir Tempel, ebenfalls in Southall, sog Milch auf.

Einige Behauptungen waren einfach unglaublich. In einem Tempel im Happy Valley von Hongkong wurden angeblich

Die Prophezeiung von Krakatoa

Es gibt heute noch Ausbrüche auf Krakatoa, die jedoch nicht so stark sind wie am 28. August 1883.

Im Westen hätte man von der ungeheuren Vulkanexplosion, welche die kleine, zwischen Sumatra und Java gelegene Insel Krakatoa am 28. August 1883 praktisch völlig zerstörte, tagelang nichts erfahren, wenn es nicht am 29. August im *Boston Globe* eine ungewöhnlich detaillgenaue Schilderung der Katastrophe von einem Reporter namens Ed Samson gegeben hätte. Erstaunlicherweise hatte seine Beschreibung der Vulkanexplosion einen Traum zur Grundlage (doch davon wußte der *Globe* nichts, als er den Artikel veröffentlichte). Samson aber nannte die versunkene Insel Pralape. Da die Insel in Wirklichkeit Krakatoa hieß, schien „Pralape" im Traum erfunden worden zu sein – bis man später feststellte, daß vor 150 Jahren die Insel Krakatoa tatsächlich Pralape geheißen hatte.

Gläubige in Dhaka, Bangladesch, bringen dem elephantenköpfigen Gott Ganescha Milch dar, nachdem Statuen auf der ganzen Welt begonnen hatten, diese zu trinken.

ganze Milchkartons und -flaschen von Statuen von Krishna, Ganescha und Brahma getrunken. Eine einzige kleine Silberstatue von Ganescha hatte es geschafft, zwanzig Liter zu trinken!

Doch das Wunder endete so rasch, wie es begonnen hatte. Schon am nächsten Tag, Freitag, dem 22. September, waren die meisten Gottheiten auf der ganzen Welt anscheinend gesättigt, denn sie weigerten sich, noch mehr Milch zu trinken. Am Wochenende gab es noch vereinzelte Berichte, doch dann war das Phänomen vorüber.

Für die Gläubigen gab es keine Zweifel, daß es sich um ein Wunder handelte. Zyniker fragten, wie es ein Wunder sein könnte, wenn in diesen armen asiatischen Ländern ein so wertvolles Nahrungsmittel wie Milch von Statuen getrunken wurde. Die Wissenschaftler wiederum vertraten die Ansicht, daß ein Mechanismus die Ursache war, der hier auf umgekehrte Weise funktionierte wie bei den weinenden Statuen (siehe S. 63–64). Der indische Physiker Dr. Das Bangia gab folgende Erklärung: Wenn Flüssigkeiten von Marmor oder anderen durchlässigen Steinen anscheinend aufgesogen werden, stellen die Moleküle der rauhen Oberfläche des Steins einen Kapillarkanal her, der sehr rasch Tröpfchen aufnehmen kann. Die Tröpfchen bilden dann an der Oberfläche eine sehr dünne Schicht, die man nur schlecht sehen kann, speziell wenn der Stein weiß ist, wie das bei vielen hinduistischen Marmorstatuen der Fall ist.

Natürlich kann die Kapillarwirkung keine Erklärung für die großen Mengen an Milch sein, die von den Statuen angeblich aufgesogen wurden. Übertreibung oder Halluzination? Auch für die Metallstatuen, die Milch getrunken haben, ist die Erklärung nicht zutreffend.

WOLFSKINDER

Berichte von Kindern, die von wilden Tieren aufgezogen werden, beschränken sich nicht auf erfundene Geschichten wie die Moglis im *Dschungelbuch* und die klassische Sage von Romulus und Remus. Es gibt auch authentische Fälle.

Im Jahr 1920 fürchteten sich die Dorfbewohner von Midnapore in Ostindien vor zwei menschenähnlichen „Phantomen", die jeden erschreckten. Reverend Joseph Singh bot sich an, die Phantome ausfindig zu machen. Er hatte sich einen Sitz, gefährlich hoch oben auf einem Baum, erwählt. Er erwartete sich nicht allzuviel, wollte aber sein Versprechen halten. Nach einiger Zeit kamen zwei ausgewachsene Wölfe,

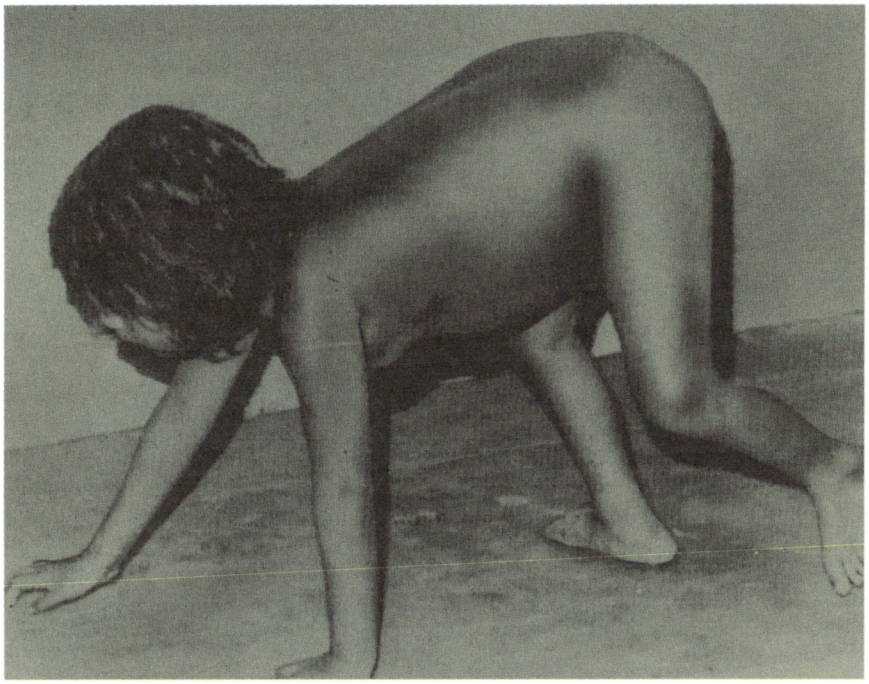

Ein Wolfskind, 1973 in Sri Lanka entdeckt, war von Affen aufgezogen worden.

gefolgt von ihren Jungen, aus den Löchern hervor. Darunter befanden sich auch die beiden gefürchteten Phantome.

Es waren jedoch keine Geister oder Dämonen, sondern zwei kleine Mädchen. Die beiden hatten mit den Wölfen in ihrem Bau gelebt und waren von ihren wilden Adoptiveltern mit den Wolfsjungen aufgezogen worden. Eines der Mädchen war erst 18 Monate alt, das andere etwa sieben Jahre.

Am 17. Oktober wurden die Kinder gefangen und in ein Waisenhaus gebracht, wo die beiden „Wilden", die wie die Wölfe heulten oder wie kleine Hunde auf allen vieren herumliefen, „erzogen" wurden. Das kleinere Mädchen wurde Amala genannt, und das größere Kamala. Amala starb bereits nach einem Jahr. Kamala wurde 16 Jahre alt und erlernte einige menschliche Verhaltensweisen: Sie verfügte über einen Wortschatz von 30 Wörtern, konnte aufrecht gehen und aß gekochte Nahrung. Sie war zwar unter Wölfen aufgewachsen, aber als Amala starb, liefen zwei Tränen über Kamalas Wange.

Ein weiterer Bericht über ein Wolfskind stammt ebenfalls aus Indien. Ein Kind, das abwechselnd Shamdeo, Ramu oder Baloo (entsprechend dem *Dschungelbuch*) genannt wurde, war in Uttar Pradesh in einer Höhle von einer Bärin aufgezogen und im Mai 1972 von einem Jäger gefangen worden, als es gerade in der Nähe der Bärenhöhle mit einigen Wolfsjungen spielte. Das Kind wurde zu den Nonnen nach Prem Divas, in Mutter Teresas Heim für die Armen und Sterbenden in Lucknow gebracht, wo es im Februar 1985 schwere Krämpfe bekam und starb. Der Junge war etwa 17 Jahre alt und auf den Namen Pascal getauft worden.

Vom verblüffendsten Fall eines Wolfskindes erfuhr ein indischer Richter anfangs dieses Jahrhunderts. Während seines Dienstes in den zentralindischen Territorien wurde ihm ein wilder Mann im Alter von rund 40 Jahren vorgeführt, den man in Ketten gelegt hatte und der so laut brüllte und sich zur Wehr setzte, daß man ihn kaum festhalten konnte. Der Richter, der zutiefst erschrocken war, holte Erkundigungen über den Mann ein und entdeckte so das verblüffende Geheimnis seiner Vergangenheit.

Vor vielen Jahren sahen einige Dorfbewohner dieser Gegend ein großes Tigerweibchen, dem zwei Junge und auch ein Menschenkind folgten. Als die Männer näher kamen, sahen sie, daß es sich tatsächlich um einen Jungen im Alter von fünf bis sechs Jahren handelte, den sie einfingen und in ihr Dorf brachten, wo sie ihn in einer Hütte einschlossen. Seine Adoptivmutter wollte ihr „Junges" jedoch nicht so einfach aufgeben und kam in der Nacht immer wieder ins Dorf, wo sie in kämpferischer Haltung die Hütte umkreiste, in der sich der Junge befand, bis sie von den Dorfbewohnern, die um ihre eigene Sicherheit bangten, getötet wurde.

Von diesem Zeitpunkt an wurde der Junge vom Dorfältesten aufgezogen und nahm schließlich menschliche Verhaltensweisen an, behielt aber sein wildes Temperament und konnte sich ohne Furcht und ohne angegriffen zu werden im Urwald unter wilden Tigern aufhalten. Der Junge wuchs zu einem Mann heran, und eben dieser Mann stand nun in Ketten vor dem Richter.

Wie all die anderen Geschichten, die in diesem Zusammenhang erzählt werden, zeigt der tragische Fall des Tigerweibchens und ihres menschlichen Adoptivkindes, daß der Unterschied zwischen Mensch und Tier nicht so eindeutig ist, wie wir annehmen möchten. Denn die Grenze wird von etwas viel Wesentlicherem verwischt – von der Liebe.

HAARE EINES BEBENS

Der folgende Ausschnitt stammt aus einem Bericht, der 1848 im *Scientific American* erschien und ein schreckliches Erdbeben in Chantibun in Ostthailand am 13. Mai desselben Jahres beschreibt.

Während des Bebens kamen aus der Erde plötzlich Haare, die wie menschliche Haare aussahen und sich überall ausbreiteten – in den Basaren, auf den Straßen, den Feldern und auch an Stellen mit festem Boden. Diese Haare sind ziemlich lang, stehen nach oben und sind fest im Boden verankert. Zündet man sie an, kräuseln sie sich wie menschliche Haare und riechen auch so; deshalb glaubt man, daß es sich tatsächlich um Haare handelt; sie kamen während des Erdbebens im Nu hervor. Der Fluß von Chantibun war ganz aufgewühlt und Blasen stiegen an die Oberfläche, so daß das Wasser ganz weiß war. Daher nimmt man an, daß diese Haare durch elektrischen Strom entstanden sind.

„Haare" wurden auch bei anderen asiatischen Erdbeben gesehen. In China wurden sie als Fasern eines dort wachsenden Baums, der Hanfpalme *Chamaerops fortunei* identifiziert. In vielen anderen Fällen blieben ihre Herkunft und ihr Wesen jedoch ein Rätsel.

HUDSON BAY
KANADA
QUEEN CHARLOTTE ISLANDS
Caddy
Caddy
VANCOUVER ISLAND
Ogopogo
Manipogo (Seeungeheuer)
Neun UFOs, gesichtet von Kenneth Arnold
Landung von Venusianern, gesichtet von Samuel Thompson
Weißer Bigfoot
Bigfoot
Kugelblitze
Slimy Slim (Seeungeheuer)
Eismensch von Minnesota
PAZIFISCHER OZEAN
riesiger Raubvogel
Pedro, die Zwergmumie/Nimerigar
Big-hoot (Rieseneule)
Bigfoot
rothaarige, mumifizierte Riesen (Si-Te-Cahs)
menschliches Riesenskelett
menschliches Monster mit Froschgesicht
Monster bird of prey
VEREINIGTE STAATEN
tanzende, blaue Friedhofslichter
Unfall von James Dean
wandernde Steine
der verrückte Gasvergifter
der Mottenmann
atmosphärische Wesen (lebende UFOs)
Treffpunkt von George Adamski und den Venusianern
Big-hoot (Rieseneule)
koboldähnliche ETs
Spuklichter vom Brown Mountain
schuppiger Reptilienmensch
Monster vom White River
Echsenmen
Florida Globster
Kugelblitze
Spuklichter von Marfa
GOLF VON MEXIKO
Schlüssel zu den Phänomenen
LUFT
WASSER
ELEMENTE
LANDTIERE
MENSCHENÄHNLICH
ORTE
ÜBERSINNLICH

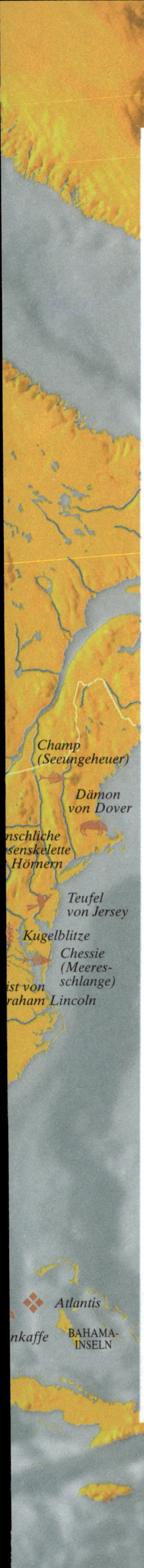

5. Kapitel
Nordamerika
NEUE WELT, ALTE GEHEIMNISSE

HINTER DER FASSADE DER SACHLICHKEIT UND MODERNE VERBERGEN SICH IN NORDAMERIKA VIELE PHÄNOMENE, DIE WEDER SACHLICH NOCH MODERN SIND, SONDERN IN EINE ANDERE ZEIT, VIELLEICHT SOGAR IN EINE ANDERE DIMENSION GEHÖREN. SO WIE EINE WELT DER KOBOLDE, IN DER ALLES MÖGLICH IST, GIBT ES AUCH EINEN ANDEREN, UNBEKANNTEN WESTEN - EINE WELT, IN DER JAMES DEAN UND ABRAHAM LINCOLN GLEICH NEBEN ECHSENMENSCHEN UND MOTTENMÄNNERN AUFTRETEN, WO ES MYSTERIÖSE BESUCHE AUS DEM ALL GIBT, DIE MEERE VOLLER UNGEHEUER SIND UND IN DEN SCHATTEN DER WÄLDER BEHAARTE RIESEN LAUERN.

Besucher aus anderen Welten

Echsenmenschen

Eines der bizarrsten Wesen, von denen man in letzter Zeit gehört hat, ist ein Ungeheuer aus South Carolina, das passenderweise Echsenmensch genannt wird. Augenzeugen berichten, daß dieses Wesen auf den Hinterbeinen geht, etwas über zwei Meter groß ist, glühend rote Augen und grüne, schuppige Haut hat. Es hat nur drei Zehen auf jedem Fuß und drei Finger auf jeder Hand, aber jede Zehen- und Fingerspitze ist mit einer zehn Zentimeter langen, schwarzen Kralle versehen.

Der Echsenmensch machte sich zum ersten Mal am 29. Juni 1988 gegen zwei Uhr nachts in der Nähe des Sumpfes Scape Ore außerhalb eines entlegenen Dorfes namens Bishopville im Lee County von South Carolina bemerkbar, als der 17jährige Christopher Davis dort einen Reifen wechselte.

Chris legte gerade den Wagenheber in seinen Kofferraum, als er ein seltsames, großes Wesen erblickte, das von einem nahegelegenen Feld kommend aufrecht auf ihn zulief. Als es näher kam, sprang Chris ins Auto und wollte die Türe zuschlagen, doch der schreckliche Reptilienmensch ergriff die Türe von der Gegenseite, packte den Spiegel und versuchte, sie aufzureißen. Als Chris aufs Gas stieg, um seinen Angreifer loszuwerden, sprang dieser aufs Dach des Autos, von dem er zum Glück bald hinunterfiel, als das Auto davonraste. Als Chris nach Hause kam, zitterte er vor Angst, auf seinem Autodach waren einige lange Kratzer und sein Seitenspiegel war stark verdreht.

Ein schuppiger Reptilienmensch entstieg Lake Thetis, British Columbia, im August 1972.

Die große Aufmerksamkeit, welche die Medien diesem Vorfall widmeten, brachte im Sommer 1988 auch viele andere Erzählungen dieser Art ans Licht, der Echsenmensch selbst tauchte jedoch nicht wieder auf und verschwand, ohne daß man jemals eine zufriedenstellende Erklärung gefunden hätte.

Dieser Vorfall ist nicht der einzige seiner Art. Lange vor dem schrecklichen Abenteuer von Chris Davis waren auch in anderen Gegenden Nordamerikas menschenähnliche Reptilienmonster aufgetaucht, die eine überraschende Ähnlichkeit mit dem amphibischen „Gillman“ aus dem Hollywood-Klassiker *Schrecken vom Amazonas* (*Creature from the Black Lagoon)* aufwiesen.

So waren zum Beispiel am 19. August 1972 Robin Flewellyn und Gordon Pike angeblich von einem 1,50 Meter großen, zweibeinigen Monster mit sechs Zacken am Kopf vom Ufer des Lake Thetis in British Columbia, Kanada, vertrieben worden. Das Ungeheuer war plötzlich aus dem See aufgetaucht.

Vier Tage später, am 23. August gegen 15.30 Uhr sahen Russell Van Nice und Michael Gold voll Erstaunen, wie ein Wesen, bei dem es sich um das schon früher gesehene handeln mußte, plötzlich aus dem Wasser stieg, sich umsah, wieder ins Wasser zurückging und verschwand. Laut ihrer Schilderung sah es wie ein Mensch aus, hatte jedoch silberne Schuppen, riesige Ohren, das Gesicht eines Monsters und eine Zacke auf dem Kopf.

Im Jahre 1977 behauptete Alfred Hulstruck, ein Naturwissenschaftler der staatlichen Umweltschutzbehörde, daß ein mit Schuppen bedeckter Tiermensch in der Dämmerung regelmäßig aus den stark veralgten Gewässern von Southern Tier in New York State auftauchte. Fünf Jahre zuvor, im März 1972, hatten zwei Polizisten ein menschenähnliches Wesen mit Froschgesicht, das ca. so groß wie ein Hund war, gesehen, als es gerade in den Little Miami River bei Loveland in Ohio sprang. Im Jahre 1955 hatte ein angesehener Geschäftsmann in derselben Gegend gleich vier Wesen mit Froschgesichtern gesehen, die etwa einen Meter groß waren und sich unter einer Brücke aufhielten, wie die Trolle aus einem Märchen.

Zur Gruppe der menschenähnlichen Schuppenwesen gehörte traditionellerweise der Fischmensch von Inzignanin bei Chicora – einem Gebiet, das zwischen North und South Carolina liegt. Er war angeblich mit Schuppen bedeckt und hatte Schwimmhäute zwischen den Fingern. Am auffälligsten war jedoch der lange Schwanz, der den Durchmesser eines Menschenarms hatte, ca. 45 Zentimeter lang und wie der eines Krokodils oder Alligators relativ starr war. Die Überlieferung besagt, daß er sich nur von rohem Fisch ernährte und deshalb ausstarb, als die Fischbestände der Gegend erschöpft waren.

Ebenso seltsam ist das Auftauchen eines zwei Meter großen Monsters mit fluoreszierenden Augen, das am Abend des 8. Novembers 1958 das Auto von Charles Wetzel packte, als er am Santa Ana River nahe Riverside in Kalifornien fuhr. Obwohl dieses Wesen oft in die Kategorie des Bigfoot (d. h. des Affenmenschen) eingestuft wurde, ähnelte es eher den Reptilienmonstern, wie die Schriftstellerin Loren Coleman feststellte, da es mit blattförmigen Schuppen bedeckt war und ein vorstehendes, schnabelförmiges Maul hatte.

Natürlich wurde nie wissenschaftlich bewiesen, daß Wesen, wie sie in „Schrecken vom Amazonas“ vorkamen, auch wirklich auf der Erde existierten. Hätte die Evolution jedoch einen anderen Verlauf genommen, könnte es auf unserem Planeten tatsächlich solche Lebensformen geben. Im Jahre 1982 veröffentlichte das Wissenschaftsmagazin *Syllogeus* einen Artikel von Dr. Dale A. Russell und Dr. R. Séguin, zwei sehr angesehenen kanadischen Paläontologen vom naturwissenschaftlichen Museum in Ottawa, der sich mit der faszinierenden Möglichkeit befaßte, daß es heute einen Menschen in Form eines Dinosauriers geben könnte, falls die Dinosaurier nicht ausgestorben wären.

In ihrem Artikel stellten Russell und Séguin Thesen für das mögliche Aussehen eines solchen Wesens auf und meinten, es wäre aufrecht auf seinen Hinterbeinen gestanden und hätte an jeder Hand drei Finger gehabt. Sie bauten sogar ein Modell dieses „Dinosaurier-Menschen“. Das Erstaunliche daran ist, daß dieses Modell den Schilderungen von Echsen- und anderen Reptilienmenschen, die in der heutigen Zeit in Nordamerika auftauchen, verblüffend ähnlich ist.

Der Teufel von Jersey

Eines der ungewöhnlichsten Monster, das je in der USA auftauchte, kam im Januar 1909 in die Schlagzeilen der Zeitungen, als es von zahlreichen Menschen sowohl im Staat New Jersey als auch im Grenzgebiet der US-Bundesstaaten Pennsylvania und New Jersey gesehen wurde. Die Augenzeugen versuchten sich vorerst einzureden, daß es sich um einen riesigen Vogel handeln mußte, gaben jedoch viele Merkmale an,

Im Januar 1909 brachte das ***Philadelphia Evening Bulletin*** *diese Zeichnung des Teufels von Jersey, basierend auf Schilderungen von Nelson Evans und seiner Frau aus Gloucester City, New Jersey, die das Ungeheuer mit eigenen Augen gesehen hatten.*

die nicht zu einem Vogel gehören konnten, und das Wesen wurde bald der Teufel von Jersey genannt.

E. W. Minster, Postamtsvorsteher in Bristol, Pennsylvania, gab eine detaillierte Beschreibung dieses mysteriösen Ungeheuers ab. Er sah es am Morgen des 17. Januar 1909, nachdem er einen schaurigen Schrei vernommen hatte, der vom Delaware River zu kommen schien. Minster meinte, der Teufel von Jersey sei über den Fluß geflogen und hätte wie ein großer Kranich ausgesehen, der wie ein riesiger Glühwurm leuchtete. Das Wesen hatte einen langen, schlanken Hals, der beim Fliegen gestreckt war, vier Beine (die vorderen waren kürzer) und zwei lange, dünne Flügel.

Der Kopf sah wie der eines Widders aus, da er zwei gekrümmte Hörner hatte. Während des Fluges stieß er einen Schrei aus, der laut Minster halb Kreischen und halb Pfeifen war. Es begann hoch und durchdringend und endete tief und heiser.

Zur gleichen Zeit fand man in der Gegend auch Abdrücke, die wie Pferdehufe aussahen, doch waren sie nicht nur auf dem Boden zu sehen. Einige davon fand man sogar auf Hausdächern. Nicht lange nachdem diese Berichte aufhörten, schien es, als hätte man endlich des Rätsels Lösung gefunden. Bei einer Ausstellung im Arch Street Museum von Philadelphia konnte man einen angeblich echten Teufel von Jersey sehen, der vor kurzem lebend gefangen worden war. Leider handelte es sich dabei um ein Känguruh, dem man hellgrüne Streifen verpaßt hatte, sowie bronzefarbene Flügel an den Schultern. Das war natürlich ein Schwindel, doch auch heute, fast hundert Jahre später, ist seine Identität noch nicht geklärt. Das mysteriöse Rätsel bleibt ungelöst …

Unterschiedliche Sichtungen, ähnliche Bilder: Bill Bartlett fertigte ein Aquarell (oben) an und John Baxter eine Zeichnung (kleines Bild). Beide Illustrationen zeigen das seltsame Wesen, das die beiden, unabhängig voneinander, in der Nacht zum 21. April 1977 gesehen haben.

DER DÄMON VON DOVER

Sicher erwartete der 17jährige Bill Bartlett nicht, ein Wesen aus einer anderen Welt zu sehen, als er am 21. April 1977 gegen 10.30 Uhr abends mit Freunden durch Dover, Massachusetts, fuhr. Doch vielleicht sah er tatsächlich eines, das meinen zumindest viele, die den Fall untersucht haben, und wenn man Bills Schilderung anhört, könnten sie sicherlich rechthaben.

Während der Fahrt fiel das Licht seiner Scheinwerfer plötzlich auf ein seltsames Wesen, das sich an an der Straßenseite entlang einer Steinmauer seinen Weg bahnte. Wie aus dem Bild ersichtlich ist, das Bill später anfertigte und das hier abgebildet ist, hatte das Wesen einen ungewöhnlich großen, melonenförmigen Kopf, zwei große, hervorstehende Augen, die orangefarben leuchteten, doch anscheinend weder Mund und Nase noch Ohren. Der Körper war klein, Hals und Glieder lang und dünn. Die Finger und Zehen waren schlank und biegsam. Das Wesen war scheinbar unbehaart, doch seine pfirsichfarbene Haut war sehr grob strukturiert. Es war ca. einen Meter groß und wurde nur von Bill gesehen (seine beiden Freunde blickten gerade in eine andere Richtung).

Bill konnte nicht wissen, daß sein unglaubwürdiger Bericht über diese mysteriöse Erscheinung schon bald von einem ganz anderen Augenzeugen bestärkt werden würde. Nicht einmal zwei Stunden später und nur ungefähr einen Kilometer entfernt befand sich der 15jährige John Baxter gerade auf dem Heimweg, als er ein seltsames Wesen bemerkte, das sich ihm näherte. Nachdem er auf seine Zurufe keine Antwort erhielt, hielt John inne, und währenddessen lief das Wesen davon. John folgte ihm, und als er bis auf neun Meter herangekommen war, konnte er es genau sehen. Es stand aufrecht auf den Hinterbeinen und hielt sich an einem Baumstamm fest. Als er jedoch die hell leuchtenden Augen sah, die ihn aus einem Gesicht ohne Mund und Nase anstarrten, siegte seine Angst über die Neugierde und er lief rasch wieder zur Straße zurück. Zu Hause angekommen, hielt auch er das Gesehene in einer Zeichnung fest, und wie man sieht, sind sich diese beiden unabhängig voneinander entstandenen Bilder sehr ähnlich.

Am 22. April gegen Mitternacht tauchte das Wesen, das die Schriftstellerin Loren Coleman als „Dämon von Dover" bezeichnet, erneut auf. Diesmal wurde es von der 15jährigen Abby Brabham gesehen, als sie vom 18jährigen Will Taintor mit dem Auto nach Hause gebracht wurde. Will sah das Wesen nur ganz kurz. Abbys Beschreibung glich der von Bill und John bis auf einen Punkt: Die Augen des Wesens, das sie sah, leuchteten grün und nicht orangefarben. So endete der seltsame Fall des Dämons von Dover – denn danach wurde nie wieder von einem solchen Wesen berichtet, und es gelang auch keine zufriedenstellende Erklärung.

Falls die Beschreibungen stimmen – und sie sind ja sehr einheitlich – ähnelt der Dämon von Dover keiner bisher erforschten Tierart, weder in Nordamerika noch anderswo. Vielleicht ist das Wesen jedoch nicht *völlig* unbekannt. Die Cree-Indianer in Ostkanada kennen eine mysteriöse Pygmäenrasse mit dem Namen Mannegishi, die Reisenden gerne Streiche spielt. Den Schilderungen der Cree zufolge haben die Mannegishi runde Köpfe, lange, dünne Beine, Arme mit sechs Fingern an jeder Hand und leben zwischen den Felsen der Wasserfälle. Abgesehen von der Fingerzahl erinnert diese Beschreibung sehr an den Dämon von Dover.

Pedro – Die rätselhafte Zwergmumie von Wyoming

Eines Tages im Oktober 1932, nachdem sie bereits einige Wochen lang in einer Schlucht am Fuße der San Pedro-Berge, ca. 100 Kilometer südwestlich der Stadt Caspar, in Wyoming, nach Gold gesucht hatten, glaubten Cecil Main und Frank Carr im massiven Stein der Schlucht etwas Goldenes zu sehen. Die einzige Möglichkeit festzustellen, ob es wirklich Gold war, bestand darin, die ganze Steinwand mit Dynamit zu sprengen, und das taten sie auch. Nachdem sich die Rauchwolken verflüchtigt hatten, blickten die beiden Männer durch das gähnende Loch und stellten zu ihrer Überraschung fest, daß in der Wand tatsächlich ein verborgener Raum war. Es handelte sich dabei um eine natürliche Höhle mit einer Länge von ca. 4,50 Metern, die jedoch nur 1,20 Meter hoch und breit war. Im Inneren der Höhle sahen sie eine Platte, auf der ein kleines, koboldähnliches Wesen mit überkreuzten Armen und Beinen saß.

Pedro: Auf Röntgenbildern war ersichtlich, daß die Mumie ein menschenähnliches Skelett mit einer Größe von nicht mehr als 35 Zentimetern besaß.

Bei näherer Betrachtung stellte sich jedoch heraus, daß es nicht mehr lebte. Tatsächlich handelte es sich um eine Mumie, die keiner der bislang gefundenen ähnlich war.

Erstens war sie außergewöhnlich klein. Im Sitzen war sie nicht ganz 18 Zentimeter groß, im Stehen betrug ihre Größe nur 35 Zentimeter. Doch schien es sich nicht um ein Kind zu handeln. Das Gesicht sah aus wie das eines grinsenden alten Mannes mit einer niedrigen Stirn, einer breiten, flachen Nase, großen Augen (von denen eines halb geschlossen war) und einem sehr breiten Mund mit dünnen Lippen. Die Haut war bronzefarben und stark runzelig, der Körper hatte die Form eines Fasses, die Hände waren groß, mit langen Fingern und winzigen, doch deutlich erkennbaren Fingernägeln. Der Kopf war oben auf ungewöhnliche Weise abgeflacht und mit einer dunklen, gallertigen Masse bedeckt, die nur am Rand einen schmalen Haarkranz freiließ.

Die Männer hoben die rätselhafte Figur vorsichtig vom Sims und brachten sie nach Caspar, wo ihr Fund auf enormes Interesse stieß. Man nannte ihn Pedro (nach dem Berg, wo er gefunden wurde), und er wurde schließlich von Ivan Goodman, einem Autohändler in Caspar, gekauft. Als die Wissenschaftler erstmals von der Entdeckung erfuhren, waren sie mißtrauisch und vermuteten eine Fälschung. Ivan Goodman zeigte jedoch die Mumie dem Anthropologen Dr. Henry Shapiro vom amerikanischen naturhistorischen Museum, dessen Interesse erwachte. Würde es sich bei der rätselhaften Zwergmumie lediglich um eine Fälschung handeln, die nur eine äußere Form und keinen inneren Organe besaß, würde ein Röntgenbild dies rasch zeigen. Aber man konnte eindeutig erkennen, daß Pedro ein menschenähnliches Skelett besaß. Man sah vollständige Rippenpaare, voll ausgebildete Arme und Beine, bei denen alle Knochen zu erkennen waren, sowie ein Rückgrat, das ehemals perfekt geformt gewesen war, jedoch eine Verletzung aufwies, und ebenso ein gebrochenes linkes Schlüsselbein. Es sah aus, als wäre dieses kleine Wesen eines gewaltsamen Todes gestorben, was nicht nur diese Verletzungen sondern auch den abgeflachten Kopf und die dunkle, gallertige Masse erklären würde. Bei einer Untersuchung wurde festgestellt, daß sein Schädel durch einen äußerst heftigen Schlag zerschmettert worden war. Bei der dunklen Masse handelte es sich um ausgetretene Hirnmasse und geronnenes Blut.

Trotz der Verletzung war sein Schädel so weit intakt, daß man Pedros geschlossene Fontanelle (die weiche Stelle zwischen den Schädelknochen) erkennen konnte, die nur Erwachsene aufweisen, während Babies und Kleinkinder eine offene Fontanelle haben. Dies wurde als Hinweis auf Pedros Alter verwendet. Zudem besaß Pedro ein vollständiges Gebiß mit großen und spitzen Eckzähnen. Seine Organe und sein Aussehen ließen vermuten, daß er bei seinem Tod ungefähr 65 Jahre alt war, und Shapiro nahm an, daß er nicht aus unserer Zeit stammte, sondern viel früher gelebt haben mußte.

Als Goodman 1950 starb, ging Pedro in das Eigentum von Leonard Wadler über, verschwand jedoch später. Niemand weiß, wo er sich heute befindet. Im Jahre 1979 zeigte man Pedros Röntgenbilder Professor George Gill, einem Anthropologen der Wyoming University, der meinte, es würde sich wahrscheinlich um ein Kind oder einen Fötus mit starken Mißbildungen handeln, deren Ursache Anenzephalie ist – eine Erkrankung, bei der ein Großteil von Gehirn und Schädel unentwickelt bleibt. Falls sich doch ein Gehirn ausbildet, würde es, so wie bei Pedro, nicht durch eine Schädeldecke geschützt sein. Dadurch ließe sich Pedros flacher Kopf sowie das geronnene Blut und die ausgetretene Hirnmasse erklären, jedoch nicht die charakteristischen Merkmale und das Gebiß eines Erwachsenen.

Im Jahre 1993 äußerte der französische Zoologe Dr. Francois de Sarre mir gegenüber die Meinung, daß es sich in Pedros Fall um einen Fötus gehandelt haben könnte, der an Mikrozephalie (abnorme Ausbildung von Gehirn und Schädel) litt, dessen Skelett man behutsam die Haut eines alten Mannes übergezogen hätte – auf die gleiche Weise stellen die Jivaros ihre Tzantzas oder Schrumpfköpfe her.

Professor Gill dachte, Pedro hätte vielleicht zu einer unbekannten prähistorischen Indianerrasse gehört. Viele der heutzutage in Amerika lebenden Indianer behaupten jedoch, daß es bis zum heutigen Tag auf dem amerikanische Kontinent eine sehr aggressive Art von Pygmäen oder kleinen Lebewesen gibt, deren Aussehen dem von Pedro sehr ähnlich ist. So berichtet zum Beispiel der Stamm der Schoschonen in Wyoming von einem Wesen, das sie Nimerigar nennen und von dem sie oft mit giftigen Pfeilen aus kleinen Bögen beschossen wurden. Laut Überlieferung töten sich diese Pygmäen sogar untereinander. Sobald einer von ihnen krank wird, köpfen sie ihn oder schlagen ihm den Schädel ein. Wie seltsam wäre es, wenn Pedro tatsächlich einer Euthanasie zum Opfer gefallen ist.

Ausserirdische Raumschiffe oder atmosphärische Wesen?

Viele Erscheinungen vermeintlicher fliegender Untertassen und UFOs beruhen einfach auf Verwechslungen von bestimmten irdischen oder astronomischen Objekten, wie zum Beispiel Wetterballone, dem Planet Venus, reflektierenden Nebeln oder Wolken, Leuchtsignalen, Vögel- oder sogar Insektenschwärmen, die Licht reflektieren, bikonvexen Wolken, Kondensstreifen, tief fliegenden Flugzeugen und Meteoren.

Die meisten Menschen denken, „echte" fliegende Untertassen und UFOs müßten die Raumfahrzeuge von Außerirdischen sein; was aber, wenn es sich zumindest bei einigen davon um bisher unentdeckte Lebewesen handelt, die auf unserem Planeten leben? Forscher in Nordamerika haben auch diese faszinierende Möglichkeit erwogen.

Es gibt nur wenige ökologische Nischen am Land oder im Wasser, die nicht von Lebewesen eingenommen werden, die diesem Lebensraum ange-

Eine bikonvexe Wolke über dem Joshua Tree National Monument, Kalifornien. Wirbelwinde sind oft Ursache für die Entstehung solcher „linsenförmigen" Wolken.

Dieses Foto, 1950 in Oregon aufgenommen, zeigt eine typische „fliegende Untertasse".

paßt sind. Doch wie sieht es in der Luft aus? Obwohl verschiedene Insekten und Vögel die meiste Zeit umherfliegen, gibt es kein einziges Lebewesen, das sein gesamtes Leben in der Luft verbringt und sich dem Lebensraum der Atmosphäre, welche die Erde umgibt, angepaßt hat. Oder doch?

Es ist bekannt, daß der Begriff „fliegende Untertasse" von einem Reporter geprägt wurde, der von einer Erscheinung berichtete, die Kenneth Arnold, ein Geschäftsmann aus Idaho am 24. Juni 1947 in der Nähe von Mount Rainier, Washington, gesehen hatte, während er eine Callair flog: neun flache, fliegende Objekte. Weniger bekannt ist, daß Arnold diese Objekte als lebende Organismen ansah und meinte, sie sähen wie „fliegende Quallen" aus.

Einen Monat später legte John P. Bessor aus St. Thomas, Pennsylvania, der amerikanischen Luftwaffe eine ähnliche Theorie vor, die er 1946 entwickelt hatte. Die U.S. Air beantwortete Force Bessors Schreiben mit den Worten: „eine der intelligentesten Theorien, von denen wir gehört haben."

Die Idee der „atmosphärischen Wesen" wurde 1955 in der USA durch die Publikation einer genauen Bewertung dieser Vorstellung durch die liberal denkende Gräfin Zoe Wassilko-Serecki unterstützt. Sie vermutete, die gesamte obere Erdatmosphäre wäre bevölkert von riesigen, blasenförmigen Lebewesen mit glühenden Körpern, die aus Energie und einem festen Kern zusammgengesetzt wären. Diese Wesen können ihr Aussehen willkürlich verändern und dabei jede Form annehmen. Als nichtkörperliche Wesen absorbieren sie dabei Energie. Nachdem dieses Werk erschienen war, wurden sehr viele UFOs und Flugkörper gesehen, welche an die von der Gräfin angekündigten atmosphärischen Wesen erinnerten.

Zusätzlich wurde ihre Theorie von dem Zoologen Ivan Sanderson, einem der berühmtesten Erforscher mysteriöser Erscheinungen, unterstützt. In den frühen 60er Jahren verglich John M. Cage aus New Jersey, Wissenschaftler und Erfinder des Hydrophons, Delphine, die den Schiffen folgen, mit UFOs, die Flugzeugen folgen, und stellte die Annahme auf, daß es sich dabei tatsächlich um intelligente Lebensformen handelt, die sich von negativer Elektrizität nähren.

Trevor James Constable, ein Funker der amerikanischen Handelsmarine, veröffentlichte seine Forschungsergebnisse 1978 mit dem Titel *Sky Creatures*.

Constable meint, einige der gesichteten UFOs seien tatsächlich riesige, unentdeckte, ursprüngliche Lebensformen, die ausschließlich in der Erdatmosphäre leben und sich diesem Lebensraum vollständig angepaßt haben. Er nannte diese speziell angepaßten Wesen „Critters" (von: „creatures", Wesen), und beschrieb sie als Einzeller (ähnlich den Amöben), die außen von einer Glimmer- oder Metallschicht umgeben sind und von unterschiedlicher Größe sein können – manche seien fast 1000 Meter, andere nur wenige Zentimeter lang. Laut Constable sind sie nur selten zu sehen, da sie oft Infrarotlicht reflektieren, das für das menschliche Auge unsichtbar ist. Unter gewissen Bedingungen wechseln sie jedoch ihre Farbe, und reflektieren auch sichtbares Licht, wodurch sie dann zu UFOs „werden". Anscheinend kann man sie mit einem Infrarotfilm mit speziellem Filter fotografieren, und in Constables Buch findet man viele Fotos angeblicher Critters, die in der Mojave-Wüste, in Kalifornien, aufgenommen wurden.

Im Jahre 1992 wurde durch das Werk *The Circlemakers* des britischen Autors Andrew Collins die Vorstellung von den lebenden UFOs, von den sogenannten Bioformen, auch außerhalb der USA bekannt. Collins berichtete, wie er auf der Suche nach einer Erklärung für die Kornfeldkreise (siehe S. 27–28) auf das Werk eines bisher unbekannten Wissenschaftlers namens Wilhelm Reich gestoßen war, der angeblich eine mysteriöse Energieform mit dem Namen Orgon entdeckt hatte. Collins meinte, darin könnte der Schlüssel zum Geheimnis der Kornfeldkreise liegen, denn alle Erscheinungen, die von den Kornfeldkreisen unserer Tage berichtet wurden, wären auch im Zusammenhang mit den von Constable erläuterten Critters aufgetreten. Wenn die Critters aus Orgon bestehen, wäre das eine Erklärung für die Bildung der Kornfeldkreise, die beim Kontakt der Critters mit der Erdoberfläche entstehen würden.

Sollten die Critters tatsächlich existieren, könnte es noch andere atmosphärische Wesen auf unserem Planeten geben. Während des Zweiten Weltkriegs wurde von Jagdfliegern eine Frühform des UFOs gesichtet. Sie berichteten von kleinen, hell leuchtenden, weißen oder roten Lichtkugeln, die auf seltsam intelligente, ja sogar spielerische Art um das Flugzeug tanzten – fast so, als wollten sie feststellen, womit sie es zu tun haben.

„Wie fliegende Quallen" beschrieb 1947 ein Augenzeuge neun flache, fliegende Objekte, die vielleicht ebenso beeindruckend aussahen wie diese Meeresqualle, die in Dr. Richard Lydekkers ***The Royal Natural History*** *(1894–1896) abgebildet ist.*

Die Lichtkugeln wurden Foo Fighters („närrische Flieger") genannt und für geheime, feindliche Waffen gehalten, bis man herausfand, daß sie von allen Piloten – Amerikanern, Briten, Deutschen und Japanern – gesehen wurden. Oft tauchen ähnliche Objekte auf Radarschirmen auf. Sie werden Gizmos („unbekannte Flieger") oder Angels („Engel") genannt. Constable meint, daß es sich bei den Foo Fighters um ganz primitive atmosphärische Wesen handelt, die weniger empfindungsfähig sind als die großen.

Zweifelsohne ist die Theorie, daß UFOs lebendige atmosphärische Wesen sind, eine sehr radikale Ansicht, die vermutlich von den konservativeren Wissenschaftlern zurückgewiesen wird. Daher sollte zu guter Letzt ein führender Biologe des amerikanischen Luftwaffenstützpunkts Wright-Patterson in Dayton, Ohio, wo sich die Stelle für UFO-Forschungen der amerikanischen Luftwaffe befindet, zu Wort kommen. Da es sich um ein zwar diskutiertes, aber dennoch sehr umstrittenes Thema handelt, möchte er anonym bleiben, doch seine Aussage spricht für sich:

Wenn man einen Stein ins Wasser wirft, sieht man, wie die Wassertiere, die Nymphen, Krebse, Elritzen und Wasserinsekten – voll Schreck auseinanderstieben. Doch noch bevor sich das Wasser wieder geglättet hat, kommen sie zurück und untersuchen voll Neugier, was geschehen ist. Vielleicht haben Ereignisse auf der Erde – Nuklearexplosionen, Raketenflüge in die Stratosphäre und so weiter – dieselbe Wirkung wie ein Stein, der ins Wasser geworfen wird. Sie stören die Stratosphäre, vielleicht entsteht sogar eine Bewegung im All. Und die atmosphärischen Wesen, die das All bevölkern, kommen voll Neugier, um festzustellen, was geschehen ist.

Als Zoologe war ich immer verwundert, daß es auf unserem Planeten keine Wesen gibt, die ausschließlich in der Luft leben, vor allem weil die Evolution jedes andere Element mit Leben bevölkert hat. Falls Befürworter der Theorie der atmosphärischen Wesen recht haben sollten, bin ich bloß frustriert, daß ich noch nicht die Möglichkeit hatte, ein erstaunliches Geheimnis der Evolution zu erforschen.

Irdische oder Überirdischer Besuch von Venus

Erstaunlich viele Amerikaner haben schon Außerirdische gesehen, die behaupten, von einem anderen Planeten unseres Sonnensystems, speziell von der Venus, zu kommen.

Der bekannteste Besuch von der Venus erfolgte am frühen Nachmittag des 20. November 1952 in der kalifornischen Wüste in der Nähe von Desert Center, als der 61jährige George Adamski, ein UFO-Fanatiker, auf einen menschenähnlichen Venusianer mit sandfarbenem Haar stieß. Dieses Wesen mit graugrünen Schlitzaugen und einem braunen, unbehaarten Gesicht trug einen schillernden Overall und kommunizierte beinahe eine Stunde lang mittels Zeichensprache und Telepathie mit Adamski, bevor es wieder an Bord seines Raumschiffes ging, das in der Nähe abgestellt war. Adamski berichtete, es gelang ihm, Fotos von dem Raumschiff zu machen, und seine Kollegen hatten die Zusammenkunft mit dem Außerirdischen in einem Abstand von 1,50 Kilometern durch ihre Ferngläser beobachtet.

In seinen Büchern *Flying Saucers Have Landed* und *Inside the Space Ships* gab Adamski an, den Venusianer mehrmals getroffen zu haben und an Bord seines Raumschiffes gewesen zu sein, mit dem er zur anderen Seite des Mondes reiste, wo er Städte, Wälder, Berge, Seen und ein vierbeiniges, behaartes Tier fand. Später behauptete er sogar, zum Saturn gereist zu sein, wo er an einer interplanetaren Konferenz teilnahm.

Natürlich wurden Adamskis Berichte von der Wissenschaft nicht akzeptiert, und die Skepsis wurde durch die nach seinem Tod im Jahr 1965 gewonnenen Forschungsergebnisse der Astronomie bestätigt. Apollo 11 zeigte 1969, daß der Mond eine unbelebte Einöde ist, die mit fortschrittlicher Zivilisation und landschaftlicher Schönheit nichts gemein hat. Ebenso stellte man fest, daß der

Eines der berühmten Fotos von George Adamski: ein interplanetares Raumschiff von der Venus mit fünf Spähflugzeugen – oder ein Modell aus Flaschenkühlern und Futternäpfen?

Saturn nur aus Gasen, hautpsächlich Wasserstoff bestand. Wie konnte er also als Tagungsort der kosmischen Konferenz dienen, die Adamski angeblich besucht haben soll, oder überhaut menschenähnliches Leben ermöglichen.

Sogar die berühmten Fotos des Raumschiffes von der Venus haben sich nachträglich als zweifelhaft entpuppt. Heute ist sich die Wissenschaft allgemein einig, daß es sich um Fälschungen handelt, bei denen Modelle aus Flaschenkühlern und Futternäpfen aufgenommen wurden.

Es ist auch schwer vorstellbar, daß auf der Venus eine menschenähnliche Zivilisation existieren kann. Die glühend heißen Oberflächentemperaturen von 480 °C, die unzähligen Vulkane, ständige Stürme und Gewitter und der Schwefelsäureregen haben die Astronomen zu einem Vergleich mit der Hölle angeregt.

In dem Versuch, diese Fakten zu umgehen, haben Esoterikforscher gemeint, daß die Wesen auf der Venus normalerweise in einer Dimension mit stärkerer „Atomvibration" leben, als sie in der dreidimensionalen Welt auftritt, in der wir uns normalerweise bewegen. Es ist für sie eine absolut realistische Dimension, aus der sie jedoch „herabsteigen" müssen, wenn sie den Wunsch haben, sich den Erdbewohnern zu zeigen.

Samuel Thompson beobachte 1950 eine Schar winziger, nackter Venusmenschen mit hüftlangem, blonden Haar und dunkler Haut, als sie unbeschwert auf einer Lichtung bei Markham, Washington, spielten, und ihr Raumschiff ganz in der Nähe stand. Auch wenn sie wie alle anderen vermeintlichen Venusianer gutmütig waren, wirkten sie auf Thompson wie Kinder. Seine Schilderung gleicht eher der von Elfen oder anderen traditionellen kleinen Lebewesen als der von ETs.

Sie waren von der Art her ganz anders als die hochentwickelten, völlig menschenähnlichen Venusianer, die Howard Menger im Laufe seines Lebens immer wieder kontaktierten, nachdem er 1932 als 10jähriger zum ersten Mal eine schöne, weibliche Venusbewohnerin mit goldenen Augen in der Nähe seines Hauses in New Jersey gesehen hatte. Menger berichtete, die Venusianer wären uns technologisch um 2500 Jahre voraus und würden sich vegetarisch ernähren.

Die „Aetherius Society" widmet sich der Speicherung spiritueller Energie in sogenannten „Batterien" in den Bergen. Sie war 1954 von George King, einem ehemaligen Taxifahrer aus London, gegründet worden. King behauptet, der irdische Abgeordnete eines interplanetaren Parlaments zu sein, dessen Sitz auf dem Saturn ist, und auch, mit einem unsichtbaren, auf der Venus lebenden kosmischen Meister namens Aetherius in Verbindung zu stehen. Die Venusianer sind 2–2,75 Meter groß, haben langes, helles Haar, zimtfarbene Haut, Augen ohne Pupillen und winzige Füße. Sie müssen nicht essen und nehmen die erforderliche Energie nur durch die Atmung auf.

Gibt es eine Möglichkeit, die vielen widersprüchliche Aussagen über Venusbewohner aufeinander abzustimmen? In ihrem Werk *Life Beyond Planet Earth* stellen Janet und Colin Bord einige interessante Betrachtungen an.

Viele UFO-Skeptiker denken, daß es sich bei der Vielfalt im Aussehen und der Lebensweise der Venusbewohner in den Beschreibungen in Wirklichkeit um Halluzinationen oder Visionen handelt, die durch Angst, Streß, Drogen oder sogar Appetitzügler ausgelöst wurden. Wie die Bords jedoch feststellen, kann es sich teils um Illusion, teils um Wirklichkeit handeln. Vielleicht nehmen die Venusianer absichtlich das Aussehen an, das sie in der jeweiligen Situation und für den jeweiligen Beobachter am wirksamsten halten.

Der interessanteste Aspekt der Besuche von der Venus ist jedoch derjenige,

George Adamski begegnete im Jahre 1952 angeblich einem menschenähnlichen Venusianer mit sandfarbenem Haar in der Nähe von Desert Center, Kalifornien.

daß es sich bei den Wesen vielleicht gar nicht um Bewohner dieses Planeten handelt. Interessanterweise fanden die meisten Begegnungen statt, bevor Raumsonden ins All geschickt wurden, mit deren Hilfe man feststellte, daß es in diesen Welten keine eigenen fortschrittlichen Lebensformen gebe. Die Bords meinen, seit damals „haben außerirdische Wesen weiterhin Kontakt mit den Erdenbewohnern aufgenommen. Sie sagen jedoch nicht mehr, daß sie von unserem Sonnensystem kommen. Da der Mensch das Universum immer mehr erforscht, ziehen sich die Wesen zurück und ändern ihre Taktik."

Die Bords erklären dies damit, daß sie in Wirklichkeit aus einer uns nahen Welt stammen, näher, als wir ahnen – ein zweiter Planet Erde, der den gleichen Raum einnimmt, jedoch eine andere Dimension. Da die Bewohner dieser Dimension uns besuchen können, wir aber sie nicht, muß ihre Welt weitaus fortschrittlicher sein, sowohl in sozialer als auch technologischer Hinsicht. Vielleicht sehen sie die Existenz ihres Planeten bedroht, wenn unsere Kultur, die viel aggressiver ist, einen Weg findet, in ihre Welt einzudringen. Und indem sie uns Geschichten über die Wesen auf anderen Planeten erzählen, lenken sie uns ab von der weitaus wahrscheinlicheren Vorstellung ihrer Reisen zwischen den Dimensionen.

Es gibt noch eine weitere Theorie, welche eine außerirdische Herkunft der angeblichen Venusbewohner ausschließt. Ist es möglich, daß sie tatsächlich aus der Zukunft unseres Planeten stammen, wie einige UFO-Forscher vermuten? Handelt es sich bei diesen Wesen um eine hochentwickelte, fortschrittliche Menschenrasse, unsere eigenen Nachkommen in ferner Zukunft, die uns besuchen, um uns von unheilbringenden Vorhaben abzubringen oder um uns als Vertreter ihrer weniger entwickelten, barbarischen Vergangenheit zu studieren. Wenn wir Zeitreisen in Erwägung ziehen, tauchen all die damit zusammenhängenden, paradoxen Vorkommnisse auf, die entstehen, wenn die Zukunft die Vergangenheit beeinflußt. Doch besteht kaum ein Zweifel, daß unsere freundlichen Nachbarn, die Venusianer – von wo sie auch immer kommen und wer sie auch sein mögen – eindeutig an unseren Aktivitäten interessiert sind. Es wäre interessant und vor allem beruhigend, zu erfahren, warum sie sich so für unser Schicksal interessieren.

Die Kobolde von Hopkinsville

Die bekanntesten Fälle angeblicher Begegnungen mit Außerirdischen (ETs) traten in Nordamerika auf. Ihre Authentizität ist aber noch immer nicht geklärt. Hier gibt es jedoch mindestens eine bemerkenswerte Ausnahme – und das sind die erstaunlichen Kobolde von Hopkinsville.

Am Abend des 21. August 1955 unterhielten sich die Suttons (sieben Erwachsene und drei Kinder) mit einem Besucher, einem Freund aus der Umgebung namens Billy Ray Taylor, im Farmhaus der Familie in dem kleinen Dorf Kelly, nahe Hopkinsville, Kentucky. Gegen acht Uhr abends ging Taylor hinaus, um Wasser von einem Brunnen hinterm Haus zu holen, wo er ein silbernes Objekt sah, das über das Haus flog und 100 Meter weiter weg in einem von Bäumen umgebenen Gully landete. Als er den Suttons davon erzählte, reagierten sie mit Belustigung und glaubten ihm nicht. Kurz danach begann jedoch draußen ihr Hund wie verrückt zu bellen, so daß Taylor und Elmer, einer der Sutton-Söhne, hinausgingen, um nach dem Rechten zu sehen. Zu ihrer ungeheuren Überraschung sahen sie ein leuchtendes, koboldähnliches Wesen auf sie zuschweben. Da die Männer Gewehre trugen, schossen sie beide auf das Wesen, das jedoch nicht zu Boden fiel, sondern zurückschnellte und davonflog.

Es kam jedoch rasch wieder zurück, diesmal in Begleitung von mindestens einem Artgenossen. Während der folgenden drei bis vier Stunden wurden die Suttons von diesen ungewöhnlichen „außerirdischen Kobolden" belagert, die sich rundherum auf den Bäumen und am Haus niederließen und durch die Fenster spähten. Eines dieser Wesen beugte sich sogar vom Vordach und packte Taylor, der darunterstand, mit seiner klauenähnlichen Hand an den Haaren.

Die Suttons sagten in späteren Interviews, jeder „Kobold" sei 75–105 Zentimeter groß und silbrig glänzend gewesen und hätte zwei Füße gehabt. Der spitz zulaufende Kopf war ungewöhnlich groß und hatte zwei antennenähnliche Fühler. Die Kobolde hatten ein spitzes Kinn, eine kegelförmige Nase mit einem runden Knopf an der Spitze sowie zwei große, spitze, elephantenähnliche Ohren. Die großen, hervorquellenden, auf der Seite angebrachten Augen leuchteten gelb, und die Oberlippe des äußerst großen Mundes war unter die Unterlippe geschoben. Hals hatten sie keinen.

Ihre Brust war breit, der restliche Oberkörper jedoch sehr dünn, und die

Einer der Kobolde von Hopkinsville beugte sich angeblich vom Vordach, um Billy Ray Taylor an den Haaren zu packen.

Arme und Beine richtiggehend dürr. Die Arme waren auch sehr lang, so daß die großen Hände im Stehen beinahe den Boden berührten. Auf jeder Hand waren vier klauenähnliche Finger mit Häuten dazwischen. Die Beine waren weitaus kürzer als die Arme, und die Füße sahen wie Saugnäpfe aus. Die Wesen waren schwanzlos.

Mit solch ungewöhnlichen Wesen konfrontiert zu werden, ist schlimm genug. Was aber die Suttons am meisten verunsicherte, war der Umstand, daß ihnen Gewehrkugeln anscheinend absolut nichts anhaben konnten.

Sie wurden etliche Male getroffen, schnellten jedoch wie Zirkusakrobaten zurück und rannten davon oder glitten langsam zu Boden, wenn sie auf einem Baum angeschossen wurden.

Es ist nicht verwunderlich, daß die unglaubliche Geschichte die Polizisten in Hopkinsville völlig verblüffte, doch bemerkten sie auch, wie groß die Furcht der Suttons war.

Etwas hatte diese robusten, bodenständigen Menschen furchtbar erschreckt. Greenwell und die anderen Polizisten brachten die Suttons dazu, mit ihnen zum Haus zurückzufahren, wo sie jedoch nichts finden konnten. Doch sobald die Polizisten von der Farm weggingen und wieder nach Hopkinsville fuhren, kehrten die Kobolde zurück, um auf gleiche Weise wie zuvor das Haus und seine Insassen zu erforschen. Bei Sonnenaufgang waren sie verschwunden – und diesmal kehrten sie nicht wieder.

Die mögliche Fortsetzung zum Abenteuer der Suttons ereignete sich in der Nähe von Gastagh in Vicenza, Italien, am 24. November 1978. Angelo D'Ambros war gerade beim Holzsammeln in einem Wald, als er zwei kleinen Wesen begegnete, die den Kobolden von Hopkinsville äußerst ähnlich sahen und wie diese durch die Luft glitten anstatt zu gehen. Er bedrohte sie mit einem Holzstück, worauf sie flüchteten. D'Ambros, der sie verfolgte, sah, wie sie ein 2 Meter hohes kuppelförmiges, auf Füßen stehendes Raumschiff bestiegen, das sofort abhob und mit großer Geschwindigkeit davonflog.

Der Fall der Kobolde von Hopkinsville wurde von vielen verschiedenen UFO-Forschern genauestens untersucht, doch bis jetzt erbrachte niemand einen Beweis, daß es sich um eine Fälschung, eine Massenhalluzination oder eine Verwechslung mit bekannten Tierarten gehandelt haben könnte. Gleichermaßen interessant ist, daß kein einziger der elf Augenzeugen jemals diese Geschichte ganz oder teilweise zurückgezogen hat, obwohl sie immer wieder öffentlich lächerlich gemacht wurde. Wenn sich dieser Vorfall also tatsächlich ereignet hat, erhebt sich die Frage, von wo die mysteriösen Besucher der Suttons kamen.

Wenn es sich wirklich um Außerirdische handelt, überschreiten sie die Grenzen unserer Welt – und auch dieses Buches. Doch ebenso wie bei den Besuchen der Venusianer (siehe S. 137–139) besteht die Möglichkeit, daß die Herkunft der Kobolde von Hopkinsville eher in einer anderen Dimension als in einer anderen Welt liegt. Die winzigen Wesen mit den großen Köpfen und Ohren, den dünnen Gliedern und hervorquellenden Augen weisen eine verblüffende Ähnlichkeit mit bestimmten Arten von kleinen Lebewesen auf, vor allem mit den Kobolden – daher auch ihr ufologischer Spitzname. Beim Lesen der UFO-Literatur tritt immer stärker zutage, daß Begegnungen von Menschen mit angeblichen ETs und den kleinen Lebewesen überraschend ähnliche Merkmale tragen.

Ebenso wie Feen, Elfen und andere kleine Lebewesen sind manche ETs klein und geben ein Licht ab oder sind in einer Lichtkugel eingeschlossen. Sie scheinen unempfindlich gegenüber Gewehrkugeln oder ähnlichem zu sein und können über dem Boden schweben. ETs und kleine Lebewesen teilen miteinander die Fähigkeit zu verschwinden, ohne eine Spur zu hinterlassen, und die Menschen, die ihnen begegnen, zu hypnotisieren, zu verzaubern.

In vielen Fällen, in denen Menschen angeblich von ETs entführt wurden, meint der Betreffende, nur für kurze ganz Zeit entführt worden zu sein. Dieses Phänomen taucht auch in vielen volkstümlichen Erzählungen und Märchen auf, in denen von Feen entführte Menschen dies zwar meinen, bis sie feststellen, daß in Wirklichkeit viele Jahre, oder sogar Jahrhunderte, vergangen sind.

Der Vergleich kann noch weiter geführt werden: Wie in manchen Berichten über Entführungen durch Außerirdische bizarre Vorstellungen auftauchen, daß die Menschen gezwungen worden seien, sich mit ihren Kidnappern zu paaren (scheinbar um den außerirdischen Stammbaum aufzubessern), gibt es auch Erzählungen von Feen, die Kinder entführen, sie aufziehen und den tatsächlichen Eltern ein anderes unterschieben.

Doch wo liegt eine gemeinsame Identität? Heute gibt es mehr Berichte über UFOs und ETs als über kleine Lebewesen. Wenn sie wirklich existieren, warum sollten sich nicht auch die kleinen Lebewesen weiterentwickelt haben? Es wäre nicht überraschend, daß wir nur das Flugzeug und bemannte Mondraketen erfunden haben, während die kleinen Lebewesen des ausgehenden 20. Jahrhunderts bereits über fortschrittlichere Flugmaschinen verfügen, nämlich über UFOs. Auch wenn diese Ideen eher wie Science-Fiction klingen, erkennen die UFO-Forscher, daß die Parallelen bei Begegnungen mit beiden Arten groß sind.

Falls, wie die Erforscher der kleinen Lebewesen annehmen, diese Rasse aus einem erdähnlichen Universum stammt, sich aber zwischen beiden Welten frei bewegen kann, könnte dies eine Erklärung für Besuche wie die der Kobolde von Hopkinsville sein und vielleicht auch für die „Venusianer", die Samuel Thompson (siehe S. 138) beobachtete.

*Großer Kopf, große Ohren, dünne Glieder, hervorquellende Augen ... traditionelle Bilder von kleinen Lebewesen – aus Arthur Rackhams **A House Plagued by Strange Creatures** (1905) – weisen eine verblüffende Ähnlichkeit mit Außerirdischen auf.*

Der Mottenmann

Ein graues Wesen mit zwei großen, gefalteten Flügeln und einer Größe von 1,80–2 Metern stand auf zwei kräftigen, hominiden Beinen und starrte mit glühend roten Augen das näherkommende Auto an. Die Augen schienen direkt am Körper zu liegen, da das Wesen keinen Kopf hatte oder zumindestens keinen erkennbaren Hals, der vom Körper weg in den Kopf überging. Diese unheimliche, menschenähnliche Erscheinung sahen Roger Scarberry, seine Frau und zwei Freunde auf sich zulaufen, als sie am 15. November 1966 gegen 11.30 Uhr nachts an einer nach dem Krieg stillgelegten Sprengstofffabrik nahe Point Pleasant, West Virginia, vorbeifuhren.

Starr vor Schreck versuchten sie davonzufahren und beschleunigten auf 160 km/h, doch das Wesen – oder ein weiteres dieser Art – flog ihnen nach und stieß dabei schaurige, spitze Schreie aus. Es konnte mühelos mit dem Auto Schritt halten, sogar ohne die riesigen Flügel zu bewegen. Als sie sich Point Pleasant näherten, verschwand es jedoch, und als sie zum Gerichtsgebäude von Mason County kamen, berichteten sie dem stellvertretenden Polizeichef Millard Halstead von ihrer schrecklichen Begegnung. Er fuhr mit ihnen zur Fabrik, doch es war nichts zu sehen.

In Point Pleasant war das nicht die erste Begegnung mit einem solchen Wesen. Im Jahre 1961 hatte ein ähnliches Ungeheuer zwei Personen in einem Auto erschreckt, als sie auf der Route 2 den Ohio River entlangfuhren.

Der Mottenmann: Mit glühendroten Augen, riesigen Flügeln und ohne Hals.

Das Wesen stand in der Mitte der Straße, und als das Auto näherkam, breitete es plötzlich die riesigen Flügel mit einer Spanweite von drei Metern aus und schwang sich kerzengerade in die Luft.

Aufgrund des Erlebnisses der Scarberrys wurde dieses seltsame Wesen in die Schlagzeilen gebracht und erhielt den Namen „Mottenmann". Während der nächsten 13 Monate wurde es in oder um Point Pleasant angeblich von über 100 weiteren Augenzeugen gesichtet, deren Schilderungen großteils mit denen der Scarberrys übereinstimmten. Ende 1967 verschwand der Mottenmann anscheinend so rasch wie er gekommen war, denn er wurde nie mehr gesehen.

Der 1975 erschienene Klassiker *The Mothman Prophecies* von John Keel liefert eine umfassende und nachdenklich stimmende Dokumentation. Keel zeigt in seinem Buch, daß diese unheimliche Erscheinung zur damaligen Zeit nicht der einzige rätselhafte Vorfall in der Gegend um Point Pleasant war. Es grassierten auch unzählige Berichte über UFOs und schreckliche Verstümmelungen von Tieren, und viele Häuser in der Gegend erhielten beunruhigenden Besuch – unheimliche, stets schwarz gekleidete, anonyme Beamte – ein mysteriöses Phänomen, das normalerweise als „die Männer in Schwarz" bezeichnet wird.

Daher kamen Keel und eine Reihe anderer Forscher zu dem Schluß, daß es sich beim Mottenmann um eine übersinnliche Erscheinung handelt, möglicherweise um einen Eindringling aus einer anderen Zeit- und Raumdimension.

Eine traditionellere Erklärung lieferte Dr. Robert Smith, ein Biologe der West Virginia University, der meinte, der Mottenmann könnte ein Zugvogel aus der Familie des großen, graugefiederten Kanadakranichs oder *Grus canadensis* gewesen sein. Doch diese Vogelart hat einen langen Hals und daher kaum eine Ähnlichkeit mit dem angeblich halslosen Mottenmann.

Die verblüffendste Lösung wurde vermutlich 1988 vom Forscher Mark Hall in *Thunderbirds! The Living Legend of Giant Birds* geboten. Hall weist darauf hin, daß im nordwestlichen Pazifik, dem Ozark-Gebirge in Missouri und dem Allegheny-Plateau in Pennsylvania (dem

Nachbarstaat von West Virginia) die Indianer ebenso wie die ersten westlichen Siedler fest an die Existenz einer Rieseneule glaubten, die sie als große Eule, Booger Eule oder Big-hoot (hoot = Eulenschrei) bezeichneten. Eine solche Eule ist der Wissenschaft nicht bekannt, doch könnte sie dem Mottenmann ähnlich sehen; anders als die meisten anderen Tierarten haben Eulen große Augen, die rot aufleuchten können.

Doch solange man keine greifbaren Beweise für die Existenz eines Big-hoot hat, wird die Rieseneule von den Zoologen ebenso wenig akzeptiert wie der Mottenmann selbst, was auch immer er gewesen sein mag.

DER VERRÜCKTE GASVERGIFTER VON MATTOON

„Groß, dunkel gekleidet, mit einer engsitzenden Kappe" – so wird der Gasvergifter von Mattoon beschrieben, der seine Opfer mit einem rätselhaften Duftstoff betäubte.

Am 31. August 1944 gegen 11 Uhr nachts erwachte Mrs. Kearney im Schlafzimmer ihres Hauses in Mattoon, Illinois, und war erstaunt, daß der Raum von einem mysteriösen, süßlichen Geruch erfüllt war. Später äußerte sie einem Lokalreporter gegenüber: „Zuerst dachte ich, der Geruch käme von den Blumen am Fenster. Doch er wurde immer stärker, und ich fühlte eine Lähmung in den Beinen und im Unterkörper. Ich bekam Angst und schrie."

Nachbarn und Polizei durchsuchten die Gegend rund ums Haus, jedoch ohne Erfolg. Als ihr Mann zwei Stunden später nach Hause kam, sah er vor dem Schlafzimmerfenster die verschwommenen Umrisse einer Gestalt. Als diese Mr. Kearney erblickte, rannte sie weg. Er folgte ihr, konnte sie jedoch nicht einholen. In der Zwischenzeit erholte sich seine Frau langsam von der lähmenden Wirkung des Gases.

Laut Kearney war das mysteriöse Wesen „groß, dunkel gekleidet und trug eine eng sitzende Kappe". Diese Schilderung wurde auch von anderen Bewohnern von Mattoon gegeben, denn Mrs. Kearney blieb nicht die einzige, die einen Besuch dieses Wesens erhielt, das unter dem Namen „der verrückte Gasvergifter von Mattoon" bekannt wurde.

Alle seine Opfer litten an denselben vorübergehenden Lähmungserscheinungen, die von Übelkeit, Schwellungen und brennenden Schmerzen im Gesicht begleitet waren. Doch die Bemühungen der Polizei, dieses scheinbar gestörte Individuum aufzugreifen und den Grund für sein seltsames Verhalten herauszufinden, blieben erfolglos.

Am Abend des 5. Septembers fanden Beulah Cordes und ihr Mann beim Nachhausekommen auf ihrer Veranda ein Tuch, das mit einer seltsam riechenden Flüssigkeit getränkt war. Als Mrs. Cordes aus Neugierde daran roch, traten dieselben Symptome auf. Die Polizei ließ daraufhin das Tuch von der Illinois University untersuchen, erhielt jedoch kein Resultat dieser Analyse.

Nach 11 Tagen, während denen der Gasvergifter an den meisten Abenden aktiv gewesen war, jedoch nicht gefaßt werden konnte, gab Polizeichef E. C. Cole ein offizielles Statement ab, in dem das ganze Phänomen als Massenhysterie abgetan wurde. Es hätte nie einen Gasvergifter, ein Gas oder mysteriöse Besuche gegeben. Verständlicherweise gaben sich die angeblichen Opfer des Gasvergifters mit dieser Lösung nicht zufrieden. Auch Forscher wie Loren Coleman, deren Bücher ein neues Interesse an diesem beinahe in Vergessenheit geratenen Phänomen geweckt haben, stimmen der offiziellen Version nicht zu.

Wenn der Gasvergifter wirklich nur eine Einbildung war, wen hat Bert Kearney verfolgt? Was war diese komisch riechende Flüssigkeit auf dem Tuch? Und wie konnten verschiedene Leute, völlig unabhängig voneinander, dieselben Einzelheiten über den genauen Geruch und die Wirkungen des mysteriösen Gases schildern? Bei der Beantwortung dieser Fragen sind wir heute noch nicht weiter als die Polizei von Mattoon im Jahre 1944 – und das ist nicht gerade beruhigend.

Übernatürliches aus der Geschichte Nordamerikas

Geflügelte Kidnapper

Am 25. Juli 1977 gegen 8.30 Uhr abends rannte der 10jährige Marlon Lowe im wahrsten Sinne des Wortes um sein Leben. Er hatte mit zwei Freunden im Garten seines Hauses in Lawndale, Illinois gespielt, als plötzlich zwei riesige schwarze Vögel vom Himmel herabstießen und die Jagd auf Travis Goodwin, einen von Marlons Freunden, aufnahmen. Travis konnte zum Glück entkommen, indem er in den Swimming Pool sprang. Daher richtete das unheilvolle Duo seine ganze Aufmerksamkeit auf Marlon, der so rasch wie möglich davonrannte, jedoch nicht schnell genug war. Noch während er lief, spürte er voll Schrecken die Klauen eines der beiden Riesenvögel, der ihn bei den Schulterträgern seines ärmellosen Hemds packte. Im nächsten Moment wurde der Junge, der 30 Kilogramm wog, ca. drei Meter vom Boden emporgehoben.

Marlon setzte sich zur Wehr und schrie so laut er konnte, während der Vogel ihn mühelos ungefähr zwölf Meter weit, vom Garten hinter dem Haus bis zum Vorgarten, trug.

Seine Eltern Ruth und Jack Lowe hörten die Schreie und kamen ebenso gelaufen wie zwei Freunde der Familie, die in der Nähe arbeiteten. Ruth war als erste da – und sah ein Horrorszenario, das ihr das Blut in den Adern erstarren ließ. Ihr Sohn wurde gerade von einem riesigen schwarzen Vogel, der Ähnlichkeit mit einem Kondor hatte, gekidnappt. Er schlug mit aller Gewalt auf seine Klauen ein, doch sein gefiederter Entführer hob ihn immer höher empor.

Marlon Lowe mit seiner Mutter nach dem furchtbaren Ereignis im Juli 1977.

Ein paar Sekunden später muß einer seiner Schläge den Vogel jedoch an der richtigen Stelle getroffen haben, denn plötzlich öffnete dieser seine Klauen und ließ Marlon zu Boden fallen. Daraufhin flogen beide Vögel rasch davon. Marlons Mutter berichtete später in einem Interview mit der Lokalzeitung: „Er schlug mit den Fäusten auf ihn ein. Hätte er das nicht getan, hätte ihn der Vogel bestimmt nicht fallengelassen."

Die vier Erwachsenen rannten zu dem entsetzten Jungen und stellten zu ihrer Erleichterung fest, daß er nur einen Schock hatte, und sein Hemd, an der Stelle, an der ihn der Vogel gepackt hatte, zerrissen war. In den folgenden Wochen forderte das Erlebnis jedoch seinen Tribut: Marlon litt immer wieder an Alpträumen – „Er kämpfte die ganze Nacht gegen diese Vögel", äußerte seine Mutter gegenüber der Presse – und die gesamte Familie wurde aufs heftigste von Skeptikern und Zynikern angegriffen.

Das Trauma des Jungen äußerte sich jedoch am dramatischsten auf sichtbare Weise: Innerhalb eines Jahres ergraute Marlons kupferrotes Haar.

Das ist einer von vielen merkwürdigen Berichten über Begegnungen mit Riesenvögeln in Nordamerika – Vögel, die es nicht geben kann, die jedoch tatsächlich zu existieren scheinen.

Marlon Lowe und seine Eltern meinten, daß der Vogel, der seinem Entführer am ähnlichsten kommt, der Andenkondor *Vultur gryphus* ist – eine schwarze Geierart mit einer Flügelweite von bis zu 3,20 Metern. Diese Art ist jedoch nicht in Nordamerika heimisch. Es gibt eine etwas kleinere Version, den kalifornischen Kondor *Gymnogyps californianus*, der in den USA einst weit verbreitet war, doch kam er 1977 in freier Wildbahn kaum noch vor. Außer-

dem sind Kondorfüße so gebaut, daß sie unmöglich etwas so Schweres wie einen 10jährigen Jungen aufnehmen und tragen können. Also was war dieser mysteriöse Vogel wirklich?

Die alten Sagen und Legenden der Ureinwohner in ganz Nordamerika berichten von riesigen Geiern oder Adlern, die „Donnervögel" genannt werden. Außerdem behaupten auch heutzutage viele Menschen in Kanada und den USA, daß sie geierähnliche Vögel mit kolossalen Flügelspannweiten gesehen hätten – monströse Wesen, die sicherlich ein Kind tragen könnten, und die an die mythischen Donnervögel erinnern, jedoch nicht als irgendeine heute lebende Vogelart identifiziert werden können.

Am 10. April 1948 sah Clyde Smith mit seiner Frau und seinem Freund Les Bacon in Overland, Illinois, ein riesiges Objekt, das am Himmel flog. Sie dachten, es würde sich dabei um ein dunkelgraues Flugzeug handeln, bis es seine Flügel zusammenschlug. Erst dann wurde ihnen klar, daß sie es mit einem gigantischen Vogel mit einer Flügelspanne von weit über sechs Metern zu tun hatten – doppelt so groß wie die Flügelspanne jedes der Wissenschaft derzeit bekannten Vogels.

Aus noch geringerer Distanz sah im Mai 1961 ein New Yorker Geschäftsmann beim Flug mit seinem Leichtflugzeug entlang des Hudson Valley River einen riesigen Vogel, der seine Maschine im Gleitflug knapp überflog. Als er sich in einem Interview mit einer Lokalzeitung an diesen haarsträubenden Vorfall erinnerte, meinte er, das Verhalten des Vogels wäre wie das „eines Jagdfliegers beim Angriff" gewesen.

In seinem Werk *Amazing Indeed* erwähnte der Naturwissenschaftler Robert Lyman, er hätte einen solchen Vogel gesehen. Er stand aufrecht in der Mitte einer Straße bei Coudersport, Pennsylvania, und hatte die schmalen Flügel ausgebreitet. Seine Größe betrug rund einen Meter, das Gefieder war bräunlich, Hals und Beine kurz, die Flügel jedoch enorm, mit einer Spanne, so breit wie die gesamte Straße. Als der Vogel ihn bemerkte, flog er davon. Lyman maß die Breite der Straße und stellte fest, daß sie beinahe 7,60 Meter betrug.

Viele Zoologen tun solche Berichte als Einbildung ab, selbst wenn sie von Kollegen oder Piloten stammen, doch einige sind nicht ganz so skeptisch, da es vor einigen Jahrtausenden in Nordamerika tatsächlich Vögel gab, auf die diese Beschreibung paßt. Es handelte sich um eine riesige, geierähnliche Vogelart, deren Flügelspanne zwischen 3,50 und 5 Meter lag. Sie werden treffenderweise Teratorns, also „Monstervögel", genannt.

Vor nicht mehr als fünf Millionen Jahren gab es den größten Teratorn aller Zeiten, der damals in Südamerika heimisch war mit dem Namen *Argentavis magnificens* („großer, argentinischer Vogel"), dessen Flügelspanne unglaubliche 7–7,60 Meter erreichte.

Könnte es sein, daß solche Vögel in entlegenen Gebirgsregionen, unentdeckt von der industrialisierten Welt und daher auch von der Wissenschaft, bis zum heutigen Tag überlebt haben und nur von den Ureinwohnern Amerikas gesehen wurden, die sie in ihren Legenden vom Donnervogel beschrieben haben?

Wenn im Laufe der Evolution ihre Klauen stärker geworden sind als die ihrer Vorfahren, könnten die Teratorns unserer Tage wohl auch die Erklärung für das Kidnappen von Kindern durch mysteriöse, gefiederte Entführer sein.

War Marlon Lowes Entführer ein lebendes Fossil – ein prähistorisches Wesen, das hofft, von der Wissenschaft anerkannt zu werden, um somit offiziell wieder existieren zu können? Doch was weiß man, solange noch keiner dieser Riesenvögel gefunden wurde, oder sie zumindestens genauer gesehen werden. Es ist jedoch nicht wahrscheinlich, daß es in nächster Zukunft solche Beweise geben wird. Denn wer verweilt, um ein Wesen zu beobachten, das man anfangs für ein Flugzeug hält, und das plötzlich mit den Flügeln schlägt?

Leviathane in Flüssen und Seen

Das bekannteste Süßwassermonster Nordamerikas ist zweifelsohne Champ. Es lebt im Lake Champlain, hat einen langen Hals und einen Pferdekopf. Eingezwängt zwischen New York und Vermont reicht der große See mit einer Länge von 175 Kilometern im Norden bis zur Südspitze Quebecs. Seine Breite beträgt stellenweise bis zu 18 Kilometer.

Jeder Versuch, selbst in diesen Wassermassen das Monster aufzuspüren, ist wie die Suche nach einer sich bewegenden Nadel in einem riesigen Heuhaufen. Dadurch ließen sich die Forscher jedoch nicht abschrecken. Der eifrigste Forscher auf der Suche nach Champ ist zweifelsohne Joseph Zarzynski, dessen Untersuchung des Phänomens von Lake Champlain und sein Werk *Champ: Beyond the Legend* viele wichtige Informationen lieferten.

Doch Champ ist kein Phänomen unserer Tage. Wie Zarzynski darlegte, gibt es bereits seit Jahrhunderten Schilderungen eines riesigen Seemonsters. Die Irokesen, die damals die Herrschaft über das Westufer des Sees hatten, berichteten von einer riesigen Wasserschlange mit Hörnern, die sie Chaousarou nannten. Ende der 80er Jahre des vorigen Jahrhunderts nahm die „Wasserschlange von Lake Champlain", wie sie damals genannt wurde, einen festen Platz in den Volkssagen und Berichten der Lokalmedien ein, und war ab 1970 auch international den Kryptozoologen bekannt. In den späten 80er Jahren verfügte Zarzynski bereits über rund 300 Augenzeugenberichte, doch das derzeit beeindruckendste Beweisstück ist das Foto des Ehepaar Mansi.

Am 5. Juli 1977 sahen Sandra Mansi und ihr Ehemann Anthony in der Gegend von St. Albans, Vermont, das Monster aus einer Entfernung von 30–45 Metern. Auf ihrem Foto sah man einen dunklen Rücken und einen langen, aufrechten Hals mit einem dunklen Kopf, der sich von der Kamera abwandte.

Als Professor Paul LeBlond, ein Fachmann für Wellendynamik des Instituts für Ozeanographie an der University of British Columbia, das Foto analysierte, schätzte er, daß der Teil des Tieres, der *abgelichtet* worden war, zwischen 4,80 und 17,50 Meter betrug. Das heißt, der Teil des Tieres, der unter der Wasseroberfläche verborgen blieb, ist nicht in dieser Schätzung enthalten.

Die am weitesten verbreitete Theorie über die Identität von Champ ist die eines lebenden Plesiosauriers (wie bei Nessie, siehe S. 15)

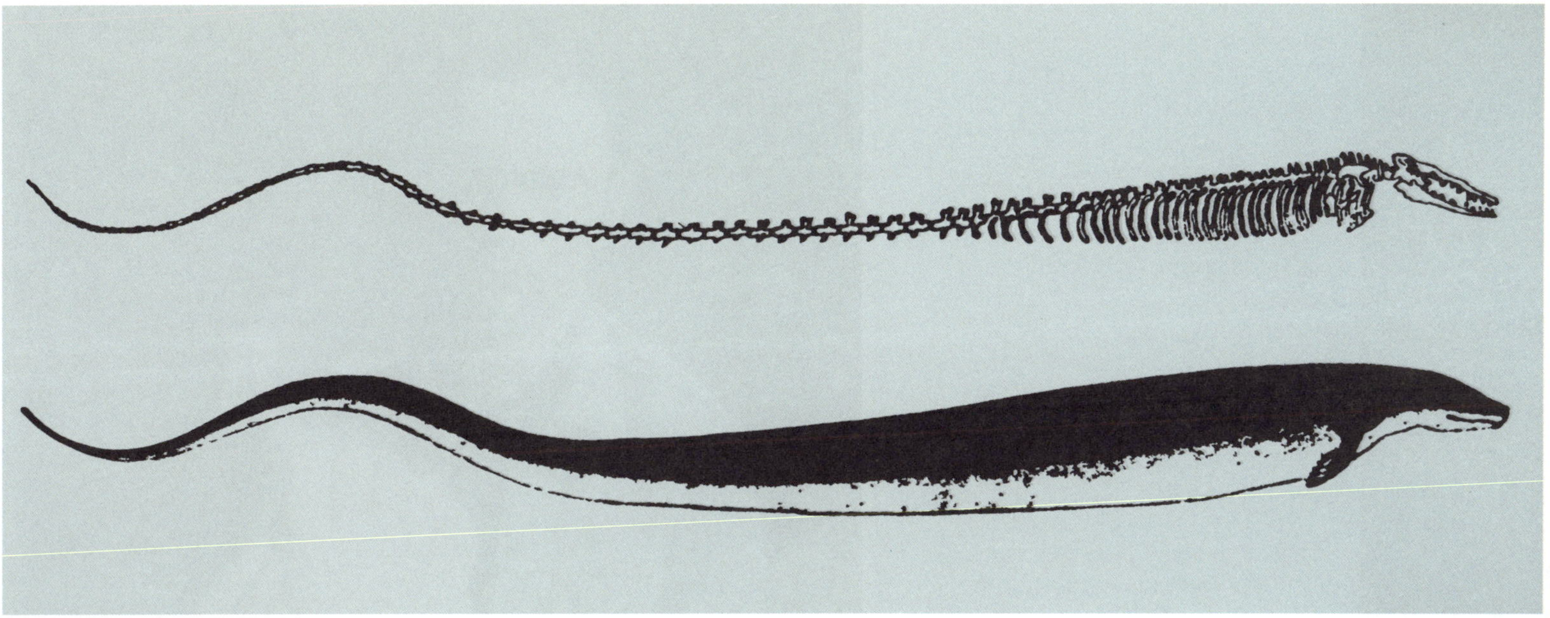

Zeuglodonten – Wassersäugetiere, die sich vertikal winden, wie dieser BASILUSAURUS – sind angeblich vor rund 25 Millionen Jahren ausgestorben.

Ganz anders als Champ sieht das Ogopogo aus Lake Okanagan in British Columbia, Kanada, aus. Merkwürdigerweise verdankt dieses Monster seinen Namen einem englischen Varietélied aus dem Jahre 1924 mit dem Titel „The Ogo-Pogo – The Funny Fox-Trot", das von einem Banjo spielenden Monster aus Hindustan mit koboldähnlichem Kopf erzählt.

Ebenso wie Champ war es jedoch den Ureinwohnern Amerikas seit langem bekannt, und die dort ansässigen Okanakane-Indianer nannten es Naitaka („Seeungeheuer").

Menschen berichten von einem langen, schlangenförmigen Wesen mit dem Kopf eines Schafes, von dem zwei ohrenähnliche Ausbuchtungen abstehen. Seine Bewegungen verlaufen wellenförmig nach oben, es zieht dabei seinen dunklen Körper ruckartig zusammen, wodurch es schnell schwimmen kann. Ab und zu wird auch von einem gabelförmigen Schwanz berichtet. Keiner kam ihm jedoch so nahe wie B. Clark – denn als sie eines Morgens Mitte Juli 1974 nahe dem Südufer von Lake Okanagan schwamm, stieß das Monster direkt mit ihr zusammen. B. Clark spürte, wie etwas Schweres, Großes an ihre Beine stieß, und sie bemerkte einen Höcker, der 2,50 Meter lang war und 1,20 Meter aus dem Wasser ragte. Da das Wasser sehr klar war, konnte sie unter der Wasseroberfläche einen dunkelgrauen Körper und einen gestreiften Rücken mit einem gabelförmigen, waagrechten Schwanz, ähnlich dem eines Wals, erkennen, der 1,50–3 Meter hinter dem Höcker lag. Beim Absenken des Höckers wurde der Schwanz emporgehoben, bis die Schwanzflossen die Wasserfläche durchstießen. Sie schätzte die Länge dieses Wesens auf 7,60–9 Meter, die Breite hingegen auf 0,90–1,20 Meter. Seine Haut war glatt und unbehaart. Laut B. Clark „ähnelte das Wesen mehr einem Wal als einem Fisch und verhielt sich auch so, doch habe ich niemals zuvor einen so dünnen und schlangenähnlichen Wal gesehen ... Ich bin mir sicher, daß es kein Reptil war und ebensowenig ein Fisch."

Die Schilderung stimmt weitgehend mit dem beschriebenen Auftreten von Zeuglodonten überein. Diese „offiziell ausgestorbenen" Schlangenwale werden von Kryptozoologen auch als Erklärung für die irischen Pferdeaale (siehe S. 16) gesehen. Während Schlangen und Aale horizontale Windungen ausführen, hätten sich die Zeuglodonten wie andere Säugetiere im Wasser vertikal bewegt, was mit den zahlreichen Schilderungen des Ogopogo übereinstimmt. Auch ihr Schwanz wäre, wie der des Ogopogo, horizontal gewesen, während die Schwänze von Fischen und Wasserreptilien vertikal sind.

Dem Ogopogo ähnlich ist auch das Manipogo vom Lake Manitoba in

Das einzigartige Wassermonster Ogopogo wurde nach einem englischen Varietélied der 20er Jahre benannt.

Kanada. Dieses Ungeheuer erregte die Aufmerksamkeit der Öffentlichkeit, als am 12. August 1962 die Fischer John Konefell und Richard Vincent ein Wesen fotografierten, das sie als „eine lange, schwarze Schlange oder einen Aal" bezeichneten. Sie sahen es in einer Entfernung von 45–70 Metern zu ihrem Motorboot schwimmen. Sie meinten, ungefähr 3,50 Meter des länglichen Körpers wären auf der Wasseroberfläche zu sehen gewesen, und auf ihrem Foto wirkte der Körper wie ein schlanker, schwarzer Bogen über dem Wasser mit horizontalen Fortsätzen auf beiden Seiten.

1941 kam Slimy Slim vom Lake Payette, in Idaho, in die Schlagzeilen, da er häufig gesichtet wurde. Auch der Rechnungsprüfer Thomas L. Rogers sah dieses mysteriöse Wesen und verglich seinen Kopf mit dem eines kurznasigen Krokodils, und als es sich wellenförmig durchs Wasser bewegte, schätzte er seine Länge auf rund elf Meter.

Ein weiteres bekanntes Süßwassermonster aus Nordamerika ist das bei Newport, Arkansas gesehene White River Monster. Es hat zu vielen Vermutungen über seine Identität geführt, die von einem Hornhecht, bis zu einer umherziehenden Art von Seelöwen reichen. Die letztgenannte Identität wurde von dem bekannten Kryptozoologen Professor Roy Mackal vorgeschlagen. Er stellte die Theorie auf, daß diese riesige Robbe, die an den Küsten Kaliforniens und Mexikos heimisch ist, manchmal bis zum Golf von Mexiko kommen könnte, von wo sie in die Mündung des Mississippi gelangt. Von dort gelangt sie in den White River, der ein großer Nebenfluß des Mississippi ist.

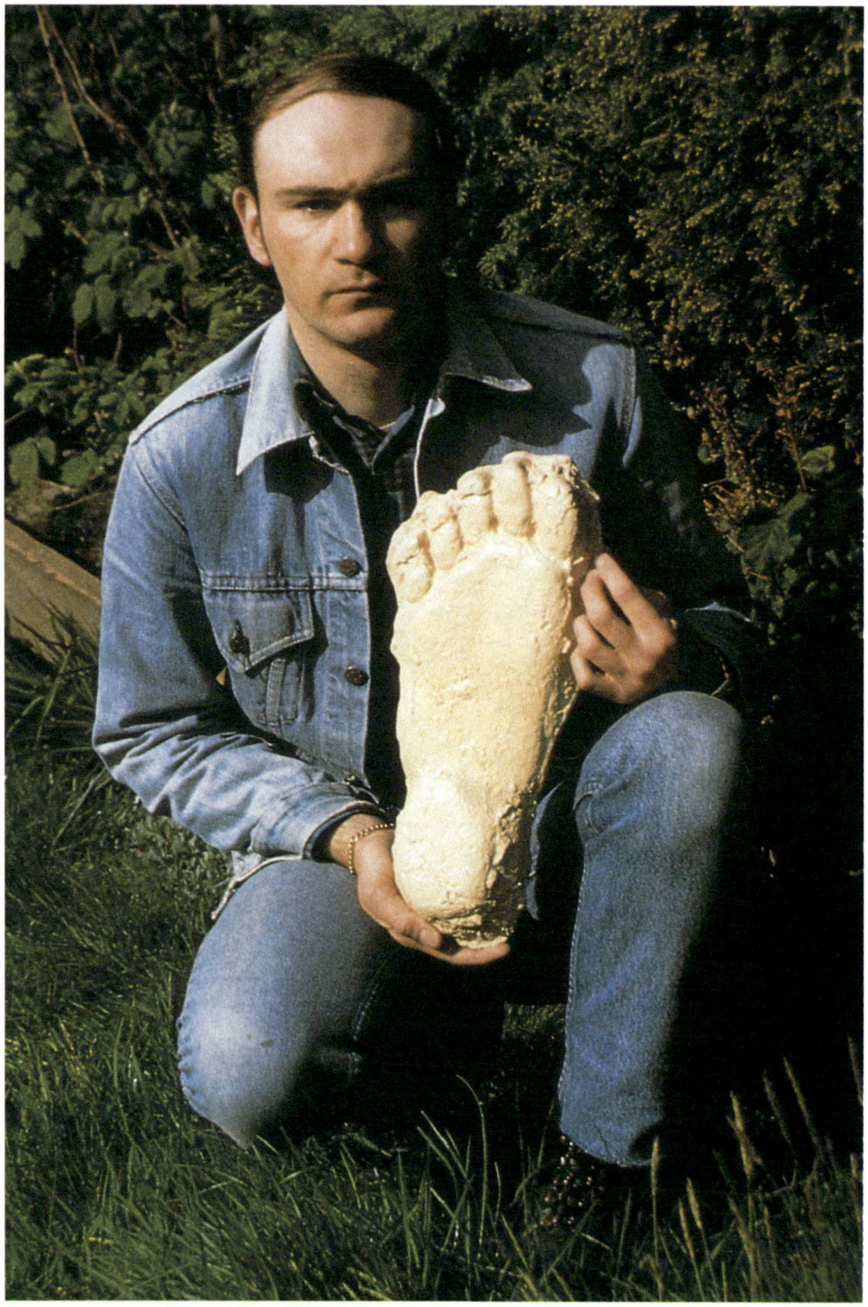

Dr. Karl Shuker hält die Form eines riesigen Fußabdrucks, der 1982 in Grays Harbour im Bundesstaat Washington entdeckt wurde.

DER BIGFOOT

Das bekannteste mysteriöse Tierwesen Nordamerikas ist zweifelsohne der Bigfoot (Sasquatch in Kanada), ein riesiger Affenmensch, der auf den Hinterbeinen geht und in dicht bewaldeten Gegenden auf dem ganzen Kontinent, speziell jedoch im Nordwesten, gesichtet wurde.

Der für gewöhnlich 1,80–3 Meter große Bigfoot, oder Sasquatch, der 320–1135 Kilogramm wiegt, ist für gewöhnlich ein Zweibeiner mit dunkler Haut und schwarzer oder brauner Behaarung. Sein Gesicht ist affenähnlich, er hat eine flache Stirn, markante Augenbrauen, leicht (normalerweise in der Nacht) fluoreszierende Augen, eine breite, abgeflachte Nase und einen Mundschlitz ohne Lippen. Seine Brust ist stark und muskulös, die Arme sehr lang, und die pfotenähnlichen Hände haben dicke Finger und unbehaarte Handflächen. Außerdem verfügt er über kräftige, muskulöse Beine und hat keinen Schwanz. Wie der Name sagt, hat der Bigfoot sehr große Füße, die Abdrücke in der Länge von 30–55 Zentimeter hinterlassen, wobei man unterhalb der ersten Zehe auf jedem Fuß einen Ballen erkennen kann.

Im Laufe der Jahre wurden immer wieder leicht abgeänderte Versionen dieser grundlegenden Schilderung gebracht. In Florida, wo in den Everglade-Sümpfe angeblich speziell übelriechende Bigfoots leben sollen, die unter dem Namen Skunkaffe bekannt sind, fand man seltsame dreizehige Fußabdrücke, die von den üblichen fünfzehigen Varianten abweichen. Während

Wie viele Bigfoot-Beweismittel ist auch der im Oktober 1963 aufgenomme Film von Roger Patterson umstritten.

der 60er Jahre gab es in der Yakima-Region im Bundesstaat Washington viele Berichte von einem außergewöhnlichen weißen Bigfoot mit rötlichen Augen. Wenn diese Berichte stimmen, könnten wir es hier mit einem Albino-Bigfoot zu tun haben?

Im allgemeinen ist der Bigfoot jedoch dem Dzu-teh oder Riesen-Yeti (siehe S. 115–116) sehr ähnlich. Er könnte die gleiche Herkunft und Identität wie der Riesen-Yeti haben – nämlich eine heute noch existierenden Gattung des riesigen Primaten *Gigantopithecus*, der angeblich vor langer Zeit ausgestorben ist und der vielleicht von seiner asiatischen Heimat in die Neue Welt gekommen ist, als es noch die Landbrücke zwischen Sibierien und Alaska gab. Nicht viele mysteriöse Tiermenschen haben eine Geschichte, in der es so viele Fälschungen und Kontroversen gibt. Tatsächlich wurde kaum eines der möglichen Beweisstücke von der Wissenschaft anerkannt.

In Bluff Creek, Nordkalifornien, wurde von Roger Patterson am 20. Oktober 1967 ein Film über Bigfoot aufgenommen, nachdem er und sein Kollege, der Rancher Bob Gimlin, das Tier gesichtet hatten. Ihre Pferde hatten den Bigfoot möglicherweise aufgeschreckt, denn er stand plötzlich auf und zog sich in den Wald zurück. Er ging dabei auf seinen Hinterbeinen und blickte die beiden Männer an. Patterson rannte ihm nach und machte Aufnahmen mit einer 16-Millimeter-Kamera. Man erkannte deutlich den konischen Kopf, die Hängebrust, die dunkelbraune Behaarung und die affenähnliche Gestalt.

Der Anthropologe Professor Grover Krantz von der Washington State University glaubt, daß der Film von Patterson echt ist, da ein Mensch in einem Bigfoot-Anzug nicht diese Muskelbewegungen und diese präzise Gangart nachahmen könnte. Andererseits meinen einige Experten für Spezialeffekte, es sei in Hollywood bekannt, daß es sich beim Bigfoot von Bluff Creek um einen Menschen in einem Bigfoot-Anzug handelte. Doch als der Bigfoot-Forscher John Green die Experten der Disney Studios, die immer am neuesten Stand der Dinge sind, fragte, ob die Herstellung eines solchen Spezialeffekts 1967 möglich gewesen wäre, antworteten sie ihm, nicht einmal heutzutage könnten sie so etwas produzieren.

Widersprüchlicher Art sind auch die riesigen, hominiden Fußabdrücke, die man nach der Sichtung eines Bigfoot oft in der entsprechenden Gegend fand. Einige davon sind so genau, daß sie sogar Fingerabdrücke zeigen. Das ist zum Beispiel bei den Abdrücken der Fall, die in der Nähe von Tiger Creek im Norden der Blue Mountains von Oregon vom Waldaufseher Paul Freeman am 10. Juni 1982 entdeckt wurden, nachdem er in der Nähe einen 2,50 Meter großen Bigfoot gesehen hatte. Es wäre sicherlich äußerst schwierig, solch detaillierte Abdrücke zu fälschen. Doch gab es oft sehr raffinierte Fälschungen von Bigfoot-Abdrücken.

In einem Artikel, den *The Anomalist* im Frühjahr 1995 veröffentlichte, behauptete Loren Coleman, daß die Entdeckung von 40 Zentimeter langen Fußabdrücken durch Arbeiter in Bluff Creek im Jahre 1958, der große öffentliche Aufmerksamkeit zuteil wurde, wahrscheinlich ein Schwindel war. Wenn es sich aber bei dieser zentralen Episode tatsächlich um eine Fälschung handelte, wie verläßlich sind die zahlreichen Sichtungen und Fußabdrücke des Bigfoot, die es seit damals in der USA gab?

Haarproben und Exkremente wurden ebenfalls gesammelt, doch stellte sich meist heraus, daß sie zu anderen Tieren gehören, oder sogar von Menschen stammen. Zum Beispiel die angeblichen Bigfoot-Haare, die in den Jahren 1987–1988 in den Blue Mountains von Washington und Oregon gefunden wurden, wurden von dem Physiker Edward Winn im Jahre 1991 als synthetische Acrylfasern identifiziert.

Es ist nicht verwunderlich, daß einige Forscher zu zweifeln beginnen, ob es wirklich schlagkräftige Beweise für die Existenz des amerikanischen Bigfoot gibt. Sein kanadischer Bruder, der Sasquatch, könnte hingegen ein tatsächlich existierendes Tierwesen sein. Hier reichen die Erzählungen der Ureinwohner viele Jahrhunderte zurück, ebenso wie sein Name, und im Zusammenhang mit diesen Legenden gibt es einige interessante Funde.

Zum Beispiel existiert eine aus dem Holz der Roten Zeder geschnitzte Sasquatch-Maske, die in den Jahren 1850–1870 entstanden sein muß und vom Stamm der Niska aus der Gruppe der Tsimshian-Indianer in British Columbia getragen wurde. Die älteste bekannte, kanadische Sasquatch-Maske befindet sich im Peabody Museum der Harvard University. Sie ist auch die wirklichkeitsgetreuste, da sie den Schilderungen der Menschen, die das Wesen gesehen haben, am nächsten kommt. Andere in dieser Region gefundene Sasquatch-Masken sind weitestgehend stilisiert.

Der Bigfoot ist tot, es lebe der Sasquatch? Nur durch weitere Forschungen werden wir diese Frage beantworten können.

WASSERSCHLANGEN IM ÜBERMASS

Anfang Juli 1937 wurde der Körper eines Pottwals in die Walstation von Naden Harbour auf den kanadischen Queen Charlotte Islands gebracht und geöffnet. In seinem riesigen Magen fand man den Kadaver eines seltsamen Wesens. Obwohl es bereits verwest war, wies es sehr markante Merkmale auf. Es war insgesamt 3–3,60 Meter lang, hatte einen großen, kamelähnlichen Kopf mit einer nach unten gerichteten Schnauze, einen langen Hals, einen schlanken, schlangenähnlichen Körper mit zwei

Im 19. Jahrhundert inspirierte dieses Meeresungeheuer einen Künstler zu dieser lebhaften Darstellung.

Auswüchsen, welche den Vorderextremitäten entsprachen, und einen ausgefransten Schwanzteil, auf dem sich möglicherweise zwei Rückenflossen befunden haben. Der seltsam aussehende Kadaver wurde dann entsorgt, zum Leidwesen des Zoologen Dr. Ed Bousfield vom Royal British Columbia Museum und des Ozeanographen Professor Paul LeBlond von der University of British Columbia. Sie nehmen an, daß es sich um ein junges Caddy gehandelt hat, das offiziell „Wasserschlange von Cadboro Bay“ heißt und schon oft in der Nähe von Vancouver Island gesehen wurde.

Den Chinook-Indianern war es wohlbekannt. Sie nannten die Schlange Hiachuckaluck. Doch erst 1933, als sie von Archie Wills, dem Herausgeber einer Lokalzeitung, „Cadborosaurus“ getauft wurde, wurden die Einwohner von Westkanada auf ihr ungewöhnliches Meeresungeheuer aufmerksam. Einer der rätselhaftesten Vorfälle fand am 14. Juli 1993 statt, als die Piloten Don Berends und James Wells ein Wasserflugzeug flogen und zwei graublaue Caddys am Saanich Inlet miteinander spielen sahen. Als die Piloten ihr Flugzeug wasserten, schwammen die beiden Caddys rasch davon. Dabei zogen sie ihre Körper senkrecht zusammen.

Es wäre möglich, daß die Piloten die Caddys bei der Paarung störten, denn die Studien von Dr. Bousfield ergaben, daß die Caddys im Juli (und Ende Juni) Saanich Inlet als Brutzone verwenden. Ebenso ist es möglich, daß lebende Junge nachts am Strand geboren werden.

Am 20. April 1995 publizierten Bousfield und LeBlond im Wissenschaftsmagazin *Amphipacifica* einen offiziellen Artikel über die Wasserschlange, die sie *Cadborosaurus willsi* nannten und provisorisch als nicht genau definierte, doch hochspezialisierte Reptilienart einstuften. Doch nur sehr wenige Reptilien sind imstande, ihren Körper beim Schwimmen vertikal zusammenzuziehen. Die schlangenähnlichen Zeuglodonten-Wale könnten sich auf diese Weise fortbewegt haben, daher nehmen einige Kryptozoologen (darunter auch der Autor) an, es könnte sich bei Caddy um eine heute noch existierende Zeuglodonten-Art handeln.

Die bekannteste Wasserschlange, die in jüngster Zeit an den amerikanischen Küsten gesehen wurde, ist ein weiteres zeuglodontenähnliches Wesen, das an der Chesapeake Bay in Maryland an der Atlantikküste auftauchte. Es wurde 1978 international bekannt, als 30 Menschen meinten, sie hätten ein schlangenförmiges Ungeheuer im Potomac River bei der Chesapeake Bay gesehen. Die Reporter tauften es „Chessie“. Die Entwicklung beschleunigte sich 1982, als Chessie von Robert Frew drei Minuten lang mit einer Videokamera gefilmt wurde. Er tat dies am frühen Abend des

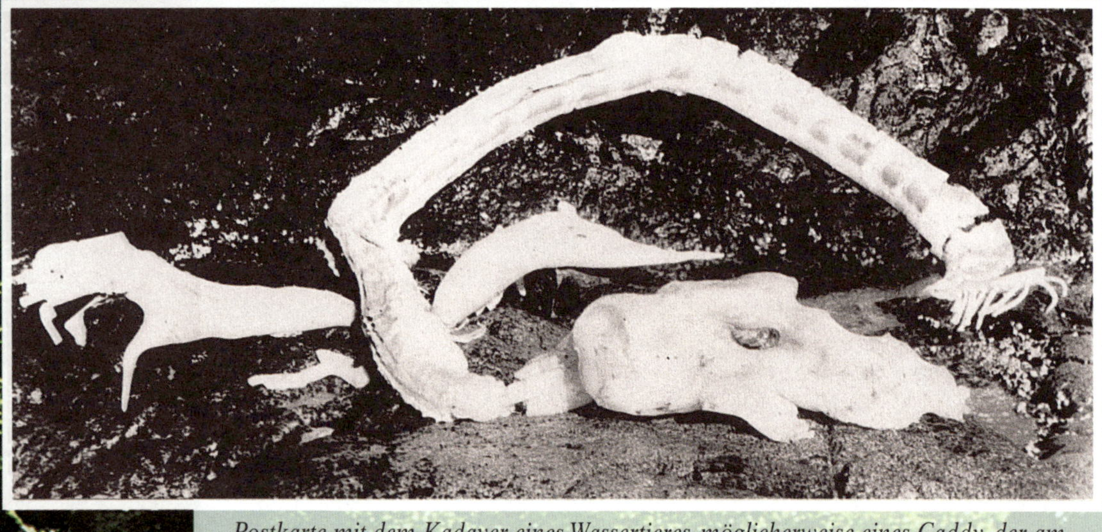

Postkarte mit dem Kadaver eines Wassertieres, möglicherweise eines Caddy, der am 4. Oktober 1936 am Strand von Camp Fircom in British Columbia gefunden wurde.

21. Mai, in einer Entfernung von rund 60 Metern von seinem Haus bei Love Point aus, von wo er eine Sicht über die Bucht hatte. Auch seine Frau und zwei Freunde sahen das Wesen, das neben einer Gruppe von Schwimmern untertauchte und wieder an die Oberfläche kam.

Laut Robert Frew war das Wesen 9–10,50 Meter lang, knapp 30 Zentimeter breit und hatte mehrere Höcker. Auf seinem Film waren drei Erhebungen zu sehen, und am vorderen Teil des Körpers ein Auswuchs, der ein Kopf oder Fuß gewesen sein könnte. Der Film wurde im August 1982 an der Smithsonian Institution analysiert, doch konnte kein eindeutiges Ergebnis bezüglich der Identität des Tieres erzielt werden. Jedoch jeder der sieben beteiligten Wissenschaftler war der Meinung, es würde sich um ein belebtes Objekt handeln.

Gibt es Riesen im Inneren der Erde?

Es gibt viele Berichte über riesige, menschliche Skeletten und andere Fossilien, die in verschiedenen Gegenden Nordamerikas entdeckt wurden. Im November 1856 las man in mehreren Lokalzeitungen von einem verwesten menschlichen Skelett, das 3,28 Meter groß war. Es war von einigen Arbeitern freigelegt worden, als sie einen Weingarten in West Virginia pflügten. Nachdem eine Zeitung berichtet hatte, daß man in seinem Schädel drei Kugeln gefunden hätte, wurde es als Fälschung bezeichnet. Die „Kugeln" wurden jedoch nicht näher beschrieben: Es könnte sich auch um einfache Blei- oder Kupferkügelchen gehandelt haben. Leider ist nicht bekannt, wo der Riese begraben wurde, daher wird es uns wahrscheinlich nicht gelingen, die Wahrheit herauszufinden.

Das Skelett eines 3,60 Meter großen Riesens wurde auch im Jahre 1833 in Lompock Rancho, Kalifornien, entdeckt, als Soldaten dort eine Grube aushoben, die als Pulvermagazin dienen sollte. Das Skelett wies eine doppelte Zahnreihe auf und eine große Zahl an riesigen Steinäxten, handgefertigten Patronen und Porphyrsteinen mit merkwürdigen Symbolen wurde freigelegt. Das Skelett und die Beigaben wurden wieder vergraben und der Standort „vergessen", da die dort ansässige Bevölkerung begonnen hatte, die Gegenstände anzubeten.

Im Jahre 1911 wurden einige mumifizierte Überreste von mysteriösen, rothaarigen Menschen mit einer Größe von 2–2,50 Metern bei Lovelock Cave, 112 Kilometer nordöstlich von Reno, Nevada, ausgegraben, als man dort Guano abbaute. Das untermauerte die Legenden der dortigen Piute-Indianer, in denen diese Menschen als Si-Te-Cahs bezeichnet wurden. Die Wissenschaftler waren nicht bereit, diese Überreste zu untersuchen. Glücklicherweise befindet sich jedoch einer der Riesenschädel von Lovelock, der beinahe 30 Zentimeter groß ist, mit einigen Knochen und Artefakten im Humboldt Museum in Winnemucca, Nevada, und verschiedene Artefakte von Lovelock sind im Museum der Historical Society des Bundesstaates Nevada in Reno zu finden.

Die auffälligsten Riesen wurden jedoch in den 80er Jahren des vorigen Jahrhunderts in Tioga Point, in der Nähe von Sayre in Bradford County, Pennsylvania, gefunden, wie Robert Lyman in *Forbidden Land* beschreibt:

Der staatliche Geschichtswissenschaftler Dr. G.P. Donehoo und ein ehemaliger Priester der Presbyterianerkirche in Coudersport sowie Prof. A. B. Skinner vom American Investigating Museum und Prof. W. K. Morehead von der Phillips Andover Academy entdeckten einen indianischen Grabhügel. Sie fanden die Knochen von 68 Menschen, die um 1200 begraben worden waren. Die Durchschnittsgröße der Männer betrug 2 Meter, doch einige waren wesentlich größer. Auf einigen Schädeln befanden sich 5 Zentimeter über der perfekt geformten Stirn Knochenauswüchse, die Hörnern glichen und von Geburt an vorhanden gewesen sein müssen. Einige Exemplare wurden zum American Investigating Museum (Museum für amerikanische Forschung) gesandt.

Man sollte meinen, Skelette von Riesen mit gehörnten Schädeln könnten nicht übersehen oder vergessen werden. Doch wie Jim Brandon in *Weird America* schildert, weiß niemand im Museum etwas von diesen Skeletten – und das allein ist schon ein Rätsel für sich.

Goliath: Erzählungen von Riesen gibt es in vielen Kulturen.

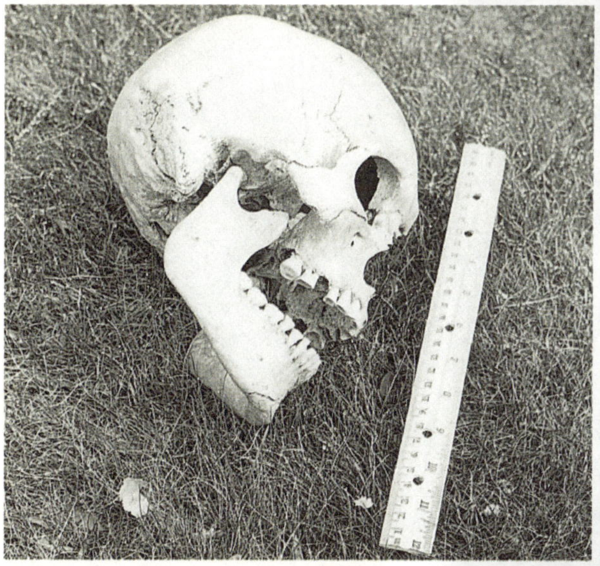

Riesenschädel: eines der wenigen erhaltenen Fundstücke der Lovelock Cave.

DER FLORIDA-GLOBSTER – EIN RIESIGER OKTOPUS?

Am 30. November 1896 fuhren Herbert Coles und Dunham Coretter mit den Rädern am Anastasia Beach in der Nähe von St. Augustine in Ostflorida, als sie den verwesenden Kadaver eines riesigen Meeresungeheurs sahen, der halb im Sand vergraben war. Der Kadaver sah wie ein riesiger, birnenförmiger Sack aus, war hellrosa, 5,50 Meter lang, drei Meter breit, etwas mehr als einen Meter dick und wog schätzungsweise 5–7 Tonnen. Er hatte auch sieben Auswüchse, die wie unvollständige Arme aussahen; sechs davon waren rund 7 bis 11 Meter lang. Am nächsten Tag untersuchte der örtliche Arzt, Dr. DeWitt Webb, den Kadaver und machte Fotos davon. Noch vor Jahresende hatten die Wellen das Ungeheuer wieder ins Meer hinausgespült. Kurz danach wurde der Kadaver wieder an den Strand geschwemmt, hatte jedoch keine Arme mehr.

Webb und andere Personen, die den Kadaver gesehen hatten, waren überzeugt, daß er zu einem wahrhaft kolossalen Oktopus gehörte, und nachdem er die Schilderungen von Webb gelesen hatte, stimmte Professor Addison Emery Verrill, ein Zoologe an der Yale University mit ihm überein. Verrill war der Ansicht, das Tier hätte 18–20 Tonnen Lebendgewicht gehabt, und die Spannweite seiner Greifarme hätte 45–60 Meter betragen, d. h. er wäre siebenmal größer gewesen als die weltweit größte, bekannte Oktupusart. Aus diesem Grund gab er dem Koloß den offiziellen Namen *Octopus giganteus.*

Später analysierte Verrill einige Gewebeproben des Kadavers und stellte fest, daß sie dem Tran der Wale ähnlich waren. Daher änderte er seine Ansicht, daß es sich bei dem Wesen um einen Riesenoktopus handelte, und meinte, der Kadaver sei der obere Teil eines Pottwalschädels. Abgesehen von einigen konservierten Überresten, die in der Smithsonian Institution verblieben, vergaß man in den darauffolgenden Jahrzehnten völlig auf den Florida Globster (das war der inoffizielle Name, den das Wesen erhalten hatte).

Eines der Fotos von Dr. DeWitt Webb, auf dem das tote Meeresungeheuer zu sehen ist, das später „Florida Globster“ genannt wurde.

1957 wurde die umstrittene Geschichte vom Leiter des Florida Marineland, Forrest G. Wood wieder veröffentlicht, der zu einer neuen Untersuchung der konservierten Gewebeproben durch den Zytobiologen Dr. Joseph Gennaro von der Florida University führte. Dessen Resultate erweckten 1971 großes Interesse, denn er hatte festgestellt, daß die Überreste des Globsters Bindegewebe enthielten, das dem der Oktopusse ähnelte.

So wurde der Florida Globster erneut zu einem riesigen Oktopus, was 1986 durch eine Proteinanalyse bestätigt wurde, die Professor Roy P. Mackal, Biochemiker an der Chicago University, durchführte. Die Analyse zeigte, daß sein Gewebe hauptsächlich aus dem Gerüsteiweißstoff Kollagen bestand, wie man es von einem sehr großen, im Wasser lebenden wirbellosen Tier erwarten würde.

Zusätzlich war das genaue Verhältnis gewisser Aminosäuren, aus denen dieses Kollagen zusammengesetzt war, von allen anderen Tierarten, die Mackal untersucht hatte, dem eines Oktupusses am ähnlichsten. Ähnlicher sogar als das seines nächsten Verwandten, dem Tintenfisch.

Im April 1995 präsentierte ein Team von Zoologen der Maryland University unter der Führung von Professor Sidney K. Pierce die Ergebnisse ihrer neuesten mikroskopischen und biochemischen Untersuchungen des Globster-Gewebes. Das Kollagen entsprach dem eines Säugetiers, was die Pottwal-Theorie erneuerte.

Doch wie Dr. Gennaro später darlegte, waren die Gewebeproben des Globster über viele Jahre hinweg in einem nicht bekannten Konservierungsmittel aufbewahrt worden, wodurch ihre chemische Zusammensetzung verändert worden sein könnte, und aus diesem Grund eine präzise Identifizierung des Globsters unmöglich wäre.

Auf jeden Fall sind diese Gewebeproben nicht der einzige Beweis, den es zu berücksichtigen gilt, wenn man die mögliche Existenz von Riesenoktopussen erwägt. Es gibt viele interessante Berichte von Personen, die solche Wesen in verschiedenen Meeresregionen gesehen haben, vor allem bei den Bahamas, Bermudas und bei Kiribati (den ehemaligen Gilbert-Inseln).

DER EISMENSCH KAM ... UND GING

Mitte Dezember 1968 besuchten die Kryptozoologen Dr. Bernard Heuvelmans und Ivan T. Sanderson eine Farm in der Nähe von Winona, Minnesota, und blickten in einen gekühlten Sarg mit gläsernem Deckel, in dem sie eines der widersprüchlichsten unter den rätselhaften Wesen sahen, skizzierten und fotografierten. Im Eis eingeschlossen war eine männliche, menschenähnliche Gestalt mit einer Größe von 1,78 Meter. Sie wies seltsame Merkmale auf: Sie hatte einen ovalen (statt sanduhrförmigen) Torso, sehr viele Haare (vergleichbar der Behaarung eines Gorillas oder Schimpansens), auffällig lange und kräftige Finger und Zehen, sehr lange Arme und bemerkenswert große Hände und Füße. Eine weitere Untersuchung durch die beiden Kryptozoologen ergab, daß das Wesen erschossen worden war: Durch die Kugel war das linke Auge aus der Augenhöhle getreten und die Rückseite des Kopfes weggerissen.

Frank Hansen, Besitzer einer Schaubude, hatte die zwei Wissenschaftler für eine private Vorführung auf seine Farm eingeladen. Hansen meinte jedoch, der Eismensch wäre nicht sein Eigentum, sondern gehöre einem anonymen, öffentlichkeitsscheuen Millionär. Bezüglich der Herkunft des Eismenschen machte Hansen verschiedene Angaben; von einer Truppe sowjetischer Walfänger, die ihn mitsamt seinem Eisblock im Meer von Ochotsk bei Kamchatka treibend gefunden hätten, bis zu der Version, er selbst hätte ihn in einem Wald in Minnesota erschossen.

Anfangs waren die Wissenschaftler fasziniert von dem rätselhaften Wesen, das wie ein Neandertaler aussah, der vor 30 000 Jahren ausgestorben sein soll. Tatsächlich wurde er von Heuvelmans in einem offiziellen wissenschaftlichen Artikel, der 1969 erschien, *Homo pongoides* („affenartiger Mensch") getauft. Er ist noch heute dieser Ansicht, es würde sich um einen Neandertaler der Neuzeit handeln, der vermutlich in Vietnam, wo oft Berichte über affenähnliche Menschen auftauchen, erschossen und danach in einer der „body bags", die dazu dienten, die Leichname amerikanischer Soldaten aus dem Vietnam-Krieg zu transportieren, in die USA geschmuggelt wurde. Als jedoch das FBI auf den Eismenschen aufmerksam wurde, wurde er von Hansen eine Zeitlang nicht mehr ausgestellt.

Als er wieder zum Vorschein kam, verkündete Hansen, es wäre eine Imitation des Eismenschen, der auch ganz anders aussah. Die Wissenschaftler meinten nun, auch der erste Eismensch wäre eine Imitation gewesen. Im Jahre 1981 nahm man an, Howard Ball, der professionell Modelle anfertigte, hätte ihn selbst hergestellt. Heuvelmans jedoch vertritt vehement die Auffassung, der Leichnam, den er und Sanderson in dem Eissarg gesehen hätten, wäre echt gewesen und meint, sie hätten durch das Eis hindurch sogar den Verwesungsgeruch wahrgenommen. Der zweite Eismensch, der bekanntlich auf jeden Fall eine Imitation war, wird auch heute noch ausgestellt, doch das mysteriöse Original ist nie wieder aufgetaucht. War er auch nur ein Modell, eine gerissene Fälschung? Oder war er die größte zoologische Entdeckung aller Zeiten? Leider werden wir es wahrscheinlich niemals wissen.

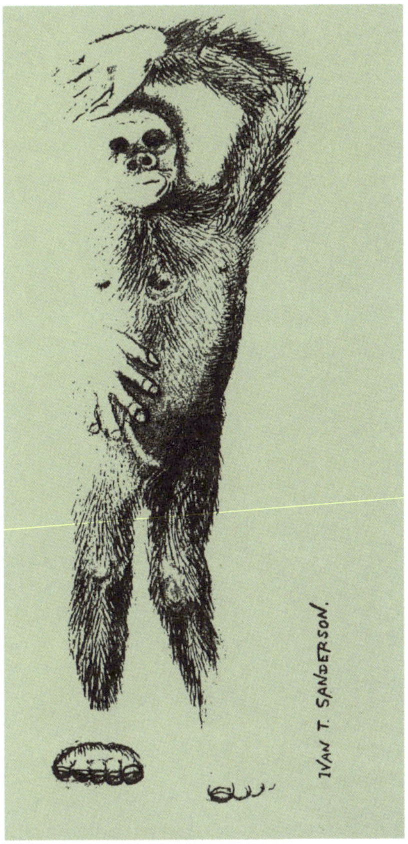

Ivan T. Sanderson fertigte 1968 eine Skizze des „Eismenschen" an. Auffällige Merkmale sind die langen Arme sowie die großen Hände und Füße.

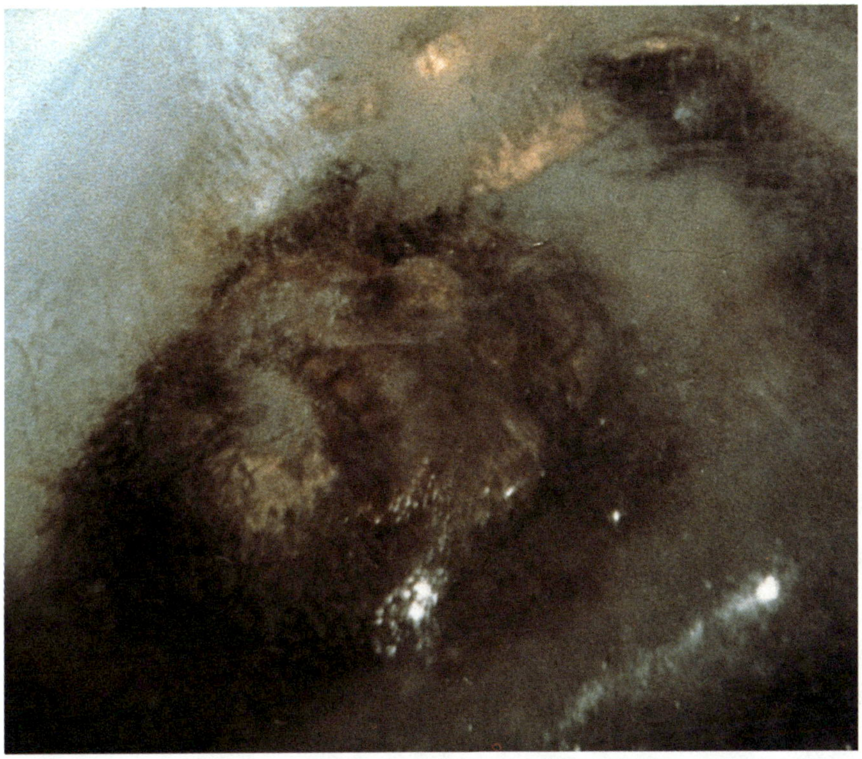

Ein affenähnlicher Mensch: war der „Eismensch" der Neandertaler der Neuzeit?

Kontinente, Katastrophen, Kuriositäten

Atlantis

In seinen Werken *Timaeus* und *Critias* beschrieb der berühmte Philosoph Platon (ca. 428–ca. 348 v. Chr.) einen großen Inselkontinent mit dem Namen Atlantis. Die Lage dieses Kontinents wurde westlich von Gibraltar vermutet. Vor mehr als 9000 Jahren wurde dieser Kontinent durch Erdbeben und Fluten zerstört und ist anschließend in den Tiefen des Meeres versunken.

Laut Platon waren seine Quellen für diesen Bericht die Werke eines Gelehrten aus Athen mit dem Namen Solon, der um 600 v. Chr von ägyptischen Priestern und Archiven (die verloren gingen) davon erfahren hatte.

Seit damals gab es unzählige Theorien über die ehemalige Lage von Atlantis. Die Vermutungen umfassen die unterschiedlichsten Gebiete wie Grönland, Spitzbergen, Malta, die Azoren, Anatolien, die Mongolei, Schweden, Helgoland, Nigeria, Mexiko, Brasilien und Südafrika.

Am naheliegendsten wäre, daß sich Atlantis mitten im Atlantik befunden hat, doch gab es dort seit Jahrmillionen keine geologische Umformung, die auf das Sinken einer großen Landmasse schließen ließe.

Die populärste wissenschaftliche Theorie besagt, daß Platons Schilderung vom plötzlichen Untergang der einstigen minoischen Hochkultur Kretas beeinflußt war, der aufgrund eines furchtbaren Vulkanausbruchs auf der ägäischen Insel Thera erfolgte, deren Überreste das heutige Santorin darstellen. Die Forscher sind sich jedoch einig, daß es viele bedeutende Unterschiede zwischen der Geschichte Kretas und dem von Platon geschilderten Atlantis

Platons Schilderung von Atlantis basierte auf alten ägyptischen Quellen.

gibt – ein Unterschied ist, daß Atlantis neuntausend Jahre vor Solons Zeit versank, während Thera erst vor knapp neunhundert Jahren ausgebrochen war. Die Forscher können auch nicht mit Sicherheit sagen, daß der Ausbruch auf Thera tatsächlich die direkte Ursache für den Untergang der minoischen Kultur war.

Im Jahre 1968 entdeckte man jedoch eine neue Möglichkeit für die Lage von Atlantis – bei den Bahamas im Atlantischen Ozean. Ein Taucher namens Bonefish Sam zeigte Dr. J. Manson Valentine – einem Zoologen aus Miami, der gleichzeitig ein Hobby-Archäologe war – eine Unterwasserattraktion, die den einheimischen Fremdenführern und Fischern wohlbekannt war, nicht jedoch der Wissenschaft. Unter dem Namen Bimini Straße bekannt, lag die Konstruktion im seichten Wasser von Paradise Point, ca. einen Kilometer westlich von North Bimini Island und wies, laut Valentine, folgende Merkmale auf:

… eine weitreichende Pflasterung mit rechteckigen und polygonalen, flachen Steinen unterschiedlicher Größe und Stärke, die scheinbar so geformt und ausgerichtet waren, daß sie ein eindeutig künstlerisches Muster bildeten … Einige Steine waren ganz rechteckig, andere fast perfekte Quadrate.

Die längste Steinreihe (jeder Stein wog zwischen einer und zehn Tonnen) hatte eine Länge von beinahe 500 Metern und endete in einer Kurve von 90 Grad. Doch nicht jeder teilte Valentines Auffassung, es würde sich bei der Bimini-Straße um ein von Menschen errichtetes Bauwerk handeln. Im Jahre 1970 zeigte der Archäologe Professor John Hall von der Miami University auf,

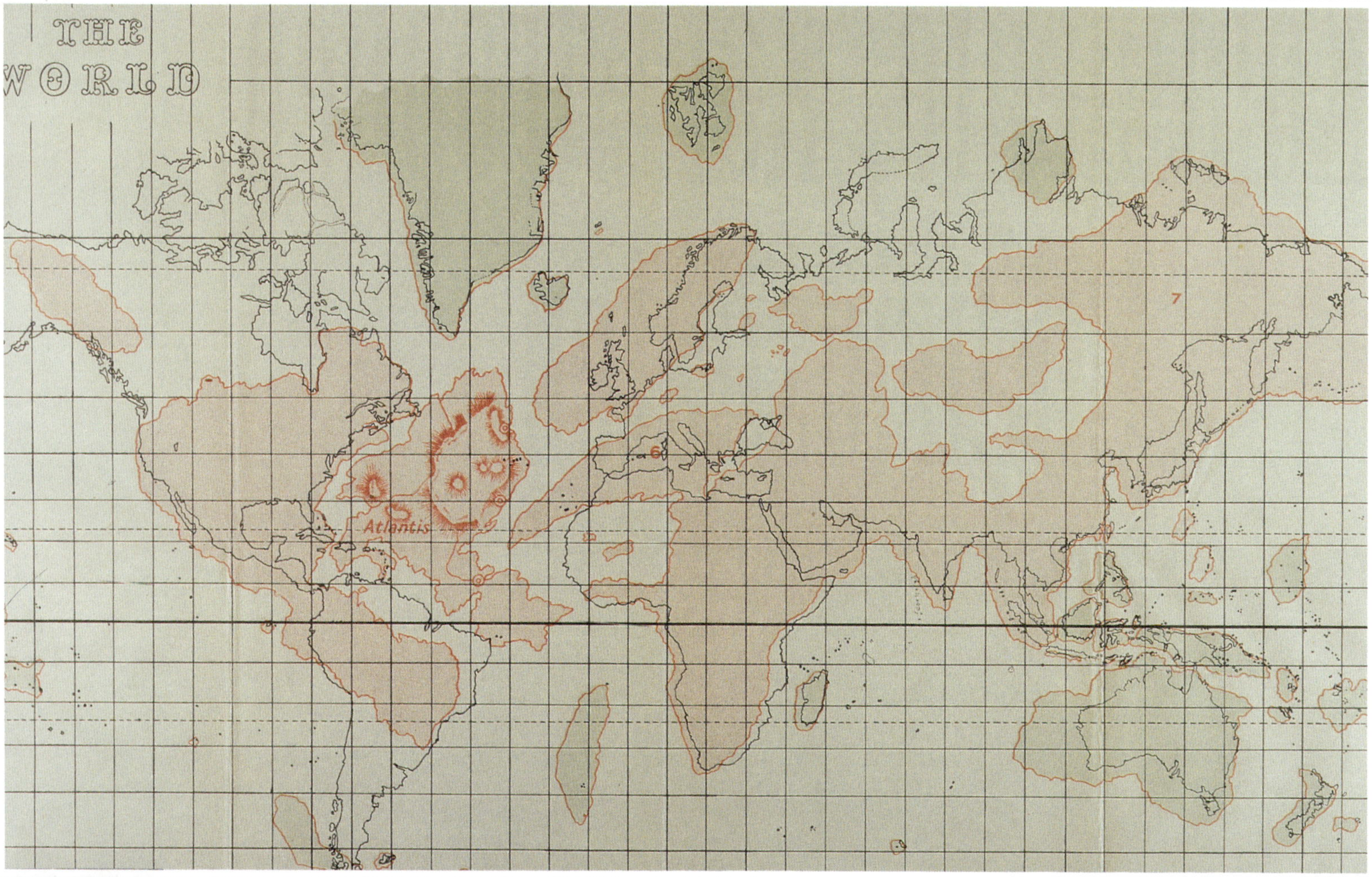

Die „verlorenen Kontinente“ Atlantis und Lemuria waren für die Theosophische Gesellschaft (siehe S. 89) von speziellem Interesse. Sie brachte diese Karte in W. Scott Elliotts ***The Story of Atlantis and the Lost Lemuria*** *(1896) heraus.*

daß Gesteinsschichten mit regelmäßigen, blockförmigen Brüchen, wie man sie bei der Bimini-Straße findet, natürlichen Ursprungs sein können und ein bekanntes Phänomen darstellen, das auf Steinerosion und Steinbruch im Pleistozän zurückzuführen sei.

Die Bimini-Straße war jedoch nicht die einzige unerwartete Entdeckung am Meeresboden der Bahamas. Dr. David D. Zink, der Autor von *The Stones of Atlantis,* entdeckte 1975 einen Ziegel mit einer eindeutig von einem Menschen hergestellten Nut und Feder-Verbindung. Graf Pino Turolla fand hier einige geriffelte Marmorsäulen (obwohl Marmor auf den Bahamas nicht vorkommt). Diejenigen, welche die Atlantis-Theorie anzweifeln, führen diese Funde auf eine Ladung von historisch jüngeren Schiffswracks zurück, da man auch eine moderne Lattenkiste fand.

Es gibt nach wie vor keine Beweise, daß Schiffe jemals Ladungen wie die gefundenen mitführten. Bei der Bimini-Straße könnte man vielleicht die beiden entgegengesetzten Ansichten kombinieren. Vielleicht war die Straße natürlichen Ursprungs, wurde aber von der untergegangenen Zivilisation benutzt. 1970 erforschte Dr. R. Cedric Leonard einige rätselhafte Tempelruinen, die bei Andros Island, in der Nähe von Bimini, gesehen worden waren.

Der vielleicht faszinierendste Zusammenhang zwischen diesem Fund und dem sagenhaften Atlantis ergibt sich aus Prophezeiungen des berühmten amerikanischen Mediums Edgar Cayce, der folgendes meint:

Einige Tempel [von Atlantis] könnten noch bei Bimini unter dem Jahrtausende alten Meeresschlamm verborgen sein … Erwarte sie 68 oder 69; sie sind nicht so weit entfernt!

Cayce starb 1945, mehr als 20 Jahre vor der Entdeckung der Bimini-Straße – im Jahr 1968.

James Dean – Rätselhafter Tod eines Rebellen

1955 war Alec Guinness, der Großbritanniens berühmtester Bühnen- und Leinwandstar werden sollte, nach Los Angeles gekommen, um seinen ersten Hollywoodfilm *Der Schwan* (*The Swan)* zu drehen. Er und seine Begleiterin, die Drehbuchautorin Thelma Moss trafen in einem Restaurant auf einen 24jährigen Schauspieler in Jeans und Sweatshirt, der sie einlud, sich an seinen Tisch zu setzen. Zuvor zeigte er ihnen seinen silberfarbenen Rennwagen, einen Porsche 550 Spyder. Ganz gewiß war es ein sehr schöner Wagen, doch aus

James Dean (links), Rock Hudson und Elizabeth Taylor im Jahre 1955 bei der Vorführung des Films ***Giganten,*** *der wenige Tage vor seinem Tod fertiggestellt worden war. Kleines Bild: Jimmys Auto, ein Porsche 550 Spyder, den er „kleiner Bastard" nannte.*

irgendeinem unerfindlichen Grund hatte Guinness ein beklemmendes Gefühl. Wie er später in seiner Autobiographie *Blessings in Disguise* erinnerte, konnte er damals das Gefühl nicht loswerden, daß an dem Wagen etwas Unheilvolles war.

Plötzlich, als wäre er jemand anderer, als würde er seine eigenen Worte nicht selbst aussprechen, hörte sich Guinness diesen jungen, blonden Schauspieler ernsthaft bitten, niemals in diesen Wagen einzusteigen. Er blickte auf seine Uhr und sagte: „Es ist jetzt Freitag, der 23. September 1955. Wenn Sie in dieses Auto einsteigen, werden Sie nächste Woche um diese Zeit tot darin aufgefunden."

Der junge Mann lachte ein wenig erschrocken, und Guinness entschuldigte sich für seine seltsame Bemerkung. Doch sieben Tage später, am Abend des 30. September, kurz vor sechs Uhr, hatte sich diese beunruhigende Prophezeiung erfüllt: Während der nächsten Stunden würden Guinness und die ganze Welt voll Entsetzen vom frühzeitigen Tod des jungen Schauspielers erfahren, der bei einem Zusammenstoß mit einer schwarzen Limousine der Marke Ford in der Nähe der kleinen kalifornischen Stadt Cholame sofort getötet wurde. Der Schauspieler befand sich mit seinem neuen, silberfarbenen Wagen gerade auf dem Weg nach Salinas, wo er an einem Rennen teilnehmen wollte. Der Name des Schauspielers? James Dean.

Guinness war nicht der einzige, der beunruhigt über Jimmys neues Auto war. Wenige Tage bevor Jimmy auf seine letzte Fahrt ging, flehte ihn Ursula Andress, seine ehemalige Freundin, an, nicht zu fahren: „Ich habe ein schlechtes Gefühl. Fahr' nicht!" Jimmy bat sie, ihn zu begleiten, doch sie lehnte ab. Damals sah sie ihn zum letzten Mal lebend.

Das sind nur zwei von vielen unheimlichen Vorfällen, die mit dem tragischen Tod eines der charismatischsten Schauspieler aller Zeiten in Verbindung gebracht werden. Jimmy war der erste unter vielen, die „den Fluch" des silbernen Porsche Spyder verspüren sollten, der dem Namen „kleiner Bastard", den Jimmy ihm gegeben hatte, mehr als gerecht wurde.

Nach Jimmys Tod erstand der Ersatzteilhändler George Barris das Wrack des „kleinen Bastards", um jene Teile zu verwenden, die bei dem Zusammenstoß nicht beschädigt worden waren. Beim Abladen in der Werkstatt fiel der

Das Wrack, in dem Jimmy ums Leben kam. Unversehrte Teile wurden in andere Autos eingebaut und verursachten weitere Unfälle.

Wagen von der Rampe und auf einen Mechaniker, der mit einem gebrochenen Bein davonkam. Kurz danach kaufte der Fahrer eines Sportwagens zwei Reifen des Wagens und montierte sie auf seinem Auto. Während der Fahrt explodierten beide Reifen auf unerklärliche Weise, so daß der Wagen von der Straße abkam, und der Fahrer beinahe getötet wurde.

Im Oktober 1956 war der „kleine Bastard" an drei Unfällen beteiligt, die sich bei einem einzigen Rennen in Pomona, Kalifornien, ereigneten. In das Auto, das von einem Arzt namens Dr. William Eschrich gefahren wurde, war erst unlängst der Motor des Unglücksautos eingebaut worden. Eschrich entkam nur knapp einer ernsthaften Verletzung, als sich sein Wagen in einer Kurve überschlug. In der Nähe des Unfallorts stand der Polizist Bob Miller, den eines der Räder, die von dem Unfallauto wegflogen, im Gesicht traf.

Die Heckflossen an der Rückseite des Autos von Dr. Troy McHenry, einem Arzt, stammten von dem „kleinen Bastard", der während desselben Rennens ums Leben kam, als er plötzlich die Beherrschung über sein Auto verlor und gegen einen Baum fuhr.

Einige Monate später transportierte der Fahrer George Barkuis den „kleinen Bastard", als sein Lkw von der Straße abkam. Als er aus dem Lkw hinausgeschleudert wurde, fiel der Unglückswagen auf ihn und tötete ihn. Bei einem weiteren Vorfall befand sich das Auto zusammen mit vielen anderen in einer Garage, die auf rätselhafte Weise Feuer fing. Alle Autos brannten völlig aus, bis auf den „kleinen Bastard", der praktisch unversehrt blieb.

Im Jahre 1960 verschwand der Unglückswagen auf einer Zugsfahrt von Miami nach Barris, offensichtlich wurde er gestohlen. Was passierte mit dem Dieb, der den „kleinen Bastard" gestohlen hatte? Lebte er lange genug, um seinen unrechtmäßigen (und unglückseligen) Preis nutzen zu können?

Geschichten, die Übernatürliches und Spektakuläres erzählten, gab es sicher viele. Darunter befinden sich Behauptungen, daß Jimmy manche Menschen von seinem Grab aus kontaktiert hätte, daß er nicht wirklich getötet, sondern schrecklich entstellt und in ein geheimes Ambulatorium geschafft wurde, und sogar, daß sein Geist auf dem unglückseligen Straßenabschnitt bei Cholame gesehen wurde.

Wir wissen mit Sicherheit, daß Jimmy für seinen schwarzen Humor bekannt war, der so makaber war, daß er andere erschreckte. Als der Fotograf Dennis Stock im Februar 1955 mit ihm nach Fairmount, Indiana, fuhr, wo Jimmy den Großteil seiner Jugend verbracht hatte, legte er sich in einen Sarg in Hunts Leichenhalle, um sich darin fotografieren zu lassen. Für ein anderes Foto, das von Sanford Roth aufgenommen wurde, legte er seinen Kopf in eine Schlinge und machte seinen Körper schlaff, so als ob sein Genick gebrochen wäre. Vermutlich ist es nur ein unglückseliger Zufall, daß Jimmy bei seinem nächsten (und letzten) Besuch in Fairmount, wieder in einem Sarg in Hunts Leichenhalle lag, doch diesmal tatsächlich als Leichnam – mit gebrochenem Genick.

Jimmys messerscharfer, lakonischer Humor ging Hand in Hand mit seiner Nachdenklichkeit und Vorliebe für analytische Gedanken. Daher gibt es eine Vielzahl an denkwürdigen Äußerungen, doch wenige davon sind derart treffend formuliert wie eine Bemerkung, die er in einem Interview für einen Fernsehspot über Straßensicherheit von sich aus hinzufügte. Der Spot wurde nicht einmal zwei Wochen vor seinem Tod gedreht. Am Ende des Spots bat ihn der Interviewer um einen Tip für die Seher. In Abweichung seines Scripts antwortete Jimmy: „Fahrt vorsichtig. Vielleicht könnt ihr *mein* Leben retten.“ Wer hätte gedacht, daß eine seiner Äußerungen solch grausame, prophetische Bedeutung haben würde?

Giganten, Jimmys letzter Film, beinhaltet einen grotesken Aspekt seines Todes. Viele Menschen vernahmen voll Entsetzen, daß Jimmys Gesicht dem eines alten Mannes glich, als man ihn aus dem Autowrack barg. Für die letzten Szenen, die Jimmy als alter und geschwächter Jett Rink spielte, hatten die Visagisten die Haare auf der Stirn abrasiert. Dadurch wirkte er viel älter, als er tatsächlich war. Sieben Tage nach Beendigung der Dreharbeiten zu *Giganten* war Jimmy zu dem Rennen in Salinas gefahren. Sein Haar war noch nicht nachgewachsen, und so entstand das Paradoxon, daß ein Schauspieler, dessen frühzeitiger Tod ihn für immer jugendlich erscheinen lassen würde, in der Maske eines alten Mannes starb.

Jimmy sagte einmal: „Ich habe das Gefühl, daß es im Leben Dinge gibt, die unvermeidlich sind. Sie passieren gerade uns. Vermutlich, weil wir so sind, wie wir sind. Wir ziehen unsere Bestimmung an und gestalten unser persönliches Schicksal.“

Zeitlebens interessierte sich Jimmy besonders für den Stierkampf – er besaß sogar den blutgetränkten Umhang eines Matadors – doch auch im Tod kam diese Leidenschaft auf makabre, grausame Weise zur Geltung. Denn John Howlett schildert in *James Dean: A Biography*, wie Jimmy bei dem fürchterlichen Unfall aufgespießt wurde „vom Lenkrad aufgerissen, wie ein Matador von den Hörnern eines Stiers.“

Die wandernden Steine von Death Valley: eine kalifornische Stein-Legende.

DIE WANDERNDEN STEINE VON DEATH VALLEY

Im „Tal des Todes“ ist es besonders seltsam (oder vielleicht ironischerweise passend), daß ansonsten unbelebte Dinge ungewöhnlich lebendig sind.

Death Valley ist eines der berühmtesten Nationaldenkmäler Kaliforniens, auch zu einem nicht geringen Teil aufgrund der Steine, die in einem ausgetrockneten See liegen. Diese Gegend ist unter dem Namen „Racetrack Playa“ (Rennstrecken-Strand) bekannt. Denn es handelt sich hier um die berühmten wandernden Steine, die beträchtliche Entfernungen auf der harten Fläche des Racetracks zurücklegen, und sich offensichtlich dorthin bewegen können, wo sie es wollen. Wie auch die Steine unterschiedliche Größen haben – vom Kieselstein bis zum Felsblock mit einem Gewicht von einer halben Tonne – unterscheiden sich auch die Furchen, die sie zurücklassen, in Form und Länge. Man findet Zick-Zack-Muster, gerade Linien, sanft geschwungene Bögen und Entfernungen von einigen wenigen bis zu vielen hundert Metern.

Seit vielen Jahren versetzen die wandernden Steine die Fachwelt in Staunen. Im Jahre 1968 begannen die Geologen Dr. Robert Sharp und Dr. Dwight Carey vom California Institute of Technology mit einer siebenjährigen Studie zu diesem Phänomen. Am Ende stellten sie fest, daß es sich mit Hilfe spezifischer Boden- und Wetterbedingungen erklären lasse – mit anderen Worten, durch starke Winde, gefolgt von heftigen Regenfällen, würde der Boden des Racetracks spiegelglatt. So lautete Dr. Careys Erklärung:

Der Wind kann den Stein aufheben und weiterbewegen. Dieser drückt den rutschigen Schlamm zur Seite und gleitet über die harte Oberfläche, wobei er sich wahrscheinlich mit einer Geschwindigkeit von ein Paar Metern pro Sekunde über die Playa bewegt und nach dreißig bis sechzig Metern, oder manchmal schon nach einer sehr kurzen Strecke zum Stillstand kommt, wenn der Wind schwächer wird. Ich denke, daß die sich ändernden Windverhältnisse der Grund für die vielen, verschiedenen Steinspuren sind.

Bis vor kurzem wurde dieser Mechanismus als Erklärung der rätselhaften Wanderungen der Steine im Death Valley weitestgehend anerkannt. Im Jahre 1995 brachte der Geologe John Reid vom Hampshire College in Amherst, Massachusetts, jedoch eine völlig andere Theorie auf. Vor vier Jahren hatte er zusammen mit einer Gruppe Studenten das Tal zu einem Zeitpunkt besucht, an dem alle von Sharp und Carey beschriebenen Bedingungen für die Bewegung der Steine gegeben waren. Doch obwohl Reid und die Studenten mit erstaunlicher Leichtigkeit über die Oberfläche glitten, blieben die Steine vollkommen bewegungslos. Trotz aller Bemühungen gelang es auch keinem aus der Gruppe, irgendeinen Stein in Bewegung zu setzen.

Demzufolge stellte Reid fest, die Steine würden sich bei starkem Wind zwar schon bewegen, aber nur, wenn sie von einer Eishülle umgeben sind, welche den hohen Reibungskoffizienten der verwitterten, rauhen Steine abschwächt. Wandern die Steine nun, oder laufen sie auf dem Eis? Erst wenn es jemandem gelingt, ihre Bewegungen direkt aufzuzeichnen, kann die Wissenschaft auf eine sichere Erklärung hoffen.

KUGELBLITZE UND SPUKLICHTER

Es war im Sommer 1958, als William Becker, heute Professor und Industriedesigner an der Illinois University, mit fünf Freunden im oberen Gebiet von Minnesota, nördlich von Grand Marias kampierte. Eines Nachts bemerkte er voll Erstaunen eine hell leuchtende Lichtkugel, die sich durch einen schmalen Spalt über dem Fensterbrett durchzwängte und ins Zimmer glitt. Kaum größer als ein Basketball mit einer leuchtenden gelblich-weißen Umgrenzung und einem dunkleren, orangefarbenen Inneren, das sich krümmende, wurmähnliche Gebilde enthielt, glitt die Kugel langsam zu Boden und über den Teppich. Als sie bei der Wand angelangt war, wurde sie kleiner und verschwand, doch unmittelbar darauf erklang ein lautes Krachen, ähnlich dem eines Feuerwerkkörpers, von der Rückseite der Wand.

Am 25. August 1965 schoß eine orange-rote Lichtkugel in der Größe eines Basketballs durch die Glaswand im Hof des Hauses von Clara Greenlee und ihrem Mann in Dunnellon, Florida. Die erschrockene Frau schlug mit einer

Die Marfa-Lichter sausen erst durch die Luft, dann verweilen sie. Sie wirken so lebendig, daß es sich kaum um fix montierte oder reflektierte Scheinwerferlichter handeln kann.

Fliegenklappe auf den rätselhaften Eindringling ein, bis die Leuchtkugel zu Boden fiel, wo sie mit einem lauten Knall explodierte.

An einem Nachmittag im Februar 1989 befand sich Doris M. Humphrey im Schlafzimmer ihres Hauses in Rockville, Maryland, und sah fern, als sie einige kleine, weiße Lichtkugeln bemerkte, die teils so groß wie eine Murmel, teils so groß wie ein Ping-Pong-Ball waren. Die Kugeln hüpften und tänzelten auf dem langen Kabel, das vom Fernseher zu der Steckdose in der Wand führte. Sie tauchten sogar in den Papierkorb ein, in den eine Schlinge des Kabels gefallen war, kamen wieder heraus und bewegten sich in Richtung des Kamins, in dem sich elektrische Scheite befanden. Obwohl die Scheite nicht brannten, tänzelten die Kugeln durch die Kaminöffnung, worauf sie zu einer größeren Kugel verschmolzen, die hinter den Scheiten verschwand.

Das sind nur zwei Berichte, in denen Kugelblitze beschrieben werden. Die „typischen" Exemplare sind jedoch kugelförmig, haben verschiedene Farben und unterschiedliche Größen, die zwischen einer Murmel und einem Basketball liegen. Sie treten häufig bei Gewittern auf und können sich in einem geschlossenen Gebäude bilden, wobei sie oft ein summendes oder zischendes Geräusch verursachen sowie einen Geruch hinterlassen, der an Schwefel oder Ozon erinnert. Ihre Lebensdauer beträgt einige Sekunden bis Minuten, und zumeist gleiten sie langsam dahin. Einige verschwinden lautlos, andere im Zuge einer lauten Explosion. Sie können unbelebte Gegenstände stark beschädigen, verletzen jedoch selten einen Menschen.

Jahrelang wurden die Kugelblitze von den Wissenschaftlern als optische Täuschung abgetan – hervorgerufen durch die Nachwirkungen eines Blitzstrahls auf der Netzhaut des Auges. Diese Ansicht wurde jedoch revidiert, als ein Fachmann selbst Zeuge eines dramatischen Vorfalls wurde. Am 19. März 1963 befand sich Professor R. C. Jennison von den Elektroniklabors der Kent University an Bord eines Flugzeugs der Eastern Airlines, die von New York nach Washington flog, als die Maschine in ein Gewitter kam. Jennison berichtete von einer glühenden Lichtkugel mit einem Durchmesser von etwas mehr als 20 Zentimetern, die aus dem Cockpit kam und den Gang entlangglitt, wobei sie sich in einer Höhe von 75 Zentimeter zum Boden bewegte. Eine Stewardeß bemerkte, wie die Kugel in Richtung der Toiletten am Ende des Ganges verschwand.

Viele Theorien wurden für die Existenz von Kugelblitzen aufgestellt: Plasmakugeln, Kugeln, die durch Nuklearreaktion gebildet werden, brennende Gaskugeln, Gabelblitze, die zu einer Kugel zusammengedrückt werden, und sogar kleine Meteoriten mit Antimaterie. Heute können J. F. Corum und K. L. Corum, zwei Wissenschaftler aus Ohio, Kugelblitze bereits im Labor herstellen, indem sie eine Hochvoltfrequenz einsetzen. Auch japanischen Wissenschaftlern ist es gelungen, Plasmakugeln herzustellen.

Ganz anders als Kugelblitze sind die sogenannten Spuklichter, die nicht so hell leuchten und glühen und eher den Irrlichtern ähneln (diese enstehen durch sich plötzlich entzündendes Sumpfgas). In Nordamerika gibt es viele berühmte Exemplare davon, darunter die Marfa-Lichter, die oft in dem an der mexikanischen Grenze liegenden Chinati-Berge gesehen werden. Sie sehen aus wie flackerndes, gelbes Laternen- oder Scheinwerferlicht, sind halb so groß wie Basketbälle, flitzen durch die Luft und verharren kurz in schwebender Position, bevor sie verschwinden.

Obwohl sie manchmal wirklich auf Verwechslungen mit Autoscheinwerfern zurückzuführen sind, treten sie auch in Gegenden auf, wo es keine Straßen gibt, und meist widerspricht ihr lebhaftes Verhalten auch der Theorie, es könnte sich um fix montierte oder reflektierte Scheinwerferlichter handeln.

Noch unheimlicher waren die blauen, tänzelnden Lichtkugeln, die den Friedhof von Silver Cliff, Colorado, unsicher machten. In einem Artikel in der *New York Times* vom 20. August 1967 erörterte W. T. Little, der das Phänomen beobachtet hatte, mögliche Erklärungen. Eine davon war, daß die verfallenen hölzernen Grabmäler und Zäune ein phosphorizierendes Licht abgeben (das von Pilzen produziert wird), eine andere berief sich auf leuchtende Mineralien im Boden (Silver Cliff ist ein traditionelles Bergbauzentrum), eine dritte sogar darauf, daß das Licht der in der Nähe befindlichen Häuser reflektiert würde. Die dritte Theorie wurde jedoch widerlegt, nachdem in einer Nacht alle Häuser ihre Lichter abdrehten und sogar die Straßenbeleuchtung ausgeschaltet wurde, die blauen Lichtkugeln jedoch nach wie vor auf dem Friedhof herumschwebten. In den vergangenen Jahren wurden sie jedoch nicht mehr gesehen.

Im Gegensatz dazu sind die Brown-Mountain-Lichter von North Carolina noch immer zu sehen und werden als „kugelförmig und leuchtendrot wie kleine Heißluftballone", „schwaches, weißes Licht, das von einem schwachen Lichthof umgeben ist", oder „ähnlich einer explodierenden Feuerwerksrakete" beschrieben.

Wie William R. Corliss in seinem Werk *Handbook of Unusual Natural Phenomena* darlegt, treten sie meist nacheinander einzeln auf, steigen über den flachen Bergrücken und verschwinden dann abrupt. Mitunter treten ein paar gemeinsam auf, und obwohl ihre durchschnittliche „Lebensdauer" ca. eine Minute beträgt, bleiben sie manchmal bis zu 20 Minuten über dem Bergrücken stehen. Auch hier stellt reflektiertes Scheinwerferlicht eine beliebte Erklärung dar.

Viele Forscher haben festgestellt, daß die Aktivitäten einiger Spuklichter beinahe als intelligent bezeichnet werden können, da es vorgekommen ist, daß die Lichtkugeln Menschen locken oder ihnen folgen und verschwinden, sobald sie angegriffen werden. Könnte es sich um leuchtende Insektenschwärme handeln? Oder sollten wir zur Beantwortung dieser Frage auf Constables Theorie von den atmosphärischen Wesen (siehe S. 135–137) zurückgreifen?

Abraham Lincoln, der übersinnliche Präsident

Mit den folgenden Worten beschrieb ein Mann vor seiner Frau und einigen Freunden seinen schaurigen und mysteriösen Vorfall.

Abraham Lincoln, Portraitfoto um 1862.

Vor ein paar Tagen ging ich sehr spät zu Bett und schlief bald ein. Eine totenähnlich Stille schien mich zu umgeben. Dann hörte ich unterdrücktes Schluchzen, als würden mich eine Reihe von weinenden Leuten umgeben. Mir kam vor, ich würde aus dem Bett steigen und nach unten gehen. Auch dort wurde die Stille von demselben jämmerlichen Schluchzen unterbrochen, doch war niemand zu sehen. Ich ging von Zimmer zu Zimmer. Nirgends sah ich eine Menschenseele, doch überall war das Schluchzen zu hören. Ich war verwundert und beunruhigt.

Doch war ich fest entschlossen, die Ursache dieses so schrecklichen und mysteriösen Vorfalls zu klären und ging immer weiter, bis ich beim Ostzimmer angelangt war. Dort wartete eine schreckliche Überraschung auf mich. Vor mir stand ein offener Leichenwagen, auf dem ein in Tücher gewickelter Leichnam lag. Um den Leichnam standen Soldaten, die als Wachen dienten, sowie eine große Menschenmenge, von denen einige traurig auf den Leichnam blickten, andere mitleiderregend schluchzten.

Wer ist im Weißen Haus gestorben?", fragte ich einen der Soldaten. „Der Präsident", war seine Antwort. „Er wurde von einem Attentäter erschossen."

Trotz der Beunruhigung dieses Mannes schenkte man seinen Worten wenig Aufmerksamkeit, bis er, wenige Tage später, am 14. April 1865 ermordet wurde. Und danach, genau wie er es vorhergesehen hatte, lag sein Leichnam tatsächlich feierlich aufgebahrt im Ostzimmer des Weißen Hauses. Der Mann, der diesen Traum gehabt hatte, war niemand anderer als Abraham Lincoln – der erste amerikanische Präsident, der einem Attentat zum Opfer fiel.

Das ist nur ein bemerkenswerter Vorfall mit übersinnlicher Prägung, die sich zu Lebzeiten Lincolns – und auch nach seinem Tode – ereigneten. Denn zahlreiche Bewohner des Weißen Hauses behaupteten, Lincolns Geist angetroffen zu haben. Der erste dieser Berichte stammte von einer First Lady – von Grace, der Frau von Präsident Calvin Coolidge, die erzählte, sie hätte Lincoln aus einem Fenster im Oval Office blicken sehen.

Eine weitere bemerkenswerte Erscheinung hatte Wilhelmina, Königin der Niederlande, während eines Besuchs, den sie Präsident Franklin D. Roosevelt abstattete. Eines Tages klopfte jemand an die Tür ihres Schlafzimmers im Weißen Haus, und als sie aufmachte, sah sie zu ihrem Erstaunen Abraham Lincoln draußen stehen. Der Präsident trug seinen Zylinder und Kleidungsstücke, die für seine Zeit typisch waren. Roosevelt erzählte ihr später, daß das Zimmer, in dem sie schlief, als Lincoln-Zimmer bezeichnet wird und schon zahlreiche Besuche des ehemaligen Präsidenten erlebt hatte.

Noch seltsamer als Lincolns Traum, in dem er seinen eigenen Tod voraussah, ist die Geschichte von dem Zug, der Lincoln zum Begräbnis nach Illinois führte. Angeblich taucht er jedes Jahr als Geisterzug wieder auf und folgt immer derselben Route. Die *Albany Times* berichtete folgendes:

Er gleitet lautlos vorbei. Falls der Mond scheint, wird er von Wolken verdeckt, während der Geisterzug vorbeifährt; zuerst die Lokomotive, danach der Begräbniszug selbst, der mit Flaggen und Bändern geschmückt ist. Es sieht aus, als würde ein dunkler Teppich auf den Schienen liegen, und in der Mitte des Waggons sieht man den Sarg. Um den Sarg herum, sowohl in der Luft als auch auf dem Zug, sieht man ungeheuer viele blaugekleidete Männer, von denen einige

Minuten vor seiner Ermordung am 22. November 1963 grüßt Präsident John F. Kennedy in Dallas die jubelnden Massen. Ein Reigen bizarrer Zufälle verknüpft das Leben – und den Tod – der Präsidenten Kennedy und Lincoln.

Särge auf dem Rücken tragen, andere lehnen sich an Särge.

Nur eine Legende? Vielleicht. Tatsache ist jedoch, daß Lincolns Leben durch viele Zufälle – einige davon waren unbedeutend, andere tragisch – mit dem Leben eines anderen Präsidenten, John F. Kennedy, verbunden war.

Als er ermordet wurde, fuhr Präsident Kennedy in einem Wagen der Marke Lincoln, der von Ford produziert worden war: Präsident Lincoln war im Ford-Theater, als er erschossen wurde. Kennedys Sekretärin, die zufällig Evelyn Lincoln hieß, wollte den Präsidenten davon abhalten, nach Dallas zu fahren. Beiden Präsidenten wurde in den Kopf geschossen. Sie befanden sich beide in Begleitung ihrer Frauen und hatten ihren Tod knapp 24 Stunden zuvor vorausgesehen. Kennedy hatte zu seiner Frau gesagt, daß ein Anschlag auf ihn nicht verhindert werden könnte. Lincoln hatte zu W. H. Crook, einem seiner Leibwächter, gesagt, daß er überzeugt davon sei, daß ihn jemand töten wolle. Morbider Pessimismus oder tödliche Prophezeiung?

Auf jeden Fall wurden beide ermordet: Kennedy von einem Attentäter, der von einem Lagerhaus aus schoß und dann ins Theater rannte; Linocolns Mörder schoß im Theater und rannte dann in einen Lagerschuppen. Beide Attentäter wurden selbst ermordet. Die Wahl der beiden Männer zum Kongreßabgeordneten (1846 und 1946) und zum Präsidenten der USA (1860 und 1960) lag je hundert Jahre auseinander. Nicht einmal die Vizepräsidenten blieben vom seltsamen Reigen der Zufälle verschont, denn sie hießen beide Johnson – Lincolns Vizepräsident war Andrew Johnson, der von Kennedy hieß Lyndon Johnson.

Die Schicksale von Kennedy und Lincoln waren eindeutig verbunden – doch leider nicht vom Glück.

DAS GEHEIMNIS DER TITANIC

Am 14. April 1912 segelte der 46 000-Tonnen-Dampfer, die RMS *Titanic*, zur damaligen Zeit das größte Schiff, auf ihrer Jungfernfahrt von Southhampton nach New York. Kurz nach 11.40 Uhr abends kollidierte das Schiff im Nordatlantik, südöstlich von Neufundland, mit einem einzelnen Eisberg. Innerhalb weniger Stunden fanden die *Titanic* und die Großzahl der Passagiere ihre letzte Ruhestätte am Grunde des Ozeans.

Von den 2207 Menschen an Bord überlebten nur 705 den Untergang, der als das größte Unglück der Seefahrt gilt, das sich je zu Friedenszeiten ereignet hat. Auch dieser Vorfall hing mit seltsamen Zufällen zusammen, die ausführlich in George Behes Werk *Titanic: Psychic Forewarnings of a Tragedy* dokumentiert wurden. Das Buch führt dazu über hundert Beispiele an.

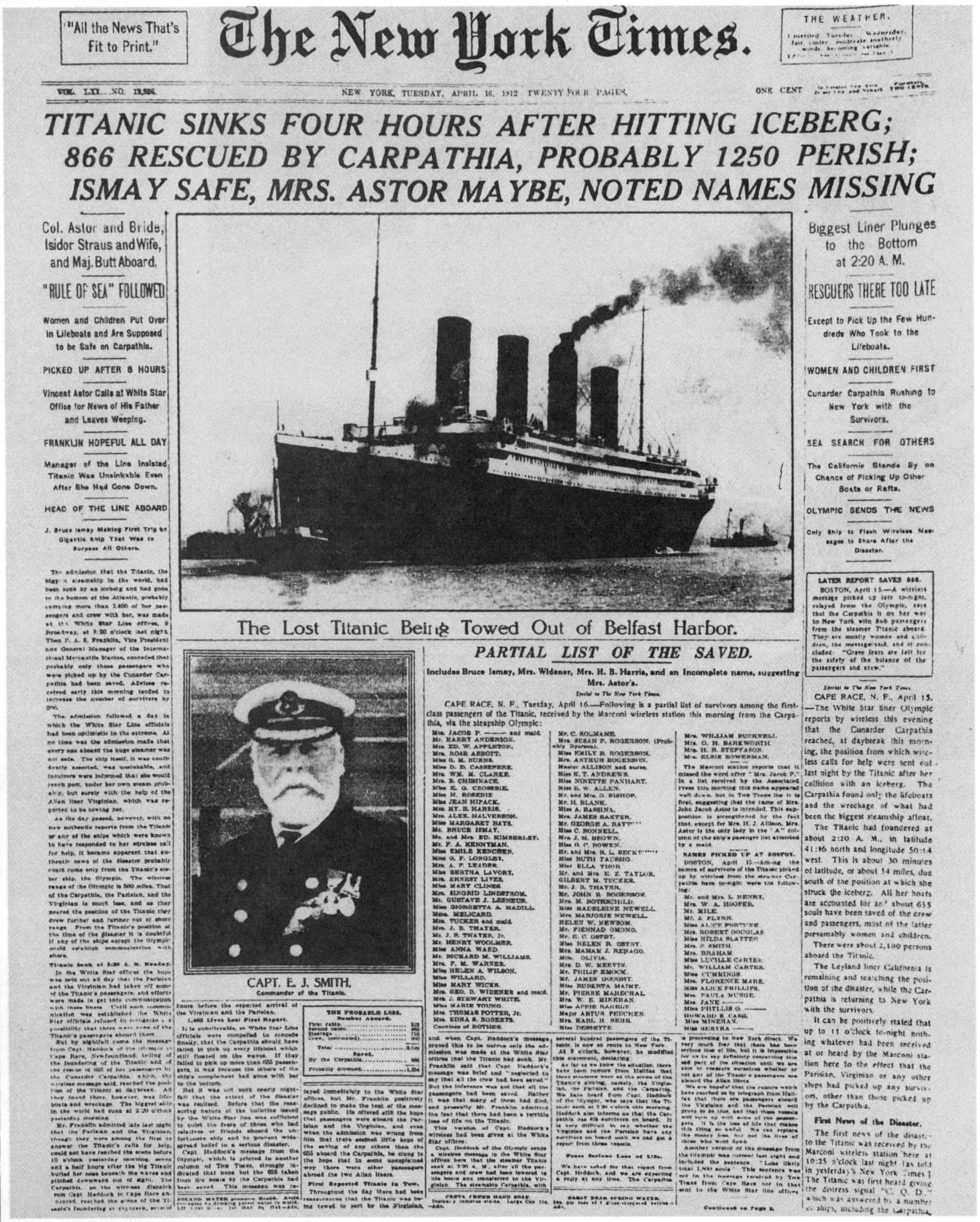

"All the News That's Fit to Print."

The New York Times.

THE WEATHER.

NEW YORK, TUESDAY, APRIL 16, 1912 TWENTY-FOUR PAGES. ONE CENT

TITANIC SINKS FOUR HOURS AFTER HITTING ICEBERG; 866 RESCUED BY CARPATHIA, PROBABLY 1250 PERISH; ISMAY SAFE, MRS. ASTOR MAYBE, NOTED NAMES MISSING

Col. Astor and Bride, Isidor Straus and Wife, and Maj. Butt Aboard.

"RULE OF SEA" FOLLOWED

Women and Children Put Over in Lifeboats and Are Supposed to be Safe on Carpathia.

PICKED UP AFTER 8 HOURS

Vincent Astor Calls at White Star Office for News of His Father and Leaves Weeping.

FRANKLIN HOPEFUL ALL DAY

Manager of the Line Insisted Titanic Was Unsinkable Even After She Had Gone Down.

HEAD OF THE LINE ABOARD

J. Bruce Ismay Making First Trip on Gigantic Ship That Was to Surpass All Others.

Biggest Liner Plunges to the Bottom at 2:20 A. M.

RESCUERS THERE TOO LATE

Except to Pick Up the Few Hundreds Who Took to the Lifeboats.

WOMEN AND CHILDREN FIRST

Cunarder Carpathia Rushing to New York with the Survivors.

SEA SEARCH FOR OTHERS

The California Stands By on Chance of Picking Up Other Boats or Rafts.

OLYMPIC SENDS THE NEWS

Only Ship to Flash Wireless Messages to Shore After the Disaster.

The Lost Titanic Being Towed Out of Belfast Harbor.

PARTIAL LIST OF THE SAVED.

Includes Bruce Ismay, Mrs. Widener, Mrs. H. B. Harris, and an Incomplete name, suggesting Mrs. Astor's.

CAPT. E. J. SMITH, Commander of the Titanic.

*„Den ganzen Tag über hieß es, daß die **Titanic** zum Hafen geschleppt würde …" Am Dienstag, den 16. April verfügte die **New York Times** über alle Einzelheiten zum Hergang der furchtbaren Tragödie.*

Eines der berühmtesten davon betrifft einen Roman von Morgan Robertson mit dem Titel *Futility*, in dem ein riesiger Ozeandampfer mit dem Namen SS *Titan*, der als unsinkbar galt und auf seiner Jungfernfahrt von Southampton über den Atlantik fuhr, durch einen Eisberg zum Sinken gebracht wurde, wobei der Großteil der 2500 Passagiere ums Leben kam. Wenn man ihn liest, würde man natürlich annehmen, daß dieser Roman direkt von der wahren Geschichte des Untergangs der *Titanic* beeinflußt worden war. Tatsächlich wurde der Roman 1898 geschrieben – 14 Jahre *vor* der Tragödie. Es gab eine weitere erfundene Geschichte, die ebenfalls dieses Unglück einige Jahre vorwegnahm. Sie stammt von einem Journalisten namens W. T. Stead, doch diese schriftliche Prophezeiung beinhaltete noch ein weiteres unheimliches Detail: Der Autor war einer der Passagiere, die ums Leben kamen, als die echte *Titanic* sank.

Ein weiteres Beispiel für eine angebliche Prophezeiung ereignete sich in Kanada. Reverend Charles Morgan, ein Priester der Methodistenkirche Rosedale in Winnipeg, Manitoba, fiel in tiefen Schlaf und träumte von einem turbulenten Wellengang auf hoher See unter schwarzem Himmel. Am seltsamsten war jedoch, daß er dazu ganz deutlich den Klang eines Liedes vernahm, das zu dieser Zeit kaum gesungen wurde. Plötzlich erwachte er, doch dieses Lied blieb ihm im Gedächtnis. Als er erneut einschlief, kehrte der Traum zurück – und wurde wieder von diesem Lied begleitet.

Der Priester war von diesem rätselhaften Traum so beunruhigt, daß er an diesem Abend den Gottesdienst mit dem Lied begann, das er im Traum gehört hatte. Für eine Pfarre, die so weit im Landesinneren lag, muß die Wahl des Liedes sehr ungewöhnlich gewesen sein, denn der Titel lautete „For Those in Peril on the Sea" (für alle, die in Seenot sind).

Zu dieser Zeit wußte noch niemand, wie passend, ja gewissermaßen prophetisch das Lied doch war – denn es wurde am Abend des 14. April 1912 gesungen.

*Von den 2207 an Bord befindlichen Passagieren überlebten nur 705 den Untergang der **Titanic.***

Im April 1935 hielt ein Matrose namens William Reeves Ausschau von einem Schiff, das von Tyneside nach Kanada segelte, als er plötzlich, ohne bestimmten Anlaß, anfing, über das Schicksal der *Titanic* nachzudenken. Er fühlte sich plötzlich sehr beunruhigt und ein bedeutungsvolles Datum kam ihm in den Sinn – der 14. April 1912. Dieser Tag war nicht nur der Tag des Untergangs der *Titanic,* sondern auch sein eigener Geburtstag. Der Name seines eigenen Schiffes gab ihm plötzlich auch zu denken, denn es hieß *Titanian.* Weit und breit war nichts zu sehen, doch diese Vielzahl an rätselhaften Zufällen, die seine Gedanken beeinflußten, verfolgte ihn ständig, wie eine Prozession ruheloser Geister.

Er witterte eine bevorstehende Katastrophe und schrie voll Angst, man solle das Schiff anhalten. Sein Befehl wurde gehört und ausgeführt – und er und die anderen sahen voll Entsetzen, daß sie beinahe mit einem riesigen Eisberg kollidiert wären, der zusammen mit einigen anderen in nächster Nähe unsichtbar in der tödlichen Stille thronte.

1995 wurde in *The Riddle of the Titanic* eine ganz andere Version des Geheimnisses der *Titanic* verbreitet. Robin Gardiner und Dan van der Vat meinen, daß es sich bei dem Schiff, das an jenem schicksalshaften Abend gesunken war, gar nicht um die *Titanic* handelte, sondern um ein identisches Zwillingsschiff, die *Olympic*, die berüchtigt für ihre Unfallanfälligkeit war. Laut ihrer Theorie sollte durch diesen Austausch das Versicherungsunternehmen betrogen werden. Ein finanzieller Gaunerstreich, der völlig schief lief, und eine der größten Betrügereien zur furchtbaren Tragödie werden ließ.

*Kurz vor ihrer Jungfernfahrt kommt die neue **Titanic** aus den Baird-Docks in Belfast.*

6. Kapitel
Mittel- und Südamerika

DIE RÄTSEL DES REGENWALDES

IM JAHRE 1924 SCHRIEB DER ENTDECKER OBERSTLEUTNANT PERCY FACWETT: „EIN VORHANG IST ZWISCHEN DER AUSSENWELT UND DEN GEHEIMNISSEN DER GESCHICHTE SÜDAMERIKAS NIEDERGEGANGEN.“ DIESE AUSSAGE ÜBER DIE RÄTSEL, WELCHE DIE GRENZEN DER WISSENSCHAFT SPRENGEN UND IM DICHTEN URWALD DIESES KONTINENTS VERBORGEN SIND, TRIFFT AUCH AUF DIE VIELEN GEHEIMNISSE ZU, DIE WIR IN MITTELAMERIKA, DEM GEBIET VON MEXIKO UND ZENTRALAMERIKA, FINDEN. BEGLEITEN SIE MICH BEI DEM VERSUCH, DIE ECKEN DES VORHANGS EIN WENIG ZU LÜFTEN. WER WEISS, WAS AUF DER ANDEREN SEITE AUF UNS WARTET?

Bermuda-Dreieck
GOLF VON MEXIKO
Zombies
HAITI
PUERTO RICO
Chupacabras (blutsaugende, Übelkeit verursachende Ungeheuer)
Alux (mysteriöse Pygmäenrasse)
Sisimite (Affenmensch)
BELIZE
KARIBISCHES MEER
BARBADOS
Wandernde Särge
Kristallschädel
vogelfressende Vampirpflanze
Xipe (Affenmensch)
hundefressende Weinrebe
NICARAGUA
Maske eines Affenmenschen
COSTA RICA
PANAMA
Las Bolas Grandes (riesige Steinkugeln)
Verschwinden der St. Vincent-Inseln
Vasitri (Affenmensch)
VENEZUELA
Maipolina (nashornähnliches Ungeheuer)
Camoodi (gehörnte Anakonda)
Manoa - goldene Stadt
GUYANA
Loys' Affe
El Dorado
KOLUMBIEN
SURINAM
Baum, der Affen fängt
Didi (Affenmensch)
Manoa – goldene Insel
Verschwinden von Sarah Ann Island
ECUADOR
Pflanze, die Steine zum Schmelzen bringt
PERU
Tarma (Affenmensch)
Riesige Anakondas
BRASILIEN
Isnachi (Riesenaffe)
Oberstleutnant Percy Fawcett
Mapinguary
Leuchtende Mumien
Nazca-Linien
BOLIVIEN
Tiahuanaco
SÜD-PAZIFIK
blauhäutige Menschen
PARAGUAY
Yaquaru (Wassertiger)
Minhocao (riesiges, wurmähnliches Wesen)
CHILE
Ellengassen
Verschwinden des Davisland-Archipels
ARGENTINIEN
URUGUAY
Minhocao (riesiges, wurmähnliches Wesen)
Andenwolf
Schlüssel zu den Phänomenen
LUFT
WASSER
ELEMENTE
LANDTIERE
MENSCHENÄHNLICH
ORTE
ÜBERSINNLICH
SÜD-ATLANTIK
FALKLAND INSELN
Verschwinden der Aurora Inseln und der Isla Granda

Vergessene Welten, ewige Rätsel

Die Linien von Nazca

Es scheint ein Widerspruch zu sein, daß das größte Kunstwerk der Welt von der Erde aus nur schwer zu sehen ist. Doch die Nazca-Linien in Peru sind beides.

Im September 1926 machte ein Archäologenteam unter der Führung von Professor Julio C. Tello Ausgrabungen in Cantallo, in der Nähe eines Wüstenstriches im Süden Perus, der Nazca-Ebene genannt wird, als zwei Mitglieder des Teams auf einem nahen Hügel eine ungewöhnliche Entdeckung machten. Zu seiner Überraschung stellte das Archäologenteam fest, daß die Wüste von Nazca dem Skizzenblock eines Riesen ähnelte, denn sie wies ein ausgeklügeltes Muster mit tausenden geraden Linien, Kurven, geometrischen Formen und sogar Umrissen verschiedener Tiere auf. Doch all diese Gebilde waren so groß, daß sie nur von oben zu erkennen waren. Am Boden sah man lediglich lange, flache Rillen, und auch die nur dann deutlich, wenn der Beobachter quer darüber stand.

Daher waren die Linien bislang auch nicht beachtet worden. Wie Stuart Gordon in *The Paranormal* feststellte, war der Pan American Highway durch diese Wüste gebaut worden, ohne daß jemand diese Linien bemerkt hätte. In den 30er Jahren dieses Jahrhunderts wurde die Entdeckung der Archäologen jedoch durch Schilderungen und Fotos von Piloten der peruanischen Luftwaffe bestätigt, die diese faszinierenden Muster überflogen. Sie erstrecken sich über eine Fläche von 1300 Quadratkilometern und werden heute als die „Linien von Nazca" bezeichnet.

Im großen Maßstab sind die komplizierten Umrisse der Linien von Nazca nur aus der Luft ersichtlich.

Keramikfunde aus diesem Gebiet gehen auf die Zeit zwischen 300 v. Chr. und 540 n. Chr. zurück.

Die Nazca-Ebene ist von schwarzen Steinen bedeckt, und die Muster wurden durch Verschiebung der Steine geschaffen, so daß die darunter befindliche, hellere gelblich-weiße Erde freigelegt wurde. So entstanden die klaren, hellen Linien auf der dunklen Oberfläche. Das heißt, die Linien an sich sind noch nichts besonderes; was sie so außerordentlich scheinen läßt, ist die präzise Genauigkeit, mit der sie hergestellt wurden, wenn man bedenkt, daß ihre Proportionen gigantisch und nur aus der Luft erkennbar sind.

Zum Beispiel sind einige der geraden Linien bis zu acht Kilometer lang, weichen jedoch auf 1,50 Kilometer Entfernung nicht mehr als drei Meter ab. Man kann eine Reihe verschiedener Tierarten erkennen, zum Beispiel einen kondorähnlichen Vogel, einen Wal, eine Spinne, sogar einen Kolibri – die Umrisse sind weder verzerrt noch ungenau.

Wie konnte eine solche Perfektion erzielt werden? Und was war die Funktion dieser Werke? Solche Fragen beschäftigen unzählige Forscher, die von den Nazca-Linien fasziniert sind. Die bekannteste unter ihnen ist ohne Frage Maria Reiche. Die Mathematikerin hat fast ihr ganzes Leben lang die Linien untersucht. Sie begann in den 40er Jahren gemeinsam mit Professor Paul Kosok von der Long Island University, New York, und setzte nach seinem Tode im Jahre 1959 ihre Studien fort. Kosok war der Ansicht, die Nazca-Linien hätten astronomische Bedeutung und würden eine Art Himmelskalender darstellen, und Reiches Untersuchungen bekräftigten diese Theorie. Einige der Linien scheinen das periodische Auftreten verschiedener Konstellationen zu bezeichnen, andere markieren die Punkte, an denen zu den Tagundnachtgleichen sowie am Tag der Sommersonnwende die Sonne auf- und untergeht. Doch war das ihre einzige Funktion?

Man vermutete noch zahlreiche andere Verwendungszwecke. Man weiß heute, daß die Inkas spirituelle Bestärkung erfuhren, indem sie speziellen Linien folgten, die Ceques genannt wurden. Vielleicht wollte das lange vor der Zeit der Inkas lebende Volk der Nazca mit Hilfe eben dieser Linien einen ähnlichen Effekt erzielen. Eine weitere beliebte Theorie bringt die Linien mit Bewässerungssystemen und Wasserquellen in Verbindung. Oder es könnte sich um Symbole für Besitztum oder Verwandtschaft gehandelt haben. Vielleicht gehörte jede Linie oder Linienreihe zu einer anderen Familie, wobei die größeren und komplizierteren Formen für die wichtigeren Mitglieder der Gemeinschaft standen. Bezüglich der Tierformen nimmt man an, es könnte sich um Natur- oder Fruchtbarkeitssymbole gehandelt haben, die entsprechend verehrt wurden, oder um Kunstwerke.

Für den Umstand, daß die Formen nur aus der Luft zu sehen sind, äußerte Jim Woodman, ein leitender Angestellter einer amerikanischen Fluglinie, folgende Annahme: Im Jahre 1975 überflog er die Nazca-Linien in einem Heißluftballon namens *Condor I*, der absichtlich so konstruiert worden war, daß er nur Materialien enthielt, die auch den Menschen in Nazca zur Verfügung standen. Jim Woodman wollte damit aufzeigen, daß es schon damals möglich gewesen wäre, Ballone zu bauen, um damit die Wüste zu überfliegen und während der Herstellung der Linien eine Luftansicht davon zu erhalten. Das würde die erstaunliche Präzision der Linien erklären. Doch gibt es keine Hinweise, die diese Theorie unterstützen, und andere Forscher haben aufgezeigt, daß man diese Präzision auch vom Erdboden aus erreichen kann, indem man, von einem maßstabgetreuen Modell ausgehend, die Linien mit Seilen und Stöcken markiert.

Am erstaunlichsten ist, daß die Linien überhaupt noch bestehen. Das ist einer besonders günstigen Kombination bestimmter meterologischer und biologischer Bedingungen zu verdanken. Sogar für eine Wüste ist die Gegend äußerst trocken. Es gibt kaum Wind und damit fast keine Erosion. Die Vegetation hingegen ist so spärlich, daß die Linien auch nicht zuwachsen können.

El Dorado

Unter der Leitung des deutschen Entdeckers Nikolaus Federmann, des spanischen Konquistadors Sebastian de Belalcazar und des spanischen Entdeckers Gonzalo Jimenez de Quesada kamen im Jahre 1539 drei verschiedene europäische Expeditionen in einer kolumbianischen Region zusammen, die von den Chibcha-Indianern bewohnt wird. Hier sollte Quesada Bogotà, die heutige Hauptstadt Kolumbiens, gründen. Doch das primäre Ziel der Expeditionen war es, eine ganz andere Stadt zu finden – El Dorado, die legendäre Stadt des Goldes, von der viele südamerikanische Völker berichteten, die vom Westen jedoch bislang unentdeckt geblieben war.

Ironischerweise stießen Quesada und seine Mannschaft tatsächlich auf El Dorado, doch ohne es wirklich zu erkennen. Sie erfuhren, daß die Chibcha einen neuen König bei seiner Krönungszeremonie mit klebriger Erde bestrichen, auf die großzügig Gold verteilt wurde, wodurch er von Kopf bis Fuß eine goldene „Haut" erhielt. Das war das echte El Dorado – nicht eine goldene Stadt, sondern ein goldener Mensch. Der König, oder Häuptling, saß daraufhin auf einem Floß, das in der nahegelegenen Lagune von Guatavita schwamm und mit großartigen goldenen Gaben für den mächtigen Gott beladen war, der angeblich diesen heiligen See bewohnte. Nachdem El Dorado die Geschenke seines Volkes ins Wasser geworfen hatte, tauchte er selbst im See unter, bis seine goldene Haut wieder abgewaschen war – ein weiterer Tribut, der dem Wassergott gezollte wurde – und kam dann ans Ufer zurück, um seine Herrschaft zu beginnen.

Trotzdem man dies herausgefunden hatte, gaben einige europäische Forscher die Suche nach einer goldenen Stadt

Die Leuchtmumien von Peru

In einem kurzen Artikel, der 1992 im *Strange Magazine* erschien, berichtete Curtis A. Rowlett, ein Matrose der Handelsmarine, von einer Unterhaltung, die er vor kurzem mit einem Kollegen geführt hatte. Dieser behauptete, beim Warten auf die Reparatur seines Schiffes im Frühling 1989 in Peru einen einheimischen Piloten getroffen zu haben, der ihm eine sehr interessante Geschichte erzählte. Er meinte, in einer Höhle in der Nähe der Nazca-Ebene gäbe es fünf kleine Mumien, die im Dunkeln leuchteten.

Er berichtete, wer diese Mumien berührt, bekäme seltsame, offene Wunden an den Fingern. Aufgrund der Reparaturfertigstellung am selben Tag hatte er aber keine Gelegenheit mehr, seine Neugierde zu befriedigen. Nur Seemannsgarn – oder ein weiteres Geheimnis von Nazca?

Oben: Das echte El Dorado war ein „goldener Mensch", eine Zeremonie, mittels der neue Häuptlinge der Chibcha eingesetzt wurden.

Links: Am Höhepunkt der Zeremonie tauchte der mit Goldstaub bedeckte Häuptling ins Wasser des Guatavita-Sees.

nicht auf, denn sie hatten die Erzählungen von Manoa gehört – einer idyllischen, magischen Insel in einem großen Salzsee, die beladen wäre mit goldenen Kunstwerken aller Art. Dieses Wunderland wird auch heute noch gesucht – es gibt Annahmen darüber, daß es sich im Süden Surinams, im Südosten Venezuelas oder im brasilianischen Mato Grosso (eine Vermutung des verschollenen Entdeckers Percy Fawcett) befindet – doch gibt es für seine Existenz nicht mehr Hinweise als für die Stadt El Dorado.

VERSCHWINDENDE INSELN

Inseln, die sich auf mysteriöse Weise in Luft auflösen, kommen immer wieder in der Mythologie und in Märchen vor. Die berühmtesten – oder vielleicht berüchtigsten – sind die Aurora-Inseln in südamerikanischen Gewässern. Dieses verlockende Trio lag angeblich auf halbem Weg zwischen den Falkland-Inseln und South Georgia und wurde erstmals im Jahre 1762 von dem Walfänger *Aurora* entdeckt, obwohl niemand dort an Land ging, um die Inseln zu erkunden. Im Jahre 1794 wurden sie von J. de Bustamente, dem Kapitän der spanischen Korvette *Atrevida*, genau in eine Karte eingetragen und sogar mit Namen versehen – „Neue Insel" (die nördlichste), „Untere Insel" (die mittlere) und „Südlichste Insel". In seinem Bericht vermerkte er, daß sie kalt, dunkel und zum Teil mit Schnee bedeckt waren.

Zu Beginn des 19. Jahrhunderts verschwanden sie. In den 20er Jahren des 19. Jahrhunderts war der bekannteste unter den Suchenden Kapitän James Weddell, der das gesamte Gebiet umsegelte, die Inseln jedoch nicht finden konnte. In den darauffolgenden Jahren wurden sie zweimal gesichtet, einmal von dem Zweimaster *Helen Baird* im Jahr 1856 und dann noch einmal von Kapitän B. H. Hatfield, der sich an Bord der *Gladys* befand, im Juni 1892.

Die nördlich gelegene Isla Grande wurde erstmals 1675 von Antonio de la Roche, dem Entdecker von South Georgia, gesichtet, doch auch sie wurde später nie mehr wiedergefunden. Für viele Forscher ist sie darum nichts weiter als ein Fortsatz des südamerikanischen Festlandes, der unter schwierigen Sichtbedingungen mit einer Insel verwechselt wurde.

Nicht einfach zu erklären ist das Verschwinden des sogenannten Davisland-Archipels. So nannten die Kartographen eine Gruppe mit einer ungewissen Zahl an Inseln, die ca. 800 Kilometer westlich von Chile gelegen war und 1687 von Kapitän John Davis und seiner Besatzung zum ersten Mal gese-

Die Qualen der Terra firma: St. Brendan verwechselte angeblich einen Wal mit einer Insel und landete darauf.

hen wurde. Trotz später wiederholter Suche wurden sie nie wieder gefunden.

Während einer solchen Suche wurde vom holländischen Admiral Roggeveen eine sehr wesentliche Entdeckung gemacht: am Ostersonntag des Jahres 1722 sah er die Osterinsel und ihre rätselhaften Riesenstatuen (siehe S. 197–199). Der Archäologe Professor J. MacMillan Brown stellte eine Verbindung zwischen dieser Insel und dem verschwundenen Davisland her: Er meint, die Osterinsel könnte die heilige Begräbnisstätte der unbekannten Bewohner von Davisland gewesen sein. Da aber diese Inselgruppe verschwunden bleibt, wird es wahrscheinlich niemals gelingen, dieser These nachzugehen.

Weitere Geisterinseln in der Nähe der Osterinsel waren Podesta und eine unbenannte Insel, die 1912 von der *S. S. Glewalon* gesichtet wurde, sowie eine dritte, Sarah Ann Island, die angeblich weit im Westen von Ecuador lag. Auch die St. Vincent-Inseln (nicht zu verwechseln mit der karibischen Insel St. Vincent) sind verschwunden. Sie wurden von Antonio Martinus im Jahre 1789 westlich der Küste von Panama entdeckt und dienten kurze Zeit später als Wohnort von Pater Santa Clara, einem kalifornischen Priester. Ebenso interessant ist die Insel Brasil, die sich ebenfalls immer wieder in Luft auflöst. Trotz ihres Namens hat sie von ihrer geographischen Lage her nichts mit Brasilien zu tun, denn ihre seltenen und flüchtigen Auftritte macht sie vor der Westküste Irlands!

OBERSTLEUTNANT PERCY FAWCETT – VERSCHOLLEN IN DER GRÜNEN HÖLLE

Am 20. April 1925, zu Beginn seiner letzten Expedition im brasilianischen Mato Grosso, sandte der britische Entdecker und Soldat Oberstleutnant Percy Harrison Fawcett durch den Overland Brazilian Telegraph in Rondonia die folgende Nachricht nach London:

Ich habe nur ein Ziel: Die Geheimnisse zu erforschen, die so viele Jahrhunderte lang im Dickicht des südamerikanischen Urwalds verborgen lagen. Wir sind in unserer Hoffnung bestärkt, die Ruinen einer alten, weißen Zivilisation und die degenerierten Nachkommen einer ehemals kultivierten Rasse zu finden.

Am 29. Mai gab der 57jährige Fawcett seine Position beim Dead Horse Camp im Xingú-Becken (11° 43' südliche Breite; 54° 35' westliche Länge) an die nordamerikanische Zeitungsvereinigung (North American Newspaper Alliance) durch, die sein Vorhaben finanziell unterstützte, und schloß mit den Worten: „Sie brauchen keine Angst zu haben, daß es schiefgeht." Dies waren die letzten Worte, die von ihm gehört wurden.

Schon von Jugend an war Fawcett von der Vorstellung besessen, daß antike Städte, älter als die ägyptische Zivilisation, speziell in Südamerika, auf ihre Entdeckung warteten. Weiters

Oberstleutnant Percy Harrison Fawcett, britischer Entdecker und Soldat.

Mato Grosso, ein riesiger, undurchdringlicher Urwald, der noch immer das Rätsel von Fawcetts verschollener Expedition birgt.

nahm er an, daß der legendäre Kontinent Atlantis tatsächlich existierte. Beide Ansichten miteinander kombinierend stellte er die These auf, daß solche Städte, falls sie gefunden wurden, sicherlich die Überreste einer forschrittlichen weißen Rasse darstellen würden, die aus Atlantis geflohen war, bevor es im Meer versank. Diese Menschen hätten sich daraufhin im Urwald Südamerikas angesiedelt, wo sie zwar überlebten, ihre Zivilisation hätte dort aber einen Niedergang erlitten, bis schließlich nur mehr die Ruinen ihrer einst großartigen Tempel vorhanden waren.

In Rio de Janeiro war Fawcett auf einen alten portugiesischen Bericht einer längst vergessenen Entdeckung aus dem Jahr 1753 gestoßen. Damals fand man die Ruinen einer steinernen Stadt, die von einer Mauer umgeben, tief im Urwald von Mato Grosso lag. Am 20. April 1925 hatte er sich in Begleitung seines 21jährigen Sohnes Jack und eines Kameramanns namens Raleigh Rimell von Cuyaba ausgehend auf die unheilvolle Expedition gemacht, auf der er die geheimnisvolle Stadt finden und ihre Verbindung mit Atlantis beweisen wollte.

Seit dem Verschwinden von Fawcetts Mannschaft haben mehrereTeams versucht, ihren Spuren zu folgen. Einige berichteten, sie hätten die drei Männer einige Jahre später angetroffen, wie sie mit verschiedenen Eingeborenenstämmen zusammenlebten. Während der 30er und 40er Jahre dieses Jahrhunderts wurde ein Indiojunge mit dem Namen Dulipe, der vom Stamm der Kuikuro war und blaue Augen hatte, als Jacks Sohn bezeichnet, den er mit einer Indiofrau gehabt haben soll. 1952 stellte sich heraus, daß Dulipe an teilweisem Albinismus litt, mit Jack nichts zu tun hatte und das Opfer einer Zeitungsente geworden war.

Im August 1946 machte der Entdecker Orlando Vilas Boas angeblich eine Tonbandaufzeichnung der Aussage des Häuptlings der Kalapalos, der gestand, daß seine Leute die drei Männer getötet hatten – fünf Jahre später fand man in ihrem Territorium ein Skelett, das man für das von Fawcett hielt. Dadurch schien diese Behauptung bestätigt. Miriam Tildesley, die das Skelett untersuchte, meinte jedoch, es wäre mindestens hundert Jahre alt, und außerdem würde der Schädel zwei Zähne im Oberkiefer aufweisen, die Fawcett bereits vor langer Zeit bei einem Fußballspiel verloren hatte. Irgendwo im Gebiet von Mato Grosso liegt der Schlüssel zum Verschwinden von Fawcett, doch dieser riesige Urwald ist so undurchdringlich, daß es selbst heute wenig Hoffnung gibt, der Wahrheit auf die Spur zu kommen.

Das Geheimnis des Steineschmelzens

In Lateinamerika haben sich die Archäologen oft gefragt, mit welchen Verfahren die große Präzision beim Meißeln der riesigen Steine erzielt wurde, aus denen die antiken Städte dieses Kontinents bestehen. Obwohl Fachleute der Ansicht sind, man könnte dies schon mit einfachen Methoden erreichen, besteht die Möglichkeit, daß auch eine ganz außergewöhnliche Technik hierzu eingesetzt wurde.

Seit Beginn der 80er Jahre untersucht der französische Kunststoffchemiker Dr. Joseph Davidovits die faszinierende Möglichkeit, daß einige der alten Zivilisationen, darunter die Erbauer der bolivianischen Stadt Tiahuanaco (siehe S. 174–175) ein Verfahren entwickelt hatten, mit dem sie zerkleinerte Steine schmelzen, in eine bestimmte Form gießen und dann als fertigen Gegenstand herausnehmen konnten. Somit würden sie nicht die mühselige Arbeit auf sich nehmen müssen, die nötig ist, um Steinblöcke zu präzisen Bausteinen oder Kunstwerken zu meißeln.

Die Festung Sacsayhuamán. Kannten die Inkas ein „Schmelzen" von Steinen?

Davidovits weist darauf hin, daß die bolivianischen Medizinmänner auch heute noch Steine zu Pulver mahlen und mit Hilfe natürlicher Chemikalien so aufbereiten, daß sie gegossen und zu Steinamuletten verarbeitet werden können. Er hat bereits selbst einen synthetischen Stein, oder Geopolymer, produziert, den man schmelzen, formen und wieder härten kann. In seinem Labor befinden sich Regale, die sich unter der Last künstlich geformter Statuen biegen, doch die meisten Archäologen bleiben skeptisch.

Auch Professor Hiram Bingham fand während seiner peruanischen Expeditionen, deren Höhepunkt im Jahre 1911 die Entdeckung der Inkastadt Machu Picchu war, Hinweise auf die „geschmolzenen" Steine. Er berichtete, die Einheimischen hätten ihm von einer Pflanze erzählt, mit deren Saft man Steine auflösen könne, die danach präzise bearbeitet werden könnten.

In seinem Werk *„Things"* brachte Ivan T. Sanderson einige Berichte zu diesem Thema, die von Percy Fawcett aufgezeichnet worden waren. Einer davon bezog sich auf einen Mann, der 8 Kilometer durch den Urwald am Pyrene-Fluß in der peruianischen Provinz Chuncho zurückgelegt hatte, und am Ende feststellen mußte, daß sich seine Metallsporen aufgelöst hatten. Sein Gastgeber fragte ihn, ob er durch dicht nebeneinander stehende Pflanzen mit roten, fleischigen Blättern und einer Höhe von rund 15 Zentimeter gegangen war. Als er bejahte, hörte er, daß diese seine Sporen zersetzt hätten, denn sie wären „das Zeug, mit dem die Inkas Steine formten".

TEOTIHUACÁN UND TIAHUANACO – NEUE WELT – GEHEIMNISVOLLE STÄDTE DES ALTERTUMS

Das ca. 50 Kilometer nordöstlich der heutigen Hauptstadt Mexico City gelegene Teotihuacán (nicht zu verwechslen mit Tenochitlán, der Hauptstadt der Azteken, auf deren Ruinen die Spanier Mexico City erbauten) war zu seiner Blütezeit um 500 n. Chr. die größte Stadt der Neuen Welt und die sechstgrößte der Erde. Sie lag 2300 Meter über dem Meeresspiegel auf einem Hochplateau und erhielt ihren heutigen Namen, der ungefähr mit „Stadt, wo die Menschen zu Göttern werden" zu übersetzen ist, von den Azteken, die sie 700 Jahre nach ihrem Untergang entdeckten. Die Stadt diente als kommerzielles und religiöses Zentrum und war nach einer genau festgelegten Struktur errichtet worden. Sie war die Hauptstadt einer Hochkultur, die ca. tausend Jahre lang existierte, umfaßte ein Gebiet von 20 Quadratkilometern und beherbergte bis zu 200 000 Menschen. Im Zentrum befand sich eine riesige Prozessionsstraße, welche die Azteken als die Straße der Toten bezeichneten. Diese Straße verband die drei wichtigsten Bauwerke von Teotihuacán – die 66 Meter hohe Sonnenpyramide (die größte Pyramide Mexikos), die kleinere Mondpyramide und die Zitadelle mit dem Tempel des Gottes Quetzalcoatl.

Man nimmt an, daß Teotihuacán ca. 150 v. Chr. gegründet wurde (zum ersten Mal wurde diese Stelle möglicherweise bereits ca. 4000 v. Chr. besiedelt) und ihre Vormachtstellung in Mittelamerika in der Phase von Xolalpan (450–650 v. Chr.) erreichte.

Die Verbindung mit Ägypten: Lassen die Pyramiden von Teotihuacán auf eine einstige Verbindung zwischen Alter und Neuer Welt schließen? In Tiahuanaco (kleines Bild) zeugt das Gesicht von Con-Tici Viracocha auch heute noch von einer mächtigen Zivilisation.

Um 750 n. Chr. wurde die Stadt von einem mysteriösen Feuer zerstört.

Die Ruinen von Tiahuanaco liegen beinahe 4000 Meter über dem Meeresspiegel und rund 20 Kilometer südlich des Titicaca-Sees, genau an der Grenze zwischen Bolivien und Peru. Ende des 19. Jahrhunderts wurden viele der Steinbauten und Statuen dieser ehemals reichen Stadt zerstört und die Materialien zum Aufbau der heutigen bolivianischen Hauptstadt La Paz (ca. 95 Kilometer weiter östlich) verwendet. Fünf Städte entstanden und fielen nacheinander an dieser Stelle, und jede wurde auf den Ruinen der vorhergehenden gebaut. Die erste wurde um 1700 v. Chr. gegründet, die letzte ging aus unerklärlichem Grund im Jahre 1200 n. Chr unter. Tiahuanaco war die glänzende Perle einer Zivilisation, die das südliche Hochland von Bolivien und Peru beeinflußte und sich bis nach Nordchile erstreckte. Eines der berühmtesten erhaltenen Relikte von Tiahuanaco ist das Tor der Sonne. Es ist drei Meter hoch, wiegt viele Tonnen und ist aus einem einzigen Andesitblock geschlagen. Kunstvoll eingraviert ist darauf die Gestalt von Con-Tici Viracocha – dem Weinenden Gott von Tiahuanaco.

Die moderne Archäologie hat einen Großteil der früheren Geschichte und des Ruhms dieser beiden Städt enthüllt, doch weiß man nicht genau, wer sie erbauen ließ. Heute nimmt man an, daß es die ursprüngliche Bevölkerung der Neuen Welt war, doch vor nicht allzu langer Zeit gab es eine radikalere Ansicht. Die alten Ägypter wären in die Neue Welt gesegelt, um die großartigen Zivilisationen dieser Länder zu gründen. Diese Mutmaßung wurde bestärkt, als Thor Heyerdahl ein Boot aus ägyptischem Papyrusrohr mit dem Namen *Ra II.* konstruierte und darin von Afrika nach Barbados über den Atlantik segelte, um zu beweisen, daß eine solche Reise möglich wäre. Befürworter der Ägypten-Theorie argumentieren zusätzlich, daß die ägyptischen Boote aus Papyrusrohr denen gleichen, die ursprünglich am Titikaka-See verwendet wurden. Sie hoben auch die Ähnlichkeiten zwischen Pyramiden in Ägypten und in der Neuen Welt hervor.

Bedeuten Parallelen in der Entwicklung zweier verschiedener Hochkulturen automatisch, daß die Kulturen einst in Kontakt miteinander standen? Oder sind solche Analogien einfache, doch gültige Beweise dafür, daß es nur eine begrenzte Zahl an Möglichkeiten gibt, ein bestimmtes Ziel zu erreichen, und diese völlig unabhängig voneinander von verschiedenen Kulturen eingesetzt werden?

Leider liefern uns die Hinweise, die wir von Teotihuacán und Tiahuanaco bis jetzt erhalten haben, eher widersprüchliche Aussagen als Antworten auf unsere Fragen. Zum Beispiel bestehen tatsächlich viele bauliche Ähnlichkeiten zwischen den Pyramiden in der Neuen Welt und im alten Ägypten. Doch die ägyptischen Pyramiden entwickelten sich aus Grabmälern und die der Neuen Welt (im allgemeinen, wenn auch nicht immer) aus Tempeln. Man hat noch immer keine Gewißheit, ob die Architekten von Teotihuacán und Tiahuanaco aus der Neuen oder der Alten Welt kamen. Nur die zurückgebliebenen steinernen Relikte vergangener Tage wissen mit Sicherheit, was war. Doch wie alle Steine hüllen sie sich in absolutes Schweigen.

DIE MINEN VON KÖNIG SALOMO

Die traditionellen Stellen für diesen legendären Schatz liegen in Afrika oder dem Nahen Osten. In den 70er Jahren schlug Dr. Cyrus Gordon vom Institut für mediterrane Studien der Brandeis-Universität in Massachusetts einen viel weiter entfernten Standort vor, nämlich Südamerika. Er behauptet, die Phönizier hätten Brasilien bereits unter dem Namen „Insel des Eisens“ gekannt: Eisen ist tatsächlich eines der wichtigsten brasilianischen Exportgüter.

Im Jahre 1966 entdeckte ein pensionierter Elektriker der United States Air Force namens René Chabbert im brasilianischen Nationalarchiv einen Brief aus dem Jahre 1753, in dem portugiesische Brasilien-Entdecker behaupten, die legendären Goldminen von König Salomo gefunden zu haben. Während seiner zwanzigjährigen Forschungstätigkeit gelangte Chabbert zu der Überzeugung, er hätte Zeichen der grauen Steinbögen der Minen auf den Fotos entdeckt, die von amerikanischen Meteorologen über dem dichten brasilianischen Regenwald aufgenommenen wurden. Die Wissenschaftler meinen jedoch, daß auf solchen Fotos Wasser eben so grau ist wie Stein, und Beamte des brasilianischen Nationalarchivs bezeichnen den Brief überhaupt als Fälschung einer oder mehrerer nicht bekannter Personen.

König Salomo häufte einen Reichtum an, für den die Menschen in Judäa und Israel einen hohen Preis zahlen mußten.

Rätselhafte Monster

Loys' Affe und andere neotropische Tiermenschen

Offiziell gibt es in Südamerika keine Menschenaffen, deshalb ist das ausgezeichnete Foto, auf dem ein solches Tier zu sehen ist, umstritten.

Die Geschichte begann eines Tages im Jahre 1920, als der Schweizer Geologe Dr. Francois de Loys eine Expedition durch den Regenwald an der Grenze zwischen Venezuela und Kolumbien durchführte. Plötzlich sprangen zwei seltsame, affenähnliche Tiere aus dem Dickicht. Sie liefen auf den Hinterbeinen, hatten keinen Schwanz und waren ungefähr 1,50 Meter groß. Sie näherten sich ihnen, als wollten sie diese angreifen. Um sich selbst in Sicherheit zu bringen, blieb den Entdeckern keine andere Wahl als auf sie zu schießen. Dabei töteten sie eines der Tiere, das, wie sich später herausstellte, ein Weibchen war. Das andere machte kehrt und lief davon.

Da sie den großen, affenähnlichen Primaten weder identifizieren noch aufgrund seines Gewichtes weit transportieren konnten, lehnten sie ihn sitzend gegen eine Lattenkiste, um ihn zu fotografieren. Sein Kinn stützten sie mit einem Stab. Bei der Flußabfahrt konnte ein einziges Bild gerettet werden. Nach ihrer Rückkehr nach Europa veröffentlichte Loys einen Artikel über den seltsamen Affenmenschen in der

Loys' Affe: offiziell gibt es in Südamerika keine Menschenaffen.

Illustrated London News vom 15. Juni 1929. Das gezeigte Foto versetzte die Wissenschaft in Staunen.

Ein französischer Zoologe, Professor George Montandon, war überzeugt, daß es einen bislang unbekannten Menschenaffen zeigte, und taufte das Wesen *Ameranthropoides loysi* (Loys' amerikanischer Menschenaffe). Andere Wissenschaftler waren jedoch skeptisch. Einige meinten, daß es ein Klammeraffe wäre, trotz seiner Größe, seines kräftigen Körpers und seines unterschiedlichen Kiefers (Loys meinte, es hätte weniger Zähne als jede andere Art von Klammeraffen.) Sie bestritten sogar die Aussage von Loys, der berichtete, daß das Tier keinen Schwanz gehabt habe, und meinten, er hätte den Schwanz absichtlich verdeckt oder gar abgeschnitten, damit das Wesen einem Menschenaffen ähnlicher würde.

Heute wissen nur mehr die Kryptozoologen von Loys' Affen, bei den anderen Wissenschaftlern ist er in Vergessenheit geraten. Doch den Eingeborenen in vielen Gegenden Zentral- und Südamerikas sind solche Wesen wohlbekannt, und sie haben ihnen in ihren Sprachen die unterschiedlichsten Namen gegeben, zum Beispiel Shiru (Kolumbien), Sisimite (Belize), Vasitri (Venezuela), Didi (Guyana), Xipe (Nicaragua) und Tarma (Peru). Betrachtet man die Evolution, gibt es keinen Grund, warum die südamerikanischen Primaten sich nicht auch zu einem affenähnlichen Wesen entwickelt haben sollten, das den Anthropoiden in der Alten Welt gleicht.

Der Mykologe Gary Samuels vom Botanischen Garten in New York kniete 1987 am Boden eines Waldes in Guyana, als er einen behaarten, 1,50 Meter

Manche Zoologen halten Loys' Affen für den Klammeraffen ATELES PANISCUS.

großen Affenmenschen vor sich sah, der auf den Hinterbeinen lief und ihn offenbar nicht bemerkt hatte. Beim Gehen stieß er ab und zu Schreie aus. Vermutlich handelte es sich um ein Didi.

Die seltene Gelegenheit, das Skelett eines ähnlichen Wesens zu bekommen, wurde vermutlich im Jahre 1968 verpaßt. Ein Xipe war angeblich von einer Gruppe nicaraguanischer Bauern in einer Höhle eingeschlossen worden, die nachher die Büsche vor der Höhle in Brand steckten. Man sagt, sie hätten danach in der Höhle das angesengte Skelett gefunden, doch wurde es von niemandem aufbewahrt.

Aufbewahrt hingegen wurde im Field Museum of Natural History in Chicago, eine affenähnliche „Maske", die von den Guetar-Indianern in Costa Rica aus einem Stein gefertigt wurden ist (um 1200–1500 v. Chr.). Und in den Ruinen, die im Regenwald Mittel- und Südamerikas verborgen liegen, hat man Statuen von gorillaähnlichen Wesen gefunden.

Ebenso interessant wie die Schilderungen von mysteriösen Affenmenschen ist die mögliche Existenz eines unentdeckten Riesenaffen in Südamerika. Der Zoologe Dr. Peter Hocking sammelte die Erzählungen verschiedener Indianerstämme, die auf die Existenz eines Affens in Schimpansengröße, mit dem Gesicht eines Pavians und einem kurzen Schwanz schließen lassen. Dieses seltene Tier soll sich in den Regenwäldern Perus verbergen und wird von den Einheimischen, die es aufgrund seiner Aggressivität meiden, Isnachi genannt. Es ist bekannt dafür, daß es die Spitzen der Chonta-Palmen auseinanderreißt, um an das zarte Innere zu kommen. Man kann also leicht feststellen, ob es dieses Wesen in einer bestimmten Gegend gibt. Man braucht nur nach Palmen zu suchen, die auf diese Weise beschädigt wurden, denn kein anderes Tier ist stark genug, um die Spitzen auseinanderzureißen.

Die mysteriösesten Wesen sind die Alux, die angeblich auf der mexikanischen Halbinsel Yucatán gesehen wurden. Die Männchen werden als zwergenähnliche Humanoide mit tiefschwarzen Bärten beschrieben und sollen ein Kleidungsstück tragen, das Hupile genannt wird und auf die Maya zurückgeht. Manchmal werden auch weibliche Alux mit sehr langem, dunklem Haar und einem ähnlichen Kleidungsstück gesehen. 1977 wurde ein bärtiger, ein Meter großer Alux innerhalb der Mauern der antiken Stadt Mayapán (die ehemalige Hauptstadt der Maya) vom damaligen Aufseher der Stadt, einem jungen modernen Maya namens Xuc, gesehen. Der Alux hatte einen sehr großen Kopf, trug einen Hupile und hatte eine Machete über die Schulter gehängt. Als Xuc näher kam, beschoß ihn das zornige Wesen mit kleinen Lehmkugeln, bevor es wieder verschwand.

Der Forscher Bill Mack hat festgestellt, daß vor vielen Tempelruinen der Maya auf Yucatán winzige „Häuser" aus Stein stehen, deren Eingangstüren knapp einen Meter hoch sind. Die traditionelle Wissenschaft bezeichnet diese als Reliquienschreine, für die Maya unserer Tage sind es die ehemaligen Häuser der begünstigten Alux.

WILDE TIERE – SELTSAM UND GROSSARTIG

Einige der möglicherweise spektakulärsten Wesen wurden in den Tiefen der Regenwälder, auf den Bergen und in den Flüssen Südamerikas gesehen.

Seit vielen Jahren folgt der Zoologe Dr. David Oren vom Goeldi Museum in Brasilien auf seiner langen Suche nach einem äußerst seltsamen Wesen, das Mapinguary genannt wird, den Schilderungen der Einheimischen ins Dickicht des zum Amazonas gehörigen Mato Grosso-Gebiets. Die eingeborenen Indianer meinen, es hätte rotes Fell und, wenn es auf den Hinterbeinen steht, wäre es so groß wie ein Mensch. Es hinterläßt mysteriöse Fußspuren, die von hinten nach vorne gerichtet zu sein scheinen, und seine Exkremente ähneln denen eines Pferdes. Es würde laute Schreie ausstoßen und durch Kugeln nicht verwundet werden können.

Dr. Oren meint, diese Beschreibung sei dem eines auf dem Boden lebenden Faultiers, dem Mylodontid, ähnlich, das offiziell ausgestorben ist. Der Wissenschaft ist dieses Wesen nicht nur aufgrund von Fossilien und Exkrementen (die tatsächlich denen eines Pferdes ähneln) bekannt, sondern auch durch einige mumifizierte Exemplare, die, obwohl schon tausende Jahre alt, noch immer von rotbraunem Fell bedeckt sind. Daher wissen die Zoologen auch, daß die Mylodontiden Knorpelknötchen in der Haut hatten, die einen guten Panzer abgegeben hätten (und vielleicht die Erklärung für die Unverwundbarkeit des Mapinguary sind).

Außerdem behaupten die Indianer, daß das Mapinguary ein zusätzliches Maul in der Bauchmitte hat und, wenn Gefahr droht, einen grauenhaften Gestank ausstößt, der seinen Angreifern die Luft abwürgt. Oren meint, diese Schilderung könnte sich einfach auf eine zur Verteidigung eingesetzte Duftdrüse beziehen. Falls er dieses mysteriöse Wesen eines Tages findet, könnte er gleichzeitig das größte in Südamerika heimische, lebende Säugetier entdecken,

Behauptungen, daß dieses Fell (hier wird es von dem Kryptozoologen Dennis Vrettos gehalten) von einer unbekannnten Wolfsart stammt, sind umstritten.

und wenn es sich dabei tatsächlich um ein großes Faultier handelt, wird eine der Säugetierarten, die für ausgestorben gehalten wurde, wieder zum Leben erweckt. Von einem ähnlichen Tier wurde aus Patagonien berichtet. Es wird dort Ellengassen genannt.

Ebenso außergewöhnlich ist das Minhocao, ein riesiges, wurmähnliches Ungeheuer, das 23 Meter lang sein soll, schwarze, schuppige Haut und auf dem Kopf zwei fühlerähnliche Auswüchse hat. Es wurde in Uruguay und in Paraná, in Südbrasilien, gesehen und verbringt den Großteil der Zeit im Boden. Doch seine Existenz manifestiert sich aufgrund der ungeheuren, unterirdischen Grabungen, die oft zum pötzlichen Zusammenbruch von Abhängen und Straßen führen und manchmal sogar Flußläufe umlenken können.

Die Zoologen haben bereits versucht, das Minhocao als riesigen Lungenfisch zu identifizieren, sogar als einen heute noch existierenden Glyptodonten – ein riesiges Säugetier, ähnlich einem Armadillo, von dem man annahm, daß es vor mindestens 10 000 Jahren ausgestorben sei. Dieser Vergleich ist jedoch ziemlich unbefriedigend. Wie ich in meinem Buch *In Search of Prehistoric Survivors* darlegte, handelt es sich viel eher um einen riesigen Schleichenmolch – eine gliederlose, wurmähnliche Amphibienart, die unter der Erde lebt. In Südamerika gibt es bereits solche Tiere, die aber nicht so groß sind. Einige von ihnen haben tatsächlich schuppige Haut und auf dem Kopf zwei Fühler.

Wie ein glutroter Fuchs auf Stelzen sieht der Mähnenwolf *Chrysocyon brachyurus* aus, der in der patagonischen Pampas heimisch ist. Offiziell hat dieses auffällige Tier keine engen Verwandten unter anderen Arten von wilden Hunden, oder doch?

Der deutsche Tierhändler Lorenz Hagenbeck besuchte 1927 einen Markt in Buenos Aires, wo er ein außergewöhnliches Hundefell sah, das dort zum Verkauf angeboten wurde. Obwohl es mit seiner dichten, mähnenähnlichen Behaarung des Halses entfernt an das Fell eines Mähnenwolfes erinnerte, war es am Körper dunkler und dichter. Die Farbe variierte von schwarz auf den oberen Körperteilen bis dunkelbraun am Hals und auf den unteren Körperteilen, und die Ohren waren weitaus kleiner und runder als die des Mähnenwolfes. Als er hörte, daß es sich um das Fell eines angeblich in den Anden heimischen Hundes handelte (es gab auf dem Markt noch drei weitere Felle dieser Art), kaufte es Hagenbeck. Er ließ es von deutschen Wissenschaftlern untersuchen, die zu dem Schluß kamen, daß es sich um das Fell einer bis dahin unbekannten Art des Mähnenwolfes handelte, die in den Bergen lebte. Ein Pionier unter den Kryptozoologen namens Dr. Ingo Krumbiegel, entdeckte auch einen seltsamen Hundeschädel, der in den Anden gefunden worden war und von einem solchen Tier stammen könnte. Er veröffentlichte 1949 eine Beschreibung dieses Mähnenwolfes der Anden und nannte ihn *Oreocyon* (seither geändert auf *Dasycyon*) *hagenbecki.*

In den folgenden Jahren fand man jedoch nie wieder Felle oder Skelette, und später durchgeführte Haaranalysen ergaben, daß es sich beim Andenwolf eher um domestizierte Schäferhunde handeln könnte. Doch mit den Methoden der DNA-Analyse wäre es jetzt an der Zeit, dieses fragwürdige Fell

Das Minhocao ein riesiger Schleichenmolch (HYPOGEOPHIS ROSTRATA)?

nochmals zu untersuchen, um genau festzustellen, ob der *Daysycyon hagenbecki* wirklich ein Wolf im Pelz eines Schäferhundes ist.

Ebenso mysteriös ist das Maipolina im Maroni-Fluß bei Maripasoula, in Guyana. Dieses sehr gefürchtete Tier bewohnt Flußhöhlen und ist ca. drei Meter lang, hat ein kurzes Fell, das oben rehbraun (mit einem helleren Streifen am Rücken) und unten weiß ist, große Augen, Hängeohren, Klauen an den Füßen, einen Kuhschwanz und – als auffälligstes Merkmal – ein Paar riesige Stoßzähne, die denen eines Walrosses gleichen. Man hat versucht, dieses Tier als riesige Otternart einzustufen, doch die Stoßzähne, der kuhähnliche (d. h. mit einer Quaste versehene) Schweif und die Hängeohren widersprechen dieser Theorie.

Ein weiteres Tier, das wie ein Walroß mit zottigem, gelben Fell aussieht, wurde in den Flüssen Paraguays gesehen und Yaquaru oder Wassertiger genannt. Man hat auch in den Tropenflüssen Zentralafrikas ähnliche Lebewesen gesehen, und der Kryptozoologe Dr. Bernard Heuvelmans hat die gewagte Theorie aufgestellt, daß es sich um noch existierende Exemplare eines Säbelzahntigers handeln könnte, der sich einer amphibischen Lebensform angepaßt hat. In Südamerika starben die normalen terrestrischen Säbelzahntiger vor rund 10 000 Jahren aus. Könnte es sein, daß es heute noch einige davon gibt, sie sich aber dem Leben im Wasser angepaßt haben, wie es Heuvelmans für die mysteriösen afrikanischen Wesen angenommen hat? Südamerika birgt noch viele Geheimnisse für alle Forscher, die die Wissenschaft herausfordern möchten.

Bizarre Botanik

In manchen Gegenden Mittelamerikas wurde ein botanisches Ungeheuer gesehen, das angeblich an den menschenfressenden Baum von Madagaskar erinnert. In einer Ausgabe von *Sea and Land* aus dem Jahre 1887 wurde er von J.W. Buel Ya-te-veo-Baum genannt und folgendermaßen beschrieben: ein kurzer, dicker Stamm mit langen, stachelförmigen Ästen, die von schwertförmigen Dornen gesäumt sind. Die Äste hängen bis zum Boden und wirken völlig leblos, bis ein nichtsahnender Mensch zwischen ihnen hindurch und auf den Stamm zugeht. Plötzlich, ohne Vorwarnung, schießen sie in die Höhe, winden sich um ihr Opfer, drücken es gegen den Stamm und spießen es dort mit ihren langen Dornen auf. Sie drücken den Unglückseligen so lange, bis das ganze Blut aus seinem Körper gewichen ist und von der Oberfläche des Baumes aufgesogen wurde. Das ist nur eine aus einer ganzen Reihe umstrittener, menschenfressender Pflanzen aus den amerikanischen Tropen, deren Existenz jedoch bis heute nicht bestätigt wurde.

Die Venusfliegenfalle (DIONAEA MUSCIPULA) hat beruhigenderweise einen bescheideneren Appetit.

Am 27. August 1892 berichtete zum Beispiel die *Illustrated London News* von einem Baum in Nicaragua, der Hunde verschlingt. Ein Naturforscher namens Dunstan war angeblich in den Sümpfen um den Nicaragua-See auf Pflanzensuche, als er plötzlich das laute Jaulen seines Hundes vernahm. Als Dunstan ihm zu Hilfe eilte, sah er zu seinem Schrecken, daß sein Hund in einem feinen Netz von seilähnlichen Wurzeln und Fasern, in einer seltsamen Weinrebe, die fast schwarz war und einen dicke, klebrige Flüssigkeit absonderte, gefangen war. Nur mit äußerster Schwierigkeit konnte Dunstan die stark haftenden Fasern der Rebe durchschneiden, um seinen Hund zu befreien. Nachher sah er, daß sich auf der Haut des Hundes seltsame Flecken befanden, an denen die Rebe anscheinend die Haut des Tieres durchbohrt hatte, um von seinem Blut zu trinken. Den Eingeborenen war diese merkwürdige Pflanze wohlbekannt, und sie erzählten dem Naturforscher Dunstan, daß dieses Gewächs einen großen Fleischklumpen in nicht mehr als fünf Minuten komplett aussaugen könne.

Eine ähnliche Spezies, die von den Einheimischen als Schlangenbaum bezeichnet wird, findet man angeblich in einem entlegenen Gebiet der mexikanischen Sierra Madre. Ein Reisender des späten 19. Jahrhunderts berichtete, daß er gesehen hätte, wie ein Vogel, der sich auf dieser Pflanze niederließ, sofort von ihr erfaßt und zerdrückt wurde, und das Blut von der Pflanze aufgesogen wurde, bis sein Körper ganz ausgetrocknet war. Nach diesem grausamen Spektakel griff der Mann unbedacht einen Zweig an, der sich sofort um seine Hand schloß, und das mit solcher Kraft, daß es ihm die Haut abzog, als er seine Hand wegriß.

Es handelte sich möglicherweise um dieselbe, noch unentdeckte Art, die der berühmte französische Entdecker Byron de Prorok anfang 1933 sah, als er eine Expedition in die fast undurchdringlichen Urwaldgebiete von Chiapas, im Süden Mexikos, führte. Zwei Stunden nachdem sie den Urwald betreten hatten, zeigte ihr Führer Domingo auf eine große Pflanze. Als Prorok sie näher betrachtete, bemerkte er zu seiner Verwunderung, daß sie einen Vogel gefangen hatte, der sich auf einem Blatt niedergelassen hatte. Das Blatt hatte sich sofort um ihn geschlossen, und seine Dornen waren in den Körper des Tieres eingedrungen. Domingo nannte diese tödliche Spezies „Vampirpflanze“.

Diese Abbildung tödlicher Weinreben erschien zusammen mit „The Purple Terror“ von Fred M. White im ***Strand Magazine*** *vom September 1899.*

Vor noch nicht so langer Zeit, in den frühen 70er Jahren, sah der brasilianische Entdecker Mariano da Silva eine besonders spektakuläre fleischfressende Pflanze, als er sich gerade auf der Suche nach einem Dorf der Yatapu-Indianer an der Grenze zwischen Brasilien und Guyana befand. Die Pflanze lockt mit ihrem sehr intensivem Duft speziell Affen an, die ihren Stamm hochklettern und von den Blätter vollkommen eingehüllt werden. Daraufhin sind die unglückseligen Opfer nicht mehr zu sehen oder zu hören.

RIESEN-ANAKONDAS

Lange Zeit galt die von dem Erdölfachmann Robert Lamon getöte Riesenschlange mit ihrer Länge von 11,50 Metern als das größte Exemplar einer Anakonda, oder *Eunectes murinus*, das je gefunden wurde. Lamon war auf das Reptil gestoßen, als er eine Mannschaft anführte, die in den Llanos am Oberlauf des Orinoco-Flusses in Ostkolumbien nach Öl suchte. Der Herpetologe Dr. Emmett R. Dunn vom Haverford College, Pennsylvania, zeichnete 1944 die Länge der Riesenschlange auf. In einem Artikel des *Bulletin of the Chicago Herpetological Society* vom September 1993 wurde von den Zoologen Dr. Raymond Gilmore und Dr. John Murphy jedoch aufgezeigt, daß die tatsächliche Länge der Schlange nur etwas mehr als 7 Meter betrug.

Doch selbst wenn die Schlange tatsächlich 11,50 Meter lang gewesen wäre, wäre sie trotzdem mühelos von den Exemplaren in den Schatten gestellt worden, die speziell im Amazonas-Gebiet angeblich gesehen wurden. Dort kennen die Eingeborenen Anakondas, die weitaus länger sind als von der Wissenschaft offiziell bestätigt wird, so gut, daß sie ihnen bereits einen eigenen Namen – Sucuriju gigante – gegeben haben.

Eine dieser Riesenschlangen wurde 1907 von Oberstleutnant Percy Fawcett (siehe S. 172–173) gesehen, als er und sein Expeditionsteam sich am Rio Abuna, nahe dessen Zusammenfluß mit dem Rio Negro, in der Nähe der südlichen Grenze Westbrasiliens befanden. Ohne Vorwarnung tauchte der dreieckige Kopf einer riesigen Anakonda, gefolgt von einigen Metern ihres sich windenden Schlangenkörpers, fast unterhalb des Bugs seines Kanus auf.

Fawcett schoß sofort auf das Reptil, tötete es und ging ans Ufer, um den Kadaver zu untersuchen: „Soweit ich es messen konnte, lagen 15 Meter außerhalb des Wassers und 5 Meter im Wasser.“ Er behauptete außerdem, daß in den Sümpfen von Araguaya und Tocantíns eine riesige, schwarze Schlange lebe, die Dormidera („die Schlafende“) genannt wird, da sie laute Schnarchgeräusche von sich gibt.

Noch gewaltiger war das monströse Exemplar, das 1948 an Land glitt und sich innerhalb der Befestigungsanlagen von Fort Tabatinga am Oiapoc-Fluß im Gebiet der Guaporé einnistete. In einem Zeitungsbericht, der auch ein Foto der Schlange brachte, maß sie unglaubliche 35 Meter, und eine Gruppe von Soldaten feuerte mindestens 500 Schüsse aus ihren Maschinengewehren ab, bevor sie getötet wurde. Zum Unglück der Wissenschaft wurde ihr riesiger Körper sofort danach wieder in den Fluß geworfen.

In Guyana wird von einer Anakonda mit Hörnern berichtet, welche von den Einheimischen Camoodi genannt wird.

Nach den Gesetzen der Biomechanik ist ihre Existenz nicht unmöglich, da ihr Gewicht vom Wasser getragen würde. Da die ebenfalls gefundenen Schlangenhäute jedoch sehr leicht gedehnt werden können, dient das nicht als wissenschaftlicher Beweis für die Existenz solcher Tiere. Doch die vielen Berichte von lebenden Anakondas, können nicht einfach ignoriert werden (selbst wenn man die Fälle ausschließt, bei denen augenscheinlich geschwindelt oder übertrieben wurde). Denn schließlich kann man eine Anakonda-Haut nicht dehnen, solange die Schlange selbst noch drinnen steckt.

Glücklicherweise war Oberstleutnant Percy Fawcett besser gewappnet, als er unter ähnlichen Umständen auf eine riesige Anakonda stieß.

Magie der Tropen

Die Kristall-schädel

Im Jahre 1927 machte der Teenager Anna Mitchell-Hedges eine unglaubliche Entdeckung. Das Mädchen half gerade ihrem Adoptivvater, dem britischen Entdecker F. A. „Mike" Mitchell-Hedges bei seinen Ausgrabungen in der Maya-Ruinenstadt Lubantum in British Honduras (dem heutigen Belize), als es bei Grabungsarbeiten in einem Tempel unter dem Altar etwas leuchten sah. Der leuchtende Gegenstand erwies sich als lebensgroßes Modell eines menschlichen Schädels, das aus einem einzigen Stück Quarzstein gefertigt worden war. Der Unterkiefer fehlte, wurde jedoch ebenfalls von Anna drei Monate später in einem Abstand von rund einem Meter zu der Stelle gefunden, an der sich auch der Schädel befunden hatte. So lautet die offizielle Geschichte des Mitchell-Heges Kristallschädels oder des Schicksalsschädels, wie er auch bezeichnet wird.

Das faszinierende Objekt befindet sich seit damals in Annas Besitz – es ist jedoch nicht das einzige seiner Art. Es wird auch von einem zweiten lebensgroßen Schädel berichtet, der aus einem Kristall gehauen wurde und sich seit 1898 im Besitz des Museum of Mankind in London (das Museum ist Teil des British Museum) befindet. Das Museum hat den Schädel dem berühmten New Yorker Juwelier Tiffany's um 120 Pfund abgekauft. Die Kunstfertigkeit der beiden Schädel ist einzigartig. Nach einem Vergleich mit menschlichen Schädeln im Juli 1936 dokumentierte der Anthropologe Dr. G. M. Morant

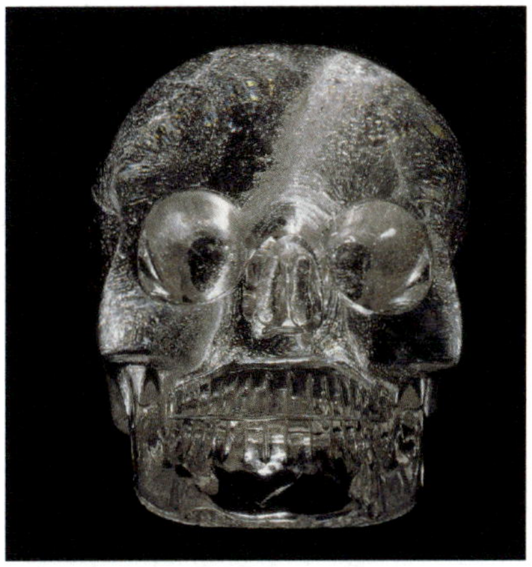

*Man nimmt an, daß die beiden Kristallschädel irgendwie zusammenhängen. Dieser hier befindet sich im **Museum of Mankind** in London.*

seine Ergebnisse in dem Wissenschaftsmagazin *Man*:

Nicht eine dieser Abmessungen wäre für einen echten Schädel ungewöhnlich – mit Ausnahme des Scheitels … der leicht anders verläuft, als es beim Menschen der Fall ist. Gleichzeitig stimmen die übrigen Abmessungen mit bemerkenswerter Genauigkeit überein.

Vergleicht man die beiden Kristallschädel miteinander, lassen sich gewisse Unterschiede sehr deutlich feststellen. Der Unterkiefer des Schädels im Museum of Mankind ist untrennbar mit dem Schädel verbunden, während der des Mitchell-Hedges Schädels als eigenständiger Teil konstruiert wurde, der sich auf- und abbewegen läßt, wenn man ihn am Schädel befestigt. Insgesamt kann man sagen, daß der Schädel im Museum von seiner Form her eher stilisiert ist, und der Mitchell-Hedges-Schädel eher einer naturalistischen, anatomischen Abbildung entspricht.

Wenn der Schädel von hellem Sonnenlicht beleuchtet wird, sieht er in der Tat so aus, als wäre die Knochensubstanz eines echten Schädels auf mysteriöse Weise in Glas oder in ein kristallines Feuer verwandelt worden. Am auffälligsten sind jedoch die prismaförmigen Augen, die so konstruiert sind, daß sie das Licht bündeln, das den gesamten Schädel von innen her strahlen läßt. Doch es ist nicht klar ersichtlich, wie die beiden Kunstwerke geschaffen wurden. Der im Museum of Mankind befindliche Schädel hat jedoch auf einem Zahn einen kleinen Fleck, der von einer elektrischen Schleifmaschine stammen könnte.

In seinem Artikel meinte Morant, daß er „auf jeden Fall zu der Schlußfolgerung gelangt, daß die beiden Schädel nicht unabhängig voneinander entstanden sind … Man kann annehmen, daß es sich um Abbildungen desselben menschlichen Schädels handelt [wahrscheinlich dem einer Frau], auch wenn einer möglicherweise vom anderen kopiert wurde". Er hielt es für wahrscheinlich, daß der nicht so exakte Schädel im Museum von dem mit größerer Genauigkeit hergestellten Mitchell-Hedges-Schädel kopiert worden war.

Ebenso mysteriös wie die Schädel selbst ist die Frage nach ihrer Herkunft, von wem sie angefertigt wurden, und die mögliche Funktion eines solchen Kunstwerks. Schon die Entdeckung des Kristallschädels in Lubantum durch Anna Mitchell-Hedges bleibt umstritten. Manche Forscher weisen darauf hin, daß der Tag, an dem Anna den Schädel fand, zufällig ihr 17. Geburtstag war, und meinen, daß ihr Vater den Schädel absichtlich versteckt haben könnte, um ihr eine Geburtstagsüberraschung zu bereiten. Doch selbst wenn das richtig ist, von wo hatte er den Schädel?

Am 15. September 1943 wurde der Schädel bei Sotheby's in London von Sydney Burney, einem englischen Kunsthändler, versteigert. Er erreichte jedoch nicht den Mindestpreis und Annas Vater kaufte ihn um 400 Pfund. Später meinte er, er hätte den Schädel einige Zeit *vor* der Auktion Burney als Sicherstellung für einen Kredit gegeben, und hätte bei der Auktion nur wiedererlangt, was ihm gehörte. Skeptiker weisen jedoch darauf hin, daß der Schädel in dem Artikel von Morant, der sieben Jahre vor der Auktion erschien, als „Burney-Schädel" bezeichnet wurde. Mitchell-Hedges wurde in dem Artikel nicht erwähnt. Wäre es also möglich, daß die Geschichte über Annas Entdeckung in Lubantum eine Erfindung ihres Vaters war (der bekannt dafür war, daß er gerne Geschichten erzählte) und daß der Schädel erst in den Besitz der Familie Mitchell-Hedges kam, als Annas Vater ihn auf der Auktion dem Händler Burney abkaufte?

Laut G. F. Kunz, einem Fachmann für Edelsteine, war der zweite Kristallschädel einige Zeit vor der französischen Besetzung Mexikos Mitte der 60er Jahre des 19. Jahrhunderts von einem spanischen Offizier von Mexiko nach Europa gebracht worden, wo er an einen englischen Sammler verkauft wurde. Als dieser starb, wechselte der Schädel einige Male den Besitzer und wurde schließlich von Tiffany's und danach vom British Museum gekauft.

In seiner Autobiographie *Danger My Ally* schrieb Annas Vater, „der „Schicksalsschädel" ist mindestens 3600 Jahre alt. Entsprechend der Legende wurde er vom Hohepriester der Maya bei esoterischen Riten verwendet. Es heißt, wenn dieser mit Hilfe des Schädels den Tod gewünscht hätte, wäre der Betroffene danach stets gestorben. Daher gilt der Schädel als Verkörperung des Bösen". In ihrem Buch, *The Mayan Prophecies,* vertraten Adrian G. Gilbert und Maurice M. Cotterell die Annahme, der Schädel könnte vom Hohepriester der Maya als Brennglas für die Feuerzeremonie verwendet worden sein. Hielt ihn der Priester gegen die Sonne, würde der Schädel wie eine Linse wirken, und durch die Lichtbrechung entstünde eine Feuerzunge im geöffneten Mund. Das könnte die Erklärung für den beweglichen Unterkiefer sein.

Beim Schädel im Museum stellte der Anthropologe H. J. Braunholtz 1936 fest, daß seine stilisierte Form mit den kreisförmigen Augenhöhlen und ungenau dargestellten Zähnen ein typisches Beispiel der späten Aztekenkunst sei.

In letzter Zeit wurden jedoch noch andere Möglichkeiten für die Herkunft des Kristallsteins genannt, nämlich Brasilien, Cavalaveras County in Kalifornien und Peru. Oder die Schädel wurden vor nicht annähernd so langer Zeit hergestellt, wie man annimmt, und weit entfernt von jeglichem Herkunftsort des Kristalls: Japan, die chinesische Qing Dynastie und die europäische Renaissance wurden als eventuelle Möglichkeiten genannt.

Der Mitchell-Hedges-Schädel hat die Öffentlichkeit weitaus mehr gefesselt als der im Museum befindliche. Frank Dorland, ein Fachmann für Kristalle, der den Schädel sechs Jahre lang untersuchte, sieht ihn in engem Zusammenhang mit seltsamen Geschichten und rätselhaften Phänomenen. In *Feats and Wisdom of the Ancients* der Time-Life-Serie schrieb Dorland:

… manchmal die Farbe wechselt oder sich mit einem weißlichen Dunst füllt; daß er einen „rätselhaften Duft" und seltsame, klingelnde Geräusche produziere; daß in seinem Inneren die Bilder von Bergen, Tempeln und Gegenständen erschienen; und daß er einmal einige Minuten lang von einer Aura umgeben war.

Andere, die den Schädel sahen, als Dorland ihn geliehen hatte, berichteten von ähnlichen Erscheinungen. Einige schilderten sogar, daß sich ihr Puls beschleunigte, ihre Arm- und Beinmuskeln verkrampften und ihre Augen tatsächlich in die Höhlen gezogen wurden, während sie den Schädel betrachteten. Dorland meint, daß diese Phänomene auf Halluzinationen beruhen, die durch die kristalline Struktur des Schädels ausgelöst werden. Es ist also nicht verwunderlich, daß dieses mysteriöse Kunstwerk *„Schädel des Schicksals"* genannt wird.

DIE STEINERNEN RIESENKUGELN VON COSTA RICA

Als hätten Riesen mit Murmeln gespielt und dann diese Szenerie verlassen, so sieht das Diquís Delta in Costa Rica aus – überall sind große Steinkugeln verstreut. Sie sind unter dem Namen Las Bolas Grandes („die Riesenkugeln") bekannt und es gibt über tausend dieser Objekte, die zusammen mit präkolumbianischen Kunstwerken gefunden wurden. Einige dieser Granitkugeln haben einen Durchmesser von wenigen Zentimetern, andere sind riesengroß – mit einem Durchmesser von bis zu 2,50 Metern und einem Gewicht von über 16 Tonnen. Doch lagen sie unter der dichten Vegetation verborgen, bis in den 30er Jahren das Delta gerodet wurde, da man Bananenplantagen anpflanzen wollte. Erst dabei wurden sie freigelegt. Die Wissenschaft weiß nach wie vor keine Erklärung für ihre Entstehung – geht sie auf den Menschen oder die Natur zurück?

Eine Reihe von Archäologen, speziell Dr. Samuel Lothrop vom Peabody

Nach ihrer Entdeckung in den 30er Jahren wurden die Bolas Grandes von Dr. Samuel Lothrop genau untersucht. Das ist eines der Fotos, das die Kugeln an ihrer ursprünglichen Stelle zeigt.

Museum der Harvard University, untersuchte die Steine und wunderte sich über die beinahe perfekt runde Form, die sie unabhängig von ihrer Größe aufweisen. Eine der größten Kugeln mit einem Durchmesser von zwei Metern weist eine Abweichung von nur 1,27 Zentimetern (d. h. rund zwei Zehntel Prozent) auf. Doch wer waren diese längst verschwundenen Bildhauer, die mit solcher Präzision Steine meißeln konnten?

Heutzutage wird angenommen, daß die Bolas Grandes eine raffinierte Verbindung menschlichen und natürlichen Designs darstellen. In Mexiko fand man zahlreiche Steinkugeln mit einem Durchmesser von bis zu 3,30 Metern, die zur Gänze aus natürlichen, vulkanischen Prozessen hervorgegangen waren. Obwohl ihr Äußeres nicht so professionell wirkt wie das der Steinkugeln in Costa Rica, zeigen diese mexikanischen Exemplare deutlich, daß Mutter Natur auch technische Höchstleistungen vollbringen kann.

Es ist interessant, daß der Granit, aus dem die Steinkugeln aus Costa Rica gefertigt wurden, nicht aus dem Diquís Delta stammt. Daher muß das Rohmaterial aus einer anderen Gegend gekommen sein; doch gibt es keinen Hinweis, daß im nächstgelegenen in Frage kommenden Herkunftsort (der auch viele Kilometer entfernt ist) jemals Gestein abgebaut wurde. Auch die Herkunft des Steins ist also ein Rätsel.

Die Kugeln sind unterschiedlich groß – einige kleiner als Fußbälle, andere haben einen Durchmesser von über 2 Metern.

Die Forscher halten es nicht für ausgeschlossen, daß die unbekannten Bildhauer von natürlichen steinernen Kugeln inspiriert wurden, oder daß sogar einige solcher Kugeln aus anderen Gegenden in das Diquís Delta gebracht wurden. Hier wurden sie von Künstlern bearbeitet, welche die Originale verfeinerten und mit mathematischer Präzision die Oberflächen herstellten, die wir bei den Bolas Grandes finden.

Selbst wenn das alles zutrifft, bleibt die Frage offen, *warum* die Steinkugeln bearbeitet wurden. Zeigten sie etwas an, hatten sie eine symbolische Funktion? Ist es ketzerisch oder unwissenschaftlich, wenn man annimmt, daß sie rein dekorativen Zwecken dienten?

ZOMBIES

Der Glaube an Zombies – lebende Tote – ist auf der westindischen Voodoo-Insel Haiti so stark verbreitet, daß sogar die ärmsten Bauern Unsummen an Geld ausgeben, um große Steinklumpen zu erwerben, die sie über den Gräbern ihrer Toten anbringen. Dadurch soll verhindert werden, daß böse Zauberer, die Bokors genannt werden, den Leichnam stehlen, in einen halbtoten Zombie verwandeln und in ein entlegenes Gebiet bringen, wo das Opfer ein Sklavendasein fristen muß. Obwohl sie essen, atmen und sich bewegen, können die Zombies nicht selbständig denken und wissen weder, wer sie einst waren, noch wie ihr früheres Leben ausgesehen hat.

Das alles klingt wie aus einem billigen Horrorfilm, doch gibt es Dutzende bestätigter Fälle. So sah z. B. 1980 ein Polizeibeamter einen weiblichen Zombie, der ziellos durch einen Ort, der seiner Aufsicht unterstand, irrte. Er erkannte das Wesen als eine Frau namens Natagette Joseph, für die er 1966 den Totenschein ausgestellt hatte.

Im Oktober 1936 wurde ein beinahe nackter weiblicher Zombie nahe einer Straße im Artibonite-Tal auf Haiti gesehen. Nachdem sie den Behörden übergeben worden war, wurde sie offiziell von ihrem Vater und ihrem Bruder als Felicia Felix-Mentor identifiziert, die 1907 an einem plötzlichen Fieber verstorben und begraben worden war. Der Fall ist deshalb so interessant, weil es der erste war, der von einer Forscherin der westlichen Welt untersucht wurde.

Während Felicia im Spital in Gonaives war, wurde sie von der amerikanischen Ethnographin Zora Neale Hurston besucht. Diese berichtete später: „Der Anblick war schrecklich. Das ausdruckslose Gesicht mit den toten Augen. Die Augenlider waren rund um die Augen weiß, als wären sie mit einer Säure verätzt worden. Sie war nicht ansprechbar.“

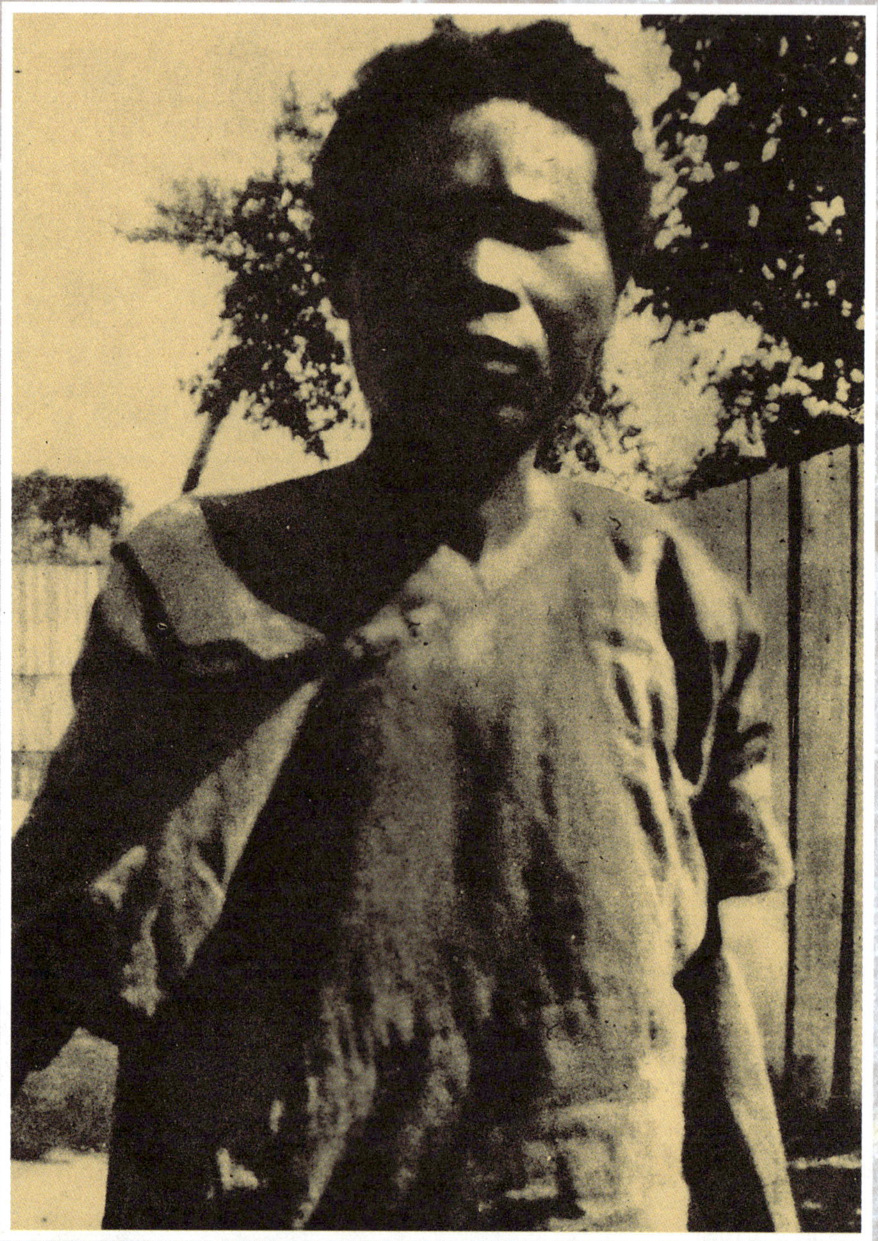

„Dieses ausdruckslose Gesicht mit den toten Augen“. Die amerikanische Ethnographin Zora Neale Hurston machte 1937 auf Haiti dieses Foto von Felicia Felix-Mentor, die in einen Zombie verwandelt worden war.

Der bekannteste aller Fälle ist jedoch der von Clairvius Narcisse, der ein Fernsehstar wurde. Im Jahre 1980 war Angelina Narcisse am Marktplatz von l'Estère, ihrem Heimatort, einkaufen, als sie plötzlich eine Stimme vernahm, die ihr den Spitznamen ins Ohr flüsterte, den ihr längst verstorbener Bruder Clairvius als Kind gehabt hatte. Er war 1962 im Albert Schweitzer-Spital in Deschapelles im Artibonite-Tal an einem Fieber verstorben und begraben worden. Da sein Spitzname nur den nächsten Familienmitgliedern bekannt war, erschrak Angelina, als sie ihn plötzlich hörte. Noch mehr erschrak sie, als sie sah, wer ihn ausgesprochen hatte – denn vor ihr stand, wenn auch auf zittrigen Beinen und mit verschwommenem Blick ihr Bruder Clairvius!

Angelina wurde sofort ohnmächtig. Danach stellte sie fest, daß es sich tatsächlich um ihren angeblich toten Bruder handelte. Seine Identität wurde auch von anderen Familienmitgliedern bestätigt sowie von mehr als 200 Einwohnern von l'Estère und dadurch, daß er zahlreiche Fragen über seine Kindheit genau beantworten konnte.

Diese außergewöhnliche Episode erweckte großes Interesse bei den Medien, so daß sogar ein Team der BBC aus Großbritannien anreiste, um einen Fernsehfilm zu drehen. Das interessanteste daran war, daß es hier einen Zombie gab, der schildern konnte, wie er zu einem solchen geworden war, und was danach mit ihm geschah.

Es stellte sich heraus, daß er Vater einer Reihe von unehelichen Kindern wurde, sich aber geweigert hatte, diese finanziell zu unterstützen, und sich auch mit seinem Bruder wegen eines Grundbesitzes zerstritten hatte. Deshalb hatte sein Bruder einen Bokor angeheuert, der Clairvius in einen Zombie verwandeln sollte. Das geschah, indem der Hexer ihm heimlich ein mysteriöses Gift verabreichte, das anfangs fieberähnliche Symptome hervorrief, und ihn kurz darauf in einen tranceähnlichen Zustand versetzte, in dem er bei vollem Bewußtsein, doch vollständig gelähmt war. Er schien tot zu sein, was auch durch zwei Ärzte bestätigt wurde, weshalb er lebendig begraben wurde.

Nach kurzer Zeit wurde sein nach wie vor gelähmter Körper von einem Bokor wieder ausgegraben. Er erhielt eine weitere Droge, die bewirkte, daß er seinen Körper wieder halbwegs bewegen konnte, doch unfähig war, einen klaren Gedanken zu fassen. Nachdem ihm dieses Gift verabreicht worden war, wurde Clairvius grausam geschlagen und danach in den Norden Haitis gebracht, wo er die nächsten zwei Jahre als Sklave verbrachte. Gemeinsam mit anderen Zombies mußte er Arbeiten verrichten und wurde von ihrem sadistischen Gebieter ständig gequält und mißhandelt. Eines Tages war einer der Zombies so weit aufgewacht, daß er den Bokor angreifen und töten konnte. Danach erhielten sie nicht länger das Gift, das ihre Sinne lahmlegte, und Clairvius konnte sich nach und nach erinnern an das, was passiert war. Nachdem er hörte, daß sein Bruder gestorben war, kam er nach l'Estère zurück, wo er seine Schwester Angelina traf.

Der amerikanische Biologe Wade Davis, der damals im Botanischen Museum von Harvard arbeitete, hörte diese erstaunliche Geschichte und wollte die biochemischen Substanzen des mysteriösen Gifts erforschen, das bei der Verwandlung in einen Zombie zum Einsatz kam. Nach einem Besuch auf Haiti, wo er den Betroffenen untersuchen und Proben des Giftes nehmen wollte, stellte Davis fest, daß das Gift, mit dem das Opfer gelähmt wurde, zwei spezielle Bestandteile enthielt. Erstens Tetrodotoxin, ein hochwirksames Nervengift, das rasche und umfassende Lähmungserscheinungen verursacht und im allgemeinen von Kugelfischen gewonnen wird, und zweitens eine Flüssigkeit, die ein starkes Anästhetikum und Halluzinogen enthält und von den Hautdrüsen der äußerst giftigen Aga-Kröte, *Bufo marinus*, abgesondert wird. Davis hat seine Ergebnisse in einem faszinierenden Buch, *The Serpent and the Rainbow*, dargelegt.

Das wiederbelebende und bewußtseinsverändernde Gift ist Datura, das von einer, passenderweise als „Zombiegurke" bezeichneten, Pflanze namens *Datura stramonium* stammt. Den Pharmakologen in den westlichen Industrieländern ist bereits bekannt, daß diese Pflanze, die eigentlich Stechapfel genannt wird, Täuschungen, geistige Verwirrung, Gedächtnisschwund und (wenn man größere Dosen davon einnimmt) auch tiefe Benommenheit auslösen kann. Doch es war klar, daß hier noch andere Substanzen im Spiel sein müssen, denn selbst als das Gift nicht mehr verabreicht wurde, gewannen die Zombies nur in den seltesten Fällen ihre geistigen Fähigkeiten und ihr Bewußtsein zurück, sondern blieben bis zu ihrem tatsächlichen Tod in einem Dämmerzustand.

Dazu meinte Davis, die gelähmten Opfer, die eine Zeitlang im Sarg lagen, bevor sie in einen Zombie verwandelt wurden, litten an starkem Sauerstoffmangel, der zu einem irreversiblen Hirnschaden führen würde und somit die Wirkung des Datura-Giftes verstärke. Der Grund, warum Clairvius Narcisse wieder relativ klares Bewußtsein erreichte, nachdem die Datura-Dosis abgesetzt worden war, bestand darin, daß er nicht lange genug in seinem Sarg lag, und somit nicht an starkem Sauerstoffmangel gelitten hatte, bevor er vom Bokor wieder ausgegraben worden war.

Während seiner Zombie-Forschungen entdeckte Davis einen interessanten Aspekt. Anscheinend waren die Menschen, die in Zombies verwandelt worden waren, keine unschuldigen Opfer eines bösen Bokor, sondern hatten oft selbst Schwierigkeiten verursacht. Daraufhin wollte ein zorniger Verwandter oder eifersüchtiger Nachbar Vergeltung üben, indem er einen Bokor anheuerte, der den Betroffenen zur Strafe in einen Zombie verwandelte.

Aus Davis' bemerkenswerten Erkenntnissen geht hervor, daß die traditionelle Vorstellung von Zombies, die als verwesende Leichname auftreten und auf magische Weise wieder zum Leben erweckt werden, nichts anderes ist als ein Aberglaube, der nur in Horrorfilmen und Schundromanen existiert.

Doch in gewissem Sinne können die Zombies trotzdem mit den lebenden Toten verglichen werden. Denn wenn man unbeweglich gemacht, für tot erklärt und lebendig begraben wird, danach von einem Hexer exhumiert, einer Gehirnwäsche unterzogen und für immer in grausamer Sklaverei gehalten wird – ist das nicht ein Schicksal, das schlimmer ist als der Tod selbst und demnach tatsächlich ein Tod bei lebendigem Leibe?

Blauhäutige Menschen

In den chilenischen Anden leben auf 6000 Meter Höhe Bergleute, die sich von allen anderen Bergleuten auf der Welt durch ein wesentliches Merkmal unterscheiden: ihre Haut ist tiefblau.

Diese außergewöhnlichen Menschen wurden der Wissenschaft durch den Physiologen Dr. John West von der medizinischen Fakultät der University of California in San Diego bekannt. Er hatte sie auf einem Ausflug in die Berge entdeckt. Anfangs war das Geheimnis ihrer blauen Haut ein völliges Rätsel, doch im Laufe der Zeit gelang es Dr. West, die Antwort zu finden.

Die blaue Gesichtsfarbe der Bergleute geht auf den in dieser Höhe (fast 750 Meter über der, wie man früher glaubte, maximalen Höhe, auf der Menschen für längere Zeit leben können) herrschenden Sauerstoff-

In den hohen chilenischen Anden leben Bergleute 750 Meter oberhalb der Höhe, die früher als Obergrenze für menschliches Leben über längere Zeit hinweg galt.

mangel, in Verbindung mit ihrer Lebensweise zurück. Diese beiden Faktoren bewirken bei den Bergleuten eine höhere Konzentration des Blutpigments Hämoglobin, das Sauerstoff transportiert. Das Hämoglobin ist hellrot, wenn es mit Sauerstoff angereichert ist, den es von den Lungen über die Arterien zu den Organen transportiert. Wenn es von den Organen über die Venen zurück zur Lunge fließt, enthält es keinen Sauerstoff und ist daher blau.

Sauerstoffreies Hämoglobin läßt die Haut blau erschienen, wenn es in so hoher Konzentration vorhanden ist wie bei den Bergleuten, da diese Farbe besser durch die Haut scheint als das Rot des sauerstoffreichen Hämoglobins.

Menschen mit blauer Haut findet man nicht nur in Chile. In Perry County, im US-Bundesstaat Kentucky, gibt es eine Gemeinde, die aufgrund ihre charakteristischen hellblauen Hautfarbe berühmt wurde. Ihre Geschichte begann um 1800, als ein Junge mit blauer Haut in Frankreich geboren wurde, der später in die USA ging und sich auf dem relativ unzugänglichen, wenig frequentiertem Ufer des Troublesome Creek („Beschwerlicher Fluß") in den Ozark-Bergen in Perry County niederließ. Er heiratete eine Einheimische und gründete eine Familie, deren Mitglieder alle das charakteristische Merkmal des Vaters aufwiesen.

Das führt zu der Annahme, daß die blaue Haut der chilenischen Bergleute eine direkte physiologische Anpassung an ungewöhnliche Lebensbedingungen darstellt, die der Troublesome Creek-Familie hingegen auf eine erblich bedingte Genmutation zurückzuführen ist. Aufgrund langjähriger Inzucht innerhalb der kleinen, isolierten Gemeinde setzte sich die blaue Hautfarbe immer mehr durch, bis die gesamte Bevölkerung im Umkreis blauhäutig war.

Während der 60er Jahre wurde Dr. Madison Cawein, ein Hämatologe an der University of Kentucky auf den Fall aufmerksam. Im Zuge seiner Untersuchungen stellte er fest, daß die Genmutation zu einem biochemischen Defekt führte, der die Haut der Einwohner von Troublesome Creek blau färbte. Aufgrund dieses biochemischen Defekts wird die enzymatische Reduktion des Methämoglobins – eines blau-braunes Blutpigments – verlangsamt. Durch die regelmäßige Einnahme von Methylenblau, einem häufig verwendeten Antiseptikum, kann dieser Defekt jedoch leicht behoben werden. Das Mittel kehrt die Wirkung des mutierten Gens um und läßt die blaue Haut ihre normale rosa Färbung annehmen.

CHUPACABRAS

Seit den 70er Jahren gibt es auf der karibischen Insel Puerto Rico immer wieder bemerkenswerte Vorfälle mit mysteriösen Wesen, sogenannten Chupacabras („Ziegenmelker"). „Ziegenmelker" ist auch der Name eines harmlosen Nachtvogels, doch aus den Erzählungen aus Puerto Rico geht hervor, daß die Chupacabras keine Vögel und schon gar nicht harmlos sind. Diese Spezies wird hingegen für den grausamen Tod unzähliger Hunde,

Gruseliger Feinschmecker: Das Chupacabras oder der „Ziegenmelker" ist ein makabrer Räuber mit einer Vorliebe für Blut und Verstümmelungen. Ist es aus einem Genlabor entkommen, wie manchmal vermutet wird?

Katzen und Tiere aus dem Viehbestand verantwortlich gemacht. Sogar Rinder und Pferde zählen zu den Opfern. Man findet dann die grausam verstümmelten Kadaver, aus denen das Blut gesaugt und verschiedene Organe herausgerissen wurden. Der bizarrste Bericht über die Chupacabras hat einen Teddybären zum Inhalt, der in einem Haus in Caguas von einem dieser Wesen angeblich zerrissen wurde. Das Wesen hinterließ nur eine schleimige Pfütze und auf dem Fensterbrett ein verwesendes, weißes Fleischstück.

Die Angriffe der Chupacabras auf Tiere sind schlimm genug, ihre Begegnungen mit Menschen jedoch noch weitaus merkwürdiger, wie Scott Corrales in seinem hervorragenden, 71 Seiten langen Bericht *The Chupacabras Diaries* schilderte. Am 26. März 1995 um 6.00 Uhr morgens sah Jaime Torres angeblich ein Chupacabras, das auf einem Baum saß und zu ihm hinunterblickte. Laut Torres hatte es einen runden Kopf, ein dunkelgraues Gesicht, schwarze, längliche Augen, einen zarten Kiefer und ein kleines Maul. Noch auffälliger war jedoch seine Farbe: wie ein surrealistisches Chamäleon änderte es seine Farbe innerhalb der kurzen Zeit, in der Torres es anstarrte, von Purpurrot auf Braun und danach auf Gelb. Doch seine seltsamste Eigenschaft sollte noch zum Vorschein kommen.

Torres blickte das Tier weiterhin an, als es plötzlich seinen Kopf von einer Seite auf die andere drehte und dabei ein schauriges, zischendes Geräusch von sich gab. Währenddessen wurde Torres äußerst schwindlig, beinahe ohnmächtig. Daraufhin ließ sich das Wesen rasch vom Baum hinunterfallen und verschwand ebenso schnell im Unterholz. Zurück blieb sein Beobachter, der sich sehr unwohl fühlte.

An derselben Stelle hatte sich schon früher einmal eine seltsame Begegnung ereignet. Ein Polizeibeamter untersuchte ein totes Schaf auf Barretos Grundstück, als er einen seltsamen Zweibeiner erblickte, der ungefähr einen Meter groß war und ihn mit leuchtend gelborangen Augen von einer nahegelegenen schattigen Stelle aus anstarrte. Als er versuchte, dieses Wesen zu verfolgen, bei dem es sich augenscheinlich um ein Chupacabras handelte, überfielen ihn plötzlich wie aus heiterem Himmel Übelkeit und Kopfschmerzen, so daß er die Verfolgung aufgeben mußte.

Anhand der zahlreichen Schilderungen von Augenzeugen ist das Chupacabras rund 1–1,50 Meter groß, hat große Schlitzaugen (die manchmal orangefarben oder rot leuchten), Löcher an Stelle von richtigen Ohren mit Ohrläppchen, kleine Löcher an Stelle von Nasenlöchern und ein kleines Maul ohne Lippen. Es hat dünne Arme mit drei klauenähnlichen Fingern auf jeder Hand und muskulöse Beine mit drei klauenähnlichen Zehen auf jedem Fuß (was an den nicht weniger mysteriösen südkalifornischen Echsenmann erinnert, S. 131). Der pelzige Körper ist grau gesprenkelt, und von der Oberseite des Kopfes laufen glühende Stacheln, die ständig ihre Farbe ändern, über den ganzen Rücken.

Kein bekanntes Tier ist diesem Wesen ähnlich, was Augenzeugen und Interessierte zu phantasievollen Erklärungen über seine Identität verleitet, die von außerirdischen Wesen bis zu einem geheimen Produkt der Gentechnologen reichen, das irgendwie aus einem Genlabor ausgebrochen ist. Wissenschaftler haben versucht, das von den Chupacabras getötete Vieh als das Werk entwichener Affen abzutun, die in diesem Gebiet vorkommen, doch saugen Affen kein Blut, ändern nicht ihre Farbe und sind bestimmt nicht in der Lage, Übelkeit bei Menschen zu verursachen, indem sie diese einfach nur anstarren. Kein Wunder, daß Scott Corales dieses Wesen als übersinnlichen Räuber von Puerto Rico bezeichnet hat.

Schließlich erschienen in beiden Ausgaben der Zeitschrift *Strange Magazine* von 1995 noch weitere Berichte von Corrales, die den Leichnam eines kleinen, doch außergewöhnlichen Wesens zum Inhalt hatten, das in Puerto Rico in den 80er Jahren von einem Rancher getötet worden war. Auf der Farm waren angeblich zahlreiche Tiere grausam verstümmelt worden. Daher hielt der Rancher in der betreffenden Nacht zusammen mit zwei Freunden Wache, als sie verwundert feststellen mußten, daß vier dieser mysteriösen Wesen in den Stall gekommen waren und eine junge Kuh in der Luft schweben ließen. Die drei Gefährten des getöteten Wesens konnten aber entkommen.

Das Foto, das zusammen mit den Berichten veröffentlicht wurde, war eines von 22 Bildern, die Jorge Martín von einem gewissen Rafael Baerga erhalten hatte. Man sieht darauf ein Wesen, das einem Chupacabras sehr ähnlich ist – es hat denselben runden Kopf, die großen Schlitzaugen, ein kleines Maul ohne Lippen, winzige Nasenlöcher, anscheinend keine Ohren und dünne Arme. An den klauenähnlichen Händen befinden sich jedoch *vier* Finger, anstatt drei.

Biologen schlossen einen Affen oder einen menschlichen Fötus als Möglichkeiten aus, indem sie sich auf morphologische Merkmale beriefen. Der Rancher, der das Wesen erschoß, ist nicht bereit, es für eine offizielle Untersuchung freizugeben, da er fürchtet, es könnte konfisziert werden. Somit bleibt seine wahre Identität ein ungelöstes Rätsel.

Das Bermuda-Dreieck

Das Bermuda-Dreieck ist in den Medien sehr präsent. Ob es jedoch existiert, ist eine ganz andere Frage. Laut unzähliger, spekulativer Berichte, Artikel und Bücher, die in den 60er und 70er Jahren erschienen, handelt es sich dabei um eine mysteriöse Stelle im Atlantik, an der im Laufe der Jahre viele Schiffe und Flugzeuge angeblich spurlos verschwunden sind; seit 1945 mehr als hundert. Die geographischen Begrenzungslinien dieses unheilvollen Gebiets ergeben ein Dreieck, das die Spitze von Florida, Puerto Rico und Bermuda verbindet; daher stammt auch sein Name, der 1964 von Vincent Gaddis, einem erfahrenen amerikanischen Erforscher rätselhafter Phänomene geprägt wurde.

Es gibt viele Theorien darüber, warum und wie das Dreieck seine tödliche Anziehungskraft ausübt. Sie umfassen Angriffe von Meeresungeheuern, Entführungen durch außerirdische oder unter Wasser lebende Wesen, Killerwellen von gigantischem Ausmaß, die plötzliche Freisetzung von Methanblasen von Eisgittern am Meeresgrund, ein schwarzes Loch unter den Wellen, geomagnetische Anomalien und einen riesigen, kristallenen Laserkomplex unter Wasser, der elektromagnetische Aberrationen der Schiffe und Flugzeuge verursacht. (Die letzte Vermutung wurde von Charles Berlitz in seinem Bestseller *Das Bermuda-Dreieck* aufgestellt).

Am häufigsten wird von fünf Torpedo-Bombern der Marke Avenger der US Navy, dem Flight 19, berichtet, die am Abend des 5. Dezember 1945 verschwanden, als sie das Gebiet bei Schlechtwetter überflogen. Sie waren am selben Nachmittag unter guten Flugbedingungen zu einem Routine-Trainingsflug vom Marine- und Luftstützpunkt Fort Lauderdale aufgebrochen. Ein Suchflugzeug der Marke Martin Mariner, das nach ihnen suchen sollte, war ebenfalls verschollen.

Viele Berichte sprechen von Nachrichten, die vom Anführer der Bomber, Lieutenant Charles C. Taylor, vor dem

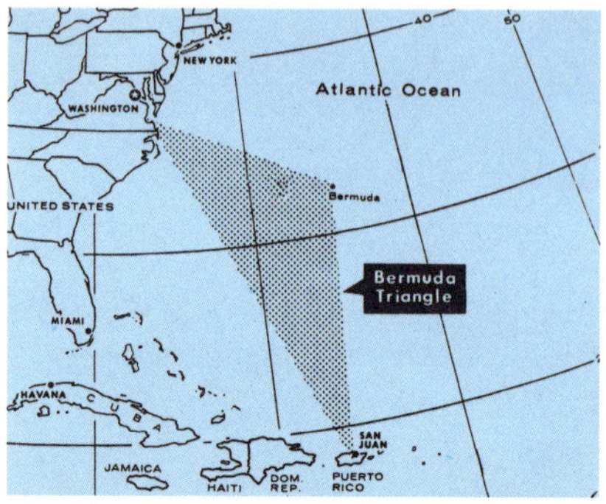

Die 1963 verschollene ***Marine Sulphur Queen*** *ist eines von vielen Schiffen, die im Bermuda-Dreieck angeblich spurlos verschwunden sind.*

Verschwinden übertragen wurden: „Wir scheinen vom Kurs abgekommen zu sein … nichts stimmt mehr … seltsam … nicht einmal das Meer sieht so aus, wie es sollte … es sieht aus, als wären wir …“ Dann wurde der Empfang unterbrochen. Doch als Lawrence D. Kusche, ein wissenschaftlicher Bibliothekar an der Universität des US-Bundesstaates Arizona und Autor des vielgelobten Buches *The Bermuda Triangle – Solved* dazu Nachforschungen anstellte, fand er keinen Hinweis.

Ein offizieller Bericht der Navy zog die Schlußfolgerung nach sich, daß keiner der beiden Kompasse, über die Taylor verfügte, richtig funktionierte, und er deshalb die Position seiner Flotte falsch bestimmte. Er ließ sich dabei auch von der Ähnlichkeit zwischen den Bahamas und den Florida Keys (den Inseln, die sie überfliegen sollten) in die Irre führen. Dabei wäre ihnen das Benzin ausgegangen, so daß sie in der Nacht ins Meer stürzten. Aufgrund der Dunkelheit hätten die Suchmannschaften die Trümmer nicht finden können. Um 19.50 Uhr sah das Schiff *Gaines Mills*, wie ein Flugzeug in der Nähe von Daytona Beach über dem Meer Feuer fing, bevor es ins Wasser stürzte und explodierte. Man nimmt an, daß es sich dabei um das verschollene Suchflugzeug handelte.

Kusche und andere Forscher fanden auch zahlreiche Unstimmigkeiten zwischen den Berichten von weiteren Vorfällen im Bermuda-Dreieck und den bestätigten Fakten hiezu. Wie David Group in seinem Werk *The Evidence for the Bermuda Triangle* betont, ist es augenscheinlich, daß die angeblichen „Beweise“ primär auf sachlichen Fehlern basieren sowie auf offenkundig verzerrter Darstellung der Fakten. Bei fast allen Fällen ist eine absolut einleuchtende Erklärung möglich.

Empfindlich getroffen wurden die Sensationsberichterstatter vermutlich durch die Versicherungsgesellschaft Lloyd's of London, die am 4. April 1975 in ihrem Brief an das Magazin *Fate* folgendes schrieb: „Entsprechend der Statistik von Llyod's sind seit 1955 weltweit 428 Schiffe verschollen. Vielleicht ist es für Sie von Interesse, daß unser Geheimdienst keinen Hinweis darauf finden kann, daß im ‚Bermuda-Dreieck‘ mehr davon verschwunden sind als anderswo.“

Die wandernden Särge von Barbados

Eines der ungelösten Rätsel der Karibik sind die mobilen Särge, die sich einst in der Gruft der Familie Chase in Christ Church, im Südwesten von Barbados, befanden. Die Gruft wurde 1807 vom Plantagenbesitzer Thomas Chase gekauft, und bis 1812 waren drei Familienmitglieder gestorben. Die ersten beiden Särge waren in den Wänden der Gruft beigesetzt worden, doch als die Gruft erneut geöffnet wurde, stellten die Anwesenden erschrocken fest, daß die beiden Särge offensichtlich in ihrer Ruhe gestört worden waren, denn ihre Lage hatte sich verändert. Von diesem Zeitpunkt an, mit Ausnahme des Begräbnisses von Thomas Chase am 9. August 1812, war die Anordnung der Särge jedesmal verändert, wenn man die Gruft wieder öffnete, um ein Mitglied der Chase-Familie zu begraben. Immer mehr Menschen kamen, um das seltsame Bild mit eigenen Augen zu sehen.

Doch am Sandboden der Gruft fand man keine Fußspuren, und selbst die versteckten Siegel, die von Forschern angebracht wurden, fand man bei der nächsten Öffnung der Gruft unversehrt vor. Nichts war verändert, außer der Lage der Särge.

Im Jahre 1820 wurde das Rätsel zwar nicht gelöst, jedoch beendet. Viscomte Combermere, der Gouverneur von Barbados, verfügte, daß alle Särge aus der Gruft genommen und in neuen Gräbern beigesetzt würden. Für die Ruhelosigkeit der Särge wurden viele Erklärungen geboten, wie zum Beispiel seismische Schwingungen, Aktivitäten eines Poltergeists, Überflutung oder sogar ein raffinierter Schwindel eines Steinmetzes, doch keine wurde bestätigt. Wir wissen lediglich, daß die „Geistergruft“ der Chase-Familie seitdem leer steht, und die Särge seit ihrem „Umzug“ in die neuen Gräber nicht wieder gewandert sind.

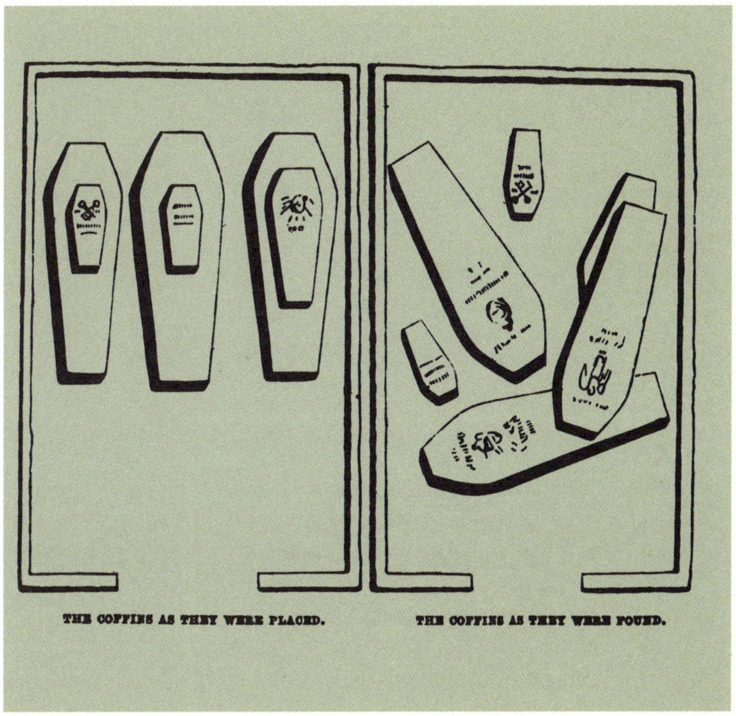

Ein Plan zeigt die Unordnung in der Gruft der Familie Chase nach dem letzten Vorfall im Jahre 1820.

Migo
(Wasserungeheuer)
NEW BRITAIN
PAPUA-NEUGUINEA
Artrellia
(mysteriöser Riesenwaran)
Teufelsschwein
MURRAY-INSELN
Booya-Steine
Burrunjor
(lebender Dinosaurier?)
Kulta
(moderner Dinosaurier?)
Le Serrec-Meeresschlange
Min-min-Lichter
AUSTRALIEN
Ayers Rock (Uluru)
Yarri
(Tiger von Queensland)
Yowie (Tiermensch)
lebender Beutelw
mysteriöser Riesenwaran
Mirrii-Hunde
Yuurii/bitarr
riesiges Aepyornis-Ei
riesiges Aepyornis-Ei
Kadaver eines "Jaws" (Yarri?)
Herr der Tiefe
(Riesenhai)
Massenstrandung von Delphinen
Bunyip
Bunyip
Bunyip
Nyol, Net-net, Pot-koorok
(Geister der Vorfahren)
lebender Beutelwolf
Massenstrandung von Walen
Bunyip
TASMANIEN
Maero (Tiermensch)
Fireman/
überlebender Hochland-Moa
Die weitverstreuten ozeanischen Inseln können hier nicht genau gezeigt werden. Folgende Phänomene sind nicht auf der Karte ersichtlich:
OSTERINSEL
riesige Steinstatuen
FIDSCHI-INSELN
Lauf übers Feuer
Vélé (mysteriöse Pygmäenrasse)
HAWAII
Menehune (Pygmäenrasse)
Nawao (Tiermensch)
Sphärenklänge
bellender Strand
KIRIBATI (ARORAE)
Taani-kanimomoi (pfeifende Geister)
POLYNESIEN
versunkener Inselkontinent Mu
SAMOA
klickende Todesgeräusche
GESELLSCHAFTS-INSELN (RAIATEA, TAHITI)
Lauf übers Feuer
TUAMOTU-INSELN
Herr der Tiefe (Riesenhai)
VANUATU
Vui/Wui (Tiermensch)

7. Kapitel
Australien und Ozeanien

GEHEIMNISVOLLE INSELWELT

IN DEN ÜBERLIEFERTEN MYTHEN ERSCHEINEN INSELN IMMER ALS MYSTERIÖSE ORTE VOLLER MAGIE UND WUNDER, GEPAART MIT EINER FASZINIERENDEN VIELFALT AN RÄTSELHAFTEN ERSCHEINUNGEN. DAS GILT AUCH FÜR DIE TATSÄCHLICHE WELT DER UNZÄHLIGEN INSELN AUSTRALASIENS UND OZEANIENS. INMITTEN DER TROPISCHEN WELT DES SÜDPAZIFIKS WARTEN UNERKLÄRLICHE UND RÄTSELHAFTE PHÄNOMENE AUF UNSERE ENTDECKUNG.

Schlüssel zu den Phänomenen

- LUFT
- WASSER
- ELEMENTE
- LANDTIERE
- MENSCHENÄHNLICH
- ORTE
- ÜBERSINNLICH

Alte Mythen

Ayers Rock – die mysthische Verlockung des Uluru

Für die Menschen und die Wissenschaft der westlichen Industrieländer ist Ayers Rock eine Sehenswürdigkeit – der größte natürliche Monolith der Welt. Dieser riesige Steinblock liegt rund 320 Kilometer südöstlich von Alice Springs, im Northern Territory von Australien. Er besteht aus feldspatreichem Sandstein, ist 348 Meter hoch und bis zu drei Kilometer lang. Außerdem verbirgt sich der größere Teil möglicherweise unterhalb der Erdoberfläche, wo er eine Ausdehnung von sechs Kilometern erreichen kann. Somit ähnelt er einem terrestrischen Eisberg.

Die australischen Aborigines nennen diesen Berg Uluru. Für sie ist er die heiligste Stätte des ganzen Inselkontinents, eine Pilgerstätte, zu der die Aborigines aus allen Gebieten Australiens durch die trockene Wüste ziehen. Genaugenommen befindet sich Uluru im Besitz von zwei Stämmen, den Yankunitjatjara und den Pitjantjatjara, und in vielen Höhlen in einem Umkreis von über acht Kilometern befinden sich Malereien, welche die Traumzeit darstellen. Unter der Traumzeit verstehen die Aborigines die Schöpfung – in der die Welt und alle Wesen geschaffen wurden. Es war eine ganz andere Zeit als heute; Götter und Helden bevölkerten die Insel, und ihre Körper und Lieder ließen die Berge, Seen und Sterne entstehen, und alte Geister und magische Tiere schufen die einzigartige Fauna und Flora Australiens. Jeder Riß, jedes Steinchen, jede Steinformation am Uluru erzählt eine Geschichte aus der Traumzeit oder hat eine spezielle Bedeutung für seine Wächter, die Aborigines.

Ayers Rock: Für die australischen Aborigines ist er der heiligste Ort der Welt.

In jüngster Zeit wird dieser Glaube jedoch einer westlichen Bedrohung ausgesetzt – dem Tourismus. Uluru ist berühmt für die spektakulären Lichteffekte. Jeden Morgen, wenn die Sonne aufgeht und nach und nach die zerklüftete Oberfläche des Felsens beleuchtet, gehen die dunklen Farben der Nacht in ein dunkles Violett und anschließend in ein schimmerndes Rosa über. Dieser einzigartige Anblick zieht jedes Jahr Millionen von Touristen an, sowohl die weißen Australier als auch Besucher aus Übersee, doch nicht alle möchten den majestätischen Felsen nur bewundern. Nur zu oft wollen die Touristen auch ein Andenken an Uluru mit nach Hause nehmen – der eine nur einen kleinen Stein, der andere schon einen recht großen Felsbrocken.

Natürlich stellt dies in den Augen der Aborigines eine Schändung des Heiligtums dar, und sie reagieren darauf mit großem Entsetzen. Aber Uluru selbst scheint dieses Problem auf mysteriöse, doch äußerst wirksame Weise in den Griff zu bekommen. Im Februar 1996 berichtete Julian Barry, ein Senior Ranger von Ayers Rock, daß viele Touristen die gestohlenen Souvenirs zurückgeben (manche persönlich, andere per Post), da sie verflucht wären und Unglück bringen würden.

Ein Mann aus London behauptete, er wäre gichtkrank geworden, kurz nachdem er ein steinernes Souvenir vom Uluru mitgenommen hätte; ein Amerikaner berichtete, seine Mutter wäre plötzlich erkrankt; viele andere gingen in Konkurs. Sind das nur Zufälle, oder verfügt der Zauber der Traumzeit noch über dieselbe Macht wie früher?

Wesen aus der Vorzeit und spirituelle Tiere

Legenden über die Traumzeit (Schöpfung) der australischen Aborigines berichten von vielen seltsamen Arten von Geistern aus der Vorzeit, die am Beginn der Welt lebten. Für die moderne Wissenschaft sind diese magischen Wesen nur Produkte der Phantasie, doch die Aborigines glauben fest, daß sie auch heute noch existieren.

Die Wiradjuri, die im mittleren Westen von New South Wales lebten, meinen, daß die einsamen Landstriche dieser Region und sogar ihre Flüsse von behaarten, hundeähnlichen Wesen bevölkert werden, die unter dem Namen Mirrii oder Mirriuula bekannt sind. Diese Tiere wirken anfänglich sehr klein, doch je länger man sie ansieht, desto größer werden sie! Oft werden sie innerhalb weniger Sekunden so groß wie ein Kalb oder sogar ein Pony, um dann ganz plötzlich zu verschwinden. Einige Mirrii-Hunde sind gefährlich, da sie, sobald sie einen Menschen erblicken, versuchen, ihn in die Tiefen eines Flusses zu locken.

Die Wiradjuri erzählen auch von den Yuurii, behaarten kleinen Männern und Frauen, die nicht größer als einen Meter sind, aber lange Fingernägel und große Zähne haben. Die Yuurii-Männer haben auch lange Bärte. Die Aborigines vom Stamm der Gumbangirr, die ebenfalls in New South Wales leben, nennen diese winzigen Wesen Bitarr und berichten, daß sie besonders gerne mit ihren Kindern spielen.

Die Aborigines aus Victoria kennen andere mysteriöse Pygmäenstämme.

Die Nyols sind kleine, graue, menschenähnliche Wesen, die angeblich in tiefen Felshöhlen unter der Erde leben, aus denen sie manchmal hervorkommen, um im Schatten der Dämmerung auf der Erde zu spielen. Die Netnets hingegen haben braune Haut, lange scharfe Krallen an Stelle von Fingernägeln und leben zwischen Felsen über der Erde. Noch merkwürdiger ist der Pot-Koorok, ein kleiner Froschmensch, der große, mit Schwimmhäuten versehene Füße, lange, bewegliche Finger und einen feuchten, birnenförmigen Körper hat. Er lebt in Flüssen und tiefen Gewässern. In den Felsspalten von Arnhem's Land wohnen möglicherweise noch heute die Mimi, stockförmige Geister, die den Quinkins von Queensland ähneln und die Verkörperung der Lust darstellen.

Auf dieser Felsmalerei der Aborigines im Norden von Queensland sind die stockförmigen Quinkin-Geister abgebildet.

Dann gibt es noch Old Red-Eye. Dies ist der Name eines oft körperlosen Wesens, das nur entfernt an einen Menschen erinnert und jederzeit überall auftauchen kann. Es verfügt über die Fähigkeit, Menschen durch den starren Blick seiner leuchtend roten Augen zu hypnotisieren. Selbst wenn es gelingen sollte, um Hilfe zu rufen, kann dies keiner hören.

Noch unheimlicher ist der Yara-ma-yha-who. In den Legenden der Aborigines taucht er als winziger, zahnloser Froschmensch auf, der auf Feigenbäumen lebt und Saugnäpfe an den Händen hat. Der Yara-ma-yha-who ist ein gnadenloser Vampir, der sein Opfer festhält und ihm das Blut aussaugt.

Heute wird kaum noch von den Mirrii-Hunden, Net-nets, Pot-kooroks, Yara-ma-yha-whos und den anderen magischen Traumwesen berichtet, denn sie existierten vor langer Zeit – und sie könnten zurückkommen.

Die Osterinsel, Land der Langohren

Die Osterinsel liegt mitten im Südpazifik, rund 4350 Kilometer östlich von Tahiti, 4200 Kilometer westlich von Valparaiso in Chile und 3200 Kilometer südwestlich der Galapagos-Inseln, und ist somit die entlegenste bewohnte Region der Welt, wie Thor Heyerdahl in *Aku-Aku*, dem Bericht seiner Expedition der Jahre 1955–1956, feststellte.

Zum ersten Mal hörte die westliche Welt von der Insel, als sie von dem holländischen Seefahrer Admiral Jacob Roggeveen am 5. April 1722 entdeckt wurde. Dieser Tag war ein Ostersonntag, daher erhielt die Insel ihren Namen. Seit damals interressieren sich die Wissenschaftler brennend für die Osterinsel, auf der es rund tausend rätselhafte, riesige Statuen (Moai) gibt. Wer hat sie gemacht und warum?

Die Forscher sind heute der Ansicht, daß die Osterinsel erstmals ca. 400 n. Chr. besiedelt wurde, und die Inselbewohner mit großer Kunstfertigkeit nach der Sonne ausgerichtete Terrassen und kleine Statuen anfertigten. Diese ähnelten verschiedenen präkolumbianischen Modellen (d. h. aus der Zeit vor der Entdeckung der Neuen Welt durch Kolumbus stammen) aus den Anden. Ungefähr um 1100 n. Chr. machten sie die Terrassen zu Plattformen für zeremonielle Zwecke (Ahu) und schufen die ersten steineren Giganten, die sie direkt aus den Kraterwänden des ruhenden Vulkans, Rano Raraku, herstellten.

Die Statuen wurden stehend den Abhang hinuntergelassen, wo sie fertiggestellt und poliert wurden. Danach brachte man sie zu den Ahu und stellte sie auf den Terrassen auf, so daß sie ins Landesinnere blickten. Die heutigen Inselbewohner meinen, sie hätten Denkmäler der toten Herrscher dargestellt, und man hätte ihnen übernatürliche Kräfte (Mana) eingeflößt. Interessanterweise stellte man auf der Osterinsel eine Vielzahl an geomagnetischen Abweichungen fest. Könnte es sein, daß diese Monolithen das Zentrum heilender Erdenergie waren, wie man annimmt?

Die ersten Statuen waren in Form und Größe unterschiedlich, die späteren zeigten jedoch alle dasselbe Modell (dessen Identität nicht bekannt ist). Der Stein wurde nur bis zum Beginn der Beine bearbeitet, und die Figur hat eine breite Stirn, hohle Wangen, ein vorspringendes Kinn, eine Adlernase, sehr lange Ohrläppchen und am Kopf einen roten Haarknoten (Pukao). Die Haarknoten stammen von einem Vulkankegel namens Puna Pau. Die meisten Statuen wogen 25–40 Tonnen und waren 3,50–7,50 Meter groß, doch im Laufe der Jahre wurden immer größere angefertigt: Eine nicht fertiggestellte Figur liegt noch im Krater des Rano Raraku. Sie wiegt rund 270 Tonnen und ist ca. 21 Meter lang.

Das ist nur eine von rund 400 unvollständigen Statuen, die man im Krater gefunden hat. Der Grund, warum sie nicht fertiggestellt wurden, ist der

Die frühen Statuen der Osterinsel sehen unterschiedlich aus, die späteren – wie diese, in der Nähe des Kraters Rano Raraku – zeigen alle dasselbe, unbekannte Modell.

Holztafeln und eine vergessene Sprache: Ließe sich mit ihrer Hilfe das Geheimnis dieser Zivilisation lüften, die an einem der entlegensten Punkte der Erde entstand?

Bürgerkrieg zwischen den Herrschern Hanau Eepe oder „Langohren" und den Hanau Momoko oder „Kurzohren", ihren Untertanen. Im Jahre 1680 wurde eine entscheidende Schlacht auf der Halbinsel Poike geschlagen. Die „Kurzohren" gingen als Sieger daraus hervor und töteten alle „Langohren" bis auf eine Ausnahme. 42 Jahre später wurde die lange Isolation der Insel durch Roggeveen beendet. Im Jahre 1774 kam Kapitän Cook, der feststellen mußte, daß die Statuen von den Plattformen gestoßen worden waren und nun verstreut am Boden lagen.

1862 entführte ein peruanisches Sklavenschiff den Großteil der männlichen Inselbewohner und brachte sie nach Peru, wo sie in den Minen arbeiten sollten. Die meisten kamen ums Leben, und die wenigen Überlebenden waren alle mit Pocken infiziert worden. 1877 lebten nur mehr 111 Menschen auf der Insel. Eine der schrecklichen Folgen davon war, daß es keinen Inselbewohner mehr gab, der die einzigartige Bilderschrift (die Rongo-rongo genannt und in Holztafeln geritzt wird) lesen konnte. Auch heute noch kann sie von niemandem entziffert werden. Im Jahre 1888 machte Chile seinen Anspruch auf die Osterinsel geltend. Heute leben über 2000 Menschen auf der Insel. Auch wurden rund 30 der Riesenstatuen von ausländischen Wissenschaftlerteams wieder aufgerichtet.

Woher kamen aber die allerersten Bewohner der Osterinsel? Die traditionelle Theorie besagt, daß sie ausschließlich von den westlich gelegenen polynesischen Inseln stammten, deren Bewohner wiederum aus Asien kamen. Thor Heyerdahl stieß Mitte der 50er Jahre auf faszinierende Hinweise, die seine Vermutung bestärkten, daß auch Menschen aus dem Osten, aus dem Peru der Zeit vor den Inkas, bis zu diesem Punkt gekommen sein könnten.

Heyerdahl führt folgende Hinweise zur Bestätigung seiner Theorie an: Eine hier vorkommende Süßwasserpflanze, genannt Totora-Gras, ist im Titicaca-See in den Anden ebenso heimisch wie die Süßkartoffel; frühe Zeichnungen von Schilfbooten und Statuen erinnern an diejenigen, die in der antiken Stadt Tiahuanaco nahe der bolivanisch-peruanischen Grenze gefunden wurden; der frühe Sonnenkult ist sowohl auf der Osterinsel als auch in den alten peruanischen Kulturen zu finden, rothaarige, hellhäutige Menschen leben sowohl hier als auch in den Anden; die langen Ohrläppchen der steinernen Statuen sind auch charakteristisch für die in Legenden aus den Anden vorkommende Gottheit Con-Tici Viracocha aus Tiahuanaco. Heyerdahl wollte zeigen, daß diese Migration schon damals möglich war. Er konstruierte ein Floß aus leichtem Balsaholz (genannt Kon-Tiki), wie es damals von den Peruanern verwendet wurde, und führte damit im Jahre 1947 seine berühmte Reise über den Pazifik, von Peru bis zum Tuamotu-Archipel, durch.

Der Geograph Robert Langdon schloß sich dieser Theorie an. 1988 berichtete er, schon 1770 hätte eine von Kapitän Felipe Gonzalez angeführte Expedition festgestellt, daß Tapioca, das vom südamerikanischen Maniokstrauch gewonnen wird, den Menschen auf der Osterinsel als Nahrungsmittel dient. Leider übersetzte der Geschichtswissenschaftler Bolton Corney 1908 das Wort falsch, das in der Sprache der Osterinsel für Maniok steht, wodurch diese Tatsache verfälscht wurde. Der Fehler blieb 80 Jahre lang unentdeckt, bis Langdon ihn schließlich korrigierte.

Trotz alldem wird die Vorstellung einer alten südamerikanischen Niederlassung auf der Osterinsel von den meisten Wissenschaftlern nicht akzeptiert. Aus diesem Grund bleibt das Rätsel, das die Entstehung der Kultur auf der Osterinsel umgibt, ungelöst. Und doch könnte es bereits eine Antwort auf diese Frage geben, und zwar in den verschiedenen Schriftstücken, die in Rongo-rongo, der geheimnisvollen Sprache der Osterinsel, erhalten sind. Doch solange wir den Schlüssel nicht finden, um das Geheimnis dieser Sprache zu lüften, werden wir keine Gewißheit erlangen.

DER LAUF ÜBERS FEUER

Dieser Brauch, der im Frühjahr in vielen Teilen der Welt, zum Beispiel in Indien, Griechenland, Südafrika und Kalifornien praktiziert wird, wird am ehesten mit Polynesien, speziell mit den Society-Inseln und den Fidschi-Inseln, in Zusammenhang gebracht. Im Jahre 1901 erlebte der Techniker Professor S. P. Langley von der Smithsonian Institution in Tahiti eine traditionelle Vorführung dieser Art, bei der ein Priester von der Nachbarinsel Raiatea, die zu den Society-Inseln gehört, über glühende Kohlen lief. Bei dieser Vorführung war ein 6,40 Meter langer, 2,75 Meter breiter und rund 0,60 Meter tiefer Graben mit glühendem Basaltstein gefüllt worden, der auf brennenden Holzscheiten lag. Der Priester und einige seiner Helfer liefen gleichmäßig viermal über den Graben, ohne daß sie dabei Verbrennungen erlitten. Als Langley einen Stein aufhob und in einen Kübel mit Wasser warf, wallte das Wasser auf und schäumte so stark, daß ein großer Teil davon überlief.

Viele Menschen, die über glühende Steine laufen, setzen ihre Fußsohlen einer Hitze von bis zu 800 °C aus.

Im Jahre 1950 beobachte Dr. Harry B. Wright aus Philadelphia eine ähnliche Vorführung, die jedes Jahr auf Mbengga, einer kleineren Fidschi-Insel, stattfindet. Vor dem Beginn der Zeremonie untersuchte Wright die Füße der Mitwirkenden, um festzustellen, ob sie mit irgendeinem Schutz versehen waren, fand jedoch keine Anzeichen dafür. Obwohl sie beim Laufen über die glühenden Kohlen keinerlei Schmerzen hatten oder Verletzungen erlitten, spürten sie jedoch sehr wohl den Abdruck einer brennenden Zigarette oder einen Nadelstich.

Zahlreiche andere Vorführungen dieser Art wurden von Wissenschaftlern genau beobachtet, die hierauf bestätigten, daß die Füße der Betroffenen in keiner Weise geschützt waren, die Temperatur der Steine bis zu 800 °C erreichte, und sogar ungeübte Menschen aus den westlichen Industrieländern diese Prozedur erfolgreich absolvieren konnten – solange sie fest daran glaubten, daß ihnen nichts passieren wird. Wie kann diese erstaunliche Leistung erzielt werden?

Die Antwort scheint sich aus der Kombination verschiedener Faktoren zu ergeben. Die Fußsohlen der einheimischen Vorführenden haben sehr dicke Haut und sind voller Schwielen, was die Verletzungsgefahr reduziert. Im Zuge einer Untersuchung im Jahr 1935 stellte der englische Psychologe Harry Price fest, daß der physische Kontakt zwischen dem *ganzen* Fuß und den glühenden Steinen nicht länger als eine halbe Sekunde dauert (das heißt, der Kontakt zwischen den Steinen und einem *bestimmten Teil* des Fußes ist noch kürzer). In dieser kurzen Zeit kann es nicht zu Verbrennungen kommen, da der gesamte Lauf auch nicht lange dauert. Nachdem er einige Einheimische bei der 26. Jahreskonferenz der Ceylon Association for the Advancement of Science (Verband zur Förderung der Wissenschaft) bei einem Lauf beobachtet hatte, der drei Sekunden lang dauerte, forderte Dr. Carlo Fonseka sie auf, einen 30 Sekunden langen Lauf durchzuführen, doch keiner von ihnen stimmte zu.

Professor Jearl Walker, Physiker an der Cleveland State-University im US-Bundesstaat Ohio, zeigte auf, daß in diesem Zusammenhang der Leidenfrost-Effekt von großer Bedeutung ist. Bei diesem Prozeß wird eine Flüssigkeit großer Hitze ausgesetzt und produziert daraufhin eine isolierende Schutzschicht, aus Dampf. Dieser Effekt ermöglicht es uns, eine Kerze mit nassem Finger auszulöschen. Vielen Beobachtern von Vorführungen, bei denen Menschen über glühende Kohlen liefen, fiel auf, daß die Läufer zuerst die Füße mit Wasser benetzten.

Die Psychologie spielt ebenfalls eine wichtige Rolle. Menschen aus der westlichen Welt, die sich selbst davon überzeugen können, daß ihnen nichts passiert, bleiben nicht nur unverletzt, sondern verspüren sogar ein Gefühl der Euphorie. Das läßt auf eine verstärkte Absonderung von Endorphinen im Gehirn schließen – den natürlichen Substanzen, die gegen Schmerzen wirken und Glücksgefühle vermitteln. Wie man bei Stigmatisation (siehe S. 73–75) sieht, ist die Kraft des Geistes äußerst mächtig.

BOOYA-STEINE

In Steven Spielbergs klassischem Abenteuerfilm mit Harrison Ford *Indiana Jones und der Tempel des Todes* begibt sich der Held auf die Suche nach einigen gestohlenen, heiligen Steinen, die ein seltsames Licht abgeben. Das ist natürlich nur eine Geschichte – die Booya-Steine von den Murray-Inseln sind jedoch eine erstaunliche Tatsache.

Steine, die ein seltsames Licht abstrahlen: mehr als nur ein phantasievoller Film?

Die Murray-Inseln liegen in der Torres-Straße, welche die Halbinsel Cape York in Queensland von Papua Neuguinea trennt. Die Booya-Steine (von denen es zumindest drei gegeben hat) befanden sich einst im Besitz der Priester der Murray-Inseln, die sie seit ewigen Zeiten von Generation zu Generation weitergegeben hatten.

Diese bemerkenswerten Objekte wurden vom australischen Reiseschriftsteller Ion Idriess genau untersucht, der feststellte, daß sie ein blaues Licht von so großer Intensität abgaben, und daß man damit einen Menschen töten konnte, wenn man es mit Hilfe einer speziellen Vorrichtung zu einem Strahl zusammenfaßte. Der so entstandene Röntgeneffekt führte unweigerlich zum Tod der Person, auf die der Strahl gerichtet war. Idriess vermutete, es würde sich dabei um reines Radium handeln, doch ließ sich die tatsächliche Substanz niemals genau feststellen, da die Priester der Murray-Inseln die heiligen Steine in geheimen Höhlen versteckten, nachdem die Europäer die Herrschaft in Australasien übernommen hatten. Vielleicht brauchen wir einen echten Indiana Jones, der nicht nur das Versteck der Steine findet, sondern auch den Schlüssel zu ihrer eindrucksvollen Macht.

Auf den Gilbert-Inseln wird mit Hilfe alter Überlieferungen das Übersinnliche gedeutet.

Pfeifende Geister und klickende Todesgeräusche

In der ersten Hälfte dieses Jahrhunderts arbeitete Sir Arthur Grimble als Verwaltungsbeamter auf den Gilbert und Ellice-Inseln (heute heißen diese unabhängigen Inseln im Pazifik Kiribati und Tuvalu). Dort begegnete er den pfeifenden Geistern von Arorae, einer winzigen Koralleninsel der südlichen Gilbert-Inseln.

Nach einer Überfahrt nach Arorae erfuhr Grimble, daß sein Freund Tabanea, der Hexer von Tarawa, zwei Abende zuvor an einem Schlaganfall verstorben war. Doch als Grimble seinen Freund eine Woche zuvor gesehen hatte, erfreute er sich bester Gesundheit, und außerdem war kein Schiff in der Nähe gewesen, das Nachrichten von Tarawa bringen hätte können. Als er in Arorae ankam, hörte er dasselbe aus einer völlig anderen Quelle. Doch hatte es keine Besucher auf Arorae gegeben, woher stammte also diese Geschichte?

Grimble fand heraus, daß eine alte Frau namens Nei Watia die Nachricht verbreitet hatte, die sie von einer verläßlichen Quelle – von den Taani-kanimomoi, oder pfeifenden Geistern erhalten hatte. Bei diesen handelt es sich um die Geister jüngst verstorbener Verwandter, die in der Luft leben und zwischen den Inseln umherfliegen. Sie sehen und hören alles und geben Neuigkeiten an die Menschen weiter, die ihre Pfeifen verstehen können.

Da Grimble mehr über diese Wesen in Erfahrung bringen wollte, besuchte er Nei Watia, die sofort die pfeifenden Geister rief. Darauf wurde die ganze Hütte von einem schrillen Pfeifen erfüllt, das sich wie eine Schar unsichtbarer Grillen oder geisterhafter Vogelgesang anhörte.

Grimble war verblüfft, doch nicht restlos überzeugt. Er schiffte sich hierauf nach Tarawa ein und verließ Arorae. Dort erwartete ihn eine Menschenmenge, die ihn davon in Kenntnis setzte, daß sein Freund Tabanea verstorben war – an einem Schlaganfall und genau zu jener Zeit, welche die pfeifenden Geister von Arorae Grimble (über Nei Watia) mitgeteilt hatten.

Ein ebenso seltsames Phänomen wurde aus Samoa berichtet. Hier treten im ganzen Haus plötzlich laute und anhaltende klickende Geräusche auf, kurz bevor jemand stirbt.

Drachen und Teufelsschweine

Gefährliche Tiger

Seit dem 19. Jahrhundert gibt es immer wieder Berichte aus den Regenwäldern im Norden von Queensland (manchmal auch aus anderen Gegenden Australiens) über Kämpfe der Aborigines oder der westlichen Siedler mit einem großen, sehr wildem, tigerähnlichem Tier, dessen Existenz die Wissenschaft offiziell nicht anerkennt. Angeblich entspricht es in Größe und Form einem Leoparden, hat jedoch auffällige, schwarzgraue und weiße Ringe um den Körper, einen katzenähnlichen Kopf, sehr große, auffällige Zähne, die an Stoßzähne erinnern, und kann auf Bäume klettern. Den Aborigines war das Wesen schon immer bekannt, sie nennen es Yarri; für die westlichen Siedler ist es der Queensland-Tiger.

Zahlreiche Begegnungen mit einem Yarri wurden aufgezeichnet. Einer der am besten dokumentierten Fälle stammt aus der Zeit vor den 30er Jahren. P. B. Scoughall und G. de Tournoeur ritten von Munna Creek Richtung Tiaro als sie folgendes sahen:

... ein großes, katzenähnliches Tier, das in einer Entfernung von 18 Metern zu uns stand, quer über einem toten Kalb, und uns herausfordernd anstarrte, wobei es einen Schrei ausstieß, den ich nur als eine Art heulendes Knurren bezeichnen kann. So weit wir es in der Dunkelheit und durch dem strömenden Regen erkennen konnten, war es fast so groß wie eine Bulldogge (Mastiff), von schmutzigbrauner Farbe, mit einem hellen Bauch und breiten schwarzen Tigerstreifen. Der Kopf war rund, mit recht großen Luchsohren, doch hatte dieses Wesen einen Schwanz, der bis zum Boden reichte und große Pfoten. Wir warfen ein paar Steine auf das Tier, das sich jedoch nur duckte, die Ohren flach anlegte und ein fauchendes Krächzen ausstieß, ähnlich dem nächtlichen Ruf des afrikanischen Leoparden. Es schlug zornig mit dem Schwanz aufs Gras, wo ein großer Abdruck entstand, und sah so furchterregend und angriffsbereit aus, daß wir es ein bißchen mit der Angst zu tun bekamen; doch als wir davoneilen wollten und mit unseren Peitschen schlugen, verzog es sich zur Biegung des Baches, wo es sich nochmal umdrehte und uns anknurrte.

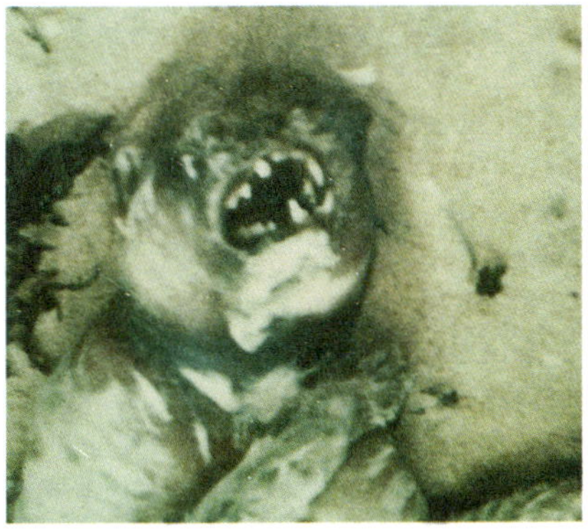

„Jaws": Könnte es sich bei diesem Tier mit den außergewöhnlichen Fängen um ein Yarri handeln?

Da beinahe alle in Australien heimischen Beuteltiere Säugetiere sind, ist anzunehmen, daß dies auch bei dem mysteriösen Tiger der Fall ist. Tatsächlich gab es vor 10 000 Jahren viel mehr Arten an australischen Beuteltieren als heute, darunter auch ein katzenartiges Tier von der Größe eines Leoparden, einen sogenannte Beutellöwen, *Thylacoleo carnifex*, dessen Fossilien in Queensland und verschiedenen anderen Regionen des australischen Festlands gefunden wurden.

Die Rekonstruktionen des *Thylacoleo*, die man anhand seiner Fossilien vorgenommen hat, zeigen ein Wesen, das große Ähnlichkeit mit den Beschreibungen hat. Der Beutellöwe hat dieselbe Größe und Form wie das Yarri und sogar die charakteristischen Zähne. Da man annimmt, daß der *Thylacoleo* (wie auch das Yarri) auf Bäume klettern konnte, könnte er zwecks Tarnung ebenfalls gestreift gewesen sein. Wahrscheinlich handelt es sich beim Yarri um eine heute noch existierende Art des Beutellöwen.

Angeblich wurden in den letzten zwei Jahrhunderten viele Yarris von Farmern

Der Beutelwolf oder tasmanische Wolf THYLACINUS CYNOCEPHALUS, *der offiziell 1936 ausstarb.*

und Jägern getötet, doch dachte früher niemand daran, einen Kadaver für wissenschaftliche Zwecke aufzubewahren. Es gibt jedoch ein einzigartiges Foto, auf dem möglicherweise ein Yarri zu sehen ist.

Um 1975 fanden Strandläufer einen bereits stark verwesten Kadaver in dem Dünengebiet beim Margaret River im Südwesten Australiens. Sie versuchten ihn nicht sicherzustellen, photographierten ihn aber. Auf dem Foto sind auffällige Zähne deutlich zu sehen, die Stoßzähnen entsprechen; dadurch erhielt das mysteriöse Wesen den Spitznamen „Jaws". Der australische Kryptozoologe Kevin Farley stellte mir freundlicherweise dieses bisher unveröffentlichte Foto zur Verfügung, das hier abgebildet ist. Könnte Jaws ein Yarri gewesen sein?

Dieser Annahme widerspricht, daß die Stoßzähne von Jaws richtige Reißzähne (also Hundezähne) gewesen sind, und die des *Thylacoleo* vergrößerte Schneidezähne. Wenn das Yarri also ein überlebendes Exemplar des *Thylacoleo* ist, entspräche sein Gebiß nicht dem von Jaws. Da wir nur seine Zähne besitzen, können wir nicht mit Sicherheit sagen, daß es sich beim Yarri tatsächlich um einen *Thylacoleo* handelt.

Laut Farley konnte niemand im Australian Museum oder im Queensland Museum Jaws anhand des Fotos identifizieren.

Ebenso umstritten ist der tasmanische Tiger – besser bekannt unter dem Namen Beutelwolf oder *Thylacinus cynocephalus*, tasmanischer Wolf. Er wird seinem Ruf als weltweit häufigstes ausgestorbenes Tier gerecht, denn er wird immer wieder von Menschen gesehen, und zwar nicht nur in Tasmanien (wo dieses gestreifte, hundeähnliche Beuteltier 1936 offiziell ausstarb), sondern auch auf dem australischen Festland (wo er offiziell vor rund 2500 Jahren ausstarb).

Der Nationalpark-Aufseher Charlie Beasley zum Beispiel sah am 25. Januar 1995 ca. zwei Minuten lang einen Beutelwolf in einem Wald im Landesinneren bei St. Helen's im Nordosten Tasmaniens. Es wurde von Beasley als sandfarben beschrieben und „halb so groß wie ein ausgewachsener Schäferhund, mit Streifen, die von der Mitte des Körpers ausgingen". Das ähnelt der Beschreibung eines Beutelwolfs.

Seit 1993 tritt ein solches Tier auch an der Sunshine Coast von Queensland auf. An einem Märzabend des Jahres 1995 fuhr der Zahnarzt Dr. Lance Mesh mit seiner 10jährigen Tochter Samantha entlang der Südseite des Regenwaldes von Buderim, als er einen seltsamen, gestreiften Hund sah … „er wirkte wie eine Mischung zwischen einer goldfarbenen, gestreiften Katze und einem Hund. Das Wesen war mittelgroß, mit einer auffälligen Beule über den Augen."

Nachdem er diesen Bericht in der *Sunday Mail* vom 18. Juni gelesen hatte, meldete sich Ron West aus Pomona und erzählte, er und seine Frau hätten ebenfalls ein Tier gesehen, auf das die Beschreibung des Beutelwolfs paßte. Eines Abends wäre es in der Nähe ihres Hauses aufgetaucht und hätte an einem toten Tier gerochen, das auf der Straße lag.

Laut ihrer Schilderung war das Tier ungefähr 60 Zentimeter groß und braun gestreift, wobei die Streifen auf seinem Hinterteil sehr deutlich und dunkel waren. Nach ein paar Minuten „lief, ja schlenderte es fast, von der Straße weg ins Gestrüpp."

Interessant ist, daß die Aborigines, keinen Namen für diese an einen Beutelwolf erinnernden Tiere kennen. Daher nehmen einige Forscher an, daß es sich bei diesen Wesen nicht um überlebende Exemplare des australischen Beutelwolfes handelt, selbst wenn diese Tiere wirklich auf einen Beutelwolf zurückgehen. Stattdessen könnten es Nachkommen von entkommenen tasmanischen Beutelwölfen sein, die einst auf dem Festland in Zoos oder als exotische Haustiere gehalten wurden.

Neues aus Neuguinea

In den weiten, kaum erforschten Urwaldgebieten von Neuguinea könnten noch viele zoologische Überraschungen auf ihre Entdeckung warten. Im Zuge einer Expedition von Kapitän Charles Monckton zum Mount Albert Edward in Papua im Jahre 1906 wurden zwei Expeditionsmitglieder, der Polizeibeamte Oina und der Zivilist Ogi voraus geschickt, um einen neuen Pfad zu erkunden. Unglücklicherweise wurden Oina und Ogi getrennt, und während er Oina suchte, sah Ogi zwei Tiere, die so merkwürdig waren, daß er sie hinterher als „Teufelsschweine" bezeichnete.

Ogi behauptete, sie wären 1,40 Meter lang und rund einen Meter groß und sehr dunkel gewesen, sie hätten Hufe an den Beinen, einen Pferdeschweif und einen sehr langen Rüssel gehabt. Diese Beschreibung paßt auf keines der heute in Neuguinea lebenden Tiere. Doch ähnliche Wesen wurden hier auch von anderen Forschern gesehen. Die größte Ähnlichkeit weisen sie noch zu den Tapiren auf – den malayischen und südamerikanischen Verwandten der Pferde und Nashörner, die eine lange Schnauze haben, doch besitzen Tapire

Eine frühe Steinskulptur, die möglicherweise einen Palorchestiden darstellt, auf dieser Briefmarke aus Papua-Neuguinea.

keine Hufe an den Beinen. Außerdem sind die von Ogi gesehenen Teufelsschweine vermutlich – anders als die Tapire – Beuteltiere, wie die meisten Säuger auf Neuguinea.

Interessanterweise gab es noch vor 6000 Jahren tapirähnliche Beuteltiere. Sie gehörten einer bereits ausgestorbenen Spezies von großen Pflanzenfressern, den Diprotondenten, an und werden Palorchestiden genannt. Diese Tiere wären in Größe und Form den Teufelsschweinen sehr ähnlich. Bis jetzt wurden Fossilien von Palorchestiden jedoch nur in Australien entdeckt, und nicht in Neuguinea. Doch gibt es einige interessante Steinskulpturen, die von den Menschen der Frühzeit angefertigt und im Ambun-Tal von Papua gefunden wurden. Sie stellen ein merkwürdiges Säugetier mit langer Schnauze dar, das der Säugetierforscher James Menzies mit Vorbehalt als Palorchestiden identifiziert hat. Vielleicht gab es also wirklich einst Beuteltapire in diesem Gebiet – und möglicherweise sogar noch heute, wenn wir bedenken, was Ogi gesehen hat.

Im Januar 1994 reiste ein japanisches Fernsehteam zur Insel New Britain, die nördlich von Papua liegt, um dort nach einem merkwürdigen Seeungeheuer namens Migo zu suchen, das angeblich im Dakataua-See lebt. Der See ist hufeisenförmig, hat einen Durchmesse von rund 425 Metern, ist rund neun Meter tief, und hat seltsamerweise keine Fische. Das war für das Team – in dem auch der bekannte amerikanische Kryptozoologe Professor Roy P. Mackal als wissenschaftlicher Berater mitwirkte – von Vorteil, denn es bedeutete, daß das Migo mehr Zeit als andere Seeungeheuer an der Oberfläche verbringen mußte, um die in großen Scharen auftretenden Wasservögel zu fangen. Daher gelang es dem Team, ein Migo zu filmen, das laut der Schätzung von Mackal über zehn Meter lang und sehr schlangenartig war und sich durch vertikale Windungen seines Körpers mit einer Geschwindigkeit von vier Knoten bewegte. Diese Schwimmweise deutet darauf hin, daß es sich um ein Säugetier handelt, denn echte Schlangen und Fische können nur horizontale Windungen ausführen. Es gibt jedoch nur eine Säugetierart, auf die die Beschreibung des Migo paßt, und das ist eine spezielle Walart, ein Zeuglodont, der offiziell vor rund 25 Millionen Jahren ausstarb. Heute noch existierende Zeuglodonten wurden von den Kryptozoologen auch als mögliche Identität verschiedener anderer schlangenähnlicher Seeungeheuer vorgeschlagen, wie zum Beispiel für den irischen Pferdeaal (siehe S. 16), das Ogopogo vom Okanagan-See in Kanada (siehe S. 147) und Caddy, die Meeresschlange von Cadboro Bay (siehe S. 149).

Seit dem späten 19. Jahrhundert gibt es immer wieder Berichte von riesigen, drachenähnlichen Wesen, die im östlichen Teil von Neuguinea (Papua) und auch im nördlichen New South Wales und Queensland in Australien gesehen wurden. Mit ihren langen, kräftigen Körpern und sehr langen, spitz zulaufenden Schwänzen ähneln sie den Waranen, sollen jedoch bis zu acht Meter lang sein. Im Vergleich dazu ist der Komodowaran, *Varanus komodoensis,* die größte bekannte lebende Echsenart, kaum mehr als drei Meter lang.

Dementsprechend schenkten die Wissenschaftler solchen Schilderungen jahrelang keinen Glauben, doch 1980 wurde ein Exemplar eines „Papua-Drachens“, den die Eingeborenen Artrellia nennen, lebend eingefangen. Dies geschah im Zuge der „Operation Drache“, einer wissenschaftlichen Expedition unter der Leitung des Entdeckers Oberstleutnant John Blashford-Snell. Obwohl es ein sehr junger Drache war,

Dieser „Papua-Drache“, der 1980 lebend gefangen wurde, war tatsächlich eine bekannte Waranart, der Salvadoriwaran VARANUS SALVADORII.

der nur 1,87 Meter lang war, konnte das Geheimnis um die Artrellia-Identität gelöst werden, denn es handelte sich um eine Spezies, die der Wissenschaft bereits bekannt war, nämlich um den Salvadoriwaran, *Varanus salvadorii*.

Man wußte allerdings schon, daß diese Spezies größer war als der Komodowaran: das längste Exemplar eines Salvadoriwarans war ein Männchen, das 4,75 Meter maß. Dies wurde von dem Forscher Michael Pope bestätigt. Sein Körper ist jedoch lange nicht so kompakt, deshalb wird der Komodowaran als der *größte* Waran bezeichnet. Da sich nun die Existenz des Artrellias als Tatsache erwiesen hat, deuten die Schilderungen von Augenzeugen darauf hin, daß in Zukunft einige noch größere (und längere) Exemplare des Salvadoriwarans in Papua gefunden werden könnten.

In Australien hingegen, wo diese Spezies angeblich nicht existiert, ziehen einige Zoologen vorsichtige Parallelen zwischen den hier gesehenen Drachen und einem offiziell ausgestorbenen australischen Riesenwaran, *Megalania prisca*. Könnte es daher sein, daß diese Spezies noch heute existiert?

Bis vor kurzem haben augenscheinliche Ähnlichkeiten zwischen den mysteriösen australischen Drachen und dem *Megalania* solche Theorien begünstigt, aber nun deuten Fossilienfunde darauf hin, daß den Kopf des *Megalania* vermutlich ein großer Kamm zierte. Dieses Merkmal wurde bei keinem der lebenden australischen Riesenwarane gesehen. Vielleicht handelt es sich bei diesen Reptilien doch nicht um *Megalinae*. Und wieder müssen wir neue kryptozoologische Forschungen anstellen!

BUNYIP

Das Bunyip ist das bekannteste mysteriöse Tier in Australien. Wie aus den Legenden der Aborigines hervorgeht, gibt es mindestens zwei Arten dieses rätselhaften Wesens, das im Süßwasser lebt. Diese Annahme wird auch durch die Berichte von westlichen Augenzeugen bestätigt.

Die am häufigsten gesehene Art hat einen Hundekopf und erinnert an eine Robbe, hat jedoch einen langen, zottigen Pelz. Im April 1872 veröffentlichte der *Wagga Wagga Advertiser* eine Beschreibung des Tieres. Es war in der Midgeon-Lagune, 26 Kilometer nördlich von Narrandrea in New South Wales gesehen worden. Die Schilderung lautete folgendermaßen:

... es war halb so lang wie ein normaler Retriever; die Haare am ganzen Körper waren tiefschwarz und glänzend, das Fell war sehr lang, die Haare breiteten sich rund 13 Zentimeter am Wasser aus und schwammen lose umher, während sich das Wesen auf- und abbewegte. Schwanz konnte ich keinen sehen, und auch das Kopfhaar war so lang, daß ich seine Augen nicht sehen konnte. Die Ohren waren gut ausgebildet.

Im November 1821 beobachtete E. S. Hall, wie ein tiefschwarzes Bunyip mit dem Kopf einer Bulldogge in einer Entfernung von nur 90 Metern im Sumpfgebiet zum Bathurst South-See, in New South Wales lief. Ein anderes mit einem Bulldoggenkopf und schwarzem, zottigen Fell und einer geschätzten Länge von 1,20–1,40 Metern wurde im Herbst 1852 im Tiberiassee in Tasmanien gesehen. Ein Exemplar aus Tasmanien, diesmal aus dem Great Lake, stieß beinahe mit dem Ruderboot von Charles Headlam zusammen. Es war ca. so groß wie ein ausgewachsener Schäferhund und hatte zwei kleine, flügelähnliche Flossen, mit denen es geschickt davonschwamm. Dabei blieb es über dem Wasser, bis es am Horizont verschwand. Die zweite, weitaus seltenere Bunyip-Art unterscheidet sich von der ersten durch den langen Hals, der angeblich manchmal eine Mähne hat.

Die genaueste Beschreibung eines Bunyips ist in einem Brief zu lesen, der am 16. Juni 1847 vom *Sydney Morning Herald* veröffentlicht wurde. Er stammt von dem Siedler George Hobler und schildert die Begegnung eines jungen Hirten mit einem solchen Wesen. Der Mann hatte auf einer Viehstation am Ende eines Schilfgürtels, ca. 20 Kilometer von der Stelle, an der sich die Flüsse Lachlan und Murrumbidgee (New South Wales) kreuzen, gearbeitet. Während er nach ein paar Kühen suchte, sah er plötzlich ein seltsames Wesen, das dort weidete. Laut Hobler

... war es so groß wie ein sechs Monate altes Kalb, dunkelbraun, hatte einen langen Hals und einen langen spitzen Kopf sowie große Ohren, die es aufstellte, als es ihn bemerkte. Weiters hatte es eine dichte Mähne, die über Kopf und Nacken reichte, und zwei große Stoßzähne. Er machte kehrt und lief davon, und das gleichermaßen erschrockene Tier lief ebenfalls weg. Aufgrund des kurzen Blickes, den er zurückwarf, würde er sagen, daß es in einen seltsamen, watschelnden Galopp fiel. Die Vorderbeine des Tieres waren im Vergleich zu den Hinterbeinen sehr groß,

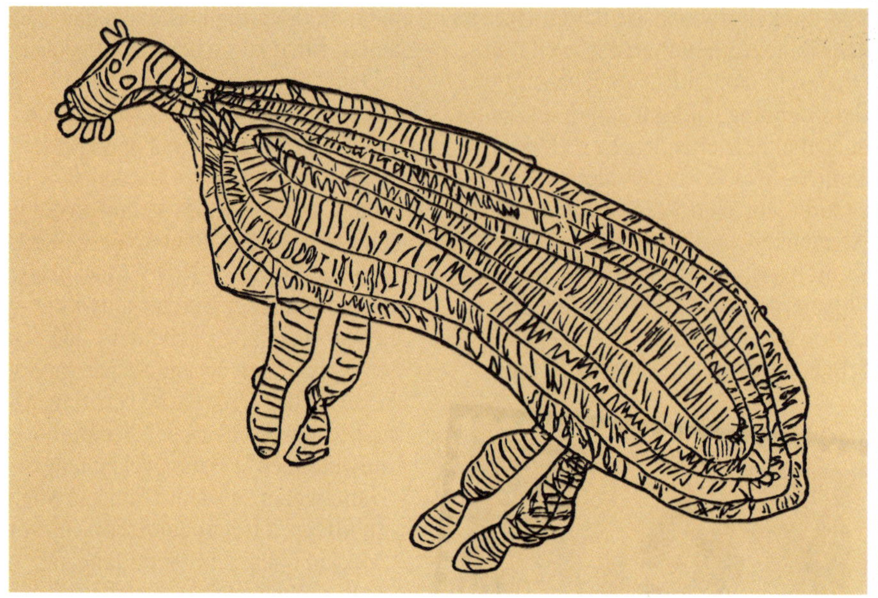

Diese Zeichnung eines Bunyip wurde im Jahr 1848 von Aborigines gemacht. Man kann ein Tier erkennen, daß entweder Schuppen oder Federn hat.

und es hatte einen langen Schweif, doch erinnere ich mich nicht, ob er diesen mit dem eines Pferdes oder dem eines Ochsen verglich. Am nächsten Morgen kam er mit zwei Männern wieder, um nach Spuren zu suchen. Sie meinten, diese sähen aus wie der Abdruck einer menschlichen Hand im weichen Schlamm.

Skeptiker haben versucht, diese Berichte als Verwechslungen mit Robben abzutun, doch eine Robbe mit dem Kopf einer Bulldogge und langem, zottigen Fell, einem behaarten Hals und langem Schweif, die Gras frißt, wäre auch eine äußerst merkwürdige Erscheinung.

Interessant ist, daß sich unter den australischen Beuteltieren kein im Wasser lebendes Tier findet. Könnte es sich bei den Bunyips um zwei solche Exemplare handeln? Wenn ja, könnten sie auf eine ehemals große Familie pflanzenfressender Beuteltiere, die Diprotodonten zurückgehen.

Diese offiziell ausgestorbenen Tiere ähnelten verschiedenen Huftieren, wie Rindern, Schweinen, Nashörnern und sogar Tapiren sowohl im Körperbau als auch in der Lebensweise. Vielleicht gibt es auch Amphibien, die Nashörnern und verschiedenen zur Familie der Rinder gehörenden Sumpfbewohnern ähnlich sind, die im Wasser bis heute überlebt haben.

Der Yowie und andere australische Tiermenschen

Australiens Antwort auf den mongolischen Alma, den nordamerikanischen Bigfoot, den chinesischen Yeren, den venezuelanischen Yasitir und den Yeti im Himalaja sowie alle anderen Arten von Tiermenschen ist der Yowie – ein großes, schwanzloses, Wesen, das wie ein Gorilla aussieht, überall behaart ist, auf den Hinterbeinen geht und von Aborigines und westlichen Augenzeugen gesehen wurde.

Der Bambala Yowie: künstlerische Darstellung eines Wesens, das Charles Harper angeblich 1912 im Südosten von New South Wales gesehen hat.

In ihrem Werk *Out of the Shadows* veröffentlichten die australischen Kryptozoologen Tony Healy und Paul Cropper zahlreiche Berichte, darunter auch den folgenden Augenzeugenbericht eines Försters und Aufsehers des Nationalparks von Queensland. Der Vorfall ereignete sich im März 1978, in der Nähe des Wäldchens Antarctic Beech in der Springbook-Region im südöstlichen Queensland.

Der Ranger hatte gedacht, ein ausgebrochenes Schwein zu hören, das zwischen den Bäumen herumwühlte, als er in einer Entfernung von 3,50 Metern ein schwarz behaartes Wesen sah. Es war sehr muskulös und kräftig, rund 2,25 Meter groß, hatte ein flaches, schwarzglänzendes Gesicht, zwei große, gelbe Augen, ein Loch als Mund, einen kurzen, dicken Hals und menschenähnliche Finger. Die schwarzglänzende Haut auf den Händen, Füßen und am Körper war mit einem kurzen, schwarzen Fell bedeckt. Es gab einen so üblen Geruch ab, daß der Ranger erbrechen mußte. Sein Vorgesetzter verbot ihm, seine Erzählung zu veröffentlichen, damit nicht Jäger in das Gebiet gelockt würden. Der Ranger hingegen zweifelt nicht an der Existenz eines Yowie:

Ich möchte festhalten, daß ich nichts erfunden habe. Ich sah den Tiermenschen bei Tageslicht, um ca. 2.00 Uhr nachmittags. Zuvor hätte auch ich gesagt, daß diese Wesen nur in Comics vorkommen – doch jetzt nicht mehr. Der Grund, warum sie nicht oft gesehen werden, ist der Lärm, den die Leute machen, wenn sie in den Busch gehen. Ich war leise, weil ich mich an ein, wie ich dachte, Schwein anpirschen wollte.

Einige Kryyptozoologen sind der Ansicht, daß es sich beim Yowie um ein Beuteltier handeln könnte. Die Identifizierungsversuche des Yowie reichen von einem mysteriösen, affenartigen Beuteltier, (dies wurde auch als Identität eines anthropoidenähnlichen Tierwesens in New South Wales mit dem Namen Yahoo vorgeschlagen) bis zu einer riesigen Wombatrasse.

Es könnte sich auch um eine moderne Form eines *Homo erectus* handeln, der ein Vorfahre des *Homo sapiens* war und eine Zeitlang mit diesem zusammen auftrat. Doch wenn das so ist, wie erreichte der *Homo erectus* den Inselkontinent Australien? Laut dem Anthropologen Dr. Charles Reed von der Illinois University, könnten die beiden Rassen zusammengelebt haben, und zusammen nach Australien gekommmen sein, als der *Homo Sapiens* vor ca. 40 000 Jahren auf dem Floß zum ersten Mal dorthin fuhr. Möglicherweise verwilderte der *Homo erectus* anschließend auf diesem Kontinent, und wurde so zum heutigen Yowie.

Inseltiermenschen gibt es nicht nur in Australien. Erst 1846 behaupteten die Maoris vom Fjordland auf der Südinsel Neuseelands, daß in dieser Region ein kleiner, behaarter Tiermensch mit dem Namen Maero oder Macro lebe. Dieses Wesen soll klauenförmige Nägel haben und gut auf Bäume klettern können. Ähnliche Tiermenschen wurden auch auf Malaita, einer der Salomon-Inseln gesehen. Im Laudari-Gebirge auf Guadalcanal, lebt angeblich ein Tiermensch, der Mumulou genannt wird und lange Nägel sowie glatte, lange Haare hat.

Nach Legenden, die auf den Inseln Hawaiis noch erzählt werden, lebte hier eine pygmäenähnliche Menschenrasse namens Menehune, bevor der neuzeitliche Mensch auf die Inseln kam. Ein paar dieser Pygmäen sollen noch heute existieren. Ein großer behaarter Tiermensch, der Nawao, starb hingegen aus. Unbestätigte Berichte von Pygmäen mit spitzem Kopf, die Vélé genannt werden und kleine Keulen in der Hand tragen, tauchten auf den Fidschi-Inseln auf. Und einige Vanuatu-Inseln (früher Neue Hebriden) sollen die Heimat von Tiermenschen mit dem Namen Vui oder Wui sein. Diese Wesen ähneln angeblich den Satyrn und haben Hufe sowie einen Ziegenschweif (siehe S. 48).

ZWERGENMOAS UND RIESENEIER

Diese einst in Neuseeland heimischen, flugunfähigen Vögel, wurden als ausgestorben betrachtet. Sie heißen Moas und kamen Anfang 1993 auf überraschende Art in die Schlagzeilen. Der Hotelier Paddy Freaney sah angeblich zusammen mit zwei anderen Wanderern am 20. Januar einen *lebenden* zwei Meter großen Moa im Craigieburn-Gebirge auf der Südinsel. Nach ihrer Beschreibung hatte der Vogel ein braun-graues Gefieder, einen langen Hals, riesige Füße und somit Ähnlichkeit mit verschiedenen straußenähnlichen Moa-Arten (Diornis), die angeblich vor 300 Jahren ausstarben.

Ein DIORNIS *Moa und der weitaus kleinere Kiwi.*

Freaney gelang es, von dem davonlaufenden Vogel ein Foto zu machen, doch das Bild war sehr verschwommen. Selbst nach einer Vergrößerung mit dem Computer war es so undeutlich, daß sich viele Wissenschaftler weigerten, darauf überhaupt einen Vogel zu erkennen, und meinten, es könne sich dabei auch um Rotwild oder ein paar nebeneinanderstehende Wanderer gehandelt haben. Freaney ließ sich nicht entmutigen, und ist derzeit auf der Suche nach Sponsoren für eine großangelegten Expedition zur Entdeckung des Wesens, das er und seine Kollegen sahen. Er möchte beweisen, daß es sich tatsächlich um einen lebenden Moa handelt.

Wenn man jedoch an die Existenz einer zwei Meter großen Moaart glaubt (denn es ist unwahrscheinlich, daß nur ein solches Exemplar existiert), muß man erst eine Erklärung dafür finden, daß diese großen Vögel seit ihrem „offiziellen“ Aussterben vor 300 Jahren von der Wissenschaft unentdeckt blieben. Weitaus naheliegender ist die Annahme, daß einige der kleineren, weniger auffälligen Moas bis zum heutigen Tag überlebt haben, wie zum Beispiel der truthahngroße Hochlandmoa *Megalapteryx didinus* , der vermutlich wie ein riesiger Kiwi aussah und mindestens bis Mitte der 80er Jahre des 19. Jahrhunderts überlebt haben soll. 1848 stellte der australische Vogelmaler John Gould folgendes fest:

Ich habe Grund zu der Annahme, daß eine dritte und weitaus größere Rasse des Apteryx [Kiwi] nach wie vor auf der Süd- oder Mittelinsel existiert; zumindest bestätigen das die Robbenfänger, die einmal im Jahr an diese Küsten fahren. Sie nennen ihn „Fireman“ und er soll ca. einen Meter groß sein.

Der nach wie vor nicht identifizierte Fireman verdankt diesen Namen seinem Ruf, der dem Geräusch glich, das die großen Holzrasseln erzeugten, die bei einem Feuerarlarm von den Feuerwehrmännern des 19. Jahrhunderts in Neuseeland verwendet wurden. Der

Es ist ungewöhnlich, daß zwei riesige Eier des Elefantenvogels AEPYORNIS MAXIMUS in den Sanddünen Australiens überlebt haben sollen – mindestens 400 Jahre und 6000 Kilometer von ihrem Herkunftsort Madagaskar entfernt.

mysteriöse Vogel soll einen Sporn an den Füßen gehabt haben, ein Merkmal, das kein anderer Kiwi aufweist, sehr wohl jedoch der *Megalapteryx*.

1978 kam ein japanisches Team von Wissenschaftlern unter der Führung von Professor Shoichi Hollie in das Fjordland auf der Südinsel, um festzustellen, ob der *Megalpteryx* nach wie vor existierte. Sie verfügten über ein sehr raffiniertes Lockmittel, eine Tonbandaufzeichnung der Stimme dieses Miniaturmoas, das von einem Computer durch Rekonstruktion der Vogelkehle aufgrund von Fossilienfunden produziert werden konnte. Obwohl sein Ruf viele Male über Verstärker übertragen wurde, antwortete der Vogel nicht.

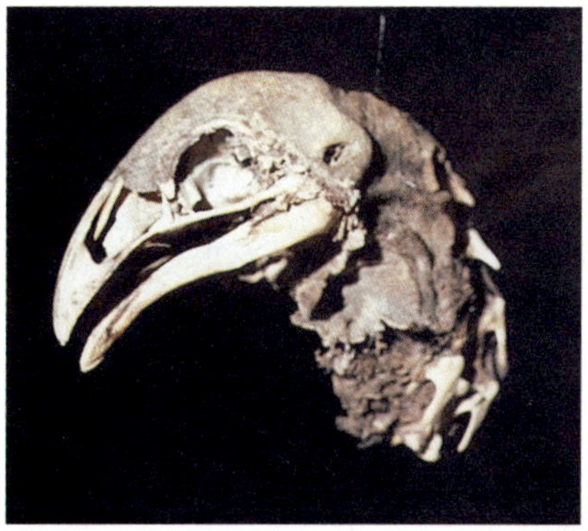

Erhaltener Kopf und Hals eines Hochland-Moa (MEGALAPTERIX DIDINUS).

Der vermutlich ungewöhnlichste Fall, der mit Riesenvögeln zu tun hat, ist der Fund von zwei Rieseneiern, die zwar an der gleichen Stelle, jedoch in einem Abstand von 60 Jahren und sehr weit von ihrem Herkunftsort gefunden wurden. Die Geschichte begann 1930, als Vic Roberts, der Sohn eines Ranchers, zusammen mit einem Freund ein Riesenei mit einem Durchmesser von knapp unter 30 Zentimeter in den Sanddünen fand, in einer Entfernung von 450 Metern zum Meer in Nannup, der Region des Scott River an der südlichsten Spitze Westaustraliens. 1962 wurde das Ei vom australischen Naturforscher Harry Butler untersucht, der es als Ei eines extrem großen, ausgestorbenen, flugunfähigen Vogels, genannt großer Elefantenvogel *Aepyornis maximus*, identifizierte. Diese Identität wurde vom Western Australian Museum bestätigt, dem das Ei auf unbestimmte Zeit von Roberts als Leihgabe zur Verfügung gestellt worden war. Ungewöhnlich daran ist, daß die Elefantenvögel nur auf Madagaskar lebten, das 6500 Kilometer von Westaustralien entfernt ist. Sie starben vor rund 400 Jahren aus, doch findet man im Sand der Insel noch oft Eier oder Teile davon. Die Wissenschaftler meinen, das Ei könnte durch die vorherrschenden Strömungen von Madagaskar an die australische Küste geschwemmt worden sein. Man weiß, daß sich genau an der Stelle, an der das Ei gefunden wurde, der Indische Ozean und die Südsee überschneiden.

Diese Theorie wurde durch den Fund eines zweiten Elefantenvogeleis auf demselben australischen Küstenstück im März 1993 unterstützt. Es wurde bei Cervantes von drei Kindern – Jamie Andrich (neun Jahre alt), Kelly Pew (acht) und Michelle Pew (sechs) aus dem Sand gegraben. Die Kinder hatten anfangs gedacht, es handle sich um einen großen, glatten Stein. Mit einem Durchmesser von 81,78 Zentimeter ist das Exemplar von Cervantes noch größer als das von Scott River.

Entsprechend einer Entscheidung des Crown Law Department der westaustralischen Regierung fiel das Ei nach Auslegung des Lands Acts von 1968 an die Krone und ging somit ins Eigentum des Western Australian Museum über, wo es heute zu sehen ist. Die Familien der drei Kinder erhielten eine Entschädigungszahlung von 25 000 australischen Dollar als Anerkennung der wissenschaftlichen Bedeutung ihrer überraschenden Entdeckung.

Auf der Suche nach Meeresungeheuern

Am 12. Dezember 1964 soll der Fotograf Robert le Serrec angeblich ein erstaunliches Meeresungeheuer entdeckt und fotografiert haben. Es lag im seichten Wasser in der Nähe der Hook-Insel im australischen Großen Barriereriff. Nach seiner Beschreibung sah es aus wie eine riesige Kaulquappe und war mindestens 20 Meter lang, hatte einen sehr breiten Kopf, einen spitz zulaufenden Körper und schien in der linken Flanke eine große, klaffende Wunde zu haben.

Als le Serrec versuchte, das Tier zu filmen, hob es den Kopf – und wenn ein 20 Meter langes Meeresungeheuer den Kopf hebt, wartet man besser nicht ab, was es als nächstes tun wird! Le Serrec flüchtete sofort mit seinem Boot. Als er ein wenig später zurückkam, war das Ungeheuer verschwunden und wurde nie wieder gesehen.

Einige Wissenschaftler meinen, daß die gesamte Episode ein Schwindel war, doch der Kryptozoologe Ivan T. Sanderson fragte sich, ob das Monster (wenn es existierte) zu einer riesigen Sumpfaalrasse gehörte. Die auch unter dem Namen Synbranchiden bekannten Sumpfaale sind merkwürdige Fische, die keine verwandten Arten haben, jedoch einer kleineren Version des Ungeheuers der Hook-Insel ähnlich sind.

Robert le Serrec wollte noch mehr Fotos von dem außergewöhnlichen Meeresungeheuer machen, das Ungeheuer wollte anscheinend nicht.

Ebenso seltsam und bestimmt nicht weniger schön war der mehrfärbige Plesiosaurier (oder etwas was diesem sehr ähnlich war), den Cecil W. Walters, ein leitender Matrose, an einem Nachmittag Mitte Oktober 1939 eine halbe Stunde lang durch sein Teleskop beobachtete. Walters befand sich einem Kollegen an Bord der HMAS *Kurumba*, die auf nordwestlichem Kurs von King Sound fuhr. Das Ungeheuer bewegte sich mit einer Geschwindigkeit von rund 20 Knoten, hatte einen kleinen Kopf mit mindestens einem ohrförmigen Auswuchs und einen drei Meter langen Hals, hinter dem zwei Höcker schwammen. Seine sichtbare Länge betrug ungefähr 30 Meter.

Noch beeindruckender als die Größe dieser Seeschlange war ihre Färbung. Laut Walters war ihre bräunlich-gelbe Grund mit farbigen Flecken bedeckt, ähnlich wie eine Giraffe. Es war mit einem harlekinähnlichen Muster mit hellblauen, grünen und gelben Flecken bedeckt.

Der japanische Fischkutter *Zuiyo Maro* holte 1977 50 Kilometer östlich von Christchurch, in Neuseeland, einen riesigen verwesenden Kadaver ein, dessen Form der eines Plesiosauriers entsprach. Doch erwies sich, daß es sich wieder nicht um einen solchen handelte. Dr. Shigeru Kimora, Biochemiker an der Universität Tokyo, zeigte anhand von Gewebeproben auf, daß der Kadaver das Protein Elastodin enthielt, das nur Haie haben. Man weiß außerdem, daß verwesende Haikadaver oft die Form eines Plesiosauriers annehmen. Ein solches Wesen bezeichnet man dann als Pseudoplesiosaurier.

Doch auch in der Familie der Haie könnte ein unentdecktes Meeresungeheuer zu finden sein. Polynesische Fischer, die an den Küsten von New South Wales arbeiten, erzählen von einem höchst mysteriösen, wahrlich riesigen, weißen Hai, den sie ehrfurchtsvoll als „Herrn der Tiefe“ bezeichnen. Dieses bemerkenswerte Wesen ähnelt dem Weißen Hai, *Carcharodon carcharias*, der aber nicht länger als acht Meter wird, während der „Herr der Tiefe“ ungefähr 30 Meter messen soll. Haie mit diesen beängstigenden Proportionen

Dieser exotische Fund sieht aus wie ein Plesiosaurier, entpuppte sich allerdings als ein Hai. Diese Verwechslung tritt so häufig auf, daß ein Haikadaver auch als Pseudoplesiosaurier bezeichnet wird.

wurden auch in den Gewässern um die im Südpazifik gelegenen Tuamotu-Inseln gesehen: Zane Grey, ein Wildwestromanautor sah einen solchen Riesenhai in den späten 20er Jahren nahe der Insel Rangiroa. Die Existenz eines riesigen, fleischfressenden Hais wäre äußerst unwahrscheinlich, wenn es nicht beunruhigenderweise vor erst 11 000 Jahren tatsächlich eine solche Rasse gegeben hätte. Bekannt unter dem Namen *Carcharodon megalodon*, oder Megalodon („Großzahnhai"), soll er bis zu 17 Meter lang gewesen sein. Man fand fossile Megalodon-Zähne, die oft über zehn Zentimeter lang waren. Könnte der Megalodon bis zum heutigen Tag überlebt haben? Befürworter dieser beunruhigenden Theorie meinen, daß er sich in den Tiefen des Ozeans verberge, wo er riesige Tintenfische jage, und nur selten an die Oberfläche komme. Doch wie lange wird er noch in seinem Versteck bleiben?

KULTA UND BURRUNJOR DINOSAURIER AUS DER TRAUMZEIT?

Kulta und Burrunjor – so nennt Rex Gilroy, der wichigste australische Erforscher geheimnisvoller Phänome, in seinem Buch *Mysterious Australia* zwei der am wenigsten bekannten, doch faszinierendsten Tierwesen des Inselkontinents.

Nach den alten Legenden der Aborigines in Zentralasien lebte das Kulta in den großen Sümpfen, die es einst weit oben im Norden des Landes gab, und ernährte sich von der üppigen Vegetation dieser Region. Es hatte einen kleinen Kopf, einen sehr langen Nacken und Schwanz, einen äußerst stämmigen Körper und vier kräftige Beine. Diese Beschreibung weist auf eine bestechende Ähnlichkeit mit sauropoden Dinosauriern wie dem *Diplodocus* und dem *Apatosaurus* hin. Die Aborigines verfügen aber nicht über paläontologische Kenntnisse, wie können sie also ein Reptil, das offiziell vor Millionen von Jahren ausgestorben ist, so genau beschreiben? Es sei denn, zumindest eine Gattung starb nicht aus, sondern überlebte in diesen entlegenen Gebieten bis in die Zeit der Menschheitsgeschichte. Doch was auch gewesen sein mag, das gibt es heute nicht mehr: Die Sümpfe trockneten bereits vor Jahrhunderten aus, und somit verschwand auch das Kulta.

Noch rätselhafter ist das Burrunjor, ein schreckliches Ungeheuer, ähnlich einem Tyrannosaurus, das nach einem entlegenen Landstrich im Arnhem Land, in Nordaustralien, benannt wurde, wo dieses riesige Reptilienmonster leben soll. Es wird dort sogar von den Höhlenmalereien der Aborigines dokumentiert und als riesiger Zweibeiner dargestellt. Man fand in dieser Region auch riesige Fußspuren, die nicht identifiziert werden konnten. Der englische Kryptozoologe Alan Pringle wies darauf hin, daß Warane sich aufrichten und eine Zeitlang auf den Hinterbeinene laufen können. Könnte das also eine Erklärung für das Burrunjor sein? Oder sollten wir in der vorsintflutlichen Wildnis von Arnhem Land nach einem lebenden Anachronismus suchen?

Ursprünglich gehörte dieser fossile Zahn zu einem gigantischen fleischfressenden Hai, dem CARCHARODON MEGALODON, *der vor 11 000 Jahren ausgestorben sein soll. Doch die Berichte von Augenzeugen lassen anderes vermuten.*

Insel-geheimnisse

MIN-MIN-LICHTER UND SPHÄRENMUSIK

Zur Zeit der frühen australischen Siedler war das Min-Min Hotel ein spektakulärer Punkt zwischen Boulia und Winton im westlichen Queensland. Bei den Menschen, die in der Nähe lebten, waren die geisterhaften Lichtkugeln, die durch die Luft schossen, am besten bekannt. Die Kugeln waren oft weiß, änderten jedoch manchmal die Farbe. Sie wurden Min-Min Lichter genannt, treten heute noch auf und erinnern an die amerikanischen Spuklichter und die englischen Irrlichter. Sie neigen dazu, ihren Beobachtern zu folgen.

In *You Kids Count Your Shadows,* einer Sammlung von Legenden und Sagen der Wiradjuri-Aborigines aus New South Wales, von Frank Povah zusammengestellt, wird von einem Fall berichtet. Eines Abends bewachte ein berittener Schaftreiber seine Herde, als ein blaues Min-Min Licht über seiner Schulter auftauchte und ihm ständig folgte. Verzweifelt jagte er die Erscheinung mit seinem Pferd, konnte sie jedoch nicht einholen. Er ritt nach Hause, da erschien das freche Min-Min wieder über seiner Schulter!

Die Aborigines fürchten die Min-Min, weil sie glauben, daß sie Menschen ins Verderben locken, ihr Leben aussaugen, oder sogar ihre Gedanken stehlen können, doch scheint es, als wären sie Menschen gegenüber eher neugierig als feindselig – obwohl das auch keine logischer Erklärung ist!

Der Min-Min-Forscher Dr. Jack Pettigrew hat aufgezeigt, daß die Scheinwerfer von Fahrzeugen an kalten, klaren

*Mysteriöse Lichter, hier am Titelblatt des Magazins **Fate,** üben eine nachhaltige Faszination aus.*

Nächten viel näher erscheinen, als sie tatsächlich sind. Dieser Umstand beruht auf einer Luftspiegelung, die den Schein am Horizont ablenkt, so daß er an einer anderen Stelle gesehen werden kann. Wie bei den amerikanischen Spuklichtern (siehe S. 160) haben einige Forscher die Theorie aufgestellt, daß es sich bei den Min-Min um eine sensitive Energieform handeln könnte. Paul Devereux, ein Erforscher dieser und anderer „Erdlichter", meint hingegen, daß es sich bei den Min-Min um geomagnetische Energien handelt, die durch geologische Fehlbildungen entstehen und mit den elektrischen Feldern des menschlichen Gehirns interagieren könnten. Dabei würden sie jede Form annehmen, die ihnen ihr Beobachter bewußt oder unbewußt verleiht.

Die rätselhaftesten Lichter wurden auf Waimea, auf der Insel Hawaii, gesehen. Sie sehen wie dichter Nebel aus, bilden sich bei Neumond und geben sogar Sphärenklänge ab.

DAS PORTUGIESISCHE KÄNGURUH

In den Schulbüchern liest man, daß die ersten Europäer, die in Australien landeten und das Innere des Kontinents erforschten, die Holländer waren. Sie kamen zu Beginn des 17. Jahrhunderts. Obwohl die Portugiesen im Jahrhundert zuvor die Herrschaft über die Ostindischen Inseln innehatten, gibt es keinen

Hinweis darauf, daß sie wirklich in Australien landeten. Doch ist diese Annahme mit einem großen Fragezeichen versehen.

In den 90er Jahren des 16. Jahrhunderts veröffentlichte der portugiesische Kartograph Cornelis de Jode seinen berühmten Weltatlas, *Speculum Orbis Terrae*, auf dessen verziertem Titelblatt vier Abbildungen zu sehen waren: drei Pferde (links oben), ein Kamel (rechts oben) und ein Löwe (links unten); doch was soll das Wesen rechts unten darstellen? Es hat einen langen Schwanz, muskulöse Hinterbeine, kurze Vorderbeine und einen erkennbaren Beutel, in dem sich zwei Junge befinden – es ist einem Känguruh also mehr als nur ein bißchen ähnlich! Das war zu einer Zeit, zu der noch kein Europäer Australien betreten hatte. Die Ähnlichkeit mit einem Känguruh ist zwar nicht wirklich präzise, doch groß genug, um zumindest der Schilderung einer Person zu entsprechen, die ein solches tatsächlich gesehen hat.

Man kann daher annehmen, daß ein paar portugiesische Seefahrer tatsächlich noch vor den Holländern nach Australien gekommen waren. Ihr Ausgangspunkt war vielleicht Timor, eine damalige portugiesische Kolonie. Ein Tier, das von seiner Form her so einzigartig ist und auf der ganzen Welt keine Entsprechung findet, kann wohl kaum von einem noch so phantasiereichen Menschen erdacht worden sein.

MU – EIN ATLANTIS IM SÜDPAZIFIK?

Der Pazifische Ozean bietet mit einer Größe von 176 Millionen Quadratkilometern weitaus mehr Platz für die frühere Existenz eines großen Kontinents, der im Meer versunken ist, als der Atlantik. Es wird auch manchmal behauptet, daß es im Pazifik einen versunkenen Kontinent namens Mu gibt. Doch diese Theorie steht auf schwachen Beinen.

Die detaillierteste Schilderung eines verschwundenen Kontinents stammt aus der Feder (und dem Einfallsreichtum) des ehemaligen bengalischen Landsers Oberst James Churchward, der hauptsächlich in den späten 80er Jahren des 19. Jahrhunderts vier Bücher über Mu verfaßte, die erst ab 1926 verlegt wurden. Die erste Veröffentlichung war *The Lost Continent of Mu*. Die ersten Zeilen des Buches waren bereits ein guter Vorgeschmack auf das, was folgen sollte.

Der Garten Eden lag nicht in Asien, sondern auf einem versunkenen Kontinent im Pazifischen Ozean. Die biblische Geschichte der Schöpfung, die sieben Tage und sieben Nächte dauerte, geht nicht auf das ägyptische Volk oder das Euphrat-Tal zurück, sondern auf diesen versunkenen Kontinent namens Mu – der Wiege der Menschheit.

Churchward behauptete, daß der Priester eines Hindu-Tempels in Indien (oder Tibet – in seinen Büchern ändern sich die Orte ständig) ihm vier heilige Steintafeln mit einer geheimnisvollen, bislang unbekannten Schrift – in Nacaal, der Sprache von Mu – gezeigt hatte. Indem er sie intensiv betrachtete, gelang es Churchward, diese Schrift zu entziffern. Irgendwie schaffte er das jedenfalls, und erfuhr, daß Mu einst ein glanzvoller Kontinent gewesen war, auf dem es vor rund 50 Millionen Jahren die erste menschliche Zivilisation gab (im Vergleich dazu schätzen die Paläontologen derzeit, daß es seit vier Millionen Jahren menschliche Zivilisation gibt). Die beachtliche Landmasse von Mu hätte sich von den Marianen- und Hawaii-Inseln Richtung Süden über eine Länge von 9600 Kilometern bis zu den Fidschi-Inseln, Tonga, Tahiti und der Osterinsel erstreckt und so ein polynesisches Parallelogramm gebildet.

Auf Mu lebten angeblich 64 Millionen Menschen (von denen es zehn verschiedene Rassen gab, darunter jene der Arier) in einer hochentwickelten Zivilisation auf einer idyllischen Insel, von der edle Menschen sich auf alle Gebiete der Erde verteilten, um dort Zivilisationen zu begründen. Vor 12 000 Jahren gab es fürchterliche Naturkatastrophen. Erdbeben, Vulkanausbrüche und Flutwellen zerstörten den Kontinent, der daraufhin im Pazifik versank. Dasselbe Schicksal erlitt Atlantis, angeblich eine der Kolonien von Mu im Atlantik, tausend Jahre später. Heute erinnern nur die im Südpazifik verstreuten polynesischen Inseln an den einstmals großen Kontinent.

James Churchward zeigte den von Naturkatastrophen verursachten Untergang von Mu.

Skeptiker verwiesen jedoch sofort auf die vielen geologischen und historischen Ungenauigkeiten und Anachronismen in Churchwards Büchern. Um eventuelle Verfechter dieser Theorie abzuschrecken, muß auch noch darauf hingewiesen werden, daß kein Forscher außer Churchward die Tafeln von Naacal je gesehen hat; er hat auch die Inschriften nirgends vollständig abgebildet und niemals den Tempel genannt, in dem sie angeblich gefunden wurden.

Unglaubwürdig klingen auch die Behauptungen von Augustus Le Plongeon, einem französischen Physiker des 19. Jahrhunderts, der ebenfalls die Mu-Theorie vertritt. Er machte die ersten Ausgrabungen der Mayastädte auf der mexikanischen Halbinsel Yucatán und versuchte den *Troano Codex* zu übersetzen. Dabei handelte es sich um eines der drei Mayabücher, die nicht durch einen religiösen Fanatiker namens Diego de Landa, dem spanischen Bischof von Yucatán, zerstört wurden. Heraus kam eine faszinierende, doch vollständig fiktive Geschichte des Kontinents Mu, die stark auf der vorherigen, doch bekannterweise sehr ungenauen Übersetzung dieses Kodex durch einen französischen Abt namens Charles-Etienne Brasseur beruht.

Kaum ein Wissenschaftler nimmt heutzutage diese Theorie ernst, und wen wundert es? Schließlich tauchte 1959 ein Bericht darüber auf, daß ein Archäologe in Mexiko Manuskripte entdeckt hätte, die einst ein Priester von Mu dort hinterließ. Dieser verlor jedoch entschieden an Glaubwürdigkeit, als man feststellte, daß der Name des Archäologen, Reesdon Hurdlop, ein Anagramm des Namens Rudolph Rednose war.

Der Phönix von Neuguinea und die verlorenen Paradiesvögel

Der Phönix, ein sagenhafter Vogel, der mit der Mythologie des Nahen Ostens in Verbindung gebracht wird, ist ein Symbol der Auferstehung, und das aus gutem Grund. Sein wunderbares Nest, das er im alten Ägypten hoch oben auf einer Palme aus aromatischen Blättern erbaut hat, fängt unglücklicherweise Feuer, das von den Funken ausgelöst wird, die von den Hufen der Pferde des Sonnengotts fliegen, als diese den strahlenden Wagen ziehen. Das Nest wird von den lodernden Flammen völlig zerstört. Inmitten dieses schrecklichen Infernos breitet der Phönix seine Schwingen aus und verbrennt zusammen mit seinem Nest zu schwelender Asche. Nach 500 Jahren wird ein neuer Phönix aus dieser Asche geboren. Dieser sammelt die verbrannten Überreste auf, verpackt sie in den Blättern der Myrrhe und umhüllt das Päckchen mit einer weiteren Schicht wohlriechender Blätter, so daß ein eiförmiges Gebilde entsteht. Damit fliegt er zum Tempel der Sonne in Heliopolis. Hier plaziert er das Päckchen als heilige Gabe auf dem Altar und fliegt danach ins Paradies, von wo er nach 500 Jahren wieder zur Erde zurückkehrt. Dann beginnt wiederum derselbe Kreislauf von Selbstzerstörung und Auferstehung.

Der Paradiesvogel JANTHOTHORAX BENSBACH*: von der Wissenschaft vergessen?*

Diese wunderbare Legende (von der viele verschiedene Versionen existieren) hat die Phantasie der Wissenschaftler und der Dichter beeinflußt, und man unternahm ernsthafte Versuche, um herauszufinden, ob zumindest ein Körnchen Wahrheit darin steckt. Im Laufe der jahrhundertelangen Diskussion entdeckte man unzählige Möglichkeiten für die Identität des Vogels, angefangen von einem purpurfarbenem Reiher, einem goldenen Fasan, und einem goldenen Adler bis zu einem Pfau, verschiedenen exotischen Papageienarten, und sogar Saatkrähen, die ihre Flügel über rauchendes Stroh halten, um sich dadurch zu stimulieren.

In den 50er Jahren entdeckte ein australisches Team von Wissenschaftlern, das nach Neuguinea gekommen war, jedoch die mögliche Antwort. Die Paradiesvögel von Neuguinea, die zur Familie der Krähen gehören und aufgrund ihres farbenprächtigen Gefieders, das vor allem die Männchen der verschiedenen Gattungen aufweisen, berühmt sind, wurden erst im 16. Jahrhundert durch die Wissenschaft entdeckt. Das Team fand heraus, daß die Menschen auf der Insel schon seit 1000 v. Chr. mit den Federn der Vögel Handel betrieben. Zu dieser Zeit kamen immer wieder Seefahrer aus der Heimat des Phönix, aus Phönizien, nach Neuguinea. Die empfindlichen Häute mitsamt den Federn wurden in Myrrhe gewickelt, so daß ein eiförmiges Päckchen entstand, das in eine zweite Schicht aus gebrannten Bananenblättern gegeben wurde. Diese Methode zum Schutz der Federn erinnert sehr stark an die Weise, wie der legendäre Phönix seine Gabe für den Sonnengott vorbereitete.

Ein Paradiesvogel, mit dessen Federn oft Handel getrieben wurde, war der Graf-Raggi-Paradiesvogel mit dem Namen *Paradisea raggiana*. Das Männchen dieser Gattung besitzt ein üppiges, purpurrotes Federkleid, das es, ähnlich einem Pfau, beim Balzen aufstellt. Da er dabei das Weibchen umtanzt, wirkt es, als würde er sich inmitten eines flammenden Infernos befinden. Zweifelsohne wurde über diesen außergewöhnlichen Paarungstanz auch in Phönizien berichtet, wobei die eiförmigen Federpäckchen als handfester Beweis für die Existenz des Paradiesvogels dienten. Dadurch entstand schließlich die Sage vom Phönix, der aus der Asche steigt.

Die Berichte über den berühmten russischen Feuervogel könnten auch durch Paradiesvögel inspiriert worden sein. Im Jahr 1961 griff der sowjetische Wissenschaftler Dr. V. Kiparsky diese interessante Idee auf und stellte die Überlegung an, daß die Federn schon viel früher als angenommen nach Osteuropa gekommen sein könnten.

Vom Phönix zum Feuervogel – beide Fabeltiere gehen angeblich auf die entfernten, exotischen und wesentlich schöneren Verwandten der Krähen zurück. Es paßt sehr wohl, daß ihre Herkunft ebenso mysteriös ist wie die Sage selbst.

Ich war immer erstaunt (und natürlich erleichtert), daß selbst die schlimmsten Formen des Handels mit exotischen Federn nicht zum Aussterben der Paradiesvögel geführt haben. Doch vielleicht war dieser Schluß etwas voreilig. In seinem Buch *The Lost Birds of Paradise* berichtet der Ornithologe und Maler Errol Fuller von 24 umstrittenen Paradiesvogelarten, die früher als eigenständige Arten galten, später jedoch als Hybride bezeichnet wurden. Diese spätere Einstufung geht jedoch auf einen einzigen Wissenschaftler zurück, nämlich auf den deutschen Ornithologen Dr. Erwin Stresemann, dessen detaillierter, doch etwas unklarer Artikel, 1930 in dem Magazin *Novitates Zoologicae* erschien.

Es besteht kein Zweifel, daß Stresemann in vielen Fällen Recht hatte, doch wie Fuller in überzeugender Weise darlegt, sind zumindest sechs dieser Arten so unterschiedlich, daß sie kaum auf einer Kreuzung beruhen könnnen. Während der kurzen Zeit, in der sie als eigene Art anerkannt wurden, hießen diese Vögel *Epimachus ellioti, Loborhamphus ptilorhis, Loborhamphus nobilis, Paryphephorus duivenbodei, Janthothorax bensbachi und Neoparadisea ruysi.* In jedem einzelnen Fall ist es schwer vorstellbar, wie die speziellen Arten, die, wie Stresemann meint, einen gemeinsamen Nachkommen dieser Art haben konnten, da die jeweiligen Vögel zahlreiche Merkmale besitzen, die kein „Elternteil" aufweist.

Doch am besorgniserregendsten ist, daß es anscheinend nur einige wenige Exemplare (manchmal sogar nur eines) von diesen Paradiesvogelarten gibt. Wie Fuller es im Titel seines Buches andeutet, könnte die Feststellung, daß es sich doch um eigenständige Arten handelt, nicht nur für wissenschaftliche Zwecke interessant sein. Denn es wäre möglich, daß es sie zu diesem Zeitpunkt gar nicht mehr gibt. Es könnte der tragische Fall eintreten, daß die vergessenen Phönixe der tropischen Wälder auf Neuguinea aussterben, bevor sie überhaupt von der Wissenschaft anerkannt wurden.

Das traurige Rätsel der Massenstrandung von Walen

Im Jahr 1959 starben 200 Delphine der Art *Peponocephala electra*, nachdem sie unerklärlicherweise an der Küste von Crowdy Head in der Nähe von Taree in New South Wales, Australien, gestrandet waren. Mitte der 80er Jahre strandeten rund 60 Wale der Art *Globicephala melaena* am Treachery Beach, in der Nähe von Seal Rocks, ebenfalls an der Küste von New South Wales. Rund 200 Wale starben im September 1992 auf dieselbe Weise am Strand in der Nähe von Bicheno an der tasmanischen Küste. Die dritte Massenstrandung von Walen, bei der mehr als 430 Tiere verendeten, erfolgte 12 Monate später in Tasmanien.

Das ist nur ein kleiner Teil der traurigen Statistik von Massenstrandungen von Delphinen und Walen, die in den Medien auch als „Massenselbstmorde" bezeichnet werden. Von solchen Strandungen wurde aus vielen Teilen der Welt berichtet, in Australien und Neuseeland treten sie jedoch besonders häufig auf.

Es handelt sich auch nicht um ein neues Phänomen. Berichte von gestrandeten Walen gibt es bereits seit dem 4. Jahrhundert v. Chr. Der Philosoph und Wissenschaftler Aristoteles hat sie aufgezeichnet, mußte jedoch zugeben, daß er den Grund dafür nicht kannte. Und auch heute sind wir gerade erst dabei, das Rätsel zu lösen, das uns dieses sonderbare Verhalten der Tiere aufgibt.

Anregungen dafür gibt es genug. So hält beispielsweise Dr. Margaret Klinowska, eine Expertin für Meeressäugetiere an der englischen University of Cambridge, im Wissenschaftsmagazin *New Scientist* vom 12. Februar 1987 folgendes fest:

Die Vorschläge umfassen: Selbstmord; Eintreten der Tiere in seichtes Wasser, um die Haut zu reiben oder sich auszuruhen; ein alter Instinkt, der die Tiere Zuflucht am Land suchen läßt; Verwirrung der Tiere durch Sonargeräte im seichten Wasser; Parasiten im Innenohr verhin-

Tragische Strandung von Walen. Dr. Margaret Klinowska hat Stellen identifiziert, die als „black spots" Massenstrandungen verursachen.

dern, daß die Wale die Unterwassertöne aufnehmen können; Hirnkrankheiten, die zum Orientierungsverlust führen, den Versuch, einen alten Migrationsweg zu finden, der durch geologische Veränderungen verschwunden ist; Überbevölkerung; Verschmutzung; Radar-, TV-, und Funkübertragungen; Erdbeben; Stürme; Mondphasen; und vermutlich verschiedene andere, die mir nicht bekannt sind.

Aufgrund eigener Nachforschungen kam Klinowska zu dem Schluß, daß die Massenstrandungen der Wale durch ein Versagen ihres inneren Koordinationssystems verursacht werden. Diese Ansicht wird heute von den meisten Wissenschaftlern vertreten. Sie stellte fest, daß es sogenannte „schwarze Unfallstellen" gab, an denen Strandungen besonders häufig auftreten, wie bei den oben angeführten australischen Küsten. Diese „schwarzen Stellen" sind Stellen (die sogenannten Magnettäler), an denen geomagnetische Linien durch Inseln blockiert werden oder die Küste kreuzen, und nicht, wie normal, parallel zur Küste verlaufen.

Das ist von großer Bedeutung, da man annimmt, daß viele Walarten beim Durchschwimmen der Meere geomagnetische Linien als Navigationshilfen verwenden. Die Linien sind oft entscheidender als andere Sensoren. Dementsprechend nimmt man an, daß Wale, die nahe der Küste leben, eher selten stranden, da sie mit vorherrschenden geomagnetischen Anomalien wie „schwarzen Stellen" vertraut sind. Im Vergleich dazu kennen Arten, die im offenen Meer leben, diese geomagnetischen Fallen kaum oder gar nicht, und sind daher in Gefahr, sobald sie sich der Küste nähern. Diese beiden Annahmen stimmen mit den vergangenen Strandungen genau überein – Wale, die in Küstengewässern leben, stranden kaum, Wale, die am offenen Meer leben, sind stärker gefährdet.

Es gibt wohl kaum ein traurigeres Bild als gestrandete Wale, die in großer Zahl hilflos ersticken, da ihr Gewicht, das nicht länger durchs Wasser getragen wird, Brust und Lungen zerquetscht. Zum Glück enden nicht alle Fälle auf solch tragische Weise. Im Jahr 1992 strandeten 49 Killerwale an der Küste von New South Wales, 35 davon konnten aber von den Menschen gerettet werden. Im November 1993 wurden rund 100 Wale gerettet und wieder zurück ins Meer gebracht, nachdem sie am Farewell Spit an der Nordspitze der Südinsel von Neuseeland gestrandet waren. Das größte Wunder war die Rettung von 80 Walen am Tokero Beach in Neuseeland im September 1983. Sie wurden von Menschen ins Wasser gebracht und von Delphinen wieder aufs Meer hinausgeleitet.

Der bellende Strand von Kauai

Im Bezirk Mana an der Südküste von Kauai, einer Insel im Hawaii-Archipel verlaufen fast zwei Kilometer lange Sanddünen, die zur Gänze fast parallel zum Meer verlaufen. Am östlichsten Punkt dieses Abschnitts steht eine symmetrische Düne, die aussieht wie ein breiter Kegel, der zum Boden hin abgeschnitten wurde. Im amerikanischen Wissenschaftsmagazin *Science* aus dem Jahr 1890 schrieb H. Carrington Bolton:

Der Sand auf der Düne und an der Seite, die landeinwärts gerichtet ist (in einer Entfernung von rund neun Metern zum Meer) produziert seltsame Geräusche, die wie das Bellen eines Hundes klingen. Die Düne ist bis zu 33 Metern hoch, aber die Seite, an der sich der bellende Sand befindet, ragt nur 18 Meter über dem flachen Boden empor. An der steilsten Steile, die einen Winkel von fast durchgehend 31° aufweist, bewegt sich der Sand sehr stark, wenn er trocken ist. Sein Gleichgewicht wird gestört, und er gleitet wellenförmig an der Seite der Düne hinunter, wobei er einen tiefen, vibrierenden Baßton abgibt.

Dr. James Blake von der kalifornischen Akademie der Wissenschaften nahm eine mikroskopische Untersuchung des Sandes.

... die Sandkörner bestehen hauptsächlich aus kleinen Korallen-, und anscheinend auch Kalkschwammteilchen. Alle Teilchen sind mehr oder weniger durchlöchert, und diese Löcher enden in winzigen Aushöhlungen, die im Inneren meist größer sind und durch eine kleine Öffnung mit der Oberfläche verbunden sind. [Laut Blake] bietet der Aufbau der Körner eine Erklärung für die Entstehung der Geräusche. Die gegenseitige Reibung löst sowohl im Inneren als auch an den Wänden der Aushöhlungen Vibrationen aus, und diese Vibrationen werden durch die Öffnungen nach außen abgegeben, wodurch ein Geräusch entsteht ... Dafür muß der Sand jedoch trocken sein; denn wenn die Öffnungen mit Wasser gefüllt sind, kann er nicht „bellen".

Der wertvollste Beitrag, den der bellende Strand von Kauai zur Erforschung mineralogischer Kuriositäten bot, war die Entdeckung, daß die akustischen Fähigkeiten von Sand nicht auf seiner chemischen Zusammensetzung beruhen. Denn bei mehr als hundert bekannten Fällen, handelt es sich bei dem Sand, der Geräusche produziert, um Silizium, während der von Kauai aus Kalziumkarbonat besteht.

Schlusswort

An den Anfang dieses Buches setzte ich das Zitat eines berühmten Wissenschaftlers, einen Gedanken Einsteins über das Mysteriöse. Am Ende will ich einen britischen Genetiker, J. B. S. Haldane, zu Wort kommen lassen, der zu diesem Thema folgendes meint:

Ich habe den Verdacht, daß das Universum nicht nur seltsamer ist, als wir annehmen, sondern auch seltsamer, als wir annehmen können ... Ich glaube, es gibt im Himmel und auf der Erde mehr Dinge, als wir uns träumen lassen, gleich, welche philosophische Richtung wir vertreten. Das ist der Grund, warum ich gar keine philosophische Richtung vertrete, und auch die Entschuldigung für meine Träumerei.

Bibliographie

Adamski, George, *Inside the Space Ships*, Abelard-Schuman, New York, 1955.
Adamski, George and Leslie, Desmond, *Flying Saucers Have Landed*, T. Werner Laurie, London, 1953.
Allan, John, *Mysteries*, Lion Publishing, Tring, 1981.
Alway, Carol *et al.*, *Strange Stories, Amazing Facts*, 2nd edition, Reader's Digest, London, 1984.
Ash, Russell *et al.*, *Folklore, Myths and Legends of Britain*, Reader's Digest, London, 1973.
Bader, Chris, *Strange Northwest*, Hancock House, Blaine, 1995.
Baring-Gould, Sabine, *Curious Myths of the Middle Ages*, Longmans, Green, London, 1892.
Beer, Lionel, *The Moving Statue of Ballinspittle and Other Related Phenomena*, Spacelink, London, 1986.
Behe, George, *Titanic: Psychic Forewarnings of a Tragedy*, Patrick Stephens, London, 1988.
Benwell, Gwen and Waugh, Arthur, *Sea-Enchantress: The Tale of the Mermaid and Her Kin*, Hutchinson, London, 1961.
Berlitz, Charles, *The Lost Ship of Noah*, Putnam, New York, 1987.
Blundell, Nigel and Hall, Allan, *Marvels and Mysteries of the Unexplained*, Tiger Books International, London, 1993.
Bord, Janet and Colin, *The Evidence for Bigfoot and Other Man-Beasts*, Aquarian, Wellingborough, 1984.
Bord, Janet and Colin, *Alien Animals*, revised edition, Panther, London, 1985.
Bord, Janet and Colin, *Ancient Mysteries of Britain*, Grafton, London, 1986.
Bord, Janet and Colin, *Modern Mysteries of Britain: 100 Years of Strange Events*, Grafton, London, 1987.
Bord, Janet and Colin, *Modern Mysteries of the World: Strange Events of the 20th Century*, Grafton Books, London, 1989.
Bord, Janet and Colin, *Atlas of Magical Britain*, Sidgwick & Jackson, London, 1990.
Bord, Janet and Colin, *Life Beyond Planet Earth?*, Grafton, London, 1991.
Brandon, Jim, *Weird America*, E.P. Dutton, New York, 1978.
Briggs, Katharine, *A Dictionary of Fairies*, Allen Lane, London, 1976.
Brookesmith, Peter (ed.), *The Unexplained: Mysteries of Mind, Space and Time*, 13 vols, Orbis, London, 1980–83.
Brookesmith, Peter (consultant), *Bizarre Phenomena*, Reader's Digest, Pleasantville, 1992.
Caldwell, Harry R., *Blue Tiger*, Duckworth, London, 1925.
Cardinall, Allan W., *In Ashanti and Beyond*, Seeley, Service, London, 1927.
Carmichael, Alexander, *Carmina Gadelica*, 2 vols, Norman MacLeod, Edinburgh, 1900.
Churchward, James, *The Lost Continent of Mu*, reprinted by Paperback Library, New York, 1969.
Clark, Jerome, *Unexplained!*, Visible Ink, Detroit, 1993.
Clark, Jerome and Coleman, Loren, *Creatures of the Outer Edge*, Warner, New York, 1978.
Coghlan, Ronan, *The Encyclopaedia of Arthurian Legends*, Element, Longmead, 1991.
Cohen, Daniel, *Encyclopedia of Ghosts*, Michael O'Mara, London, 1984.
Coleman, Loren, *Mysterious America*, Faber & Faber, London, 1983.
Coleman, Loren, *Curious Encounters*, Faber & Faber, London, 1985.
Coleman, Michael H., *The Ghosts of the Trianon*, Aquarian, Wellingborough, 1988.
Coleman, Ray, *McCartney – Yesterday and Today*, Boxtree, London, 1995.
Collins, Andrew, *The Circlemakers*, ABC Books, Leigh-on-Sea, 1992.
Constable, Trevor J., *Sky Creatures*, Pocket Books, New York, 1978.
Cooper, Joe, *The Case of the Cottingley Fairies*, Robert Hale, London, 1990.
Corliss, William R., *The Unexplained: A Sourcebook of Strange Phenomena*, Bantam, New York, 1976.
Corliss, William R., *Handbook of Unusual Natural Phenomena*, Sourcebook Project, Glen Arm, 1977.
Corliss, William R., *Incredible Life: A Handbook of Biological Mysteries*, Sourcebook Project, Glen Arm, 1981.
Corliss, William R. *et al.*, (consultants), *Feats and Wisdom of the Ancients*, Time-Life Books, Alexandria, 1990.
Corrales, Scott, *The Chupacabras Diaries: An Unofficial Chronicle of Puerto Rico's Paranormal Predator*, Samizdat Press, Derrick City, 1995.
Costello, Peter, *In Search of Lake Monsters*, Garnstone Press, London, 1974.
Cruz, Joan C., *The Incorruptibles*, Tan Books, Rockford, 1977.
Currer-Briggs, Noel, *The Shroud and the Grail*, Weidenfeld & Nicolson, London, 1987.
David-Neel, Alexandra, *With Mystics and Magicians in Tibet*, Bodley Head, London, 1931.
Davis, Wade, *The Serpent and the Rainbow*, Collins, London, 1986.
Delgado, Pat and Andrews, Colin, *Circular Evidence*, Bloomsbury, London, 1989.
Devereux, Paul, *Earth Lights*, Turnstone Press, London, 1982.
Devereux, Paul, *Earth Lights Revelation*, Blandford Press, London, 1989.
Dinsdale, Tim, *The Leviathans*, 2nd edition, Futura, London, 1976.
Douglas, Adam, *The Beast Within: A History of the Werewolf*, Chapmans, London, 1992.
Edwards, Frank, *Stranger Than Science*, Ace, New York, 1959.
Edwards, Frank, *Strange World*, Lyle Stuart, New York, 1964.
Evans, Hilary and Grant, Reg (consultants), *UFO, The Continuing Enigma*, Reader's Digest, London, 1992.
Evans, Hilary, Shuker, Karl P.N., *et al.*, (consultants), *Almanac of the Uncanny*, Reader's Digest, Surry Hills, 1995.
Fairley, John and Welfare, Simon, *Arthur C. Clarke's World of Strange Powers*, Collins, London, 1984.
Fairley John and Welfare, Simon, *Arthur C. Clarke's Chronicles of the Strange and Mysterious*, Collins, London, 1987.
Fate, St John, Minnesota, No. 1, 1947–present.
Fawcett, Percy H., *Exploration Fawcett*, Hutchinson, London, 1953.
Floyd, E. Randall, *Ghost Lights and Other Encounters With the Unknown*, August House, Little Rock, 1993.
Forman, Joan, *Royal Hauntings*, Fontana, London, 1987.
Fort, Charles, *The Complete Books of Charles Fort*, reprinted by Dover, New York, 1974.
Fortean Times, formerly *The News*, London, No. 1, 1973–present.
Freeman, David N., Robinson, Thomas L., *et al.*, (consultants), *Mysteries of the Bible*, Reader's Digest, Pleasantville, 1988.
Fuller, Errol, *The Lost Birds of Paradise*, Swan Hill Press, Shrewsbury, 1995.
Furneaux, Rupert, *The Tungus Event*, Panther, London, 1977.
Gaddis, Vincent H., *Mysterious Fires and Lights*, David McKay, New York, 1967.
Gardiner, Robin and Vat, Dan van der, *The Riddle of the Titanic*, Orion, London, 1995.
Gilbert, Adrian G. and Cotterell, Maurice M., *The Mayan Prophecies*, Element, Longmead, 1995.
Gilroy, Rex, *Mysterious Australia*, Nexus, Mapleton, 1995.
Gordon, Stuart, *The Paranormal: An Illustrated Encyclopedia*, Headline, London, 1992.
Gould, Rupert T., *A Book of Marvels*, Methuen, London, 1937.
Grant, John, *Unexplained Mysteries of the World*, Quintet Books, London, 1991.
Gray, Affleck, *The Big Grey Man of Ben MacDhui*, 2nd edition, Lochar, Bankhead, 1989.
Grimble, Arthur, *A Pattern of Islands*, John Murray, London, 1952.
Group, David, *The Evidence for the Bermuda Triangle*, Aquarian, Wellingborough, 1984.
Haining, Peter, *The Monster Trap and Other True Mysteries*, Armada, London, 1976.
Haining, Peter, *Ancient Mysteries*, Sidgwick & Jackson, London, 1977.
Haining, Peter, *The Legend and Bizarre Crimes of Spring Heeled Jack*, Frederick Muller, London, 1977.
Haining, Peter, *The Man Who Was Frankenstein*, Frederick Muller, London, 1979.
Haining, Peter, *A Dictionary of Ghosts*, Robert Hale, London, 1982.
Hall, Mark A., *Thunderbirds! The Living Legend of Giant Birds*, M.A.H.P., Bloomington, 1988
Hamel, Frank, *Human Animals*, William Rider, London, 1915.
Hancock, Graham, *The Sign and the Seal*, William Heinemann, London, 1992.
Hancock, Graham, *Fingerprints of the Gods*, William Heinemann, London, 1995.

Healy, Tony and Cropper, Paul, *Out of the Shadows: Mystery Animals of Australia*, Pan Macmillan Australia, Chippendale, 1994.
Heuvelmans, Bernard, *On the Track of Unknown Animals*, Rupert Hart-Davis, London, 1958.
Heuvelmans, Bernard, *In the Wake of the Sea-Serpents*, Rupert Hart-Davis, London, 1968.
Heyerdahl, Thor, *Aku-Aku*, Allen & Unwin, London, 1958.
Hippisley Coxe, Antony D., *Haunted Britain*, Hutchinson, London, 1973.
Hitching, Francis, *The World Atlas of Mysteries*, Collins, London, 1978.
Hogue, John, *Nostradamus: The New Revelations*, Element, Longmead, 1994.
Howlett, John, *James Dean: A Biography*, Plexus, London, 1975.
Hughes, David, *The Star of Bethlehem Mystery*, Dent, London, 1979.
Izzard, Ralph, *The Hunt for the Buru*, Hodder & Stoughton, London, 1951.
Keel, John, *The Mothman Prophecies*, E.P. Dutton, New York, 1975.
Keith, Jim (ed.), *Secret and Suppressed*, Feral Horse, Portland, 1993.
Kingsley, Mary H., *West African Studies*, Macmillan, London, 1899.
Koch-Isenburg, Ludwig, *Through the Jungle Very Softly*, Viking Press, New York, 1963.
Kranz, Grover S., *Big Footprints*, Johnson Books, Boulder, 1992.
Kusche, Lawrence D., *The Bermuda Triangle Mystery – Solved*, New English Library, London, 1975.
Laurentin, Rene, *The Apparitions of the Blessed Virgin Mary Today*, 2nd edition, Veritas, Dublin, 1991.
LeBlond, Paul H. and Bousfield, Edward L., *Cadborosaurus: Survivor from the Deep*, Horsdal & Schubart, Victoria, 1995.
Leonard, R. Cedric, *Quest for Atlantis*, Manor, New York, 1979.
Luce, J.V., *The End of Atlantis*, Thames & Hudson, London, 1969.
Lyman, Robert R., *Amazing Indeed: Strange Events in the Black Forest*, Vol. 2, Potter Enterprise, Coudersport, 1973.
McClure, Kevin, *The Evidence for Visions of the Virgin Mary*, Aquarian, Wellingborough, 1983.
McClure, Kevin, *Visions of Bowmen and Angels*, privately published, St Austell, 1992.
Mackal, Roy P., *The Monsters of Loch Ness*, Macdonald and Janes, London, 1976.
Mackal, Roy P., *Searching for Hidden Animals*, Doubleday, Garden City, 1980.
Mackal, Roy P., *A Living Dinosaur? In Search of Mokele-Mbembe*, Brill, Leiden, 1987.
Maclean, Charles, *The Wolf Children*, Allen Lane, London, 1977.
Maclellan, Alec, *The Lost World of Agharti*, Souvenir Press, London, 1981.
MacManus, Dermot, *The Middle Kingdom: The Faerie World of Ireland*, Max Parrish, London, 1959.
McNally, Raymond T. and Florescu, Radu, *In Search of Dracula: A True History of Dracula and Vampire Legends*, New York Graphic Society, New York, 1972.
Marshall, Richard *et al.*, *Mysteries of the Unexplained*, amended edition, Reader's Digest, Pleasantville, 1988.
Meaden, Terence, *The Goddess of the Stones*, Souvenir, London, 1991.
Meaden, Terence (ed.), *Circles from the Sky*, Souvenir, London, 1991.
Ménatory, Gérald, *La Bête du Gévaudan*, Imprimerie Chaptal et Fils, Mende, 1976.
Michell, John and Rickard, Robert J.M., *Phenomena: A Book of Wonders*, Thames & Hudson, London, 1977.
Michell, John and Rickard, Robert J.M., *Living Wonders: Mysteries and Curiosities of the Animal World*, Thames & Hudson, London, 1982.
Mitchell-Hedges, Frederick A., *Danger My Ally*, Elek, London, 1954.
Morgan, Elaine, *The Aquatic Ape*, Souvenir Press, London, 1982.
Morrison, Tony, *Pathways to the Gods: The Mystery of the Andes Lines*, Michael Russell, London, 1978.
O'Donnell, Elliott, *Haunted Britain*, Rider and Company, London, 1949.
Pardoe, Rosemary and Darroll, *The Female Pope: The Mystery of Pope Joan*, Crucible, Wellingborough, 1988.
Phillips, Graham, *The Search for the Grail*, Century, London, 1995.
Picknett, Lynn, *The Encyclopaedia of the Paranormal: The Complete Guide to the Unexplained*, Macmillan, London, 1990.
Picknett, Lynn and Prince, Clive, *Turin Shroud: In Whose Image?*, Bloomsbury, London, 1994.
Povah, Frank, *You Kids Count Your Shadows*, privately published, Wollar, 1990.
Ravenscroft, Trevor, *The Spear of Destiny*, Corgi, London, 1974.
Rickard, Robert J. M. and Kelly, Richard, *Photographs of the Unknown*, New English Library, London, 1980.
Riese, Randall, *The Unabridged James Dean: His Life and Legacy from A to Z*, Contemporary Books, Chicago, 1991.
Robin-Evans, Karyl, *Sungods in Exile*, Neville Spearman, London, 1979.
Rogo, D. Scott, *Miracles: A Parascientific Inquiry into Wondrous Phenomena*, Dial Press, New York, 1982.
Rogo, D. Scott and Clark, Jerome, *Earth's Secret Inhabitants*, Tempo, New York, 1979.
Russell, Eric F., *Great World Mysteries*, Dobson, London, 1957.
Sanderson, Ivan T., *Abominable Snowmen: Legend Come to Life*, Chilton, Philadelphia, 1961.
Sanderson, Ivan T., *„Things"*, Pyramid, New York, 1967.
Sassoon, George and Dale, Rodney, *The Manna Machine*, Sidgwick & Jackson, London, 1978.
Scrutton, Robert, *The Other Atlantis*, Neville Spearman, London, 1977.
Scrutton, Robert, *Secrets of Lost Atland*, Neville Spearman, London, 1978.
Shackley, Myra, *Wildmen: Yeti, Sasquatch and the Neanderthal Enigma*, Thames & Hudson, London, 1983.
Shuker, Karl P.N., *Mystery Cats of the World: From Blue Tigers to Exmoor Beasts*, Robert Hale, London, 1989.
Shuker, Karl P.N., *Extraordinary Animals Worldwide*, Robert Hale, London, 1991.
Shuker, Karl P.N., *The Lost Ark: New and Rediscovered Animals of the 20th Century*, HarperCollins, London, 1993.
Shuker, Karl P.N., *Dragons: A Natural History*, Aurum Press, London, 1995.
Shuker, Karl P.N., *In Search of Prehistoric Survivors: Do Giant 'Extinct' Creatures Still Exist?*, Blandford Press, London, 1995.
Shuker, Karl P.N., *From Flying Toads to Snakes With Wings: In Search of Mysterious Beasts*, Llewellyn Worldwide, St John, 1996.
Shuker, Karl P.N. (consultant), *Man and Beast*, Reader's Digest, Pleasantville, 1993.
Shuker, Karl P.N. (consultant), *Secrets of the Natural World*, Reader's Digest, Pleasantville, 1993.
Singer, Stanley, *The Nature of Ball Lightning*, Plenum Press, New York, 1971.
Skinner, Bob, *Toad in the Hole: Source Material on the Entombed Toad Phenomenon*, Fortean Times, London, 1986.
Smyth, Charles P., *Our Inheritance in the Great Pyramid*, 4 editions, W. Isbister, London, 1864–80.
Smyth, Frank, *Ghosts and Poltergeists*, Aldus, London, 1976.
Soyka, Fred and Edmonds, Alan, *The Ion Effect*, E.P. Dutton, New York, 1977.
Sox, H. David, *File on the Shroud*, Coronet, London, 1978.
Spencer, John, *The UFO Encyclopedia*, Headline, London, 1991.
Stemman, Roy, *Atlantis and the Lost Lands*, Aldus, London, 1976.
Stommel, Henry, *Lost Islands*, University of British Columbia Press, Vancouver, 1984.
Stoneley, Jack, *Tunguska: Cauldron of Hell*, Star, London, 1977.
Strange Magazine, Rockville, Maryland, No. 1, 1987–present.
Tame, David, *The Secret Power of Music*, Turnstone Press, Wellingborough, 1984.
Temple, Robert K.G., *The Sirius Mystery*, Sidgwick & Jackson, London, 1976.
Toibin, Colin (ed.), *Seeing Is Believing: Moving Statues in Ireland*, Pilgrim Press, Mountrath, 1985.
Truzzi, Marcello (consultant), *Into the Unknown*, amended edition, Reader's Digest, Pleasantville, 1988.
Truzzi, Marcello (consultant), *Transformations*, Time-Life, Amsterdam, 1989.
Truzzi, Marcello *et al.* (consultants), *Mystic Places*, Time-Life, Amsterdam, 1987.
Underwood, Peter, *Dictionary of the Occult and Supernatural*, Fontana, London, 1979.
Watson, Lyall, *Supernature*, Hodder & Stoughton, London, 1973.
Watson, Lyall, *Heaven's Breath: A Natural History of the Wind*, Hodder & Stoughton, London, 1984.
Watson, Lyall, *The Nature of Things: The Secret Life of Inanimate Objects*, Hodder & Stoughton, London, 1990.
Weiss, Suzanne E. (ed.), *Great Mysteries of the Past*, Reader's Digest, Pleasantville, 1991.
Welfare, Simon and Fairley, John, *Arthur C. Clarke's Mysterious World*, Collins, London, 1980.
Welfare, Simon and Fairley, John, *Arthur C. Clarke's A–Z of Mysteries: From Atlantis to Zombies*, HarperCollins, London, 1993.
West, John A., *Serpent in the Sky: The High Wisdom of Ancient Egypt*, Wildwood, London, 1979.
Westwood, Jennifer (ed.), *The Atlas of Mysterious Places*, Guild, London, 1987.
Wignell, Edel (ed.), *A Boggle of Bunyips*, Hodder & Stoughton, Sydney, 1981.
Wilkins, Harold T., *Mysteries of Ancient South America*, Rider, London, 1946.
Wilson, Colin and Grant, John, *The Directory of Possibilities*, Webb & Bower, London, 1981.
Wilson, Colin and Damon, *Unsolved Mysteries, Past and Present*, Headline, London, 1993.
Wilson, Ian, *The Turin Shroud*, Victor Gollancz, London, 1978.
Wilson, Ian, *The Bleeding Mind*, Weidenfeld & Nicolson, London, 1988.
Wood, Manfri F., *In the Life of a Romany Gypsy*, Routledge & Kegan Paul, London, 1973.
Woodward, Ian, *The Werewolf Delusion*, Paddington, London, 1979.
Zarzynski, Joseph W., *Champ: Beyond the Legend*, revised edition, M-Z Information, Wilton, 1988.
Zink, David D., *The Stones of Atlantis*, Englewood Cliffs, New Jersey, 1978.
Zink, David D., *The Ancient Stones Speak*, Jonathan-James, London, 1979.

Register

Danksagungen

Folgenden Personen und Organisationen möchte ich herzlich für Ihre Bestärkung und Unterstützung bei der Fertigstellung dieses Buches danken:

Academy of Applied Science (Concord, New Hampshire), Arcturus Books, Trevor Beer und Endymion Beer/*Athene*, John „Ace" Bonar, Sylvia Bongiovanni, British Library, British Museum (Natural History), Owen Burnham, Cassell Publishers, *Cat World*, Mark Chorvinsky/*Strange Magazine*, Loren Coleman, Paul Cropper, Mike Dash, Jonathan und Alison Downes/*Animals and Men*, *Enigmas*, Excalibur Books, Kevin Farley, *Fate Magazine*, Angel Morant Fores, *Fortean Times*, Errol Fuller, Blade Galentine, Bill Gibbons, J. Richard Greenwell, Bob Hay, Tony Healy, David Heppell, Isabela Herranz, Dr. Bernard Heuvelmans, Professor Shoichi Hollie, Tyson Hughes, International Society of Cryptozoology, Gerard van Leusden, Dr. John A. Long, Professor Roy P. Mackal, Debbie Martyr, Dr. Ralph Molnar, Joan Moore, Steeve Moore, Richard Muirhead, Carina Norris, Sally Parsons, Michael Playfair, alan Pringle, Michel Raynal, Bob Rickard, Dr. Robert H. Rines, Ron Scarlett, Paul Screeton/*Folklore Frontiers*, Steven und Frances Sieveking, Malcolm Smith, Lars Thomas, Gertrude Timmins, We Remember Dean International (WRDI), *Wild About Animals*, Jan Williams, Susan Wood und Gerald L., Wood, World Explorers Club und der Zoological Society of London.

Im besonderen möchte ich den Herausgebern Tessa Rose und Sarah Larter danken und ebenso Sharon Hutton und Maja Mihajlovic von Carlton Books, die die Bilder zusammenstellten. Außerdem danke ich Barry Sutcliffe, Andy Jones und Clare Eastland von Topics; Janet und Colin Bord und der Fortean Picture Library und meiner Agentin Mandy Little von Watson, Little Ltd., die mich bei diesem Buch unterstützt hat. Ich möchte ihr wirklich meinen aufrichtigen Dank ausdrücken.

Wenn Sie an mysteriösen und unerklärlichen Phänomen interessiert sind, empfehle ich folgende Literatur:

Animals and Men (Herausgeber: Jonathan Downes), 15, Holne Court, Exwick, Exeter, Devon EX4 2NA, England

Athene (Herausgeber: Endymion Beer), Tawside, 30 Park Avenue, Barnstaple, Devon EX31 2ES, England

Cryptozoology (Herausgeber; J. Richard Greenwell), The International Society of Cryptozoology, PO Box 43070, Tucson, Arizona 85733, USA

Enigmas (Herausgeber: Isabela Herranz), Editorial America Iberica SA, Miguel Yuste, 26,28037 Madrid, Spanien

Fate (Herausgeber: Terry O'Neill), PO Box 64383, St Paul, Minnesota, 55164-0383, USA

Fortean Times (Editors: Bob Rickard, Paul Sieveking), John Brown Publications, The Boathouse, Crabtree Lane, Fulham, London SW6 6LU, England

Strange Magazine (Herausgeber: Mark Chorvinsky), PO Box 2246, Rockville, Maryland 20847, USA

Bildnachweise

Die Herausgeber danken für folgendes Bildmaterial:

AKG London 14 (u), 48 (or), 60 (o), 82; **Academy of Applied Science, R. H. Rhines USA** (1975–1995) 15(o); **British Film Institute Slide Collection** 200 (u); **Bruce Coleman (Orion)** 39 (o), 89, 103 (l), 178; **Beinecke Rare Books and Manuscript Library, Yale University** 51 (m), 52 (ol); **Booth Museum, Brighton** 13 (u); **Bridgeman Art Library** 74, 86, 102; **British Museum (Museum of Mankind)** 3 (or), 83; **Carlton Books (Ian Jones)** 52 (ur); **Caters News Agency** 13 (o), 71 (o); **Charmet** 58 (u), 59 (or), **Corbis** 145, 157 (o), 162, 163, 164, 188, 190 (or), 190 (u); **Philippa Coxall/Wild About Animals** 118; **Enigmas Magazine, Spanien** 3 (ol), 199; **Robert Estall Photo Library** 29 (o); **Frank Lane Picture Agency** 46 (o), 49 (u), 83 (u), 119 (o), 125, 159, 172 (o), 179 (ur), 180 (o), 195, 216 (ur); **Fortean Picture Library** 3 (ur), 4, 5 (ul), 6, 7 (ul), **(A. Barker)** 11 (m), 12 (o & u), 15 (u), 16 (o), 24 (o), 25 (o), 27 (or), 37 (o & u), 43 (m), 61 (or), 63 (m), 66 (u), 70 (o), 83 (o), 91, 94, 96, 100, 112, 131, 132, 133 (l & r), 134, 137, 140, 142, 143, 147 (o & u), 148, **(René Dahinden)** 149, 150 (o & u), 152, 153 (o & u), 160, 171 (ur), 173 (Kasten), 177, 180 (ur), 181, 185 (o), 193 (Kasten), 198 (o), 204 (ol), 205 (l), 205 (ur), 206 (ol), 207 (r), 208 (u), 210 (l), **(Taiyo Fisheries, Tokyo)** 211 (ol), 213 (u), 214 (ol); **Errol Fuller** 215 (o); **Illustrated London News** 185 (u); **Hulton** 110, 117 (u), 123; **Humbolt Museum, Nevada** 151 (u); **Images Colour Library** 3 (ul), 5 (ol), 7 (or), 17 (or), 18 (u), 19 (o), 21 (m), 23 (or), 29 (u), 30 (o), 38(ol), 47 (ur), 84, 107, 108, 111, 196, 197, 198 (u); **Manchester City Art Gallery** 22 (o); **Mansell Collection** 53 (o), 69 (ur), 72, 73 (o), 81, 88, 99, 124, 151 (o); **Mary Evans Picture Library** 5 (or), 33 (m), 35 (o), 38 (or), 44 (ul), 47 (o), 54 (o,ul & ur), 55 (o), 57 (o), 61 (ul), 65 (ol), 65 (ur), 67 (o), 69 (ol), 79, 113, 136, 138, 156, 165 (o & u), 139, 141, 155, 172 (o), 186, 214 (ur); **Maureen Gavin Picture Library** 35 (u), 68 (o), 175 (Kasten), 201 (or); **David Miller (unter der Leitung von Dr. R. P. Mackal)** 92 (ol); **Mirror Syndication International** 87, 127; **Novosti** 125 (o); **Popperfoto**, 22 (u), 75 (o), 80, 109, 115, 116, 126; **Pictorial Press** 49 (o); **Réunion des Musées Nationaux, Paris** 103 (r); **Rex Features** 26 (o), 48 (ol), 56 (ul), 64 (o), 157 (kleines Bild), 158; **Ronald Grant Archive** 101; **Scotland in Focus** 36 (u); **Solo Syndication** 28 (o); **Science Photo Library (David Parker)** 28 (u), **(David Scharf)** 25 (ur), **(National Library of Medcine)** 45 (ur); 135; **Tim Sell** 92 (ul), 93 (o & u), 95 (o, mr & ur), 97 (o), 117 (o), 121; **Dr. K. P. Shuker (Institute of Cryptozoology, USA)** 119 (u), 179 (ol), 203 (u), **(Wellington Museum)** 209 (ul); **Paul Sieveking** 97(u); **South American Pictures/Tony Morrison** 169, 171 (ml & ol), 174 (kleines Bild ul); **Tony Stone Images** 31 (o); **Strange Magazine, USA** 170 (Kasten); **Werner Forman Archive** 174 (ur); **Western Australian Museum, Perth** 209 (ol).

Tim Sell für die Zeichnungen.